Inquietas companhias
Sobre os animais de criação entre os Karitiana

FELIPE FERREIRA VANDER VELDEN

Inquietas companhias
Sobre os animais de criação entre os Karitiana

Copyright © 2012 Felipe Ferreira Vander Velden

Grafia atualizada segundo o Acordo Ortográfico da Língua Portuguesa de 1990, que entrou em vigor no Brasil em 2009

Publishers: Joana Monteleone/Haroldo Ceravolo Sereza/Roberto Cosso
Edição: Joana Monteleone
Editor assistente: Vitor Rodrigo Donofrio Arruda
Projeto gráfico e diagramação: João Paulo Putini
Revisão: Íris Friedman
Assistente de produção: Rogério Cantelli
Capa: Juliana Pellegrini

Imagem da capa
Aimé-Adrien Taunay. *Quelques Bororós Font une Visite à MMrs. Riedel et Taunay dans la Maison qu'Ils Occupaient Près de Leur Village*, Pau-Seco, 1827 (*Alguns Bororos Visitam Mrs. Riedel e Taunay na Casa que Eles Ocupavam Perto de Seu Vilarejo*)

Este livro foi publicado com o apoio da Fapesp

CIP-BRASIL. CATALOGAÇÃO-NA-FONTE
SINDICATO NACIONAL DOS EDITORES DE LIVROS, RJ

V542i

Velden, Felipe Ferreira Vander
INQUIETAS COMPANHIAS: SOBRE OS ANIMAIS DE CRIAÇÃO ENTRE OS KARITIANA
Felipe Ferreira Vander Velden
São Paulo: Alameda, 2012
358p.

Inclui bibliografia
ISBN: 978-85-7939-146-0

1. Índios da América do Sul – Usos e costumes – Brasil. 2. Índios – Animais domésticos. 3. Etnologia. 4. Antropologia. I. Título.

12-5537	CDD: 305.898
	CDU: 39
	037877

ALAMEDA CASA EDITORIAL
Rua Conselheiro Ramalho, 694 – Bela Vista
CEP 01325-000 – São Paulo, SP
Tel. (11) 3012-2400
www.alamedaeditorial.com.br

Sumário

Prefácio 7

Localização da terra indígena e das quatro aldeias Karitiana 10

Nota sobre a grafia das palavras na língua Karitiana 11

Introdução: Entre índios e brancos, o animal 15

Capítulo I: Zoologias do contato 35
Columbian exchanges na Amazônia 37
Novos tempos (e seres) no alto vale do rio Madeira 46
Pelas mãos dos brancos 60
Seres sem história 76
Não tinha mulher, só cachorrão: sobre a (quase) tragédia Juari 88

Capítulo II: Enfeites de aldeia 93
As aldeias Karitiana 95
Animais de criação 108
Enfeites de aldeia, companheiros, filhos 133
Criação de animais (fazendeiro é que sabe...) 144

Capítulo III: Os filhos do homem, e da mulher 163
Cachorro é como filho 165
Apenas um nome 214

Capítulo IV: Entre a casa e o mato 233
Uma sociedade da carne: classificação Karitiana dos animais 235
Bravo : manso : : do mato : de casa : : homens : mulheres 264
Seres estrangeiros 285
Inquietas companhias 304

Considerações finais 313

Referências bibliográficas 321

Agradecimentos 355

Prefácio

ESPÉCIES DOMÉSTICAS SÃO UMA ABERRAÇÃO, disse Charles Darwin em *A Origem das Espécies*, referindo-se ao desvio artificialmente provocado pelo homem no curso de sua evolução. Darwin – que sequer terá sonhado com gatos luminiscentes ou camundongos geneticamente propensos ao câncer, dentre outras tantas possibilidades na via-crucis cumprida pelos animais rumo à condição de artefato industrial ao longo do século XX –, referia-se, decerto, à ambiguidade posta pela dupla pertença da domesticidade à natureza e à cultura.

A condição liminar dos animais domésticos possibilitou e se fez acompanhar na urbanização moderna, como mostrou magistralmente Keith Thomas para o caso britânico, do paulatino velamento das formas de sua exploração, em um processo em que a alienação se inscreveu em seus próprios corpos feitos produtos. Com efeito, a localização de criatórios e matadouros, externa ao ambiente urbano, bem como as portas cerradas dos laboratórios, indevassadas por olhos leigos, tornaram invisíveis a vida e a morte desses animais, facultando a hiperexploração industrial de corpos animais, na escala desmedida em que a conhecemos.

O limbo sociológico é, sobretudo, limbo conceitual, fazendo mais do que acertadas e pungentes as considerações de Jacques Derrida quanto à terrível cegueira dos pensadores ocidentais para a existência autônoma do animal e sua interação com o humano, pensadores que "absolutamente não o levaram em consideração (temática, teórica, filosófica); não puderam ou quiseram tirar nenhuma consequência sistemática do fato que um animal pudesse, encarando-as, olhá-las, vestidas ou nuas e, em uma palavra, sem palavras dirigir-se a elas".

Exceção honrosa constitui, certamente, a obra de Claude Lévi-Strauss que jamais deixou de criticar o antropocentrismo como forma corrompida do humanismo. Nas últimas décadas, é certo, o interesse pela condição animal, no campo disciplinar da antropologia, foi renovado pelos trabalhos de Tim Ingold,

Philippe Descola e Eduardo Viveiros de Castro, estes últimos notadamente voltados a teorias de caça e, portanto, à relação predador-presa. Não se pode dizer, entretanto, que a relação com animais domésticos ou domesticados, para os fins do criatório ou da estimação, tenha conhecido avanço teórico equivalente; bem ao contrário, sua presença, embora conspícua nas aldeias indígenas, segue invisibilizada na etnografia.

Posso dizer, com orgulho, que este livro é contribuição expressiva no sentido de suprir tal lacuna, tanto mais grave em um país em que o Estado, em nome da segurança alimentar, vem incentivando a introdução maciça e indiscriminada de animais de criatório nos territórios indígenas: por toda a parte, em particular na Amazônia, por força de ações de Estado – este que, não esqueçamos, tem por dever constitucional zelar pelos direitos da fauna à dignidade da vida – multiplicam-se os casos de animais despachados em longas viagens, sem alimento e sem água, que chegam mortos ao destino; animais que morrem à míngua ou são abandonados à própria sorte em habitats hostis. Como bem nos lembra o autor, em sua escrita bem-humorada, não só onças habitam a floresta, mas cães, cavalos, bois, galinhas, patos... Suas vidas, embora sem glamour, não deixam de ter consequências simbólicas.

A força deste livro reside, em primeiro lugar, no fato de que, seguindo a lição de Claude Lévi-Strauss, Felipe Vander Velden não confunde antropologia com antropocentrismo: sua descrição etnográfica, sensível e envolvente traz homens e animais em relação. Por essa via, o autor interroga o campo de possíveis sentidos por meio dos quais os Karitiana interpretaram a existência das espécies exógenas, com as quais passaram a conviver. Sim, conviver é o verbo que melhor expressa tal relação: a noção de convivialidade, tal como proposta por Joanna Overing, é, assim, acionada e se estende à relação estabelecida pelos Karitiana, em particular mulheres e os animais que criam, domésticos ou domesticados. Não se trata de metáfora, mas antes, como apontou Overing, de produção de símiles pela partilha literal de substância. A tanto se articulam outros sentidos, que Felipe Vander Velden desvela, surpreendentes, afetos ao julgamento estético e, sobretudo, ético, todos lidos desde uma perspectiva comparativa e notável conhecimento etnológico do autor.

Daí delineiam-se, muito mais do que inquietas, companhias inquietantes, existências que impuseram e ainda impõem, aos Karitiana, reflexão e rearranjos taxonômicos. A presença turbulenta dos animais domésticos, notadamente dos cães, é interpretada sob a égide da feralidade e da incontinência dos sentidos. Ora, caberia aos Karitiana o que disse Keith Thomas da Inglaterra oitocentista: embora projete nos outros animais imagens de excesso e incontinência, só o homem, dentre todos os animais, come, bebe e ama em demasia.

Em contrapartida, diante de cenas cruas como a de galinhas enjauladas que, em espaço exíguo e sem alimento, entredevoram-se, o leitor, certamente, saberá quão seus são os dilemas dos Karitiana.

Nádia Farage
Departamento de Antropologia
Universidade Estadual de Campinas

Localização da terra indígena e das quatro aldeias Karitiana (Rondônia)

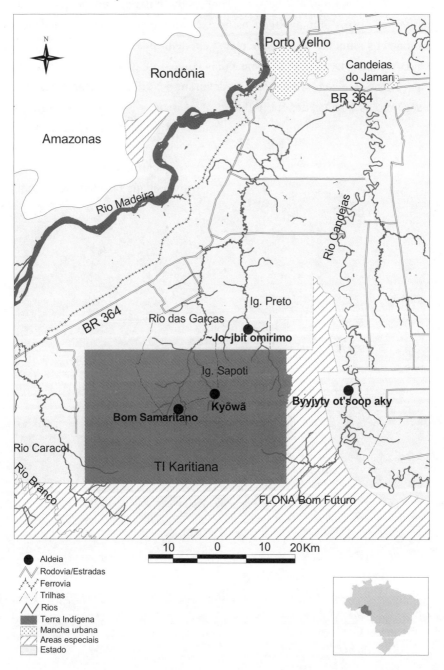

Nota sobre a grafia das palavras na língua Karitiana

Única língua viva pertencente à família Arikém, no interior do tronco Tupi, o Karitiana, está entre as mais bem documentadas e estudadas línguas indígenas no Brasil, graças aos esforços pioneiros do casal de linguistas-missionários David e Rachel Landin (que iniciaram seus estudos em 1972) e ao trabalho de grande envergadura conduzido por Luciana Storto (e seus colaboradores) desde 1991.

A grafia das palavras na língua Karitiana por mim empregada (com pequenas adaptações) neste livro segue a proposta desta última autora, tal como discutida com profundidade em sua tese de doutorado (Storto, 1999) e utilizada, hoje, no ensino da língua na escola das aldeias *Kyõwã e Byyjyty otsoop aky* (Storto, 1996). Cumpre assinalar que a maioria dos Karitiana é proficiente na leitura e escrita, tanto do Karitiana quanto da língua portuguesa, o que facilitou sobremaneira meu trabalho de registro dos termos nativos.

A chave necessária para a compreensão das palavras em Karitiana transcritas (sempre em itálico) no texto é a seguinte:

Vogais			Consoantes		
a	[a]		b	[b]	(como em barco, no português)
e	[e]		d	[d]	(como em dois)
i	[i]		g	[ɣ]	(como em gato)
o	[o]		h	[h]	(como em rosto)
y	[ɪ]	(vogal central alta)	j	[y]	(como em saia)
			~j	[ɲ]	(como em banha)
			k	[k]	(como em casa)
Observações			m	[m]	(como em amor)
* As vogais nasais são marcadas com til [~] quando não adjacentes a consoantes nasais;			n	[n]	(como em nuvem)
			p	[p]	(como em pele)
			r	[r]	(como em cera)
* As vogais longas são representadas por duas vogais adjacentes.			s	[s]	(como em selo)
			t	[t]	
			w	[w]/[β]	(como em água)
			x	[tʃ]	(como em change, no inglês)
			'	[ʔ]	(oclusiva glotal)

*"Senhor,
Deixai-me viver
Segundo o meu capricho e fantasia!
Não posso passar
sem um pouco de liberdade selvagem
sem um pouco de vertigem no coração,
e sem esse estranho sabor de flores desconhecidas.
Para quem seriam vossas montanhas,
e esse vento de neve e de fonte?
Os carneiros não entendem coisa alguma!
Só sabem pastar, pastar,
sempre juntos e na mesma direção,
ruminando em seguida,
eternamente,
sua insípida rotina.
Quanto a mim,
gosto de saltar no meio da vossa criação,
transpondo vossos abismos,
e estremecendo de aventura e alegria,
com a boca cheia de ervas sem nome,
na crista do mundo!
Amém!"*

Carmen Bernos de Gasztold, *Orações da Arca*, em tradução de Dom Marcos Barbosa.

Aos meus tios Cláudio e Mário,
e ao meu amigo André Martini
(todos em memória),
pela companhia sempre alegre.

*Ka py ejep aka
na akat yhot ypyeso
Karitiana hot.*

Introdução
Entre índios e brancos, o animal

> "O animal é perfeito, e não aperfeiçoável.
> Quem o estuda é que deve saber progredir."
> Ítalo Svevo

MANHÃ DE 11 DE JULHO DE 2003. Caminhando pela estrada que dá acesso à aldeia Karitiana, encontramos – eu, o chefe do posto indígena e João Karitiana – Antônio José Karitiana (então com 28 anos de idade) retornando de uma caçada. Com a espingarda pendurada no ombro, ele trazia nos braços a cachorra Boquinha, uma cachorrinha de pequeno porte, cor caramelo claro, e que porta esse nome por conta de um acidente que, anos antes, deixou-a com uma cicatriz na boca [desconheço o nome que tinha antes do ferimento]. A cadela exibia um enorme corte na garganta, fruto de um malfadado ataque a um quati: como é amplamente sabido pelos Karitiana, quatis são animais potencialmente perigosos. Conhecido por sua esperteza e por ter movimentos muito velozes, o quati, quando atacado, costuma atirar-se dos galhos das árvores, caindo com o dorso para o chão e preparado com seus dentes e unhas, pronto para se defender. Ainda com pouco treinamento – de acordo com seu dono –, Boquinha avançou demasiadamente e, sem muita experiência, foi gravemente ferida pelo quati. Antônio José demonstrava visível apreensão pela sorte da cachorra, talvez provocada pelo sangramento abundante, que escorria pelos braços do rapaz. Ele nos disse que precisava chegar logo à aldeia para ver o que fazer. Sabia, porém, que sua mulher ia chorar, ficaria muito brava, aborrecida, com o acidente.

Naquela noite, horas depois, reencontramos Antônio José na aldeia. Mais tranquilo, ele contou que a cadelinha passava bem: o corte havia sido suturado pelo Meireles, um dos agentes indígenas do Posto de Saúde local. Meireles, segundo Antônio, já tinha experiência com este trabalho, pois não era a primeira vez que ele aplicava os conhecimentos que adquirira em cursos de capacitação em saúde no cuidado com animais feridos. Antônio José colocara Boquinha em um canto da casa e tentara fazer com que ela comesse um pouco de macaxeira cozida – algo que ele, normalmente, jamais *faria, pois os cães quase nunca são diretamente alimentados pelas pessoas. Acrescentou que depois sairia para matar o quati e com isso "pagar a cachorra". Quando soube que eu voltaria a Porto Velho no dia seguinte, pediu-me que enviasse a ele uma lata de Lepecid [um conhecido germicida e larvicida fabricado pela Dow Química] para evitar o aparecimento de bicheiras no ferimento da cadela. Logo que cheguei à cidade comprei o remédio veterinário e pedi que o chefe do posto indígena Karitiana, que então retornava para a aldeia, entregasse a ele.*

Dias depois, na sede da ADR da Funai, falei novamente com Antônio sobre a cachorrinha. Ele me contou que ela estava bem, que a sutura fora bem feita e que o Lepecid evitara o aparecimento dos temidos parasitas. Logo, ele disse, Boquinha estaria alegre novamente, e caçando.

O trecho acima, recontado das páginas do diário de minha primeira viagem de campo entre os Karitiana, em 2003, articula vários dos temas que serão abordados e discutidos ao longo deste livro. Entre as técnicas de caça que incluem a companhia de cachorros treinados para a atividade à aplicação cuidadosa de tratamentos de saúde aos animais por vezes feridos "em combate", passando pelas ações dos animais da floresta, despontam, de maneira interessante, os sentimentos e as emoções envolvidas com o infortúnio da destemida cachorrinha: a apreensão do caçador, que muito se devia ao provável aborrecimento de sua esposa e o temor pela saúde futura do animal. Destaque-se, ainda, a *"raiva"* de Antônio José e sua promessa de *"pagar a cachorra"*, ou seja, vingar-se da agressão sofrida matando o agressor e, deste modo, cancelando algo como uma "dívida de sangue": procedimento em tudo idêntico ao que se aplica quando animais ferem humanos, ou mesmo à violência entre humanos, nas guerras do passado ou nos conflitos do presente. Sentimentos que nos falam, também, da importância e do valor dos cães entre os Karitiana.

Caça, relações de gênero, guerra, saúde, comportamento animal – este breve excerto permite entrever múltiplas questões centrais para a etnologia das terras baixas da América do Sul, e abre este meu caminho por um tema ainda muito pouco explorado pela disciplina: a relação entre as populações indígenas na Amazônia e a pletora de animais introduzidos pelos brancos – de modo deliberado ou acidentalmente – com a conquista da região. Por meio de histórias como esta – e de muitas outras, dos Karitiana e de outras sociedades amazônicas – buscarei demonstrar o quanto da história do contato e das práticas cotidianas atuais destes povos estão fortemente marcadas pela presença destes seres exóticos, agentes ainda pouco conhecidos, mas cruciais, do monumental "*intercâmbio (imperialismo) ecológico*" (Crosby, 2002, 2003), inaugurado com a chegada dos europeus ao continente americano em 1492. Ainda como o estudo da convivência entre humanos e estes seres pode iluminar nossa compreensão das sociedades indígenas na América – lembrando que as relações entre humanos e animais aqui são concebidas como relações sociais e, assim, podem auxiliar-nos na compreensão das interações entre populações indígenas e os brancos adventícios (Descola, 1992, 1998; Villar, 2005; Kohn, 2007a) – uma vez que estes animais têm sido presenças constantes e abundantes nas aldeias nos últimos quinhentos e tantos anos.

* * *

A natureza exuberante do trópico americano fascinou os europeus desde o início da colonização, em especial no tocante à imensa variedade e riqueza de espécies animais totalmente diferentes daquelas encontradas nas suas terras de origem (Buarque de Holanda, 1959; Gerbi, 1996). A própria "certidão de nascimento do Brasil", a carta de Pero Vaz de Caminha (1999 [1500]) escrita em 1500, deixa claro este deslumbramento, e dá as primeiras notícias a respeito dos *xerimbabos*,[1] os animais mantidos pelos índios nas aldeias, além de apontar para os primórdios do intercâmbio de espécies entre europeus e índios, que também será inaugurado naquele momento – temas que nos interessam de perto:

> Foram-se lá todos [quatro degredados enviados à terra por Cabral para que visitassem as habitações dos índios], e andaram entre eles [os índios]. E segundo eles diziam, foram bem uma légua e meia a uma povoação, em que haveria nove ou dez casas (...).

---

1   Segundo Carlos Fausto (1999: 950), *xerimbabo* vem da palavra Tupi-Guarani (*mimbawa*), e foi incorporada ao português na forma possessiva da primeira pessoa do singular (*xe-r-emimbawa*, "*meu animal de criação*" ou "*meu animal familiar*"), termo empregado para designar os animais mantidos pelos índios nas aldeias, que Fausto traduz como "*pet*" ou "*wild pet*". Mais sobre isso no capítulo II.

> Resgataram lá por cascavéis [guizos] e por outras coisinhas de pouco valor, que levavam, *papagaios vermelhos, muito grandes e formosos, e dois verdes pequeninos e carapuças de penas verdes, e um pano de penas de muitas cores* (...) (Caminha, 1999 [1500]: 49-50, grifo meu).

Incontáveis são os relatos da presença de variadas espécies animais nas aldeias indígenas por toda a América. Mas, apenas algumas décadas após a chegada dos primeiros europeus ao continente, começam a aparecer registros curiosos, menos conhecidos, ou, melhor dizendo, menos notados pela historiografia, e que vão perdurar até hoje: aqueles que mencionam a existência – e, por vezes, em profusão –, entre os grupos indígenas, de animais domésticos introduzidos após a conquista, ou seja, de espécies que chegaram aos índios somente após terem sido trazidos pelos europeus para o Novo Mundo. Consideremos, a título de exemplo, o testemunho de André Thevet, escrevendo em 1556 a respeito das galinhas introduzidas em grande número entre os índios Tupi na região da França Antártica:

> Os selvagens não criam, em torno de casa, animaes domésticos, a não ser algumas gallinhas; mas estas aves são assim mesmo raras e só existem em certos lugares, trazidas pelos portugueses (pois antes não tinham dellas nenhum conhecimento). Todavia, não dão muito apreço a essas criações, pois, por uma faquinha de nada, quem quiser pode obter duas das aves. E de modo algum as comem as mulheres, mostrando até desagrado quando veem os franceses servir-se, nas refeições, de quatro ou cinco ovos (que chamam *arignane*), pois dizem que cada ovo corresponde a uma gallinha, isto é, alimento suficiente para satisfazer a dois homens (...) (Thevet, 1944 [1556]:266-267, grifo no original).

Ou a notícia do encontro de Roulox Baro com os guerreiros, montados, de Janduí, o poderoso líder indígena no sertão do nordeste ocupado pelos flamengos, demonstrando que a adoção do cavalo como meio de transporte por parte de grupos indígenas nativos processou-se muito cedo nas terras do Brasil:

Aí encontrei quatro homens a cavalo, que Janduí despachara ao meu encontro (...) (Baro 1979 [1651]: 97).

Consideremos, ainda, como um último exemplo, o registro do major Francisco de Paula Ribeiro, feito entre os grupos de língua Gê no interior do Maranhão em 1819:

> Os Timbirás [sic] de Tocantins chamam à carne de vaca *puritinhi*, e os do Itapicuru chamam-lhe *puritinhém*; à cabeça de um boi chamam os primeiros *purihicrãs*; e os segundos *puriticrá*, e assim mesmo muito pouco se desviam em alguns dos outros seus vocábulos (...) (Ribeiro, 2002 [1819]: 159, grifos no original).

Galinhas que se reproduzem de modo espantoso nos terreiros das aldeias no litoral luso-brasileiro; tapuias que percorrem o sertão do Nordeste montados em cavalos; grupos Timbira que, nos rincões do interior do Maranhão, não só apreciam como possuem vocábulos próprios, em suas línguas, para a carne de vaca. Tais relatos, de grande variedade – e que a historiografia mal começou a descortinar –, nos permitem um vislumbre da adaptação desses animais introduzidos na América aos ecossistemas locais. Sugerem sobretudo, alguns dos modos como estas criaturas exóticas foram adotadas, incorporadas ao cotidiano e ressignificadas pelas sociedades nativas do continente, ao passo que possibilitaram que essas mesmas cosmologias repensassem, por meio delas, os animais nativos, os invasores brancos, e mesmo a si próprias em novos contextos sócio-históricos. Aqui iniciamos nosso percurso, que tem início com os primeiros encontros entre europeus e índios; com efeito, animais originários do Velho Mundo vivendo nas aldeias americanas chamam a atenção de observadores há séculos. Esta trajetória só será momentaneamente interrompida pelo notável desinteresse da Antropologia (e da História) da região em investigar essas presenças tão insólitas.

* * *

O animal que vive na companhia dos humanos – animal doméstico ou domesticado, animal de companhia ou de estimação, animal de criação ou familiar, mascote, *pet* – tem sido, há algum tempo, objeto de importantes estudos antropológicos. Da percepção de que as relações íntimas estabelecidas entre humanos e estes seres podem ser vias bastante ricas para o acesso a outros domínios da cultura – códigos alimentares, práticas de classificação e de nominação, relações de gênero, raça e classe, modos de percepção da natureza e expressão dos afetos e sensibilidades – nasceram alguns trabalhos, hoje clássicos, sobre as trajetórias comuns de homens e certas espécies animais. Claude Lévi-Strauss, no seu célebre *O pensamento selvagem* (1997 [1962]: 228-233), dedicou algumas páginas à lógica que o assim chamado pensamento ocidental moderno – neste caso, não o pensamento científico – emprega para nominar aves, cavalos, cães e bovinos, inserindo esta discussão em sua reflexão mais ampla acerca da operação da máquina classificatória do intelecto humano. Depois dele, outros antropólogos interessaram-se pelas múltiplas e variadas conexões entre humanos e não-humanos nas sociedades assim chamadas ocidentais, (cf. Sahlins, 2003 [1976]; Leach, 1983; Digard, 1990; Serpell, 1996), interesse que vem presentemente tomando força no interior da disciplina (cf. Ingold, 1988, 2000; Haraway, 2003, 2008; Knight, 2005).

Estes trabalhos focalizaram, sobretudo, as relações entre homens e animais domésticos nas sociedades ocidentais, eventualmente buscando comparações com outras culturas mundo afora com o objetivo de discutir características mais gerais, mesmo universais, da mútua convivência entre humanos e não-humanos. Se adentrarmos uma produção relativamente volumosa acerca dos animais de criação ou de companhia em outros contextos culturais, é digno de nota que os animais que partilham do cotidiano das aldeias indígenas especificamente nas terras baixas da América do Sul tenham sido largamente ignorados pela etnologia desenvolvida na região.

Honrosas exceções serão discutidas neste livro, especialmente o debate sobre as razões que levam as sociedades indígenas na Amazônia a capturar e manter essas espécies – araras, papagaios, mutuns, jacamins, quelônios, quatis, cutias, pacas, macacos, e mesmo caititus e antas – nos espaços socializados ou familiarizados (Erikson, 1987, 1997, 1998; Descola, 1994, 1998, 2002; Hugh-Jones, 1996), e as proposições que exploram as interações simbólicas entre a "criação" de animais nas aldeias e práticas tomadas na literatura como análogas, tais como as relações de afinidade, o rapto de crianças e a tomada de cativos e troféus de guerra (Viveiros de Castro, 1986; Menget, 1988; Hugh-Jones, 1996; Fausto, 1999, 2001). Não obstante, a presença abundante de animais retirados das florestas e criados entre humanos mereceu, no geral, apenas breve menção na maioria das etnografias nas terras baixas sul-americanas, no mais das vezes como um item de menor importância nas descrições sobre a paisagem das aldeias e o dia-a-dia das pessoas, merecendo raro tratamento analítico de fôlego (Cormier, 2003), mesmo sendo as populações amazônicas "*domesticadores entusiasmados de jovens animais e pássaros encontrados na floresta*" (Hugh-Jones, 2001: 246, minha tradução).[2]

Investigar os animais nativos capturados e socializados pelas populações indígenas é de fundamental interesse nesta pesquisa, assim como o é uma reflexão sobre as relações entre humanos e os animais em sua totalidade. Isso será necessário para que possamos explorar o objeto específico deste trabalho: as espécies animais introduzidas após o aparecimento dos brancos e que, como já apontado, foram rapidamente incorporadas ao convívio com as sociedades indígenas: cachorros, gatos, porcos, bovinos, cavalos, burros, cabras, ovelhas, galinhas, patos – entre os animais domesticados, ou seja, intimamente ligados às sociedades humanas –, mas também abelhas europeias, certos peixes exóticos, ratos e pombos – que não são domesticados *de facto*, mas vivem em ambientes fortemente humanizados, e são parte do cotidiano das aldeias indígenas contemporâneas. Neste último caso, a impressão do desinteresse por parte das ciências humanas e a expressão da irrelevância são ainda mais perceptíveis. De acordo com Trigger (2008: 629), a antropologia "*permanece relativamente silenciosa a respeito das respostas intelectuais que os povos nativos dão para novas plantas e animais*".

Conforme apontado acima, os animais trazidos pela conquista se difundiram com grande velocidade pelos diferentes domínios ecológicos do continente, e muito cedo se adaptaram à vida nas aldeias. Esta constatação, feita por missionários, militares, viajantes, funcionários administrativos e outros personagens da colonização, pouquíssimo tempo após a chegada dos europeus e seus animais, foi objeto de alguns trabalhos que exploraram as consequências – ecológicas, econômicas e sanitárias – do aparecimento destes seres para as populações nativas, humanas e não-humanas (Dorst, 1973; Crosby, 1991, 2000, 2002, 2003; Melville, 1999; Anderson, 2004).[3] Mas as consequências simbólicas desta novidade, ou

---

2   Todas as traduções dos trechos em língua estrangeira são de minha responsabilidade.

3   Os trabalhos de Alfred Crosby abarcam todo o continente Americano. O livro de Elinor Melville trata do México central, mas é um esforço impecável de documentação dos enormes impactos causados pela expansão da criação animal na região desde o início da conquista. Já o primoroso trabalho de Virginia DeJohn Anderson trata da introdução de animais domésticos europeus

seja, os modos culturalmente singulares através dos quais o surgimento, a adoção e a aclimatação desses animais foram realizados ainda permanecem quase que totalmente inexplorados. Sabemos bastante sobre a dispersão dos rebanhos bovinos por todas as partes do Novo Mundo, mas muito pouco sobre como as populações indígenas que encontraram esses grandes mamíferos reagiram ao seu aparecimento; quase nada conhecemos da posição que esses novos animais ocupam nos sistemas indígenas de classificação dos seres e, na maioria dos casos, ignoramos quais os sentidos – traduzidos em inovações linguísticas, mitos, rituais, artefatos, práticas produtivas, relações de parentesco e de gênero, conflitos interétnicos – atribuídos pelas cosmologias indígenas a essas estranhas criaturas que rapidamente povoam o mundo em que vivem e se tornam presença constante em suas vidas. A pergunta de Eugenia Shanklin (1985: 379), em sua recensão dos estudos antropológicos sobre animais domesticados, faz referência a esta ausência:

> [O] que acontece com os conceitos de pessoas que costumeiramente concedem atributos aos animais que caçam no momento em que a criação torna-se o novo modo de subsistência?

De modo idêntico, sabemos da presença de bom número de cachorros domésticos entre grupos indígenas. Mas as etnografias nada, ou quase nada, nos dizem sobre as histórias da chegada destes cães, sobre os sentidos atribuídos por estes povos à presença do animal, ou sobre as relações sociais e simbólicas constituídas no entrelaçamento das trajetórias cotidianas de humanos e não-humanos no interior das residências. As galinhas são notadas em grande quantidade nas aldeias, e isso desde o período colonial, mas pouco sabemos das razões que levaram os grupos indígenas a adotar com voracidade essas aves domésticas, para nós tão comuns, e talvez por isso tão irrelevantes. O mesmo ocorreu com todas as espécies introduzidas com o contato.

Via de regra, as etnografias dedicam tão-somente umas poucas linhas à existência de animais exóticos entre os índios. Para ficarmos em somente um exemplo, veja-se Waud Kracke (1978) em sua clássica monografia sobre os Tupi-

---

na costa leste dos atuais Estados Unidos, mas é uma das poucas pesquisas que procuram, na documentação colonial, evidenciar os sentidos atribuídos pelos grupos indígenas locais ao aparecimento, difusão e expansão numérica das espécies exóticas.

Kagwahiv. Na seção sobre padrões de assentamento, população e condições econômicas (*settlement pattern, population, and economic conditions*) que abre seu primeiro capítulo, o autor, descrevendo a aldeia onde efetuou sua pesquisa, separa apenas duas ou três linhas para os animais introduzidos, após fazer referência à caça e àqueles trazidos do mato e "*criados como pets*":

> Embora galinhas e alguns porcos sejam agora criados para servirem de alimento, pessoas idosas ainda acham desconcertante esse consumo de 'animais de criação' [*pets*] (Kracke 1978: 11).

Curiosamente, esta alusão é feita quase sempre no bojo das descrições sobre a paisagem das aldeias, o cotidiano das pessoas ou as atividades econômicas: assim, a presença desses seres é como que reduzida a elementos do cenário (de tão comuns que são para nós mesmos?); a detalhes rotineiros, ou pouco relevantes, da vida social (como são, para muitas das pessoas nas áreas urbanas, cães abandonados ou fazendas de gado?); ou são objetificados como um dos aspectos das atividades produtivas dos grupos (como são várias das espécies que, nas sociedades industriais, sustentam o gigantesco negócio da produção de carne, sendo criadas para serem convertidas em alimento?). Toda a complexidade social e simbólica da associação doméstica entre humanos e não-humanos é quase completamente ignorada nas etnografias, sendo subsumida, ao que parece, por um certo senso comum que boa parcela das populações urbanas têm a respeito dos animais domésticos e de suas relações com os seres humanos.

Ao não dedicar um esforço adicional para olhar para estes seres, muitos etnólogos aparentam ignorar a condição simbolicamente ambígua que os animais domesticados têm mesmo nas sociedades modernas. Ao fazê-lo, talvez estejam expressando aquilo que Joanna Overing (1999: 84-85) chamou de "*desinteresse antropológico pela domesticidade e pelo cotidiano*", equívoco metodológico que deixa de lado questões cruciais na e para a vida, e a filosofia social dessas populações. Os animais de criação, assim como as artes culinárias, o cuidado com as crianças e a convivência interpessoal, estão circunscritos ao interior dos espaços domésticos aldeões, e são, portanto, parte dos incessantes esforços comunitários destinados a produzir a boa vida cotidiana (cf. Overing, 1991; Overing & Passes, 2000). Logo é para dentro das aldeias e dos grupos familiares que devemos lançar olhares, sem esquecer, obviamente, os modos como a domesticidade incorpora e domestica seu exterior na produção contínua do social. Ora, não é este, propriamente, o mecanismo de incorporação dos animais mascotes na Amazônia, trazidos da floresta (e da cidade) para serem familiarizados?

Assim, como "anedotas de campo", é que os animais domésticos de origem exógena aparecem na maior parte das monografias que tratam das sociedades indígenas nas terras baixas sul-americanas. Por vezes, parece haver alguma sensibilidade para com a situação desses animais – como é o caso do pobre cachorro dos índios Mataco sofrendo com a fome ("*Mataco dog suffering from starvation*"), encontrado por Alfred Métraux no Chaco nos anos de 1930, e cuja fotografia destoa, solitária como parece ser o cão, das demais imagens de inestimável valor etnográfico que acompanham o texto do autor francês para o *Handbook of South American Indians*, volume I (Métraux, 1963: prancha 74) –, mas estes breves comentários jamais servem a uma interrogação mais detalhada e consistente sobre a posição desses seres nos universos históricos, sociais e simbólicos dos povos em questão.

* * *

É possível supor que esta ausência dos animais domesticados de origem exótica na etnologia sul-americana se deva, talvez, à constatação da inexistência da domesticação, em sentido estrito,[4] nas terras baixas da América do Sul, assim contrastando com sua presença nos Andes (com lhamas, alpacas, porquinhos-da-índia, o cão). Essa é uma região marcada, há muito pela etnologia do continente, como dotada de uma cultura avançada, que se opõe aos territórios a leste, caracterizados por culturas menos sofisticadas, que se confundem, em larga medida, com seus ambientes naturais. Assim, a presença de animais domésticos no altiplano andino mereceria atenção dos estudiosos por ser resultado direto da evolução de culturas que submeteram a natureza circundante. Por outro lado, a existência, nas planícies do leste, de relações que a literatura julga vinculadas à domesticação (como a familiarização/amansamento), e mesmo as novas práticas estabelecidas após o contato com animais adventícios, passaram despercebidas

---

4   Refiro-me a uma definição corrente na literatura e que conjuga, como principais aspectos, a sujeição à ordem social humana, o controle reprodutivo e a utilização intensiva. Veremos mais sobre o tema no capítulo II.

porque jamais teriam atualizado este caráter de sujeição da natureza. Sujeição que é elemento crucial na maneira como as sociedades industriais concebem a proximidade com o animal (cf. Burgat, 1999; Thomas, 2001; Patterson, 2002). Hipótese de trabalho que, pode ser, iluminará o valor conferido à pecuária como modelo prioritário de ocupação dos espaços geográficos, como se as tradicionais práticas produtivas indígenas não fossem capazes de fazê-lo – concepção que parece orientar muito da percepção que o Estado brasileiro, por exemplo, teve e tem da relação entre culturas indígenas e o território/ambiente: veja-se a noção de que "*terra com gado é terra com dono*".

O pouco interesse demonstrado pela etnologia americanista em relação às espécies domésticas trazidas pelos brancos contrasta, em primeiro lugar, com a importância dos estudos sobre o contato interétnico e, em particular, sobre a centralidade das *trocas materiais*, que são cruciais na manutenção do convívio entre a sociedade nacional envolvente e as diferentes sociedades indígenas. Muita tinta já correu a respeito de facas, machados, panelas e outros instrumentos de metal, armas de fogo, sal, açúcar e bebidas alcoólicas, chapéus vermelhos, penicos de ágata e até sobre câmeras de vídeo, motosserras, veículos e dinheiro (cf. Albert & Ramos, 2002). Quase nada, porém, sobre cães ou galinhas, cavalos, vacas, abelhas europeias que, mesmo não sendo *objetos* – ainda que possam, com frequência, ser aproximados destes por sua reprodutibilidade, sua multiplicidade e sua prodigalidade, da perspectiva dos brancos – também circularam (e circulam) em grande quantidade das mãos de uns para outros em todos os momentos da história e ainda hoje. A ausência de interesse nessas trocas de seres viventes desconsidera, no mínimo, que os primeiros encontros entre portugueses e índios no litoral brasileiro – como já recordamos – foram em larga medida pautados pela troca, de parte a parte, de animais: cabras e galinhas europeias contra papagaios ameríndios (cf. as passagens em Caminha, 1999 [1500]: 37; 50-52).

Os poucos estudos sobre animais introduzidos nas aldeias indígenas contrasta, também, com a importância desses animais para a história brasileira. Nós conhecemos relativamente bem a trajetória quase ininterrupta da difusão dos grandes ruminantes por todo o território nacional – o "ciclo econômico do gado", fundamental para a compreensão da formação econômica, social e territorial do país –, mas das dezenas de grupos indígenas atingidos pela expansão da pecuária só temos notícias de que flechavam esses estranhos animais que apareciam de repente em seus territórios, e de que foram, quase sempre, desalojados por eles. Quase nada é conhecido acerca dos modos culturalmente diferenciados pelos quais esses seres – considerados por Alida Metcalf (2005) como "*intermediários físico-biológicos*" (*physica/biological go-betweens*) determinantes para a conquista europeia – foram recebidos, rechaçados ou adotados, criados, consumidos, utilizados, familiarizados ou estranhados por essas sociedades.

A indigência de estudos etnográficos sobre a adoção maciça de novas espécies exóticas por parte das sociedades indígenas contrasta, ainda, com a evidente importância que vários desses animais assumiram entre diferentes grupos, tal como o cavalo e o boi para os Kadiwéu-Guaykuru, que ficaram conhecidos, desde longa data, como "índios cavaleiros" (Prado, 1908 [1795]; Bertelli, 1987). Pouco tem sido feito, portanto, no sentido de uma compreensão mais detalhada da posição que ocupam, nestes sistemas classificatórios, os animais *exóticos* ou *exógenos*, introduzidos pelos brancos no processo de contato – ou mesmo antes dele, uma vez que várias espécies se espalham pelo território de *motu próprio*. A literatura etnológica tem feito apenas observações pontuais sobre a questão, mas um estudo sistemático da penetração dessas espécies nos sistemas simbólicos das populações indígenas, bem como seus efeitos em práticas cotidianas ou rituais, é a tarefa que o presente texto pretende enfrentar: uma reflexão sobre a presença e a posição cosmológica assumida por estes seres nos universos culturais indígenas amazônicos, tendo como via privilegiada a etnografia Karitiana.

É fundamental destacar que este livro pretende contribuir, teoricamente, com as implicações de projetos governamentais e não-governamentais que giram em torno da reprodução de animais – piscicultura, manejo e conservação de espécies, pecuária, criação de abelhas europeias para produção de mel, entre outros – e que, como regra, operam com uma noção de natureza como *recurso*. Além disso, desconsideram completamente tanto as condições *ecológicas* envolvidas na difusão da criação animal (ecossistemas frágeis impróprios para as atividades propostas, grave degradação ambiental, impactos sobre espécies nativas e por aí vai) quanto os determinantes *culturais, sociais, econômicos e históricos* da introdução desses novos animais – e de novas maneiras de pensá-los e de tratá-los – entre sociedades para as quais a *domesticação/criação de animais* era desconhecida (deficiências técnicas e profissionais, modos singulares de adoção/adaptação de espécies animais, desconhecimento das formas produtivas locais e dos incontáveis casos de fracasso de experiências similares em outros contextos, entre outros). Não quero com isso, como será visto, defender que os índios não estão aptos para a criação animal por algum *default* cultural ou uma incompatibilidade atávica entre a caça/coleta/horticultura e a pecuária, mas apenas refletir sobre os incontáveis desentendimentos que com frequência acompanham as propostas desenvolvimentistas. Assim, espera ser uma contribuição para a criação de projetos nesta área que sejam, de fato, não só culturalmente sensíveis, mas também ecológica e economicamente aceitáveis.

Pensar os animais exóticos nas aldeias tem, por fim, outro impacto importante. Num cenário de crescente preocupação social e acadêmica com as condições dos animais – domésticos ou selvagens, tratados de modo truculento e cruel aos milhões ou ameaçados de extinção – nas sociedades urbanas e industriais, é forçoso reconhecer que a condição dessas criaturas nas comunidades indígenas Brasil afora é terreno bem pouco palmilhado. Algo vem sendo debatido e aplicado, há algum tempo, com respeito ao manejo e conservação da fauna silvestre e da caça, inclusive com a participação efetiva dos índios. Este livro busca evidenciar esta realidade pouco explorada das áreas indígenas, inserindo os animais domesticados que vivem nesses territórios no rol das preocupações da ordem do dia, seja na teoria antropológica, seja no debate público mais amplo.

* * *

Conhecer detalhadamente os animais é tarefa fundamental para a compreensão profunda das cosmologias indígenas nas terras baixas da América meridional: essa é umas das mais importantes lições que extraímos das *Mitologiques* de Claude Lévi-Strauss, assim como de incontáveis outros trabalhos em etnologia da região. Por que razão, então, os animais introduzidos pelos brancos não teriam de ser também objeto destas investigações, uma vez que já são parte, há séculos, do dia-a-dia dessas sociedades, tendo mesmo muitas vezes atingido as aldeias antes da efetiva chegada dos homens brancos? A floresta amazônica dos etnólogos em geral é tão cheia de jaguares – e anacondas, tapires, pecaris, harpias, urubus-rei – que parece não sobrar lugar para essas *espécies companheiras* (cf. Haraway, 2003) que parecem estar integradas aos universos sócio-cosmológicos indígenas. Mas, para evocar o título de um dos livros de Marvin Harris (1978), se há, na América do Sul, guerras e bruxas – temas caros à etnologia regional –, há também vacas e porcos, muitos, mas sujeitos desde sempre ignorados pela antropologia nas terras baixas do continente, e que aqui, oxalá, merecerão o tratamento analítico adequado. Eu também sou antropólogo e não suinólogo, mas, ao contrário de Viveiros de Castro (2002a: 134), os porcos – sejam queixadas, caititus ou porcos domésticos – me interessam enormemente. Aliás, se porcos interessam aos humanos – por qualquer razão que seja – eles devem importar ao antropólogo. Como assevera John Knight, na introdução a uma recente coletânea, nosso interesse deve ser:

> (...) nos animais como *sujeitos* mais do que como *objetos*, nos animais como *partes* das sociedades humanas mais do do que como apenas *símbolos* dela, e nas *interações* e nas *relações* entre animais e humanos mais do que simplesmente nas *representações* humanas sobre os animais (Knight, 2005: 1, grifos no original).

A tarefa a que me proponho é a de conceder relevância a estes seres aparentemente tão banais – pelo menos para os cidadãos urbanos contemporâneos –, apostando em que o estudo das modalidades de relação entre esses seres e os humanos com quem convivem pode ter substancial rendimento para a compreensão das formas por meio das quais os Karitiana – e as sociedades nativas das terras baixas sul-americanas em geral – concebem e atualizam seu estar no mundo.

No capítulo I introduzo o tema da introdução e difusão de espécies animais europeias em terras sul-americanas, com particular atenção à Amazônia, apenas para notar as enormes lacunas na análise historiográfica e antropológica do assunto. Não obstante, um percurso mínimo é sugerido, de modo a balizar a apresentação das narrativas dos Karitiana a respeito do surgimento desses seres em seu universo social e simbólico. Como o aparecimento de novas criaturas entre os Karitiana esteve inexoravelmente ligado à penetração dos brancos por seu território, procurei reconstruir a trajetória do contato deste grupo indígena – baseando-me na memória Karitiana e nas exíguas fontes escritas disponíveis – demonstrando que as características da colonização no norte de Rondônia podem, em parte, dar conta dos modos específicos pelos quais os Karitiana conheceram e adotaram animais exógenos. Destaco, ademais, que a memória da chegada dos brancos com seus animais dá conta, ainda hoje, da manutenção de uma diferença sensível entre os animais nativos e aqueles introduzidos, diferença expressa no idioma da historicidade. No final, faço um pequeno comentário sobre certos cachorros anômalos que os Karitiana conheceram antes da chegada dos brancos.

O capítulo II começa apresentando os Karitiana, povo de língua Tupi-Arikém que vive no norte do estado de Rondônia, entre os quais realizei pesquisa de campo e de onde provêm os dados que subsidiam as discussões que serão avançadas no texto. Espero oferecer um instantâneo dos Karitiana, privilegiando aspectos que se relacionam com a presença cotidiana dos animais introduzidos – geografia do território e da aldeia, mobilidade, atividades produtivas, conversão e faccionalismo religioso – seja nas aldeias, seja nas cidades; também descrevo brevemente as condições de realização desta pesquisa. A descrição dos Karitiana de hoje prossegue com um recenseamento dos animais exóticos – seu número e suas condições de existência – vivendo entre eles nos três momentos em que estive em campo (2003, 2006 e 2009), e interroga as razões alegadas pelos Karitiana para criarem animais nas aldeias: aqui, ao contrário de outros trabalhos sobre a questão, decidi menos por uma análise estrutural do que por ouvir as motivações dos indivíduos. Sigo com uma descrição dos vários projetos que, ontem e hoje, planeja(ra)m introduzir a criação sistemática de animais – bovinocultura, piscicultura, avinocultura, caprinocultura – na maior e mais populosa aldeia Karitiana, *Kyõwã*, e aproveito o espaço para sugerir alguns dos descompassos e equívocos envolvidos na instalação de atividades desta natureza em aldeias indígenas, utilizando algum material comparativo. Vista – por setores oficiais e organizações não-governamentais – como panaceia para problemas nutricionais, econômicos e mesmo ambientais de várias sociedades nativas, pretendo demonstrar que a pecuária está bem longe de ser a melhor opção, em vários sentidos, para a solução dessas dificuldades. O exame da bibliografia revela, quase sem exceção, que tentativas de estabelecer a criação animal em aldeias indígenas redundaram em sonoros fracassos. Este exame da literatura, aliado ao material Karitiana, pretende iluminar aspectos destes processos, de modo a contribuir com a elaboração de projetos mais bem direcionados e mais adequados às condições sociais, culturais, econômicas e ambientais dos territórios indígenas, bem como que atentem para a situação muitas vezes miserável dos animais eles mesmos.

Um mergulho nas práticas cotidianas dos Karitiana com relação aos seus animais domesticados é o mote do capítulo III. Inicio com uma das discussões centrais do livro, a saber, que os animais de criação são tornados filhos dos humanos, e assim circunscritos ao universo social Karitiana. Dialogando com a literatura que aborda a questão dos *pets* na Amazônia, defendo que entre os Karitiana os animais de criação, como os humanos, cumprem um ciclo de vida cujas fases supõem atitudes distintas, mas também ações e atenções diferenciadas da parte dos outros: filhotes, como crianças humanas, são tratados com delicadeza e cuidado; quando crescem, devem assumir as responsabilidades esperadas de qualquer criatura adulta, e os desvios de conduta são, então, tratados em conformidade com as noções de autonomia e individualidade correntes nas terras baixas. Em outra seção do mesmo capítulo, abordo a questão da nominação dos animais de criação entre os Karitiana, destacando que o sistema ao mesmo tempo aproxima e afasta esses seres do modelo ideal de humanidade, fundado sobre a repetição de um estoque de nomes nativos que renova os indivíduos (humanos) no fluxo da história. Calcado na exonímia – os nomes de animais vêm, em sua maioria, de fora da sociedade – o sistema onomástico dos mascotes não permite a singularização e nem a historicização dos sujeitos, tal como acontece entre humanos.

Antes de concluir, no capítulo IV apresento um esboço da classificação animal desta sociedade que, como será apresentado, está sobremaneira fundamentada nos *contextos* em que os animais são encontrados e na qualidade e intensidade das relações que estes seres desenvolvem entre si, com outras criaturas, e, sobretudo, com os humanos. Esse esforço é crucial, pois a partir de esquemas conceituais indígenas tratar-se-á de compreender o lugar concedido aos animais domesticados exóticos na taxonomia, e como tal inserção, carregada de história, a reorganizou. Por isso, discuto o lugar que os animais introduzidos ocuparam na cosmologia e na escatologia Karitiana, tendo como suporte dados sobre a lógica de nomeação dessas espécies e o sistema de atitudes a elas relacionado. O exame desses aspectos procura demonstrar que a familiaridade cotidiana (e já antiga, tendo provavelmente cerca de cem anos) com esses seres não obliterou completamente os rastros de sua origem exógena e do seu exotismo.

* * *

Em um artigo exploratório, Jean-Pierre Digard (1992: 253) assinala:

> O continente americano é ainda considerado, por certos especialistas da domesticação animal que o comparam ao Oriente Médio, como um 'foco de domesticação' de segunda ordem. Esta má reputação não me parece merecida; ela procede, em todo caso, de uma concepção estreita e, em uma palavra, esterilizante da noção de domesticação. Nesse sentido, ainda, a América teria a necessidade de ser redescoberta.

Trecho que nos convida a "redescobrir a América" percorrendo o caminho da domesticação animal. Sem endossar aqui, pelo menos por enquanto, a conclusão de que animais domesticados estiveram presentes em toda a América, inclusive nas terras baixas de sua porção meridional, o convite à reflexão sobre o tema é absolutamente bem-vindo. Tal empresa pede, necessariamente, uma cuidadosa investigação acerca das relações entre os humanos e os não-humanos na região, sejam eles os animais da floresta, os trazidos e amansados nas aldeias, e aqueles introduzidos pelos brancos e adotados após o contato. Este é o desafio que este livro pretende enfrentar. Sem mais demora, vamos a isso.

Capítulo 1
Zoologias do contato

"The exotic is never at home"
Peter Mason, *Infelicities*.

Columbian exchanges na Amazônia

A HISTÓRIA DA INTRODUÇÃO DE ANIMAIS EXÓTICOS de origem europeia na Amazônia ainda está para ser contada. Sabemos muito pouco disso que o biogeógrafo Alfred Crosby (2003 [1973]) chamou de *troca Colombiana* (*Columbian exchange*), a história da difusão desses seres adventícios pelos ecossistemas do Novo Mundo e a transformação desses, via *imperialismo ecológico* (1991; 1993), em regiões ecologicamente cada vez mais assemelhadas à Europa. Atrelada a uma versão canônica da historiografia brasileira, que pensa a história do país dividida em *ciclos econômicos*, nós dispomos de uma boa reconstrução da trajetória do gado bovino – o *ciclo do gado* – desde sua introdução na foz do rio São Francisco entre 1531 e 1533 (Bennett & Hoffmann, 1991: 95) até a quase completa ocupação da maior parte do território nacional fora da Amazônia (Goulart, 1965; Figueiredo, 1994; Vilela da Silva, 2005). Esta expansão do boi constituiu o que Darcy Ribeiro (1996 [1970]) chamou de *frente pastoril* de ocupação do território, ao analisar seus profundos impactos sobre as populações indígenas. Quase nada sabemos, todavia, da difusão de outras espécies não-nativas, e também muito pouco se conhece a respeito da introdução desses seres na região Amazônica.

Este capítulo busca apresentar minimamente estas histórias,[1] focalizando a penetração desses animais europeus no cotidiano das populações nativas da região sudoeste da Amazônia brasileira, mais especificamente o atual estado de Rondônia e o território historicamente ocupado pelos Karitiana, nos vales dos rios Jaci-Paraná, Candeias e Jamari. Para tanto, será necessária uma reconstituição da trajetória do contato deste grupo indígena com os colonizadores. Veremos que a memória dos contatos com os brancos também é a memória do aparecimento dos animais introduzidos e que, por isso mesmo, estas histórias contrastam com

---

1 *"Zoo-histórias"*, poderíamos dizer, com Delort (2002: 57).

as narrativas sobre a origem dos animais nativos, introduzindo, desde já, sua *exterioridade* como signo de sua posição no sistema Karitiana de classificação dos seres.

Antes, porém, alguns esclarecimentos são necessários. Formalmente, a Biologia reconhece a existência de quatro espécies domesticadas – domesticação aqui entendida em seu sentido corrente na literatura, que conjuga, como principais aspectos, a sujeição à ordem social humana, o controle reprodutivo e a utilização intensiva[2] – na América do Sul: a lhama, a alpaca e o porquinho-da-índia (cobaia), esses três restritos à região andina, e o cachorro, que não foi domesticado na América do Sul – "*não é um endemismo neotropical*" (Gilmore, 1997: 219, 273-274) – mas foi trazido pelos ancestrais dos seus atuais ocupantes, e difundiu-se pelos Andes e alhures (Lavallée, 1990). Para as terras baixas do continente há duas grandes controvérsias.

Uma delas refere-se ao pato almiscarado ou pato do mato (*Cairina moschata*, conhecido em inglês como *muscovy duck*), do qual há evidências bastante consistentes de que foi domesticado por diferentes populações nas terras baixas (Gilmore, 1997: 218; Digard, 1990; Donkin, 1989), ainda que o problema talvez esteja na definição precisa tanto das espécies de patos em questão (*Anatidae*), quanto do conceito de domesticidade propriamente dito[3] e sua aplicação em contextos sociais variados. É possível que esses patos tenham se associado livremente às comunidades nativas, permanecendo em contato direto com os humanos. Como sugere Angulo (1998), é possível que eles tenham sido empregados, sobretudo, no controle de infestações de insetos ou como guardiães, emitindo sons de alarme à aproximação de estranhos.

A outra controvérsia refere-se ao cão. Nós sabemos que ele estava presente nos Andes antes da conquista, mas os limites de sua difusão pelas terras baixas não são precisamente delimitados. Há fortes indícios de que cães nativos também

---

2 Veja-se a definição de A. Gautier (*apud* Delort, 2002: 58): "um processo de microevolução iniciado pelo isolamento de um número restrito de indivíduos de uma espécie selvagem particular, em um nicho ecológico especial, estabelecido pelo homem e que obriga esses animais a viverem e se reproduzirem sob sua tutela e em seu proveito".

3 Sick (1984:85), por exemplo, afirma que a única ave domesticada "*no sentido rigoroso da palavra*" (?), na América do Sul, foi o pato do mato (*Cairina moschata*), mas ele não especifica que "*sentido rigoroso*" é esse.

existiam nos Pampas e na Terra do Fogo (Zeuner, 1963: 102; Schwartz, 1997: 30, 76-78). Cachorros estavam presentes nas ilhas do Caribe, na região das Guianas e na bacia do Orinoco antes da chegada dos europeus: em sua revisão Schwartz (1997: 40-45) cita como evidências desta presença relatos dos primeiros exploradores a atingirem o litoral setentrional da América do Sul, a existência da palavra para cão nas línguas desta região (Schwartz, 1997: 40; 172), a importância deste animal na mitologia dos povos de língua Arawak (Drummond, 1977; Dumont, 1977; Magaña, 1992) e as extensas redes de intercâmbio de cachorros treinados para a caça (entre outros bens) que conectavam as populações da área, muitas delas funcionando até hoje (Butt-Colson, 1973; Roth, 1974; Barbosa, 2005). Os limites destes circuitos guianenses de artefatos não são conhecidos, mas o fato do cão não ter sido difundido entre populações ao sul pode indicar onde terminavam as relações de troca que cortavam o norte do continente sul-americano. Talvez a própria floresta equatorial – além de grandes rios, como o Orinoco e o Amazonas – tenha oferecido alguma dificuldade para a dispersão da espécie:

> "Antes da chegada dos europeus, grupos nas zonas marginais da vasta floresta amazônica tinham cães, mas não há evidências de que os povos no interior da floresta tenham, em algum momento, possuído cachorros" (Schwartz, 1997: 40).

Ao que parece, portanto, o cão não estava presente na maior parte das terras baixas da América do Sul, incluindo grande porção da Amazônia. Mais ao sul os limites da difusão do cachorro são também obscuros: ele parece ausente em todo o leste e nordeste do Brasil, mas Crocker (1985: 32) afirma que os Bororo *"tinham domesticado o cachorro"* (*indigenously had domesticated dogs*). Por estarem nos limites meridionais da floresta, Schwartz (1997: 41) aceita a informação sobre os cachorros Bororo; de minha parte, creio que mais pesquisas são necessárias, pois é possível que Crocker tenha encontrado entre os Bororo cães ali chegados com as primeiras levas de ocupação de sua região, no século XVIII.

Certo é que os Karitiana, no interior e distante das redes de trocas nas Guianas, não tinham cães antes do contato, como afirma Antônio Paulo: *"quando os Karitiana estavam no mato, não tinham cachorros"*. Sobre os patos, há alguma discussão: os Karitiana chamam os patos que vivem na aldeia – que eles denominam *patos mansos, patos da cidade* ou *patos que vivem na água* – de *kyky*, mas com a mesma palavra designam os patos do mato nativos, também chamados de *patos bravos* (às vezes referidos como *kyky gopipit*, literalmente "*pato do mato*").[4] De acordo com Epitácio, existem patos do mato na região, mas que antigamente não eram criados e nem caçados para servir de alimento. De acordo com ele, os Karitiana antigos não comiam patos, pois sua carne "*fazia filho da pessoa ficar frio quando doença atacava*", restrição comum ao consumo de aves de hábitos aquáticos. Aparentemente, os Karitiana só começaram a alimentar-se da carne e dos ovos destas aves depois de encontrarem-nas, após o contato, "*no meio dos brancos*", ou seja, criados por não-índios das redondezas. Assim, é a introdução desses *patos mansos* que torna comestíveis os patos bravos do mato, até então desprezados. É possível, então, que os Karitiana tenham identificado os patos introduzidos com os animais nativos. Provavelmente por esta razão, os patos mansos e os bravos recebem a mesma denominação na língua Karitiana. Não sou especialista, mas creio estar correto em relatar que pelo menos alguns dos patos encontrados hoje na aldeia Karitiana *Kyõwã* são patos do mato da espécie *Cairina moschata* (ver figura "A" em Angulo, 1998: 20), e é bem possível que os animais trazidos pelos brancos – no passado e continuamente até hoje – sejam da mesma espécie daqueles nativos da região.

As pesquisas históricas arriscam em apontar algumas das datas da chegada de várias dessas espécies no litoral da América portuguesa a partir da primeira metade do século XVI. A carta de Pero Vaz de Caminha menciona que Pedro Álvares Cabral mostrou aos índios que encontrou no atual litoral baiano em 1500 uma galinha e um carneiro (Gilmore, 1997: 251; Metcalf, 2005: 127), e teria deixado galinhas com os degredados que permaneceram naquele local (Nordenskiöld, 1922: 2). Trinta anos depois, ao que parece, Martim Afonso de Souza teria principiado a introdução de bovinos e equinos na foz do rio São Francisco, entre 1531 e 1533 (Bennett & Hoffmann, 1991: 95), ou na capitania de São Vicente em 1532 (Dean, 2004: 91) ou 1534 (Figueiredo, 1994: 35). Porcos e aves domesticadas eram deixadas ("*soltura*") pelos portugueses no litoral sul-americano desde pelo menos os anos de 1530 (Donkin, 1985: 42-43). Datas controversas à parte, o certo é que inúmeros

---

4 O marreco (*kykyj ina*, "*pato pequeno*") é considerado "*do mato, não é criação*". Não existem marrecos domésticos nas aldeias Karitiana.

relatos apontam que já por volta de 1550 todos esses animais haviam se adaptado com sucesso ao Novo Mundo, reproduziam-se em abundância e se difundiam rapidamente nos assentamentos europeus e nas aldeias indígenas próximas (Goulart, 1965; Buarque de Holanda, 1975: 199-202; Crosby, 1993 e 2003[1972]; Metcalf, 2005: 128-152).[5] Sabemos, ainda, que sua expansão para o interior do continente foi veloz, mas os dados de que dispomos são muito mais fragmentados.

Saliente-se que a reconstituição da história da penetração dos animais de origem europeia pela Amazônia – bois, cavalos, burros, porcos, galinhas, gatos, coelhos, ratos, pombos e o cachorro, onde este não era nativo – é tarefa ainda mais complexa, simplesmente porque os documentos existentes só muito raramente mencionam a presença destes seres nos contingentes populacionais em movimento ou expansão e, quando o fazem, concentram-se em animais de maior impacto econômico e simbólico, como os bovinos. Além disso, pouco interesse tem sido demonstrado pelos historiadores: a *historiografia* dos encontros entre índios e europeus parece sofrer, assim como a *etnologia*, de um desinteresse pela domesticidade. Desta forma, dispomos apenas de informações vagas e lacunares, ou de referências genéricas, e o que temos são apenas pequenos lampejos na imensidão escura que cobre a difusão desses seres pela região amazônica.

Essas lacunas se tornam ainda mais profundas quando tratamos da história da colonização do sudoeste da Amazônia Brasileira, para a qual há pouquíssimos estudos. Ademais, trata-se de uma zona de ocupação tardia e, por isso, os documentos existentes são ainda mais raros. Apenas podemos lançar conjecturas sobre possíveis rotas de difusão e contextos de introdução dos animais exógenos entre populações indígenas.

Nós sabemos que embarcações europeias transportavam em suas viagens animais domesticados para consumo da tripulação ou para a introdução nas novas terras descobertas (Johnson, 1943; Metcalf, 2005: 127-128); sabemos, também, que a penetração dos colonizadores pelos sertões do interior a partir do século XVI era sempre acompanhada por animais – sobretudo cães, cavalos e galinhas, mas

---

5 Para outros contextos históricos e etnográficos da fantástica capacidade de adaptação, reprodução e deslocamento dos animais domesticados introduzidos pelos europeus nas Américas, bem como os múltiplos impactos ecológicos, sócio-culturais, políticos e econômicos provocados por estas "*trocas colombianas*", ver Melville (1994, 1998) sobre o México Central e Anderson (2004) sobre a colônia britânica da Nova Inglaterra.

também porcos, bois e outros – destinados ao abastecimento e à proteção dos viajantes, bem como à difusão dessas espécies – que Alida Metcalf (2005) considera importantes "*intermediários*" (*go-betweens*) da conquista europeia nas Américas – pelas áreas recém-abertas ao povoamento (Buarque de Holanda, 1975: 175; 199-202; Mello e Souza, 1997; Kok, 2004),[6] conformando, assim, *biotas* mais e mais familiares ao cotidiano europeu (cf. Crosby, 1993). Animais exóticos podem mesmo ter atingido aldeias indígenas em virtude do naufrágio de barcos ou da desestruturação de expedições por ataques (Metcalf, 2005). Os primeiros europeus a explorarem – ainda que de forma breve e incipiente – a região do alto Madeira e seus afluentes da margem direita (em especial Jamari, Candeias e Jaci-Paraná) podem já ter apresentado essas espécies aos povos indígenas na região, embora os registros de tais eventos sejam virtualmente inexistentes.

A respeito desses animais de pequeno porte (cachorros, galinhas, patos, porcos), é bastante plausível que os Karitiana tenham conhecido esses animais com os seringueiros que ocuparam as franjas do seu território a partir do final do século XIX e com maior intensidade depois de 1940: sabemos da importância, entre os seringueiros isolados na mata do vale do Madeira, de cães treinados para a caça e de pequenas criações que complementavam a dieta alimentar, além de reforçarem "*o aspecto de intimidade em torno da casa do seringueiro*" (Teixeira, 1999: 275-276). Este vínculo entre trabalhadores da borracha e animais domesticados e as narrativas coletadas entre os Karitiana – que serão analisadas na terceira seção – parecem confirmar.

Quanto aos bovinos e equinos – *animais de pastoreio* – dispomos de boas reconstruções de sua difusão pelo território brasileiro, em função da importância do *ciclo do gado* e da *frente de ocupação pastoril* (Goulart, 1965; Hemming, 1978; Capistrano de Abreu, 1988; Figueiredo, 1994; Vilela da Silva, 2005). A maioria desses estudos focaliza as regiões de vegetação aberta, campos e cerrados, do leste, sul e centro do Brasil, zonas rapidamente ocupadas pelo gado. Quanto ao impacto desses animais nos povos indígenas que habitavam essas áreas, os trabalhos quase sempre se limitam a destacar sua resistência – por meio do ataque aos

---

6 Sérgio Buarque de Holanda (1976: 54) afirma, por exemplo, que as monções paulistas de 1723 levaram os primeiros porcos e galinhas para as minas de Cuiabá; bois e cavalos só chegariam após 1727; talvez em 1737, a crer na documentação, embora as datas sejam incertas (Vilela da Silva, 2005: 57-58).

animais e aos trabalhadores das frentes pastoris –, a lamentar suas perdas com o irresistível avanço da pecuária e a enumerar as populações dizimadas e extintas neste processo (Hemming, 1978: 345-376; Mott, 1979; D. Ribeiro 1996 [1970]).

Pouco sabemos sobre a difusão do gado na região amazônica.[7] Ali, em geral, as primeiras experiências com criação sistemática de bovinos datam de meados do século XVII, mas ficaram restritas, sobretudo, às periferias dos centros populacionais e aos aldeamentos missionários que, em muitos lugares, foram os responsáveis diretos pela introdução dos bois e outros animais de criação (Goulart, 1965: 28-36; Engrácia de Oliveira, 1983: 255-257; Bastos da Veiga *et alli*. 2004: 16-18); como se pode supor, na floresta o gado não conseguia espalhar-se *motu proprio* com tanta facilidade – "*na baixada amazônica o predomínio da água e o da mata restringiam as ocupações agrícola e pastoril*" (Capistrano de Abreu, 1988: 234) – e foi, na maioria dos casos, levado diretamente pelos novos ocupantes do território; isso parece valer para Rondônia. Sabe-se que havia intensa movimentação de rebanhos – por compra ou contrabando – na fronteira luso-espanhola definida pelo rio Guaporé (cf. Meireles, 1989: 77-82; 132-140), em função do sucesso da pecuária nas missões espanholas de Mojos e Chiquitos – "*países de imenso gado vacum*" no dizer de Pereira e Cáceres, governador da Capitania de Mato Grosso, no final do século XVIII (*apud* Anzai, 2008: 155) – muito próximas do território que os Karitiana reconhecem como tradicional. Não obstante, esse movimento parece ter ficado restrito ao alto Guaporé, posto que a ocupação portuguesa do

---

7   Exceção feita, talvez, à penetração do gado nas áreas de campos naturais na Amazônia: a ilha de Marajó e os campos naturais no baixo Amazonas e na região Bragantina do Pará (Bastos da Veiga, 2004) e, notadamente, o vale do Rio Branco no atual estado de Roraima, onde as relações entre bois, pecuaristas e povos indígenas datam do século XVII e constituem, até hoje, fator decisivo na ocupação da região, muitas comunidades indígenas possuindo rebanhos sob seus cuidados (Rivière, 1972; Farage, 1991; Farage & Santilli, 1992; Santilli, 1994). Não obstante, aqui, também, pouco se sabe sobre os modos indígenas de incorporação desses animais, tendo-se em vista, inclusive, que projetos de pecuária ali parecem funcionar bem (Vieira, 2007: 188-191). É digno de nota que o estudo clássico de José Alípio Goulart (1965: 28-36), ao tratar da expansão do gado vacum pelo extremo norte, trate apenas das zonas campestres da ilha de Marajó e da calha do rio Branco. A aclimatação e difusão dos búfalos nas zonas alagadas do médio vale do Guaporé (dentro da Reserva Biológica do Guaporé), em Rondônia – onde se tornaram *ferais* ("*aselvajados*") – também demanda um estudo detalhado: uma população de entre 2 mil e 4 mil animais, derivados de dois eventos de introdução (um total de 66 animais) nos anos de 1950 (Pereira *et alli*. 2007), a região é percorrida por grupos indígenas sem contato.

que é hoje o interior de Rondônia foi incipiente até o final do século XIX, e o gado encontrava a barreira da floresta em seu rumo para o norte e nordeste.

Não obstante, dispomos de algumas notícias sobre a presença de animais domesticados introduzidos pelos colonizadores na região bem próxima ao território tradicional dos grupos de língua Tupi-Arikém, nos rios Jaci-Paraná, Candeias e Jamari. Em 1798 uma tropa de militares, índios e escravos estabeleceu-se na cachoeira Ribeirão, no rio Guaporé, próxima da confluência com o rio Abunã, local onde passaram a cultivar a terra e a "*criação de porcos, galinhas, cabras e outros animais caseiros*" (Pinto, 1998: 23). No mesmo ano, na foz do rio Jamari foi criada a povoação de São João do Crato, cujos habitantes – em sua maioria famílias indígenas – receberam gado para iniciar a criação (Pinto, 1998: 26). Esses animais podem ter se espalhado por populações indígenas vizinhas, com ou sem contato, por meio de sua movimentação pelas matas ou através de redes de intercâmbio ou da captura em ataques; contudo, não há maiores evidências desta difusão precoce.

Assim, é muito provável que os Karitiana só tenham mesmo tomado conhecimento dos grandes herbívoros domesticados – bois, cavalos, cabras, burros – com a penetração mais intensa dos brancos na região do médio e baixo curso dos rios Jaci-Paraná, Candeias e Jamari, com a intensificação da demanda pela borracha, no primeiro ciclo – caucheiros bolivianos, que ocuparam esta região no final do século XIX, eram abastecidos por "*estabelecimentos agropecuários*" nos rios Guaporé, Mamoré, Beni e Madre de Dios, na fronteira com Brasil e, ao que parece, conduziam gado em pé através do Madeira e seus grandes afluentes (Teixeira, 1998; Pinto, 2003: 108) – ou no segundo, o dos *Soldados da Borracha* – Davi Leal (2007: 122) sustenta que áreas de seringais no alto Madeira já eram vendidas a preços baixos para madeireiros e pecuaristas vindos de outras regiões do país ou, talvez, mais tarde ainda, com a massificação da onda colonizadora que varreu Rondônia a partir dos anos de 1960 (Fearnside, 1989; Perdigão & Bassegio, 1992; Moser, 1997; Millikan, 1999).

Destaque-se que a partir dos anos 80 do século passado a pecuária tomou um novo rumo em Rondônia, tornando-se um dos modos preferenciais de ocupação da terra e trazendo todos os impactos ambientais previsíveis: desmatamento descontrolado, compactação e erosão dos solos, difusão de pastagens não-nativas (Fearnside, 1989). Se atualmente a região amazônica já abriga quase 30% do rebanho nacional de gado de corte (Bastos da Veiga, 2004: 18; Arima & Barreto, 2006: 120), Rondônia transformou-se no quinto maior exportador de carne bovina entre os estados brasileiros.[8] Condizente com a ideologia de que pasto e gado sacramentam a posse da terra (Fearnside, 1989: 64), aliada à conjuntura favorável do agronegócio exportador no Brasil – que já tem o maior rebanho bovino e é o maior exportador de carne do mundo (Brown, 2006; Barbosa & Molina, 2007) – as fazendas de gado espalharam-se por todo o estado.[9] Já em meados da década de 1976, foi instalada ao norte da área demarcada para os Karitiana a Gleba Garças, do Projeto Fundiário Alto Madeira, com terras destinadas à pecuária (Moser, 1993: 66). Hoje, praticamente todo o norte e oeste da Terra Indígena Karitiana – assim como o médio e baixo rio Candeias, limites do território tradicional do grupo – estão ocupados por grandes fazendas, o que exerce forte atração nos índios e tem influência direta nos modos como eles percebem a introdução e a adoção de novas espécies e a criação animal, como será visto adiante.

* * *

É forçoso reconhecer, então, que a história da difusão dos animais introduzidos com a conquista na Amazônia – com particular ênfase na incorporação destes nos universos indígenas – ainda está por ser escrita. Algo nos moldes do fantástico estudo de Daniel Gade (1999) sobre a "colonização" de Guayaquil, Equador, pelos ratos europeus (*Rattus rattus* e *R. norvegicus*) e suas imbricações nos rumos sociais, políticos, econômicos e urbanísticos daquela comunidade, no entanto, parece distante em vista do que temos até agora na historiografia brasileira. Esta seção, de todo modo, não pretendeu acessar documentos para reconstruir estas histórias, tarefa que seria monumental. Não obstante, as memórias dos Karitiana sobre o aparecimento desses seres em seu cotidiano são, também, documentos que permitem acessar alguns pontos da trajetória dos animais introduzidos na região dos vales dos rios Jaci-Paraná, Candeias e Jamari, no norte do atual estado

---

8 Dados de 2007. A informação está em www.pecuaria.com.br/info.php?ver=2047&language=english (acessado em 15 fev. 2008). Entre 1970 e 1988, o rebanho bovino rondoniense aumentou 30 vezes (Hecht, 1993: 691)!

9 Um adesivo distribuído pelos ruralistas durante as feiras agropecuárias que movimentam o estado nos meses de junho a agosto prega: "*Rondônia: estado natural da pecuária*"!

de Rondônia. É nelas que vamos nos fiar; antes, porém, é necessário conhecer um pouco melhor a trajetória dos próprios Karitiana.

Novos tempos (e seres) no alto vale do rio Madeira

Para a contextualização das histórias da introdução das espécies animais exógenas será necessário reconstituir, ainda que minimamente, a trajetória do contato entre os Karitiana e os brancos.

Evidências linguísticas sugerem que os povos que falam (ou falavam) línguas da família Tupi-Arikém habitam a região tradicionalmente ocupada pelos Karitiana, entre as porções médias e baixas dos rios Jamari, Candeias e Jaci-Paraná, afluentes do baixo Madeira,[10] possivelmente há milênios (Urban, 1992; Leonel, 1995; Crevels & van der Voort, 2008). A área que compreende o atual estado de Rondônia é há tempos considerada, por sua rica diversidade de povos e línguas, ponto de origem de várias famílias linguísticas e foco de movimentos populacionais pré-históricos e de dispersão de culturas (Lévi-Strauss, 1948; Galvão, 1979; Miller, 2007 [1983]; Meireles, 1991). A ausência de dados arqueológicos e históricos mais completos, entretanto, não permite mais do que especulações. Mesmo após a chegada dos colonizadores europeus, as fontes documentais disponíveis são escassas, e ainda subaproveitadas pela pesquisa histórica; relatos orais ainda precisam ser melhor analisados: tudo isso conforma um quadro ainda pouco conhecido da história das populações indígenas naquela região, o que não é diferente no que concerne à trajetória dos Karitiana.

A região dos formadores do rio Madeira, na presente Rondônia, foi, na maior parte dos últimos cinco séculos, zona de fronteira entre os dois impérios ibéricos na América. No entanto, os conflitos pela possessão da área foram em geral discretos, assim como a efetiva ocupação desta porção do sudoeste amazônico, sobretudo na margem portuguesa (direita) do rio Guaporé. Há notícias de que exploradores portugueses subiram o Guaporé e o Madeira desde pelo menos meados

---

10 Mapa reproduzido por Lúcio (1996:1) coloca como "*área tradicional de ocupação dos povos da família Arikem*" a extensa região entre os rios Jaci-Paraná até quase as margens do rio Machado, tendo o rio Madeira como limite norte. Os Karitiana chamam o rio Madeira de *E'se ty*, "*água grande*", ou "*mãe do rio*", uma vez que todos os rios têm origem nele; o Rio Candeias é *E'se keto*, "*rio [água] azul*", mas seu nome antigo seria *Kyryj'i'se* ("*rio onde tem muito mosquito, pium*"); o Rio Jamari é *E'se poko*, "*rio [água] branco*".

do século XVII – destaque para as viagens de Raposo Tavares em 1648 e de Antônio de Mello Palheta em 1722-1723 – e que a região era rica em variedade de drogas do sertão, como o cacau, explorado de modo incipiente desde o século XVIII por comerciantes paraenses na foz do rio Jamari. Missões religiosas começam a aparecer também no século XVIII, na desembocadura do mesmo rio (Hugo, 1959, I; Maldi, 1984: 25-53; Pinto, 1986: 223-310; 2003: 23-29; M. A. Teixeira, 1998; Teixeira, 1999:81-84).

A consolidação do domínio lusitano a leste do vale do Guaporé se dá em 1776, com a fundação do Real Forte Príncipe da Beira (Pinto, 1989), posto avançado de frentes de ocupação muito esparsas que se deslocam do sul, vindo de Mato Grosso. O século XVIII assiste, ainda, a fundação de pequenos núcleos populacionais – a maioria de vida muito curta – no alto Madeira e seus grandes afluentes (Pinto, 2003: 45-74), mas o interior dessas terras – a região de densas florestas dos formadores dos rios Guaporé e Madeira – permanecem praticamente fechados aos colonizadores e desconhecido para a historiografia. Tal cenário se estende pela primeira metade do século XIX: um mapa da população indígena da província de Mato Grosso – lembremos que o Território Federal do Guaporé, depois Rondônia, em suas feições atuais, só será criado em 1943, seu território desmembrado dos estados de Mato Grosso (centro e sul) e Amazonas (extremo norte) – de 1849 (publicado em Vilela da Silva, 2007: 340-341) não menciona os Karitiana, embora fale de "Caripunas" e "Araras", ambos "*nas imediações*" dos rios Madeira e Jamari.

Mudanças bruscas começam a ocorrer na segunda metade do século XIX. A partir de 1878-1880, caucheiros bolivianos iniciam a penetração dos vales dos rios Mutum-Paraná, Jaci-Paraná, Candeias e Jamari, vindos do oeste (Magalhães, 1930: 107; Meireles, 1984: 54-61; Leonel, 1995; Moser, 1993: 30-33; Pinto, 2003: 108-109; Leal, 2007; Ribeiro da Fonseca, 2007: 42-43; 225). As primeiras décadas do século XX também viram intensa movimentação de pessoas recém-chegadas no alto Madeira, provocada pela penetração da Comissão de Linhas Telegráficas Estratégicas de Mato Grosso ao Amazonas (a Comissão Rondon) e pela desastrosa construção da Estrada de Ferro Madeira-Mamoré. Rondon (2003 [1915]), ao chegar ao alto rio Madeira em 1909 (Gagliardi, 1989: 158-168) faz referência aos exploradores de látex bolivianos que haviam "*invadido as florestas*" dos índios Ariqueme, empurrando-os para as cabeceiras do Jamari. Seringueiros de origem nordestina – fugitivos das secas que varreram o sertão do Nordeste em 1877-78 – começam a ocupar o vale do Madeira também no final do século XIX (Teixeira, 1999: 88).

Rondon contata os Ariqueme – cuja língua, hoje considerada extinta, é classificada junto do Karitiana na família Tupi-Arikém (Rodrigues, 1964) – nas primeiras décadas do século XX, já trabalhando nos seringais instalados por imigrantes nordestinos no médio e baixo Jamari (Rondon, 2003 [1915]: 219-222). Pelo que consta, estes informaram Rondon sobre a existência de "*um grupo denominado caritiana*" realizando ataques ("*razzias*") no alto Candeias (Leonel, 1995: 80). Embora Denise Meireles (1984: 116) afirme que os Karitiana estabeleceram seus primeiros contatos com não-índios no final do século XVIII,[11] é somente nos primeiros anos do século XX que aparece a primeira referência explícita aos Karitiana, em 1907, pelo Marechal Rondon (1907: 329), que, ao chegar à localidade de Repartimento, no rio Jamari, relata:

> "Ahi tivemos noticias dos índios Caritianas, que frequentam as margens dos rios Candeias e Massangana [um afluente do rio Jamari]".

A referência aos rios ocupados pelos Karitiana muda um pouco em 1909, na menção feita pelo ajudante da Comissão Rondon, o capitão Manoel Teophilo da Costa Pinheiro, em exploração pelo rio Jaci-Paraná:

> "As tribus que habitam nas margens do Jacy[-Paraná], pelas informações que tomei, são em numero de tres: – a dos caripunas, caritianas e canga-pirangas (...). Essas tribus vivem em lucta permanente com os seringueiros, e só approximão-se das margens ou de algum barracão, para tomar uma represália" (Pinheiro, 1910: 9).

Este conflito permanente com os novos ocupantes da região explicaria porque o primeiro contato desta expedição com os "Caritianas" foi um ataque aos ocupantes das três canoas, que resultou na morte de um remador e em ferimentos

---

11 Meireles (1988: 5) diz que as referências mais antigas aos Karitiana datam de 1795, mas não cita suas fontes.

em outros exploradores.[12] Anos depois, Rondon (1922: 76-77) observou que, naquela época, "*os Caritiana est*[avam] *em convívio com os seringueiros do Jacy-Paraná, para os quaes trabalham na extracção da borracha*"; a violência praticada contra os índios teria sido a causa do ataque, pois os Karitiana confundiram um dos membros da Comissão, o Dr. Paulo dos Sansos, com o seringueiro Minervino, seu "*antigo patrão*", de quem queriam vingança pelos maus tratos. Rondon (1922: 75) afirmou, ainda, que os Karitiana eram, àquela altura, "*ex-habitantes do rio Branco, affluente do Jacy-Paraná*".

A localização dos Karitiana no rio Jaci-Paraná, ou entre este e o rio Candeias (no vale do rio Branco, importante afluente do primeiro) é condizente com o presumido território original desses índios. É com base nas informações da Comissão Rondon que Nimuendajú (1981) aponta os Karitiana, em 1909, no médio Jaci-Paraná. Um mapa esboçado por J. Barbosa em 1927, contudo, situa os Karitiana no médio rio Candeias, a leste do Jaci-Paraná. Desta forma, as referências históricas indicam que os Karitiana – ou os grupos assim referidos – habitavam a extensa área compreendida entre o Jaci-Paraná e o Jamari:

> "O território tradicional dos Karitiana compreende a região que fica entre o rio Candeias e o Jamari (já na direção de Porto Velho e da foz do Jamari, aproximadamente no que é hoje a Gleba Garça e a Gleba Baixo Candeias, a nordeste da atual área demarcada Karitiana); compreende também as terras da atual área demarcada e o vale do rio Branco, afluente do Jaci-Paraná" (Mindlin & Leonel Jr., 1983: adendo).

É possível que parte do grupo estivesse se deslocando de seu território tradicional para o nascente, fugindo das atrocidades cometidas por seringueiros brasileiros e bolivianos. Rachel Landin (1989: 4) sugere a existência de dois bandos separados (*separate bands*), de umas 50 pessoas cada um, movimentando-se pela região entre o Jamari, o Candeias e o Jaci-Paraná; talvez mais grupos

---

12 Num primeiro momento o ataque foi atribuído aos índios *Canga-piranga* (ou *Acanga-piranga*), também localizados pelo capitão Pinheiro no Jaci-Paraná; tempos depois, Rondon (1922: 76-77) corrigiu a informação, culpando os "*Caritianas*". Moser (1993: 34, citando Magalhães, 1910) informa que as flechas recolhidas após o episódio foram identificadas como Karitiana. Sobre os *Canga-pirangas* não há mais informações.

perambulassem por entre várias aldeias na região. Os próprios Karitiana reconhecem sua dispersão no passado, atribuindo-a a uma onça pintada enorme, criada por uma criatura chamada *Gyro*, e que cresceu e matou muita gente:

> Por isso Karitiana espalharou para todo lado, e se perdeu. Juari foi o único que encontrou, era o mesmo que Karitiana, fugidos. Mas muitos parentes não encontraram mais. Depois *Py'ep*, caçador, guerreiro, homem que mata muita caça, matou a onça, mas Karitiana já estava espalhado, não encontra mais (Antônio Paulo).

Por volta de 1912, contudo, a crise no mercado da borracha atingiu em cheio a região, provocando um refluxo nas atividades dos seringais no vale do Madeira, muitos dos quais abandonados (Teixeira, 1999: 89). Nesse ínterim, as referências aos Karitiana desaparecem dos documentos pesquisados: talvez estivessem com medo e evitando o contato com os violentos brancos que os mantiveram em estado de semiescravidão nos seringais, de novo conforme Landin (1989: 7).

A sugestão de Landin deve ser considerada com mais vagar, se vista à luz dos dados coletados por mim e por Lúcio (1998). Os Karitiana sustentam que são, hoje, uma sociedade resultante da fusão de dois grupos, outrora separados: os Karitiana propriamente ditos e os Juari (ou Joari).[13] Obviamente sem poder precisar datas, os Karitiana contam que ocupavam o vale do médio Candeias – e seus afluentes, o rio Preto e os igarapés Preto e Tapagem (Leão, Azanha & Maretto, 2005: 58) –, ao passo que os Juari estavam a oeste, no rio das Garças (um afluente menor

---

13   A literatura escrita até minha primeira temporada de pesquisa de campo, em 2003, referia-se a este grupo como Kapivari ou Capivari (Moser, 1993; 1997; Bezerra de Oliveira, 1994; Lúcio, 1996; Ushinahua, 2003). Quando indaguei sobre o assunto, os Karitiana recusaram este nome, afirmando que o grupo com o qual se fundiram chamava-se Juari; Valdemar disse-me que este era o nome do chefe do grupo do rio das Garças. Pitanga, um senhor de aproximadamente 85 anos que vive entre os Karitiana, é reconhecido por estes como Kapivari, ou Karipuna; na verdade, ele parece ser o último remanescente de um povo de língua Tupi-Kawahiva chamado Arara do Capivari (nome de um afluente do Jaci-Paraná), que teria sido exterminado nos anos de 1960 ou 70 (Leonel, 1995: 59-62). Os Karitiana afirmam que o SPI trouxe Pitanga para sua aldeia. Penso, então, que o CIMI-RO (2002: 95) está equivocado ao sugerir que Kapivari e Juari são etnônimos diferentes de um mesmo povo. Sobre o encontro entre Karitiana e Juari/Kapivari ver Moser, 1993; 1997 e Lúcio, 1996. A divisão Karitiana-Juari reemergiu em 2008, como veremos no próximo capítulo.

do Madeira, entre o Jaci-Paraná e o Candeias), no território ocupado atualmente pelos Karitiana (já como um grupo unificado). Hoje se faz questão de frisar que os Karitiana saíram em busca dos Juari – que estavam no limiar da extinção, sendo o grupo composto por um reduzido número de homens (e mulheres velhas e/ou cachorras, como veremos); outros relatos falam em caçadores Karitiana teriam topado com os Juari. Eles se encontraram no rio das Garças, próximo da atual aldeia *Kyõwã*, realizaram inter-casamentos, separaram-se novamente e, por fim, completaram sua fusão, passando a habitar a terra que é considerada, ainda hoje, território dos Juari, ao passo que

> (...) a terra dos Karitiana é lá no Rio Candeias... e a terra dos Karitiana ficó [sic] totalmente fora da área que tá [sic] demarcada agora como terra dos Karitiana (Ushinahua, 2003: 29).

Os Karitiana de hoje costumam ressaltar a diferença entre os Karitiana e os Juari do passado: tratar-se-ia, a crer na maior parte dos discursos, de dois povos distintos, os Juari/Kapivari como "*outra sociedade indígena*", nas palavras de Moser (1993: 75). Entretanto, quando perguntados sobre como os Karitiana (do Candeias) puderam comunicar-se com os Juari – uma vez que nenhuma história aponta dificuldades de comunicação, mesmo a língua sendo um importante diacrítico da identidade para os Karitiana – Delgado e Gumercindo afirmaram que a língua Juari "*era a mesma língua, diferente um pouquinho, mas dava para falar*".[14] Tratar-se-iam, portanto, de *dois grupos Karitiana* – ou, melhor dizendo, *dois grupos de um povo de língua Tupi-Arikém* – separados muito provavelmente com a violenta invasão do vale do rio Jaci-Paraná por seringueiros bolivianos e brasileiros a partir do final do século XIX.[15] É razoável sugerir que um deles

---

14 Demolin & Storto (s/d) mencionam a existência de dois dialetos entre os Karitiana atuais, correspondentes às variações detectadas entre os falantes que se identificam ou são identificados como Karitiana ou como Juari.

15 Se a denominação dos Juari procede de um antigo chefe do grupo (que funcionários da Funai dizem ser uma corruptela de *Juarez*), nem os próprios Karitiana sabem o significado de seu etnônimo, que teria lhes sido atribuído por seringueiros. Não sabemos, ainda, se essas denominações já estavam em uso entre os índios assim reconhecidos (como Karitiana) desde pelo menos 1907. Também é obscura a razão da denominação Karitiana ter prevalecido, mas tenho uma hipótese: Juari seria uma referência recente, utilizada para se referir, na forma condensada de um

deslocou-se bastante para o leste, atingindo as cabeceiras do rio das Garças – atual terra indígena Karitiana – enquanto o outro permaneceu no seu território original – ou muito próximo dele – no rio Candeias e nos seus tributários, onde foram contatados, como veremos, nos anos de 1940. A sugestão de que Juari e Karitiana eram parcialidades afastadas de um mesmo povo é confirmada pelo depoimento de Cizino Moraes:

> Tempo os Karitiana se dividiram muitas vezes, Juari era uma divisão dos Karitiana. Mudou a língua um pouco. Depois reencontrou. Karitiana viu rastro e foi seguindo, e encontrou o finado Barabadá,[16] Juari.

O grupo que migrou, então, para o atual território – os Juari – teriam sido os responsáveis pelo ataque à equipe do capitão Pinheiro em 1909. A divisão, portanto, teria ocorrido antes desta data. Relatos orais sustentam que os Juari deslocaram-se para o oeste, atingindo a região do rio das Garças:

> Briga dos Karitiana tem muito tempo – teve briga, antes, no [rio] Preto do Candeias e os Capivari [isto é, os Juari], povo de Joari [antigo chefe] atravessaram o Candeias (...). os Capivari foram espiar os parentes no Candeias, porque já eram poucos (...); só tinham mulheres velhas, as solteiras morreram. Aí Moraes (Karitiana do Candeias) viu os rastros deles e seguiu-os até aqui, no Garças (...). Os do Moraes chegaram com espingardas e assustaram os Capivari,

---

etnônimo, ao pessoal do chefe Juari; estes são, por fim, Karitiana, e tal designação prevaleceu por já ser utilizada pelo grupo de Moraes, no rio Candeias, que primeiro estabeleceram contatos sistemáticos e pacíficos com os brancos; em outro lugar (Storto & Vander Velden, 2005) sugerimos que Moraes teria prestígio suficiente – por ter certo domínio da língua portuguesa e do mundo dos brancos, e por ser uma espécie de "super-sogro" dos Juari, pois foi o grande doador de mulheres aos homens deste grupo no limiar da extinção – para impor a denominação de seu grupo. Dadas as regras de alinhamento político entre sogros e genros, foi como se os Karitiana de Moraes tivesse incorporado os Juari, mais do que uma união entre as duas coletividades.

16 Barabadá era um velho pajé, falecido antes de 2003, pois não cheguei a conhecê-lo; os Karitiana hoje não hesitam em lembrar que Barabadá era Juari, assim como são seus descendentes vivos, embora não seja apropriado destacá-lo publicamente na presença dessas pessoas. Sobre as diferenças na língua, a linguista Luciana Storto (em comunicação pessoal a Lúcio, 1996: 5) disse ser perceptível a presença de dois dialetos ligeiramente distintos na aldeia *Kyõwã*.

> mas logo chamaram na língua e viram que era gente, Karitiana [e não *opok pita*, índios inimigos] (...). Depois de morar muito tempo lá [no Candeias, para onde o grupo já unificado teria se transferido], Joaquim voltou para cá (rio das Garças) e quando Morais [sic] morreu lá no Candeias, os Karitiana ficaram sem líder. Aí Joaquim convidou para vir para cá. Todo o pessoal mais velho nasceu no rio Candeias (síntese de relatos com anciões Karitiana) (Leão, Azanha & Maretto, 2005: 59).

Esta síntese sugere que os antepassados dos Karitiana propriamente ditos migraram para o Garças, onde permaneceram por certo tempo, retornando depois ao Candeias para, com a morte de Moraes, transferirem-se definitivamente para a região atualmente ocupada. Os dados de Carlos Lúcio (1998) corroboram e complementam esta sugestão. Segundo este autor, o pivô da nova separação entre os dois grupos na região do igarapé Sapoti – nome do igarapé, afluente do rio das Garças, que banha a aldeia *Kyõwã*, a maior e mais antiga dos Karitiana – teria sido o assassinato de um chefe chamado Yjm<u>õ</u>n.[17] Parte do grupo, então, teria se retirado para o rio Candeias, sob a liderança de João Capitão, pai do grande líder Antônio Moraes e avô de Cizino Moraes Karitiana (Lúcio, 1998: 55). Lúcio (1998: 54-55) afirma ainda que Antônio Moraes teria nascido por volta de 1905 – já no rio Candeias (Hugo 1959, II: 259).

Há um problema com a data do nascimento de Moraes proposta por Lúcio. Trata-se da existência de uma fotografia, tirada em 1912 (ou 1913) pela expedição de Carlos Chagas à Amazônia, cuja legenda afirma: "*Índio Caratiana* [sic] *– Rio Jamary – 16 anos*". Trata-se de uma imagem destinada a retratar um Karitiana com o crânio artificialmente moldado,[18] prática distintiva do grupo, já

---

17 Note que *Yjmono* é o nome, na língua Karitiana, de Antônio Paulo, que é um *byyj*, um líder dos tempos antigos, "*chefe tradicional*". Entre os Karitiana a chefia é hereditária: todos os filhos de um *byyj* são *byyj*. De acordo com a onomástica Karitiana – na qual os nomes masculinos são transmitidos de FF para SS – Antônio Paulo deve ser neto de João Capitão, como Cizino, mas meus dados não trazem mais informações.

18 As fotos estão reproduzidas em Thielen *et alli.* (1991: 134-135); Porro (1992: 183); Mendonça de Souza (1994: 49-51) e Vander Velden (2004: 285-286). Lamentavelmente, não há maiores detalhes sobre as condições em que a fotografia foi tomada. Ela pode ter sido feita em um seringal: Pinto (2003: 113) menciona a existência de um *seringal Caritiana* no rio Jamari, acima da cachoeira de Samuel (onde hoje está instalada a UHE Samuel, próxima ao município de Itapuã

abandonada, cujo resultado ainda pode ser conferido em alguns dos homens mais velhos de hoje (cf. Mendonça de Souza, 1994). O pajé Cizino afirmou a mim – e outras pessoas afirmaram a Carlos Frederico Lúcio (1998: 61) – que a foto é de João Capitão, seu avô, pai de Moraes, que era muito jovem (16 anos, a crer na legenda) quando chegou ao Candeias (ou a região entre o Candeias e o Jamari), embora ressalte que já era um grande líder.[19] Temos, então, que o grupo de João Capitão já estaria no Candeias pelo menos desde 1912, época em que este líder teria 16 anos. Cotejando este dado com as informações acima elencadas, fica difícil sustentar o cálculo de Lúcio (1998), para quem Moraes nasceu em 1905: seu pai teria apenas sete anos quando da sua concepção!

Outra possibilidade emerge se tomarmos como datas de nascimento de Moraes aquelas oferecidas por Hugo (1959, II: 259) e pelo livro de registro de nascimentos da Funai (Lúcio, 1998: 54): a primeira, 1917; a segunda, 1919. Mais próximas entre si do que a data proposta por Carlos Lúcio, se Moraes nasceu no rio Candeias, abre-se a possibilidade de que à altura do ataque aos membros da Comissão Rondon (1909) o grupo ainda não tivesse sofrido sua nova divisão e ainda vivesse na região banhada pelos afluentes do Jaci-Paraná, parte dele deslocando-se posteriormente, retornando ao vale do Candeias. Esta hipótese, contudo, esbarra em narrativas atuais, que afirmam que os Karitiana do Candeias nunca mataram seringueiros,[20] mas os "*Capivari* [Juari] *sim*" (Leão, Azanha & Maretto, 2005: 59). Assim, é provável que o retorno dos Karitiana ao Candeias, depois de um período no Garças com os Juari, tenha ocorrido mesmo antes de 1909, e o grupo "Caritiana" que atacou a comitiva liderada pelo capitão Pinheiro fosse mesmo aquele – ou, talvez, um daqueles – que permaneceu no vale do Jaci-Paraná, o povo de Barabadá, os Juari.

Os anos de 1940 inauguram o período dos assim chamados "*soldados da borracha*", em que o renovado interesse pelo látex brasileiro provoca uma nova onda de ocupação dos seringais nos afluentes da margem sul do alto rio Madeira

---

do Oeste, cerca de 50 km a sudeste de Porto Velho; o autor não fornece a data precisa, mas seu texto sugere que se trata das primeiras décadas do século XX.

19 Como a chefia (*byyj*) é hereditária, a idade pode ter pouca relevância (ver nota anterior).

20 Recorde-se que Rondon afirma que os Karitiana, no ataque, confundiram um membro da expedição com um seringueiro com os quais estavam em conflito.

(Maldi, 1984: 63; Leonel, 1995; Góes, 1997: 49-63; Teixeira, 1999: 100-102). Destarte, os Karitiana voltam a figurar nos registros históricos, o que os documentos atribuem à retomada dos contatos com os brancos; neste período de silêncio das fontes, entre 1912 e 1946, os Karitiana propriamente ditos estariam evitando o contato, embora seus relatos indiquem o contato ininterrupto com os seringueiros (seringalistas) que ocupavam os formadores do Candeias. Sua disposição, contudo, parece bem diferente daquela observada por Rondon nos anos de 1909-1913 (Landin, 1989: 7).

Significativamente, as memórias que recolhi entre os Karitiana sobre o encontro com os brancos parecem divididas em dois momentos: as que referem aos *"primeiros contatos"*, e aquelas em que o contato parece ser retomado após um período de interrupção (fato destacado também por Moser 1993). O processo de introdução de alguns bens estrangeiros – como o sal, por exemplo – parecem confirmá-lo (Vander Velden, 2008). Luís Lopes, um seringueiro, é considerado pelos Karitiana como o primeiro branco a estabelecer relações com eles: segundo Valdomiro, Lopes veio remando uma canoa com mais seis homens, e nesta visita permaneceu entre eles por quatro dias. Antônio Paulo complementa a narrativa, dando claras indicações não só de que o encontro com Lopes aconteceu quando estavam no rio Candeias – a referência a sua idade na época permite situar grosseiramente o evento lá por meados dos anos 50 –, mas que foi, antes, um reencontro com os brancos:

> Eu era pequeno no tempo do contato com brancos, com Lopes, como Valmir, filho do Delgado [cerca de 10 anos de idade]. Estava com meu pai no roçado, na colocação deles [indica o sudeste da aldeia atual]. João Piohin, pai da Joaquina, estava aqui, foi pescar e encontrou branco. O padre, lá do outro lado do Candeias, [ou] garimpeiro, botou nome dele de Antônio Sapateiro. Primeiro branco que chegou aqui deu remédio, saco de remédio, de presente. *Todo mundo falava: 'o branco encontrou a gente de novo'*. O nome do branco era Luis Lopes. Diz que o pessoal ficou com medo. Um mês depois Lopes voltou, com mulher, Japão, filho dele, Seu Messias e José. Eles ficaram no barracão de palha que Karitiana construiu. Ele pediu para índio cortar palha para fazer parede do barracão para ele morar. Deu facão para os índios pegarem olho de palha no mato, fez casa. Aí Lopes

foi buscar mulher; e diz que ia trazer cartucho, chumbo, espoleta e pólvora para o pessoal matar caça. Foi e voltou de novo com a mulher; veio num barco grande, trouxe cama, tudo. Voltou depois de duas semanas. Ele levou muito Karitiana para a cidade; levou eles lá na rodagem de trem [estrada de ferro Madeira-Mamoré?], levou Valdemar, Garcia, Pereira, finado Mané Vieira, finado João Piohin. Embarcou no trem para ir em Porto Velho, e chegou (meu grifo).

Um novo encontro com os brancos, portanto, depois da saída de parte do grupo dos tributários do Jaci-Paraná e a mudança para a margem do rio Candeias. Liliam Moser (1993: 69-71) reconhece estes dois momentos, afirmando que o que os Karitiana chamam de *"primeiro contato"* refere-se à *"primeira vez que os índios conversaram com os civilizados"*. A memória dos contatos anteriores à fixação de parcela do grupo no rio Candeias, portanto, parece carecer de maior precisão, talvez perdida em lembranças genéricas de violência, confrontos, deslocamentos e dispersão.

Segundo Landin (1989: 5-6), o primeiro registro dos Karitiana após Rondon é de S. M. Xeres que coletou um vocabulário publicado em Manaus em 1946; não tenho informações adicionais sobre este autor, nem tampouco consegui saber a data exata de sua visita e o local em que aconteceu. É muito provável que nesta época os Karitiana estivessem pacificamente estabelecidos na região do Candeias, trabalhando para seringalistas regionais. Uma listagem dos povos indígenas no Território Federal do Guaporé, realizada pela 9ª. Inspetoria Regional do SPI em 1948, localiza as malocas Karitiana nos rios Jamari e Candeias (Monteiro, 1984: 8).

O Livro de Batizados da Catedral de Porto Velho guarda os registros dos dois primeiros Karitiana batizados, em 5 de novembro de 1957: *"Antônio (Morais) [chefe] f. leg. de João Capitão e Rosa Capitão. Nascido no Rio Candeias, com aproximadamente 40 anos (...) e José Pereira (índio), f. leg. de Antônio Morais [chefe da tribo] e Joana Morais. Nascido no Rio Candeias, com 16 anos (...)"* (Hugo, 1959, II: 259). Este documento revela que os Karitiana estavam estabelecidos não muito longe da capital do Território Federal e mantinham contatos intensos com os brancos da região.

Em entrevista à Liliam Moser (1993: 176) o padre Ângelo Spadari afirmou que o seringalista Gumercindo comprava o caucho produzido pelo grupo, e teria avisado aos padres salesianos, ainda em 1957, que os Karitiana pediam um sacerdote que os batizassem, "*pois queriam a salvação*". Naquele mesmo ano os padres Ângelo Spadari e Chiquinho passaram quinze dias entre os Karitiana – que dominavam "*a extensa região do Alto Candeias*" –, próximos do local chamado Limoeiro (Spadari, 1981: 10). A solicitação pela assistência dos religiosos só foi realmente atendida em janeiro de 1958, quando o padre Ângelo, acompanhado pelo padre Francisco Pucci e o irmão leigo Adhail Póvoas visitaram uma maloca Karitiana – a três horas de viagem a pé pela floresta a oeste do Candeias (Moser, 1993: 176-177) – onde batizaram 24 índios, "*alguns vindos de uma maloca distante*", posto que "*os Caritiana, semicivilizados, ocupam quase tôda a extensão do Rio Candeias e seus afluentes*" (Hugo, 1959, II: 260). O relato desta viagem – acrescido de algumas fotografias – é o primeiro testemunho direto da cultura Karitiana: por isso, embora curto, ele tem um valor incalculável (um extrato foi publicado em Hugo, 1959, II: 259-261 e Hugo, 1961). Em julho do mesmo ano outros missionários estiveram na mesma aldeia (Hugo, 1959, II: 260).

Ângelo Spadari também comprova nossa sugestão. Ele afirma que os Karitiana estavam, no passado, no rio das Garças; em seguida, migraram para o vale do Candeias, onde haveria três aldeias ("*malocas*"), embora "*os velhos ficaram no rio das Garças*" (seriam os Juari?); tempos depois, retornaram ao rio das Garças (*apud* Moser, 1993: 180-181); neste retorno teriam (re)encontrado os Juari. Em outro artigo, Spadari (1981: 10) afirma que, por entrevista com Antônio Moraes, soube que o grupo dividiu-se porque o grande chefe desentendeu-se com seu irmão, pois aquele desejava maior aproximação com os brancos; depois disso, seu grupo deixou a Serra do Tracoá,[21] instalando-se nas proximidades de Limoeiro, no rio Candeias. Moraes destacou, ainda, a atitude de beligerância e de recusa do contato com os brancos da parte de seu irmão. A informação de que havia três malocas pode, talvez, ser interpretada como confirmação da ocupação, pelos Karitiana, de um extenso território: um mapa de autoria do Padre A. Cerri (reproduzido em Hugo, 1959, II: 156-157; e em Monteiro, 1984: 32), possivelmente contemporâneo das viagens dos salesianos em 1958, situa os "Caritianas" entre

---

21 Os mapas atuais de Rondônia localizam esta serra no divisor de águas Candeias-Jamari, dentro do Parque Nacional do Pacáas-Novos, bem ao sul dos sítios reconhecidos como historicamente habitados pelos Karitiana; trata-se de área de ocupação Uru-eu-uau-uau desde pelo menos os anos de 1970.

o rio Santa Cruz, afluente do Candeias, e o rio Jamari, bem próximos da estação telegráfica de *Caritianas*, fundada pela Comissão Rondon próximo da confluência deste último rio com o rio Preto em 1909 (Moser, 1997: 4; Manso, 2001: 11).

Os Karitiana afirmam que foram procurar os Juari em função da profunda depressão demográfica em que se encontravam: em 1967 Kietzman (1967: 19) informou a existência de apenas 45 Karitiana no baixo Candeias, "*empregados por brasileiros*"; Moser (1993: 103) cita depoimentos que afirmam terem restado no grupo de Moraes apenas quatro pessoas! As histórias dos múltiplos casamentos de Antônio Moraes (cf. Lúcio, 1996; 1998) devem ser compreendidas neste cenário de rápido decréscimo populacional. A mudança para o sítio atual, no rio das Garças, contudo, pode também ter sido provocada pela morte de Antônio Moraes,[22] entre 1965 e 1968, segundo Lúcio (1998: 55), informação corroborada por Rachel Landin:

> Os Karitiana dizem que deixaram aquela area [Candeias] na direção do local que ocupam hoje [rio das Garças] depois da morte de um chefe (Landin, 1989: 7).

Durante a década de 1960, segundo depoimentos colhidos por Edilson de Medeiros (2003: 111-112), os Karitiana viviam no médio Candeias (arredores da cachoeira de São Sebastião), no alto rio das Garças e o igarapé João Ramos; ali mantinham relações pacíficas com os brancos, trocando borracha, caucho, óleo de copaíba e peles de animais com seringalistas locais. Relatórios do SPI até 1965 (Monteiro, 1984: 8; 25-30) ainda mencionam os Karitiana localizados nos rios Jamari, Candeias e Branco (um afluente do Jaci-Paraná, correndo ao sul da atual Terra Indígena Karitiana), mas a referência a este último rio, além dos depoimentos citados anteriormente, talvez sugiram um processo de migração em curso, pois em 1967, outro relatório de atividades da Inspetoria de Rondônia (Monteiro, 1984: 9; 42-50) já situa os Karitiana no alto rio das Garças, território que ocupam

---

22 Os Karitiana costumavam abandonar as casas depois da morte de um de seus moradores; é provável que o falecimento de um importante líder como Moraes tenha levado todo o grupo a retirar-se da aldeia e suas adjacências, como faziam outros grupos Tupi (Viveiros de Castro, 1986: 171).

até hoje,[23] não necessariamente na mesma aldeia atual (*Kyõwã*), no igarapé Sapoti, pois há vestígios arqueológicos e narrativas orais que se referem a várias aldeias na mesma região, ocupadas anteriormente (Landin, 1989: 9). Os missionários do SIL Rachel e David Landin sabidamente residiram na aldeia *Kyõwã* entre 1972 e 1977, onde desenvolveram estudos em linguística, antropologia e atividades de evangelização. Rachel Landin (1989: 12) afirma que a aldeia era habitada pelo menos "*desde os últimos 16 anos*": isso significa que o sítio da atual ocupação Karitiana teria sido fundado em 1973, seus arredores sendo continuamente explorados – para caça, pesca, coleta e agricultura – por quase 40 anos.

O missionário Willem Bontkes, do SIL, esteve entre os Karitiana no rio das Garças em 1968, tendo encontrado os índios ainda morando em grandes casas comunais (malocas) (Monteiro, 1984: 10; 51-52; Landin, 1989: 7-8). Em 1969 foi instalado o posto Karitiana, pela Funai, nas nascentes do igarapé [sic] das Garças (Monteiro, 1989: 9); segundo depoimentos que coletei, a esta altura os Karitiana estavam residindo um pouco a nordeste da aldeia atual. A Área Indígena Karitiana teve sua demarcação administrativa concluída em 1978 (Funai, 1986), tendo sido devidamente homologada em 1986 (Ricardo, 2000: 589; sobre todo o processo, das primeiras propostas até a conclusão, ver Leão, Azanha & Maretto, 2005: 63-65).

O deslocamento dos Karitiana para o oeste coincide com uma mudança radical na colonização de Rondônia, muito lenta até os anos de 1960. Em 1959 iniciou-se a exploração de cassiterita na região dos rios Jamari e Candeias, território até então ocupado pelos Karitiana, atividade que terá significativo impacto sobre o grupo (Gomes da Silva, 1984: 111-112; Moser, 1993: 54-56; 1997: 54-55). A abertura da BR-364 e os conflitos pela terra no centro-sul do país tornaram o estado atrativo para migrantes. Neste momento, Rondônia começa a receber

---

23 Segundo Mauro Leonel (1995: 49) algumas famílias "*aparentadas aos caritianas*" permaneceram no Candeias, recusando-se a migrar para o oeste e isolando-se nas matas da região, permanecendo sem contato até hoje. Os Karitiana me informaram de vestígios de índios isolados encontrados nas proximidades da aldeia Nova, situada no rio Candeias, próximo da cachoeira de São Sebastião, mas jamais conseguiram contatá-los; dizem, ainda, que ignoram se estes são "*parentes, Karitiana mesmo*", ou "*outro índio, opok pita*". Há referências, também, desde os anos 90, a índios sem contato entre os igarapés Caracol e Belo Horizonte, e no divisor de águas entre o rio Branco e o rio Candeias, ao sul da área indígena demarcada (Leão, Azanha & Maretto, 2005: 67). Chamada de "Bom Futuro", esta referência a isolados não está confirmada e encontra-se em estudo pela Frente de Proteção Etnoambiental do Madeira (FPE Madeira) (Vaz, 2011: 33, 44).

uma expressiva população em busca de terra e trabalho, processo que se intensifica nos anos 70 e 80, levando a uma explosão demográfica sem precedentes, à ocupação desordenada, à devastação ambiental e ao englobamento definitivo dos povos indígenas – Karitiana incluídos – na economia e sociedade brasileiras (Perdigão & Bassegio, 1992; Moser, 1997: 56-58; Teixeira, 1999: 191; Millikan, 1999; Francisco dos Santos, 2003).

Este breve resumo da trajetória dos Karitiana permitirá situar com mais detalhe, na história das relações entre índios e brancos no alto Madeira, as narrativas sobre o surgimentos dos animais introduzidos com o contato, que passaremos a analisar agora.

Pelas mãos dos brancos

Todas as vezes que os Karitiana iniciam uma narrativa, eles empregam uma fórmula padrão para introduzir a história. "*Era tempo*" ou simplesmente "*tempo*" (*pyryadn kerep*) são expressões que demarcam eventos que ocorreram num passado que podemos chamar de *próximo*, no qual se inscrevem as experiências pretéritas das pessoas que ainda estão vivas, além das daquelas que já se foram, mas com as quais os vivos puderam conviver e de quem puderam ouvir, narradas em primeira pessoa, os relatos. Assim, o que aconteceu no "*era tempo*" ou foi experimentado pelos Karitiana de hoje, ou estes aprenderam diretamente com aqueles que viveram os eventos mais que já não estão mais entre os viventes.

Em contraste, a expressão "*tempo antigamente*" (ou "*tempo do antigamente*", *pyryadn kerep yjki*) demarca uma temporalidade fora das experiências que podem (ou puderam) ser narradas em primeira pessoa: ela introduz as "*histórias antigas*" (*naka'at saryt kerep...*). Um passado *remoto*, se assim podemos expressar, *distante*, que ninguém hoje viveu e nem aprendeu com alguém que tivesse vivido: décadas atrás, os parentes que já morreram já se referiam a esses eventos como "*tempo antigamente*"; eles mesmos não viram nem experimentaram esses acontecimentos. Eles estão, numa formulação que não é Karitiana, no tempo dos *mitos*. Para os Karitiana, ainda que reconheçam a diferença entre esses dois *tempos*, ambos são *história*, sua história.[24] Esta distinção é importante para o reconhecimento

---

24 Linguisticamente, a distinção corresponde à oposição, apontada por Landin (1988: 31) entre as "*lendas folclóricas*", introduzidas pelos modais *saryt* ("*eles dizem*") e *õm* ("*parece*") – marcando,

da diferença entre animais nativos – com os quais os Karitiana convivem desde "*tempo antigamente*" – e aqueles introduzidos somente após o contato.

Para além das histórias oficiais da introdução de animais de origem europeia na Amazônia e em Rondônia, que vimos nas seções anteriores, os Karitiana possuem uma memória do aparecimento desses seres entre eles, no rastro da penetração mais intensa dos brancos em seu território a partir do final do século XIX e do início do século XX. Essas histórias inscrevem-se na chave do "*era tempo*", porque foram acompanhadas por alguns dos Karitiana de hoje, ou foram vividas por seus pais ou avós, com quem conviveram em algum momento do passado não tão distante.

As narrativas foram recolhidas de diferentes informantes, de várias idades, homens e mulheres. Todas elas, no entanto, parecem convergir nas suas linhas gerais e mesmo nos detalhes. Além disso, elas permitem situar com alguma precisão a época em que os eventos se desenrolaram. Vamos, então, às narrativas.

* * *

Comecemos com as histórias da introdução dos cachorros, as mais ricas e complexas. Os Karitiana são unânimes ao afirmar a origem adventícia do cachorro (*obaky by'edna*, literalmente "*onça de criação*"[25]), trazido com os brancos logo nos primeiros contatos dos quais se lembram. Mas não no primeiro contato recordado, com o seringueiro chamado *Lopes* (ou *Lope*): Valdomiro, por exemplo, afirma que Lopes não trouxe cachorros, que só foram recolhidos nos contatos subsequentes. O pajé Cizino Dantas Moraes conta o aparecimento dos cães entre os Karitiana, capitaneado por seu avô, João Capitão:

> Cachorro não existe antigamente mesmo; com meu avô, assim, lá pra cima do meu avô [antes do avô dele] não tem. Agora, meu avô mesmo tem cachorro. Existe porque meu avô estava dentro do bran-

---

assim, a não-participação e a não-observação do evento pelo falante, muito distanciado no tempo – e as "*narrativas históricas*", que descrevem eventos nos quais o falante tomou parte (e, acrescento, ouviu de antecessores com quem conviveu no passado).

25 As denominações Karitiana desses seres exóticos serão discutidas no capítulo IV.

co [já tinha contato com brancos]. Só Deus[26] mesmo que amansou, para nós, pessoa branca. Não amansava mesmo, só matando, só matando, guerreando, guerreando. O índio não tem boas armas para ele. Então, meu avô pensava: "não, eu vou morrer mesmo, eu vou lá com ele", com seringueiro. Aí meu avô foi lá e estava sozinho o seringueiro, sem mulher, não tem mulher dele, só ele. Ele [estava] amolando facão, assim, seringueiro amolando o facão, ele [o avô] chegou atrás. Seringueiro pulou longe [assustou-se] quando ele viu meu avô, com facão, e meu avô assim, palavra dele só assim, parado, parado mesmo, só [com a] mão, aí pessoa branca sabe que ele amigando [amansando]. E meu avô chorando. Meu avô não chora com medo, não, porque ele quer amansar, amigo, amigando [amansando] ele: "assim, assim, assim, tem pergunta assim, eu quero isso e daquilo", na gíria [língua] dele mesmo. "Eu quero farinha, quero isso aqui, eu quero"... até que branco já soube (...). Aí, arrumaram cachorro, conheceu cachorro, não conhece cachorro ainda; ele pensa que [é] onça, cachorro: por isso a gente fala obaky by'edna. Até hoje nós chama obaky by'edna o cachorro. Aí existe cachorro, aí existe tudo. Farinha. Meu avô que levou cachorro pra lá, pra aldeia, porque amigo dele deu cachorro.

Após destacar que nos primeiros momentos as pessoas na aldeia tiveram medo do animal desconhecido – *"pessoal na aldeia pensava o medo ainda, aí o meu avô falou: "não, não é bravo, não, é como a gente mesmo, ele é assim mesmo, ele é obaky by'edna!" Ele falou. Não é onça, é outra coisa, cachorro. Aí acostumou, todo mundo, aí outro também acostumou pra lá, todos acostumando, todos"* – Cizino introduz sua narrativa em primeira pessoa, o que nos permite situar aproximadamente a data deste encontro:

> Eu conheço cachorro na mão do meu pai, quando eu [estava] crescendo, quando eu acordei um dia, quando eu conheço tudo, eu vi cachorro. Eu não penso outra pessoa faz coisa, não. Esse animal está há muito tempo com a gente. Existe branco, branco que deu

---

26 Os Karitiana referem-se a *Boty~j* em português como *Deus*, ressaltando a equivalência entre seu criador e a divindade cristã – que é, hoje, enfim, sua também: *Boty~j* e *Deus* são o mesmo ser.

para meu avô [cachorro] e está espalhando, fazendo filho, até hoje, até hoje.

Cizino nasceu em 1952. Ele diz que tomou conhecimento da existência dos cães com seu pai, Antônio Moraes, mas reconhece que os animais foram trazidos por seu avô, João Capitão. É muito provável, então, que os animais já estivessem entre os Karitiana antes da década de 1950. De acordo com alguns relatos, os cachorros foram vistos pela primeira vez com seringueiros no vale do rio Candeias, região habitada pelos Karitiana possivelmente a partir de pelo menos 1912, um pouco a leste da área atualmente ocupada. Antonio Paulo conta que "quando os Karitiana estavam no mato *[isto é, antes do contato]*, não tinham cachorros. Quando viram cães pequenos com seringueiros no rio Candeias, pediram para eles".

Uma versão alternativa fala não em *pedidos* aos seringueiros, mas em *roubo*. É Epitácio Karitiana quem diz: "*cão não foi Deus [Boty~j] que criou, os índios pegaram com os brancos e criaram. Tempo viram cachorrinho novo com a mãe com um seringueiro no mato, roubaram o filhote e criaram*" – introduzindo o tema da diferença entre os seres "criados por Deus" e aqueles surgidos do encontro com os brancos, que falaremos em seguida. Garcia completa, assinalando que os Karitiana roubavam cães dos seringueiros para criá-los na aldeia: "*antigamente, os Karitiana roubavam cachorros dos brancos para criar*".

Pedidos ou roubados, também está em questão a figura do protagonista desses eventos. Se Cizino afirma que foi seu avô o primeiro a trazer cachorros para a aldeia, a proeminência de seu pai, Antônio Moraes, é destacada por vários outros informantes. Um curto texto, produzido por um grupo de cinco estudantes da 5ª. série da escola da aldeia (Escola Indígena 4 de Agosto) – com auxílio de seus parentes mais velhos[27] –, resume uma das versões da história do surgimento do animal, focalizando a figura de Antônio Moraes:

---

27 Registro meu agradecimento ao Dirceu Orth, então professor de língua portuguesa na escola indígena, pelo auxílio com esta atividade.

Animal doméstico: cachorro

Tempo do Antigamente o chefe de aldeia não parava de andar no mato; foi assim que ele encontrou seringueiro. Quando ele viu o seringueiro, o seringueiro falou para ele ir junto com ele na cidade. Por isso através do seringueiro o chefe indígena criou o cachorro na aldeia.

"O nome do chefe era Moraes Karitiana. Assim que o chefe trouxe o cachorro na aldeia, a população gostou do cachorro. Após isso, o indígena deu o remédio de caçador[28] para o cachorro. Depois que o cachorro tomou o remédio, a população indígena ensinou o cachorro a caçar.

"Além disso o cachorro virou um caçador, por isso a população indígena pediu mais cachorro para o seringueiro.

"O indígena Karitiana chama o cachorro de obaky by'edna. A população indígena gosta do cachorro, porque o cachorro ajuda eles a caçarem no mato. Por causa disso, o indígena percebeu que o cachorro é bom de criar.

"O indígena Karitiana chama o cachorro de obaky by'edna, porque o cachorro mata as caças, como a onça. Obaky by'edna significa na língua portuguesa a *onça criada*. Quando a população indígena Karitiana viu pela primeira vez, ela não teve medo do cachorro" (Cláudio, Reinaldo, Paulo, Luciane e Kátia; o sublinhado está no original).

Esta narrativa nos apresenta Antonio Moraes como personagem principal das ações de mediação entre os Karitiana e o mundo dos brancos, ou, dito de outra forma, como o grande introdutor deste universo exótico no interior da sociedade indígena, agindo efetivamente como um *herói civilizador*, como quer Carlos Frederico Lúcio (1998). Muitos Karitiana relatam que Moraes fora levado ainda muito jovem para Porto Velho – tudo leva a crer que na companhia de um de seus filhos, José Pereira, ainda vivo hoje – onde foi "*iniciado*" e "*aprendeu as coisas do branco*" (Hugo, 1959, II: 259; Moser, 1993: 76; Moser, 1997: 82). Desta visita, ocorrida em 1957, e capitaneada por seringueiros em atividade na região dos

---

28 Refere-se a um conjunto de práticas rituais e substâncias vegetais destinadas a tornar os homens – e os cachorros – caçadores eficientes.

baixos rios Candeias, Jamari e Branco, Moraes teria trazido os primeiros cachorros – *"foi seringueiro que deu cão para Antonio Moraes"* (Garcia) –, que foram rapidamente adotados pelos Karitiana que, segundo o relato, aprendem logo a utilizar os talentos cinegéticos do animal. Como relatou Antônio Paulo:

> Meu avô foi lá com os brancos, e lá viu cachorro, pegou cachorro grande, branco. Aí cachorro chegou na aldeia, aí ele matou porco, cutia, tudo. Aí pessoal todo quer cachorro, porque é cachorro caçador, ele é bom, mata caça, não tinha chumbo [munição] era tempo.

Existe, aparentemente, um "primeiro cão", e é interessante destacar que várias características deste "ancestral fundador" da relação entre os Karitiana e o cachorro são ressaltadas nessas memórias. Diz-se que o cão era pequeno, branco e *"muito [bom] caçador"*; ao que parece, tratava-se de um filhote separado da mãe quando subtraído do acampamento dos seringueiros. Não obstante, como apontam os depoimentos, esse animal teria rapidamente dominado as técnicas de caça, tornando-se um excelente caçador. Mesmo o nome desse primeiro animal é recordado por vários indivíduos: segundo Antônio Paulo, *"o primeiro cachorro que os Karitiana criaram chamava Marreteiro"*. Marreteiro é nome que se dá aos pequenos comerciantes ambulantes que percorrem o oeste da Amazônia brasileira trocando produtos diversos (alimentos, armas e munição, roupas, combustível, ferramentas) pela borracha dos seringais (Teixeira, 1999: 336; Borzacov, 2004: 191; "pequeno regatão" em Teixeira, 2009: 161). É válido notar que o nome conferido ao cão foi, desde o início, na língua portuguesa – como parece ocorrer, quase sem exceções, até hoje. Além disso, o nome próprio do cão é um nome que o vincula ao universo das atividades daqueles que o trouxeram; dito em outras palavras, se o marreteiro (comerciante) é o intermediário privilegiado entre os seringueiros (o mato) e a cidade (para onde vai a borracha produzida), o cão torna--se também um intermediário, um elo, nas relações entre os Karitiana (o mato) e o mundo do seringal (que representa, neste momento, o mundo dos brancos). Note-se, ainda, que o nome remete, simultaneamente, à origem e a um tipo de "vínculo funcional" do animal – ele vem do seringueiro e ele é um intermediário como o marreteiro –, tal qual os nomes próprios dos cães atuais, que habitualmente derivam de suas características físicas, comportamentais ou biográficas.

Deixemos essa discussão sobre nomes por enquanto. O que nos interessa agora é que, roubados ou solicitados, por Moraes, por seu pai ou por outra pessoa qualquer, os cães parecem fazer parte do cotidiano dos Karitiana desde pelo menos a década de 1940, ou antes: o vocabulário anotado pelos padres Francisco Pucci e Ângelo Spadari na sua visita aos Karitiana no rio Candeias em 1958 (Hugo, 1959, II: 259-261; 396-428) registra a palavra para cachorro na língua indígena (grafada *umakmaêna*), e em uma das fotos tiradas na ocasião (reproduzida em Hugo, 1959, II: prancha entre as págs. 260-261) parece podermos reconhecer a presença de um cão no meio dos índios: lamentavelmente, a reprodução é muito pequena para que haja certeza dos detalhes.

Quanto às pequenas diferenças nas versões, é possível que estejamos diante de narrativas contadas por pessoas que viveram experiências distintas, uma vez que sabemos que os Karitiana foram divididos em vários pequenos grupos com a violência do contato. Não obstante, as versões parecem convergir para um mesmo momento da história dos Karitiana – a época do estabelecimento dos primeiros contatos mais intensos e permanentes com os brancos, entre as décadas de 1940 e 1950 – e para os mesmos protagonistas do contato interétnico – os seringueiros, que invadiram a região a partir do início do século XX, ocupação que se acentuou nos anos 40 em função da Segunda Guerra Mundial e da invasão dos soldados da borracha (cf. Perdigão & Bassegio 1992: 152-163; Moser 1993, 1997; Teixeira, 1999: 99-105; Millikan, 1999). O protagonismo dos *seringueiros* como introdutores deste animal aparece fortemente nas narrativas, e o mesmo ocorre nas histórias da introdução das galinhas e dos porcos.

Antes de prosseguirmos, é curioso observar que há uma história alternativa para a origem dos cachorros, e que parece contradizer completamente os relatos de seu aparecimento "*na mão dos brancos*". Conforme destacam Luís e Marcelo, "*na época do contato já tinha cachorro: o pessoal do Candeias* [Karitiana] *foi um dia caçar e veio até onde é aldeia hoje, e encontrou Juari sem mulher, casado com cachorro*". Deixarei a discussão desta versão para a última seção deste capítulo; apenas adianto que, se colocada no contexto global da história do contato dos Karitiana, esta versão é antes um comentário sobre a *estranheza* do cão do que um possível registro de sua existência anterior à chegada dos brancos.

* * *

As memórias do aparecimento das primeiras galinhas (*opok ako*, "*os muitos dos brancos, o que os brancos têm muito*") entre os Karitiana são lacônicas. Antônio Paulo recorda-se que também foram os seringueiros que deram galinhas aos Karitiana, "*pintinhos que os índios criaram*". Isso teria acontecido ainda quando os Karitiana estavam às margens do rio Candeias. Epitácio, por outro lado, relembra que os seringueiros deram "*um casal de frangos*" e então os Karitiana começaram a criar. O pajé Cizino atribui a chegada das galinhas também ao seu avô:

> Foi meu avô também. Faz muito tempo também, as galinhas. Galinha é o seguinte: pessoal branco deu para o meu avô também, para criar, para meu avô criar, fazer chiqueiro, aprendeu a fazer chiqueiro, aí tem galinha, até hoje também existe galinha.

Essas histórias possuem detalhes contrastantes com outra, produzida pelos alunos da Escola Indígena:

> O primeiro homem branco que apareceu na aldeia dos índios se chamava João Chave[s].[29] Este homem que trouxe a galinha para os índios criar na aldeia. Foi assim que os índios conheceram a galinha; deu nome na língua opok ako. O João Chave[s] trouxe a galinha para o Antônio Moraes criar na aldeia Karitiana. Assim que a galinha foi criada na aldeia Karitiana (Walmir, Genilda, Marcos, Sarita e Valdecir).

Pintinhos no rio Candeias, um casal de frangos ou galinhas transportadas por um João Chaves, as três versões – ou, talvez, descrições de três momentos distintos de chegada da ave, particularmente recordados por cada um dos sujeitos – destacam, mais uma vez, a figura do seringueiro como grande introdutor do mundo dos brancos entre os Karitiana. Notemos que o vocabulário recolhido pelos salesianos na visita de 1958 (Hugo, 1959, II: 399) também registra o termo Karitiana para galinha (*poakô*, "galo"; *poakossôio*, "galinha", literalmente "esposa

---

[29] Note-se que aqui se está falando do primeiro branco que esteve em uma aldeia Karitiana; Moser (1993: 71-72) reproduz narrativa que recorda esse João Chaves como um seringueiro para quem os Karitiana trabalhavam. Lopes é lembrado como o primeiro branco a ter contato efetivo com os índios, na beira de um igarapé.

do galo", *opok ako soj*). Contudo, talvez a pouca elaboração da memória das origens das galinhas seja devida à semelhança, segundo Antônio Paulo, percebida desde os primeiros contatos com o animal, da galinha com o nambu (inhambu),[30] espécie nativa: "*primeiro os Karitiana chamaram a galinha de pomo, nambu, pois ela é como nambu. Aí os velhos explicaram que não era nambu*". O trecho parece aventar a possibilidade de que os Karitiana demoraram um momento para perceber a distinção entre as duas aves,[31] o que pode dar conta tanto da pobreza das memórias como de suas pequenas diferenças.

O aparecimento dos porcos domesticados (*porco criado, porco manso* ou *porco da cidade;* na língua Karitiana *sojxa sypodnia*, cuja tradução literal é "*porco com rabo*" – "*porque o porco da cidade tem rabo*" – o que o diferencia, aos olhos indígenas, das espécies nativas) também enseja versões divergentes, uma delas condizente com a proeminência da ação dos seringueiros. Epitácio quem conta:

> Seringueiro mostrou aos Karitiana porco de casa: 'esse aqui é porco, bom, gordo'! Os índios assaram mal assada a carne, tem muita banha, comeram e deu caganeira no povo, finado Moraes quase morreu. A carne do porco da cidade é reimosa.

A palavra Karitiana para porco também é registrada no vocabulário salesiano de 1958 (*sochá*; Hugo 1959, II: 400), embora aqui possa haver alguma confusão com as espécies nativas, o queixada (*sojxa*) e o caititu (*sojxa ina*, "*porco [queixada] pequeno*"), que não são registradas na lista.

Podemos imaginar, portanto, acampamentos de seringueiros que ocuparam o território tradicional dos Karitiana na primeira metade do século XX, para os quais cachorros, galinhas e porcos foram trazidos, e ali se tornaram conhecidos pelos Karitiana. É digno de nota que os termos para os três animais na língua indígena tenham sido registrados pelos padres em 1958. A esta altura, portanto,

---

30 Os Karitiana identificam uma das aves nativas, o *ohõrõra*, com a espécie normalmente denominada por eles nambu-galinha em português. O vocabulário Karitiana-Português de 1958 (Hugo, 1959, II: 399-400) também sugere uma confusão entre as duas aves.

31 Os Kagwahiv também assimilaram as galinhas europeias aos nambus, denominando-as "nambus brancos" (Kracke, 1981: 107).

os Karitiana já deviam estar bem familiarizados com estes seres. Mas é possível que eles tenham sido vistos antes do contato amistoso com os brancos.

Isso talvez possa ser inferido de uma versão um pouco diferente da introdução dos porcos, oferecida por Antônio Paulo, que não menciona os seringueiros (ainda que não os exclua com todas as letras): antigamente, os Karitiana pensaram que o porco era "*caça do mato, eles não sabiam, aí criança, filho de Valdemar, comeu gordura de porco e morreu*". Possivelmente, porcos trazidos pelos brancos que penetravam as matas na região habitada pelos Karitiana espalharam-se pelas zonas próximas dos acampamentos dos seringais e pequenos povoados não-indígenas, e por isso teriam sido reconhecidos, inicialmente, como caça: lembremos que o porco doméstico é um animal onívoro, resistente e altamente adaptável (ele é definido como "*perfect colonist*" por Bennett & Hoffmann, 1991: 101; também Donkin, 1985: 41). Atentemos, ainda, que a semelhança com as espécies de *porcos* nativas devem ter contribuído para esta confusão. A morte da criança provocada pela carne demonstrou a diferença entre animais nativos e introduzidos: enquanto a carne daqueles, conquanto *pesada*, é muito apreciada, a carne do porco *manso* é muito reimosa (*kida orojadna*, "*coisa reimosa*", condição descrita como "*carne muito gorda, com muita gordura [oroja]*") e, por isso, sujeita a uma série de restrições.

O mesmo pode ser dito dos cavalos, burros (ambos *dety*, "*veado grande*") e bovinos (*opoko irip'*, "*anta do branco*").6 Epitácio Karitiana recorda que, nas suas perambulações pelos vales dos baixos rios Candeias e Jamari, o grupo já havia visto tais estranhos animais:

> Tempo antigamente os Karitiana andavam muito longe, lá, outro país, muito longe, não sei onde, [onde tem] americano [sugerindo distância enorme], lá, e viram num campo e vieram para contar que viram anta diferente [bois], veado grande [cavalos ou burros], casa diferente. Voltaram para contar para o povo. Diz que depois Deus [*Boty~j*] ensinou os brancos a criar, e aí os Karitiana viram nas mãos dos brancos esses animais.

Os Karitiana, trilhando a floresta – talvez caçadores solitários na mata, talvez o grupo inteiro, que se deslocava dos vales dos rios Candeias e Jamari em direção ao oeste desde pelo menos a primeira metade do século XX – provavelmente encontravam, em seu caminho, propriedades de colonos que iam ocupando a região, com seus modos de ocupação do espaço, suas casas e animais de criação em tudo diferentes do que estavam habituados:

> A penetração desse vale [do rio Jamari] foi iniciada ainda no ano de 1879 principalmente por portugueses [sic] e bolivianos que ocuparam extensas áreas de seringais, *formando-se as propriedades territoriais do vale do Jamary* (Moser, 1997: 62, meu grifo).

Estas propriedades estabelecidas com o avanço dos seringueiros e patrões de origem boliviana pelo vale do alto Madeira e afluentes funcionavam como pontos de passagem de comerciantes, cujo movimento garantia a viabilidade de uma indústria agropecuária no noroeste da Bolívia (M. A. Teixeira, 1998: 111). Já em 1864, por exemplo, há registros de cargas de gado em pé transportadas pelo Madeira, provenientes do Beni, na república vizinha (M. A. Teixeira, 1998: 112). O engenheiro norte-americano Neville Craig (1947: 230, 235, 268), percorrendo a região norte de Rondônia no início do século XIX, registra a presença do gado nos seringais pertencentes aos grandes proprietários bolivianos no alto rio Madeira.

Assim, teriam conhecido vários desses animais em espaços já previamente socializados por seus novos habitantes, como seres vinculados a uma maneira singular – e nova – de ocupar o ambiente: a redução da cobertura florestal a grandes áreas desmatadas para a formação de pastos e a construção de estruturas destinadas ao manejo dos grandes herbívoros (cercas de arame, currais, retiros, baias). Bois e equinos não devem ter se espalhado pela floresta antes da efetiva penetração de seus criadores, diferentemente do que aconteceu nas zonas ocupadas pelas frentes pastoris, nas quais os animais iam avançando sobre os territórios antes do estabelecimento definitivo dos humanos (cf. D. Ribeiro 1996[1970]). Assim, os Karitiana conheceram esses seres *diretamente pelas mãos dos brancos*,[32]

---

[32] Provavelmente por isso os Karitiana jamais mencionaram terem flechado bois (ou qualquer outro animal exógeno) vagando por seu território e atingindo suas aldeias antes da chegada dos homens brancos, tal como registrado entre numerosos povos indígenas, notadamente no Brasil Central (cf. Melatti 1967).

que penetraram seu território de maneira sistemática a partir do final do século XIX, processo intensificado na década de 1940, como vimos.

Cavalos, entretanto, se provavelmente vistos nas propriedades rurais na região antes do contato efetivo, também têm a história de sua chegada na aldeia relembrada. Tenho uma pequena redação dos estudantes Karitiana também sobre o aparecimento do cavalo:

> Antigamente, o Povo Karitiana não conhecia o cavalo, como o meu avô. As pessoas novas [que eram crianças naquele tempo], que conheceram o cavalo, como José Pereira e Garcia. Aquela pessoa que trabalhava na Maria Conga [garimpo de cassiterita e ouro que existia nas proximidades da aldeia Central, nos limites da terra indígena, hoje desativado] tinha um cavalo; ele é chamado de Raimundo Boiadeiro. Ele chegou aqui na aldeia em cima do cavalo. O povo que viu primeiro ficou assustado. Nós somos índios, e falamos assim:
> – o que é aquilo? Parece um veado grande.
> "Assim que o Karitiana conheceu o cavalo. Na linguagem do Karitiana o cavalo é (Dety)" (Antonio José, Claudionor, Denícia e Lucinda).

Este curto texto narra a chegada de um garimpeiro montado à aldeia, e sabemos que os Karitiana frequentavam o garimpo da Maria Conga, onde podem ter entrado em contato com estes animais; Lilian Moser (1993: 56) diz que garimpeiros abriram parte do trecho da estrada que permite acessar a aldeia *Kyõwã*, o que teria permitido o trânsito de montarias, uma vez que a locomoção de cavalos pelas trilhas no interior da floresta é praticamente impossível.

A narrativa transcrita aponta, ainda, para o espanto dos índios ao conhecerem o cavalo – e talvez, mais ainda, homens cavalgando, que tanto teriam assustado os povos indígenas por todo o continente americano (Graham, 1949).[33]

Por fim, a memória da introdução dos gatos domesticados (*obaky ina*, "onça pequena") – animal de pouco rendimento simbólico para os Karitiana – sugere, uma vez mais, a ação dos brancos como introdutores de seres exóticos, ainda

---

33 Matthew Restall (2006: 238-239) defende que o papel espetacular atribuído pelos colonizadores (em especial os espanhóis) à ação dos cavalos era, sobretudo, *wishfull thinking*: cavalos não foram tão determinantes como pinta boa parte da historiografia heroica da conquista.

que em data muito mais recente. Isto salta aos olhos na redação produzida pelos alunos da Escola Indígena 04 de Agosto narrando a origem do animal:

> Era antigamente, o homem branco tinha um gato. O gato teve muitos filhos. Aí o índio foi buscar para ele criar. Dizem que o homem índio pegou dois filhos do gato. O índio pegou dois casais. Aí o índio criou o gato, depois de criar, o gato cresceu. Quando cresceu, o gato reproduziu o seu filho. O filho do gato nasceu muito [nasceram muitos filhotes]. Todos os índios gostaram dos filhos. E pediram para o dono do gato. O dono do gato repartiu cada um para a família dele. E assim, dizem antigamente, o gato veio aqui na aldeia. Também o índio não tinha medo do branco e não tinha medo do gato. Assim termina a história do gato (Márcio, Geovaldo e Duda).

Francisco Delgado foi mais detalhista: segundo ele, foi Osny, um antigo chefe de posto indígena,[34] que trouxe o primeiro gato para a aldeia. Delgado diz ainda que, "*tempo, tinha muito gato na aldeia, muito filhote de gato na mão de criança. Aí os brancos falaram que gato dá doença, pêlo de gato dá doença, criança brinca com gato aí pega comida e dá doença. Aí pessoal levou os gatos para a cidade, quase todos. Agora tem muito pouco*". E finaliza: "*o pessoal aqui parece que não gosta muito*".

* * *

Todas essas narrativas da origem, introdução e adoção dos animais trazidos somente após o contato têm um ponto em comum: elas destacam que esses seres surgem, desde sempre, associados aos homens brancos que invadiram o território Karitiana. Ou, como dizem os Karitiana, eles vieram "*pela mão dos brancos*". Seja diretamente entregues pelos seringueiros ou introduzidos por estes na(s) aldeia(s), seja indiretamente, avistados em fazendas, acampamentos ou assentamentos dos colonizadores da região, os Karitiana percebem a história desses seres como embutida na história dos *opok*, os homens brancos. Os animais apenas irrompem no cotidiano dos Karitiana com a chegada dos brancos: as histórias de "*era tem-

---

34 Osny Ferreira foi chefe do Posto Indígena Karitiana entre 1971 e 1988 (Ferreira, 1997: 15-25).

po" – vividas por alguns, ouvidas dos antepassados que as viveram, por outros – confirmam-no.

Isso contrasta fortemente com algumas cosmologias que elaboraram discursos que, no registro do mito, dão conta das origens de alguns desses seres como eventos diferentes e independentes do surgimento dos homens brancos: é o caso, por exemplo, dos Kayapó (Lukesch, 1976: 76-77), que contam que "*nos tempos antigos os índios possuíam apenas cachorros pequenos*", e que os cachorros grandes só foram adquiridos quando encontraram, muito tempo atrás, um lugar chamado *lago dos cachorros*. É o caso também dos Xavante (Sereburã *et alli*. 1998: 38), para quem os cachorros (*wapsã*) foram criados pelos demiurgos Poreza'õno e Öwawê, "*no tempo antigo*". O mito de origem dos bichos dos Sateré-Mawé conta como humanos do passado foram transformados em "*gato, arara, onça, rato, porco, cachorro, pato, galinha, marreco...*" (Yamã, 2007: 74-77); outro mito conta como, antigamente, os cachorros "*perderam o dom da fala*" (Yamã, 2007: 150-151). Os Kanamari na Amazônia ocidental também destacam que o demiurgo Tamakori criou cachorros (de argila com casca de caripé), porcos e galinhas (Carvalho, 2002: 282-299). *Igagai*, o criador Pirahã, fez os cachorros de "*uma espécie de musgo que brota nas raízes das árvores*" e as galinhas com uma trança de fios extraídos de um cipó bem fino (Gonçalves, 2001: 320). Muitos outros *corpi* míticos indígenas narram a origem ou a criação, por seres poderosos, dos animais introduzidos em tempos diferentes dos atuais, momentos de elaboração do mundo como ele é hoje (ver os muitos mitos Jê reunidos por Wilbert, 1978: 126-148; 318-323; 348-351).

Pode-se sugerir que os Karitiana não desvincularam a origem dos brancos da de seus animais exógenos porque jamais experimentaram o contato com esses seres sem a presença marcante dos humanos que os acompanhavam – direta ou indiretamente. Como se pode inferir, na floresta os animais não podiam se espalhar *motu proprio* com tanta facilidade – tal como fizeram nas áreas de vegetação aberta ocupadas pelas frentes pastoris, em que o gado muitas vezes atingiu aldeias indígenas *antes* da chegada dos humanos –, e foram, na maioria dos casos, levado diretamente pelos novos ocupantes do território. Assim, é muito provável que os Karitiana jamais tiveram a experiência de espanto como aquela narrada por Virginia DeJohn Anderson (2004: 15) com um grupo de índios Norwottuck, no sul da colônia britânica da Nova Inglaterra, em 1668/69:

> Viajando nas proximidades do rio Connecticut em um dia de inverno, um grupo de índios Norwottuck viu uma enorme criatura chafurdando desesperadamente na neve. Eles avançaram cautelosamente, buscando olhar mais de perto. Embora a criatura fosse do tamanho aproximado de um veado e tivesse chifres, ela não se parecia com nenhum animal que conheciam. Surpresos por esta descoberta inesperada, os Norwottucks retornaram para sua aldeia à procura de conselhos de seu sachem, Chickwallop. O sachem desejou ver a estranha criatura e, assim, acompanhou os homens de volta ao local da descoberta (...). Desta forma Chickwallop, mais de 30 anos depois, rememorou seu primeiro encontro com um animal facilmente reconhecível para qualquer inglês.

Contexto muito distinto do que analisamos aqui, claro, mas relato precioso, que pode dar alguma ideia da reação de numerosos grupos indígenas nas Américas diante de criaturas que jamais haviam visto. Mesmo que, posteriormente, essas criaturas tenham sido acomodadas aos sistemas classificatórios nativos, por vezes assumindo a posição de um novo tipo de *caça* (como parece ter acontecido, por exemplo, entre os Krahó estudados por Melatti, 1967: 122-137; ver também Galvão, 1963 e Gregson, 1969).

No entanto, a ausência de relatos do "*tempo antigamente*" sobre os animais introduzidos torna-se ainda mais singular ao constatarmos que existem "*histórias de antigamente*" que narram a origem dos brancos. Não tenho espaço para reproduzir e analisar a extensa narrativa que conta a origem comum dos Karitiana e dos brancos;[35] suficiente apontar que o desenrolar desta mesma história culminou com a separação entre Karitiana e os brancos, que depois emergiram em outro lugar, onde permaneceram até seu retorno sangrento – trazendo guerra, violência, epidemias, devastação ambiental, além de artefatos fantásticos, novos alimentos e animais até então desconhecidos – já reconhecido pelos Karitiana como um passado próximo, do "*era tempo*", posto que a volta dos brancos foi acompanhada mesmo por alguns Karitiana ainda vivos atualmente. Apenas um aspecto desta narrativa mítica precisa ser enfatizado.

---

35 Uma versão deste mito em quase tudo coincidente com as que eu mesmo coletei, encontra-se transcrita em Lúcio, 1996: 18-31. Ele é parte do que Lúcio chama de "*saga cosmogônica*" Karitiana, e inclui os episódios da origem dos animais e da caça, discutidos abaixo.

"*Vocês, brancos, são peixes, vieram da água sem fim, água grande*", dizem os Karitiana. Conta o mito que *Otada*, filho de *Boty~j* que vivia entre os Karitiana, partiu para sempre, mas deixou seu filho, *Byyjyty*, que os Karitiana identificam com Jesus. Foi *Byyjyty* que, antigamente, foi até o "*mar*" para "*procurar os brancos*", fez uma "*festa*" perto da "*água grande*", de onde ele tirou os brancos, "*os chefes dos brancos primeiro, os peões atrás*"; tirou os brancos da água, domínio de *Ora*, seu tio-avô, que além de "*chefão da água*" é "*chefão dos brancos*", assim como dos peixes (Antônio Paulo e Delgado). Conta-se que *Byyjyty*, após alimentar com carne humana várias criaturas monstruosas da água, deu de presente para *Ora* uma criança viva, com isso "*amansando*" os brancos, "*pessoal de Ora*". Ao retornar para os Karitiana, *Byyjyty* avisou que aqueles alimentados por ele emergiriam da água, "*mas não iam falar como gente*", ou seja, não se comunicariam com os Karitiana. Após isso, em um evento desafortunado em que os Karitiana matam *Byyjyty* transformado em um jaburu, este também se vai, para renascer entre os brancos, "*como Jesus, filho de Maria*", para quem transmitirá toda sua sabedoria e seus poderes, além de bens cobiçados como veículos e armas de fogo. *Byyjyty* avisara, ainda, que os Karitiana não deveriam flechar, quando viessem, "*um pessoal na canoa pelo rio*", ao que os Karitiana também desobedeceram. Significativo é que os relatos dos primeiros contatos, já no "*era tempo*" narram a chegada de homens navegando em canoas: "*aí os índios viram o branco de canoa, diz que o branco vinha de canoa*" (Moser, 1993: 69-70); além disso, há o relato do ataque aos membros da expedição do capitão Pinheiro, em 1909, primeira referência aos Karitiana na literatura, ao qual já aludimos: é curioso notar que o ataque, atribuído aos Karitiana, foi efetuado contra homens em três canoas (Pinheiro, 1910: 9-11; Rondon, 1922: 74-77). O erro foi desastroso, posto que depois dele os brancos apareceram com toda violência, "*matando muito índio*".

Assim, os brancos também são produto da ação criativa de um ser poderoso nos "tempos de antigamente". Conforme argumentei em outro lugar, contudo (Vander Velden, 2008), a identidade perdida entre os brancos e os Karitiana acabou por ser reencontrada quando dos eventos que nós concebemos como primeiros contatos. Ali, os Karitiana dizem, estavam tão-somente reencontrando sua imagem no passado, pois os Karitiana "*quase foram brancos*"; caso não tivessem desobedecido *Byyjyty*, este teria cedido aos Karitiana tudo o que deu, posteriormente, aos brancos, e os Karitiana "*seriam como brancos*". Estes, portanto, retornam para trazer aquilo que os Karitiana tinham ou poderiam ter, mas perderam com a separação, notadamente o cristianismo (Vander Velden 2008). Mas os brancos, em sua longa trajetória autônoma, mudaram muito e trouxeram com eles muitas novidades inéditas; entre elas, os animais de criação.

Na história Karitiana, então, os brancos tinham "*o lugar marcado em vazio*" que, conforme argumentou Lévi-Strauss (1993: 200), explicaria a relativa facilidade com que aqueles foram incorporados pelos "*sistemas de pensamento baseados em princípios dicotômicos*". Os animais introduzidos pelos brancos, porém, não foram acomodados nos mitos. Talvez porque, *mansos*, tenham sido logo assimilados aos *animais de criação* já existentes, nativos (xerimbabos), como veremos no Capítulo IV.

Seres sem história

Quando perguntados, por exemplo, pela história dos bois, os Karitiana repetem: "*boi não tem história*". Dizem, de maneira geral, que "*os animais trazidos pelos brancos não têm história*". Mas o que são essas múltiplas memórias transcritas na seção acima senão *histórias* – ainda que curtas – do surgimento desses seres exóticos? O que significa, então, não ter história?

Quase sempre, uma observação como "*cachorro não tem história*" é acompanhada da colocação "*não foi Boty~j que fez*". *Boty~j*, o ser criador do universo, é colocado como origem de todas as histórias: suas *ações criativas*, ocorridas no "*tempo antigamente*", é que deram origem aos seres que habitam o mundo e com os quais os Karitiana convivem desde sempre. *Boty~j* é, portanto, um *artífice*, e as criaturas do mundo são seus artefatos. Mas toda ação criativa encerrou-se no passado remoto do "*antigamente*". Passado que é o *lócus* das histórias: para os Karitiana, só os eventos do "*tempo antigamente*" são histórias.[36] Por isso,

---

36 Ter história, em geral, equivale-se a ter "*história de antigamente*", história da criação, da origem. É interessante constatar que em uma publicação com narrativas de jovens Karitiana (CIMI-RO, 2006), quase sempre apenas aquelas que tratam de eventos ocorridos "*antigamente*" são qualificadas de "*história de...*"; as que tratam de experiências pessoais ou eventos corriqueiros não são, em geral, assim denominadas. Noto que não estamos falando do conceito de história enquanto *historicidade* ou *temporalidade* que, é evidente, os Karitiana têm, assim como todos os eventos que experimentaram; tratamos com uma noção de história que Câmara Cascudo denomina *conto popular, narrativa tradicional* ou *estória* (1954: 303-306; 377; 444), modo comum de se referir a narrativas que a antropologia considera míticas. Logicamente, a construção e o significado das

cachorros – e todas as demais espécies não-nativas – não têm história, posto que não foram criados por *Boty~j*, mas trazidos já prontos, digamos, "*pela mão dos brancos*", "*no meio dos brancos*"; o processo de sua criação – de sua *fabricação* – é desconhecido pelos Karitiana: eles aparecem em determinado momento, por isso, não têm história.[37]

Em verdade, *Boty~j* não criou todos os seres que habitam o universo. Seria mais correto dizer que eles foram criados por um conjunto de seres poderosos que já existiam no "*tempo antigamente*", vários dos quais ainda hoje em atividade, embora não possam mais alterar a criação. As histórias podem ser divididas em dois momentos: aquelas que se referem aos seres criados por *Boty~j* e por seu irmão *Ora*, e aquelas que narram as ações criadoras de outros seres após o surgimento dos Karitiana, dos outros índios (*opok pita*) e dos brancos. Se ambas são "*histórias antigamente*", parece possível sugerir que os Karitiana concebem uma separação aqui, entre os tempos de antes e de depois de sua criação por *Byyjyty* (lit. "grande chefe"), neto de *Boty~j*. Sendo assim, as histórias desse segundo momento do "*tempo antigamente*" descrevem a criação de seres por agências humanas, histórias nas quais já tomam parte os animais criados no momento anterior.

Os irmãos *Boty~j* e *Ora* podem ser definidos como criadores, em ações conjuntas, da caça e da pesca. É curioso que embora *Boty~j* seja reconhecido como criador de tudo pelos Karitiana – seu nome é traduzido como *Deus* em português – são as ações de *Ora*, de fato, que efetuam a transformação dos seres/objetos e a criação dos animais. *Boty~j*, contudo, é dotado de uma espécie de *presciência*, pois ele sabe, de antemão, no que as ações muitas vezes desastradas de seu irmão irão resultar. *Boty~j* é como um *facilitador*, ajeitando as peças para que o poder de

---

diversas narrativas devem ter relações intrínsecas com a noção de *historicidade* Karitiana, mas meus dados não permitem aprofundar esta discussão.

37 Esta noção Karitiana, assim, aproxima-se das concepções Awá-Guajá, que distinguem os *wild pets* (*hanima*) dos *pets* introduzidos após o contato (*karaí hanima*): estes últimos não possuem o *hatíkwáyta* (termo glossado como "espírito/alma", mas também como "*imagens do self no passado*") suficiente para ir ao *iwa*, o mundo celeste Guajá. Estes seres existem apenas no presente, não tendo a capacidade de recordar imagens pretéritas suas no *iwa* (Cormier, 2003: 96-97). Embora a autora não avance este ponto, penso que o fato de serem espécies exógenas, difundidas entre os Guajá depois do contato com os brancos (que aconteceu há poucos anos para vários grupos locais deste povo) dá conta de explicar porque cães, gatos, galinhas e porcos não podem mirar seu passado: eles não têm passado, pois apareceram apenas recentemente.

Ora se manifeste por meio de suas atitudes destemidas, sua criatividade descontrolada e suas falas *performativas:* "*a palavra (hadna) aparece como sendo dotada de poder de agir e transformar o mundo*" (Lúcio, 1996: 40).

Assim, *Boty~j*, no início de tudo, criou o sapo *maam*, porque "antigamente não tem carne, caça, só esse sapo *maam*" (Epitácio); diz-se que foi "a primeira caça". *Boty~j* só comia ovos de sapo, mas teve vontade de comer caça, e por isso formou cada animal de caça:

> "Queixada, porquinho [caititu], onça, cutia, pássaros e outros animais foi Deus quem fez: queixada fez com casca de castanha; cutia fez de cupim preto [cupinzeiro]; onça fez com pau de cedro (*ik~i ep'*). Dentro de um paneiro [*serepym*, um tipo de paneiro] Deus colocou pedaço de cupim preto para o corpo de cutia e coco babaçu para a cabeça, por isso a cabeça dela parece côco babaçu; ele estava carregando tudo nas costas quando *Ora* falou: "ah, meu irmão matou cutia"! Aí os pedaços de coisas viraram cutia e o animal ganhou seu nome. Caititu teve a cabeça feita de cupim preto e o corpo de "canoazinha" [parte rígida da folha da palmeira que tem formato de canoa] cheia de espinhos de tucumã".

Depois de criados os animais[38] – pela geniosa bricolagem de *Boty~j* e a voz poderosa e travessa de *Ora* –, são colocados por *Deus* "*todos num curral,*[39] *como branco faz com boi*". Antônio Paulo é quem narra agora:

> Tempo antigamente não tinha gente, só Deus. Deus construiu essa Terra. Só tem Deus, a mulher dele – *Toboto* – e *Ora*, irmão dele. Aí Deus pensou: "puxa, irmão, não tem pessoa para falar com a gente, não tem conversa, a gente fica triste!"Aí diz que tiraram casca de castanheira, batendo na árvore. Aí fez boneco e botou na casa

---

38 Como destaca Lúcio (1996: 20), *Boty~j* também cria, "*tempo antigamente*", os "*bichos*", que na tradução Karitiana do termo nativo (*kida*) referem-se não aos animais, mas a seres antropofágicos e perigosos que povoavam, e povoam, o mundo, entre eles os "*donos dos animais*", o Mapinguari (*Owojo* ou *Kida harara*), o Curupira (*Dopa*) e as onças (que são referidas, muitas vezes, como *bichos*). Voltaremos a eles.

39 Também chamado de *chiqueiro* (*poon*), este curral é referido por Antônio Paulo como "*chiqueiro dos porcos*" (*sojxa poon*); porcos, aqui, são queixadas e caititus.

grande que ele fez. Ele fez muitos bonecos. Aí ele rezou e quase virou homem [isto é, quase adquiriram vida]. Mas quase tamanduá virou gente. Aí *Toboto* diz que estava doente. Então Deus ficou trabalhando lá nos bonecos. Ele já tinha feito os bonequinhos pequenos, que viraram muita caça: tuna, mutum... Aí *Toboto* falou com *Ora*: "pega um tuna para comer com pamonha que eu fiz!" Aí *Ora*, danado, foi, entrou dentro do curral de anta, queixada, muito bicho, já prontos, e ele pegou tuna, tuna mexeu. *Ora* jogou milho e abriu a porta do curral. Aí todos os queixadas e antas, porquinho, veado, mutum, levantaram, arrebentaram curral e sumiram. Aí juriti veio voando, pousou no terreiro onde Deus estava trabalhando. Aí ele viu todos os queixadas lá e pensou: "mas o quê é que *Ora* está fazendo?" Aí deu folha para anta, côco (muru-muru, tucumã) para queixada, para juriti ele deu caroço de pama [fruta], deu miolo de babaçu para mutum e para tuna. Aí Deus foi para casa. *Ora* morreu, amassado como conserva [carne enlatada] pelos bichos que escaparam. Deus falou com a mulher: "o que você fez, o que *Ora* fez?" Aí a mulher, com vergonha, contou que mandou *Ora* pegar tuna, mas ele é muito danado, não sabe pegar certo, não pensa direito. A mulher disse que tinha fome, estava doente, e por isso queria tuna. Aí choveu, *Ora* ressuscitou, e foi para casa do irmão dele, chorando: "queixada, anta, me matou, meu irmão!"

Esta história pode ser considerada como a origem da caça,[40] pois os animais saem em debandada do curral e se espalham pelo mundo: *"por isso as caças estão tudo no mato"*. Uma história da origem dos seres aquáticos também junta os feitos dos dois irmãos. A narrativa é longa, e aqui reproduzo apenas uma parte dela, tal como narrada por Epitácio, João e Luiz:

---

40 É interessante que *Ora* tenha dado origem aos animais de caça, considerados carne, comida por excelência, como veremos. Pois ele também é considerado *"o primeiro a fazer comida"*, ao assar os vegetais formados a partir das partes do seu corpo despedaçado após a queda de uma castanheira, provocada por *Boty~j*: batata vermelha (*goksomo*), macaxeira (*gok*), batata branca (*gokpoko*), macaxeira com ponta fina (*gokyjoty*), abóboras (*pasi* e *mõngyto*), carás (*pokoho, pokohopoko, pokohosomo, pokohoemo*), taiobas (*berero*, feita com o fígado de *Ora*; *põm ewemo*, feita com sangue dele; *ten'o*, *"pinto de Ora, taioba branca, como pinto de homem"*).

Ora ficou com sede, pois antigamente não tinha água. Aí Deus pegou duas cuias de tucumã e achou água, pouca, só um 'copinho de tucumã', bebeu e levou duas para *Ora*. Ele tomou, e queria mais, e Deus disse que era lá, e *Ora* foi atrás, mas não viu onde tinha água. Aí Deus pegou 'bico, umbigo da castanha' [*mi~jonpet*] e jogou direto no pocinho de água: formou fruta [*kobma*, fruta amarga, alimento do peixe jatuarana] que fica perto da água. Aí *Ora* viu onde tinha água, ele viu a água, abaixou para lamber água e se assustou com a figura dele [refletida], ele teve medo da sombra [reflexo] dele e correu. Aí voltou para beber, mas correu de novo, e falou para Deus: "meu irmão, tem bicho aqui, como você bebeu?" Aí *Ora* quebrou pau e bateu no olho d'água quatro vezes para matar bicho, mas a água espalhou e virou muita, como cachoeira, espalhando violenta para todo lado, água grande, como o mar. *Ora* formou água, e ele foi levado junto com a água. E voltou falando que tinha matado bicho. Aí Deus falou que ia fazer paneiro grande, e mandou *Ora* fazer também. Aí Deus viu igarapé grande, e tentou atravessar a pé, mas afundou. Aí Deus soprou/cuspiu, a água ficou dura, transformou como gelo, e ele andou por cima da água, sem afundar. E sentou do outro lado do rio. Aí *Ora* chegou na beira do rio e viu o irmão lá do outro lado. Deus disse que tinha nadado, e aí *Ora* vai tentar nadar, mas afundou. Aí virou de costas, colocou seu paneiro na barriga, e foi nadando. Vinha descendo pelo rio madeira podre, e *Ora* ia falando: "ah, vem peixe aí!", dava o nome, e a madeira se transformava em peixe, jacaré, tracajá, boto, poraquê, sucuri, todo tipo de peixe e animal da água. *Ora* quem fez e deu o nome para tudo o que tem nos rios. Aí vem boiando pelo rio, na direção dele, pau pintado, descendo o rio, e *Ora* grita: "eh, meu irmão, vem cobra pintada grande me matar". Aí forma cobra pintada [*so~jbapo*, sucuri] do pau, um pau preto virou cobra-preta [*so~jbawemo*]. Tem também *so~jbapoko*, *so~jbapsomo* e *so~jbap'ejema* [todos tipos de sucuri]. Formou jacaré vermelho [*saraty somo*]. Veio árvore grande e virou jacaré 'que tem árvore/bambu nas costas' [*saraty piororodna*], também virou jacaré grande 'que tem folha nas costas' [*saraty epesabma*, esses três tipos de jacarés só existem no rio-mar]. *Ora* ia falando e as madeiras se transformando em bichos do rio: boto [*iphy somo, iphyemo, iphyejema*]. *Ora* fez os peixes com folhas. Cada pau ou tronco que vem pelo rio na direção de *Ora* nadando de costas ele fala: "ah, vem jacaré grande me matar", aí o tronco afunda e vira jacaré grande que vive até hoje no rio. *Ora* nadando e Deus puxando a margem do rio, alargando, para *Ora* morrer, se afastando, mas *Ora* não morre. Aí Deus desistiu e foi embora".

Ora tinha, ainda, o poder de transformar humanos em animais. Diga-se de passagem que esses humanos "*de antigamente*" são na verdade "*seres cuja forma, nome e comportamento misturam inextricavelmente atributos humanos e não-humanos, em um contexto comum de intercomunicabilidade*", posto que ainda no "*estado originário de indiferenciação entre os humanos e os animais*" (Viveiros de Castro, 2002b: 354). Assim, a história da origem da água e dos seres que nela vivem, resumida acima, começa com *Ora* transformando dois filhos de *Boty~j* e *Toboto* em paca (*boroty*) e tatu quinze-quilos (*sotsy ty*), ao instalar uma armadilha de caça; quando vê os dois meninos abatidos pela armadilha, *Ora* exclama: "*olha, armadilha matou paca e tatu, nós vamos comer carne hoje*"; a transformação é imediata. Diz-se que de humanos *Ora* também criou todos os macacos, as lontras (*kida pytot*, "*bicho/coisa/animal de mão longa*") e o socó (*ot'ot'*). Os poderes vocais de *Ora* seguem transformando humanos – assim como objetos –, como no mito a seguir, narrado por Antônio José e João:

> Tempo antigamente, havia outros índios, os *Opok Yrypano* ["índios pica-pau"]. O pessoal de *Ora* estava fazendo roçado, e *Ora* foi junto para fazer derrubada. Tinha madeira dura (*pir~y*), muito dura, que quebrou os machados de pedra [*hykyndyto*] de *Ora*. *Ora* pegou a pedra do machado quebrada e transformou em passarinho [*ora hihopo*, um tipo de maçarico de hábitos aquáticos]. *Ora* depois fez essa madeira muito dura ficar bem mole como mamão. Aí *Ora* falou e foi embora falar com Deus, e disse que ia emprestar machado, em outra aldeia, de índio *Yrypano*. Lá *Ora* não encontrou ninguém, e roubou todos os machados e voltou para casa. *Opok Yrypano* descobriram que *Ora* roubou os machados, e avisaram Deus que iam matar *Ora*. Aí bateram com borduna até matar *Ora*. Colocaram pilão de madeira em cima dele, dentro da casa e queimaram a casa com tudo dentro. Depois de três dias veio chuva grande, e *Ora* e a casa dele surgiram de novo, novas, e Deus escutou *Ora* balançando na rede, na casa nova, de palha nova. Deus foi lá ter com irmão dele, e *Ora* disse

que *Yrypano* matou ele, e disse que ia se vingar, e devolver todos os machados. Aí foi lá na aldeia e chamou os índios: "vou pagar o que vocês fizeram comigo!" Os índios queriam matar ele de novo, mas ele tem poder: enfiou machado na boca do índio, e disse: "vai, *yrypano!*", aí gente se transformou em pica-pau [o bico do pica-pau é o machado desta ave]. *Ora* quebrou arco em 2 partes, e colocou na cabeça do arqueiro, que virou veado-roxo. Também transformou índio em *kynsen* [passarinho pequeno, de peito branco] e vários outros. Quando *Ora* vai devolver os machados de pedra para os índios que o mataram, vai fazendo os animais: *yrypan o'somo* [pica-pau de cabeça vermelha], *yrypan boedna* [pica-pau 'que tem colar no pescoço']; *yrypan'i* [também chamado de *korodo*; essas três aves foram feitos enfiando-se o machado na boca do índio, e por isso eles perfuram madeira com seus bicos], *de* [veado, feito ao enfiar as pontas do arco quebrado na cabeça do índio], *kida otioti* [passarinho], *kynsen* [passarinho de peito branco], *osakato* [passarinho], *piipa* [passarinho; esses quatro passarinhos são parentes: todos têm hoje nomes que eram nomes pessoais dos índios transformados], *tak eret tak eret* [passarinho], *op~in op~in* [passarinho]. Cada índio que *Ora* transformava em animal *Ora* falava: "vai, vira veado!" Virava e ia embora, corria. Quando um índio virava animal, a família dele toda também virava, não era só um.

Este poder de criação por meio da *fala* também é atributo de *Byyjyty*, neto de *Boty~j* e sobrinho-neto de *Ora*. Em função desse parentesco, *Byyjyty* compartilha dos poderes de seus antecessores em G+2. Assim, um mito narra que *Byyjyty* teve relações sexuais com sua irmã, união incestuosa que deu origem aos *Opok Sosybma*, um grupo de índios inimigos, que mataram e devoraram o irmão de *Byyjyty*. Como vingança, este acabou com os *Opok Sosybma*, transformando-os em veados (*de*), macacos zogue-zogue (*ery*) e quatis (*iri'sa*) através de sua voz, porque "*a boca dele é poderosa*", sua fala tem efeito sobre o mundo.

Com a criação dos humanos "modernos", por assim dizer, mas ainda no "*tempo antigamente*", potências criativas continuam agindo na transformação das coisas em novos seres. Nesta fase, porém, parece estar a origem da maioria dos seres que, além de imprestáveis como alimento (caça e pescado), perturbam a vida dos homens e a tornam perigosa. Assim, a ação de *Byyjyty* ao cortar e espalhar seus cabelos deu origem, além dos Karitiana, aos *Ndakyryjda*, chamados de "*matadores de Karitiana*", ainda que fossem humanos como estes, da mesma origem, mas inimigos. Ato contínuo, *Ndakyryjda* aparece como "*bicho, come gente, vampiro*", uma criatura[41] ocupada em devorar os Karitiana um a um. Resumindo a história contada por Antônio José, *Ndakyryjda* foi morto a bordunadas por um chefe Karitiana porque devorou a filha deste. Então:

> "Aí chefe pegou borduna e matou o bicho [*kida*, forma comum de se referir a seres monstruosos, sobrenaturais ou perigosos[42]], a mãe do bicho e os filhos dele. Uma das filhas dele tentou sair pela casa de palha, mas o chefe cacetou a perna dela, quebrou a perna dela e ela foi embora virando passarinho, de dois tipos: *gokyp otitako* e *ndakyryjda it'as'epoto*, os dois têm perna quebrada até hoje [aves com pernas compridas e finas]. Aí o vampiro-bicho morreu. Mas o bicho tinha um irmão, *Pyry'abma*. Esse não matava Karitiana, família do chefe, mas só *opok pita*, outro índio. Ele matava outro índio e jogava sangue no cemitério do irmão morto pelo chefe. Daí, em cima do cemitério apareceu casa de pium [*kyryp*], carapanã [*tik*], mutuca [*orokojt*] e mutuca de bico comprido [*orokoj ~jo~jhorop*, todos os quatro são insetos hematófagos]: eles são o espírito do vampiro *Ndakyryjda*".

Em seguida, temos a "*história da cobra*", o mito de origem das serpentes – e de outros seres peçonhentos[43] –, seguramente os animais mais temidos pelos Karitiana. A narrativa, mais uma vez, é de Antônio José:

---

41 *Ndakyryjda* é um coletivo – "*tem família dele*" – como se percebe na narrativa anterior, que conta a criação deste grupo de índios juntamente com os Karitiana. Parece, então, que todos os indivíduos deste coletivo têm o mesmo nome e os mesmos hábitos. Tratar-se-ia, então, de uma pessoa-coletivo, mas num sentido distinto daqueles assim chamados *mestres* ou *donos dos animais* (cf. Fausto, 2008).

42 Esta categoria, *kida*, será discutida no último capítulo.

43 Este é também um mito de origem do veneno (pois os sangues menstrual e puerperal são venenosos para os homens) e das taquaras envenenadas, pois a taquara de que são feitas as pontas de flecha tem veneno, e por isso são tão eficientes para a caça. Diz-se que as flechas "*comem o sangue*" dos animais atingidos, e que as pontas de taquara apodrecem e desaparecem se não forem periodicamente alimentadas com sangue.

"Diz que os Karitiana raptaram uma criança de outros índios inimigos, e ela cresceu entre os Karitiana. Chamava-se *Orowo*. Cresceu e um dia foi ajudar companheiro; a mulher não gostava mais desse homem. Aí o índio raptado falou: "mata ela!" "Como?"Aí ele pegou e fez uma taquara [ponta de flecha] bem apontadinha [afiada], na forma de uma cabeça de cobra, por isso cobra tem cabeça compridinha, apontada. Aí ele transou com muita mulher menstruada e que tem filho pequeno [recém-nascidos], e limpou o pinto sujo de sangue [sangue 'sujo', pois os homens não podem ter contato com sangue feminino] com taquara. Primeiro testou taquara em macaco, triscando, macaco morreu. Ele ia colocando sangue de menstruação na taquara, deixava secar e testava: se tinha pouco veneno ele colocava mais e testava de novo, até ficar muito venenosa. Depois colocou taquara suja de sangue no caminho da mulher do companheiro que ia buscar água. Ela triscou [feriu-se de leve] na taquara e sentiu muita dor, e morreu: diz que se pegasse [tocasse] no corpo, arrebentava. Esta taquara os Karitiana usaram muito para matar outro índio, na guerra. Um dia, *Orowo* esqueceu taquara no caminho para a aldeia dos índios. Quando já estava longe lembrou, e voltou. Daí ele viu, puxou a taquara, mas já estava transformando em cobra, estava duro, deu para pegar, mas já tinha muitas cobras, muita gente já estava morrendo. Diz que nesse tempo todas as cobras do mundo eram venenosas. Daí o índio raptado, *Orowo*, diz para pessoal pegar mel de abelha, e sentou sozinho no ~*jomby* [o banco cerimonial Karitiana, feito de um longo tronco de árvore], mandou todo mundo ficar dentro de casa. Ele assoviou, e veio um monte de cobra, elas batiam a cabeça no banco e abriam a boca, e o homem colocava mel na boca delas: as que receberam muito mel não ficaram mais venenosas; mas o mel foi acabando e as cobras mais venenosas só tomaram uma gota de mel. Da raspa que caiu quando homem amolava a taquara apareceu aranha, caba [vespas], tocandeira, formiga de fogo, escorpião, lacrau".

* * *

Os seres que habitam o universo dos Karitiana são, portanto, produto de várias ações geniosas do *"tempo antigamente"*. Há, contudo, a divisão deste passado mítico, à qual aludimos, em dois momentos: no primeiro, os seres são todos criações de *Boty~j/Deus*, diretamente ou por meio de ações combinadas com seu irmão *Ora*; notemos que este momento marca o surgimento da caça e dos peixes, ou seja, da origem dos *alimentos*. No segundo momento surgem os seres produzidos por agências humanas, já no contexto vivido pelos Karitiana. Notemos que a criação destes é também fruto do primeiro momento: Antônio Paulo conta que os Karitiana de hoje não são os que *Boty~j* construiu antigamente, que eram grandes e muito fortes, mas que se acabaram. Os Karitiana atuais são *Byyjyty otsoop aky*, "*cabelos de Byyjyty, neto de Deus*": "*tempo antigamente*", *Byyjyty* cortou seus cabelos e colocou em pequenas cestinhas de palha, levou-as para o mato e espalhou-as por lugares diferentes; desses cabelos emergiram os Karitiana, entre outros povos. Os Karitiana também são, pois, "*criação de Deus*", uma vez que *Byyjyty*, como neto de *Boty~j*, é seu "*eu renovado*" ou "*reencarnação*", como dizem, de acordo com a noção Karitiana de que a substância e os nomes se repetem em gerações alternas, de avô (G+1) para neto (G-1).[44] Assim, parece-me que o surgimento dos Karitiana demarca a transição entre os dois momentos de "*antigamente*". Os brancos também surgem neste momento, mas de uma origem diferente, como vimos; não obstante, eles também são criação de Deus, pois foi *Byyjyty* que os tirou da água.

Mas os Karitiana são *criação* de *Boty~j* na dupla acepção desta palavra na língua portuguesa, como me explicou o mesmo Antônio Paulo: produtos dele, mas também protegidos ou cuidados por ele.[45] Desta maneira, os Karitiana também são como "*animais de criação*", *pets*. Assim, *Boty~j* aparece como um grande criador: ele não apenas cria (*make*) animais e humanos, mas também os cria (*grow*) como *pets*, e dispõe mesmo de um curral para guardá-los, assim como os criadores de animais entre os brancos, os *fazendeiros*. Epitácio, quando me conta a história de origem da caça transcrita acima, observa:

---

44 A substância de uma pessoa vem de seus pais, ao passo que os nomes são transmitidos de FF/FFB para os homens, e de FM/FMZ para as mulheres (Lúcio, 1998: 45-47). Assim, avô e neto são equivalentes, da mesma substância, e mesmo seus nomes parecem ser intercambiáveis, pois *Boty~j* pode ser chamado de *Byyjyty* que, aliás, quer dizer, literalmente, "*chefe (byyj) grande (ty)*". Carlos Lúcio (1996: 50) percebeu esta homologia: "*Botyj = Mbyjyty* [sic]".

45 A distinção é melhor esclarecida pela língua inglesa, como sugere Tim Ingold (2000: 85-86), na oposição entre *making* e *growing* no que se refere às relações entre seres humanos e não-humanos.

> Deus queria comer caça, e daí formou cada animal de caça, pássaros, bicho do mato, todos no curral, *como branco está fazendo com boi*" (meu grifo).

Parece-me, então, que estamos diante de uma ação por parte dos homens brancos – a criação de animais em confinamento – que espelha a ação criativa de *Boty~j* no "*tempo antigamente*". Notemos que Epitácio, falando sobre bois e cavalos, observa que "*depois Deus ensinou os brancos a criar, e aí os Karitiana viram nas mãos dos brancos*" (meu grifo). Ou seja, os brancos se vão, para retornar com um conjunto de *saberes* transmitidos a eles por *Boty~j* – por intermédio de seu neto *Byyjyty*[46] – e que maravilham os Karitiana porque, como veremos no próximo capítulo, estes "*não sabem criar animais, fazendeiro é que sabe*", constatação que explica os múltiplos problemas que, na ótica Karitiana, foram criados pela adoção das espécies exógenas. Assim, Deus (*Boty~j*) criou os animais "*do mato*" (caça) e os *donos* destes; também criou os brancos, e os *ensinou* a criar seus animais. É interessante acrescentar que se *Boty~j* cria os animais no curral, depois de sua liberação ele continua agindo, agora alimentando cada um dos seres com o alimento que lhes é próprio (caroço de tucumã aos queixadas, formigas ao tamanduá, semente da fruta pama para o juriti, e por aí vai: "*esta é a sua comida*", dizia a cada um). Portanto, *Boty~j* não apenas cria os animais num cercado: ele também os *alimenta*, definindo sua dieta dali em diante.

Os Karitiana não compreendem os animais introduzidos com o contato como *artefatos* dos brancos (como os animais "*do mato*" são construtos de certas criaturas poderosas). Deste modo, a ausência dos animais introduzidos nos mitos Karitiana cria um contraste entre seres que *são humanos* ou que *foram humanos* no passado (Karitiana, outros índios, brancos, animais de caça) e aqueles que *jamais foram humanos* (os animais de criação introduzidos). Esta oposição cria

---

46 Os Yudjá (Juruna) contam uma história muito semelhante, na qual o criador *Señ'ã* criou os brancos a partir dos Yudjá e dotou-os da condição de *criadores de gado* – dando a eles curral de bois e campos de capim –, ao passo que os Yudjá tornaram-se caçadores (Lima, 2005: 25). De acordo com Melatti (1967: 137-138), os Krahó também parecem associar a divindade – através do sol (pït), "*vaqueiro de Deus*" – com o modo de vida pastoril: currais, fazendas e rebanhos; o mito Krahó, contudo, estabelece a origem da *caça* a partir dos rebanhos bovinos da divindade, pois os bois são veados na perspectiva do caçador Krahó: assim, a caça aqui tem origem no *pastoreio*, que permanece atividade restrita à divindade e aos brancos.

uma distinção entre uns e outros, no sentido que os Karitiana talvez sejam uma daquelas cosmologias que, no dizer de Eduardo Viveiros de Castro (2002b: 353-354), "*negam a todos os animais pós-míticos a capacidade de consciência, ou algum outro predicado espiritual*". Voltaremos a isso no momento oportuno.

Nem, tampouco, entendem os brancos como "*donos*" ou "*chefes*" desses seres, do modo como concebem a relação existente entre os animais "*do mato*" ou "*de caça*" e esses seres que têm para com eles uma relação de *proteção* e *controle*.[47] Porque a função dos "*donos de caça*" parece estar fundamentalmente vinculada ao ato de ceder animais que podem ser caçados, bem como de controlar a atividade dos caçadores para que não cacem em demasia nem desperdicem a carne. Não há sentido, pois, em estender esta relação a seres que não são caça.

Não obstante, o fato de esses animais aparecerem desde sempre na companhia dos brancos – e de, agora, conviverem também com os Karitiana – sugere que eles têm, sim, *donos*. Mas trata-se de um tipo diferente de dono, aliás, dois tipos: no caso dos animais criados como *pets* (cachorros, galinhas, gatos), a relação parece-me fundada na *filiação*, ao passo que a relação entre "*donos de caça*" e os animais caçados não o é: os Karitiana não concebem os animais do mato como *filhos* de seus "*donos*"; prova disso é que esses seres sobrenaturais nunca são denominados "mãe" ou "pai" da caça ou de qualquer animal (a "*função-genitor*" dos donos para Fausto, 2008: 350-351), como é comum em outras cosmologias (Fausto, 2008). Interessante constatar que os "*donos*" dos animais de caça para os Karitiana não são os *criadores* desses animais, mas também eles são produtos das ações de outros seres poderosos; assim, os "*donos*" parecem ter para com os animais do mato uma relação de *liderança-controle-proteção*. Já os animais de criação, como veremos no capítulo III, parecem entretecer com seus donos humanos uma relação de pais e filhos.

Não obstante, parece haver uma outra forma de manifestação da figura do branco enquanto *dono* dos animais domesticados introduzidos, esta referente sobretudo ao gado bovino – mas que também pode "contaminar" as relações com os *pets*, entendidos como "cachorro *de* fulano" ou "galinhas que *pertence* a tal pessoa": o *proprietário*. Desta forma, Cizino, perguntado sobre se os bois têm donos assim como queixadas, antas e onças, frisa que

---

47 As figuras dos "*donos*" ou "*chefes de caça*" serão analisadas no capítulo IV.

"Boi? Tem dono. Boi não tem dono de *governador*? Tem, eu acho que boi tem também fora esse daí, também [outros donos]".

É o governador, entre outros fazendeiros, o dono dos bois. Figura do poder e da riqueza, que resultam de seus *conhecimentos* sobre a criação animal. Teremos oportunidade de voltar ao assunto no próximo capítulo.

Os animais introduzidos, como *filhos* ou como *posses*, estabelecem algumas mudanças no sistema Karitiana de classificação dos seres, ao radicalizar a oposição entre seres *"bravos"* (*"do mato"*) e *"mansos"* (*"de casa* ou *da aldeia"*). Mais um indício da exterioridade dos animais exóticos, que exploraremos em detalhes no capítulo IV.

Não tinha mulher, só cachorrão: sobre a (quase) tragédia Juari

Apenas uma nota breve, antes de encerrarmos o capítulo. Que o cão doméstico é uma criatura estrangeira, isso é fato. Há, contudo, outra versão da origem do animal que parece contrastar com as narrativas apresentadas na terceira seção deste capítulo, ainda que conserve a exterioridade do cachorro, mas talvez aumente a estranheza quanto ao seu surgimento. Vimos, acima, que os Karitiana atuais reconhecem-se como uma comunidade etnicamente bipartida, formada da união, em algum momento do passado, dos Karitiana propriamente ditos com um grupo denominado Kapivari ou, mais recentemente, Juari, que provavelmente se tratava de um pequeno grupo local separado, pela violência das frentes de colonização, dos Karitiana que contataram seringueiros no rio Candeias na década de 1940 ou 1950. As memórias do (re)encontro destacam, sempre, que ambos os grupos haviam atingido o limiar da extinção, contando com pouquíssimos indivíduos; destarte, apenas a fusão das duas pequenas unidades sociais – por meio de inter-casamentos – teria propiciado a sobrevivência do povo que atualmente se conhece como Karitiana.[48] Ademais, a congregação dos dois grupos teria catapultado Moraes à posição de liderança incontestável, uma vez que, ao ceder suas muitas filhas – frutos de uma série de 7 ou 10 casamentos (Aguiar, 1991:

---

48 E, também, dos Juari, levando-se em conta a recente cisão de um grupo que retomou este etnônimo. Apresento as informações a respeito desta nova separação no capítulo seguinte.

14; Lúcio, 1996: 111-121; 1998) – aos homens Juari – *que não tinham*, frise-se, *mulheres* –, ele tornou-se uma espécie de "super-sogro" (doador de mulheres), posição de poder típica entre as sociedades indígenas nas terras baixas sul-americanas (cf. Vander Velden, 2004: 36-38).

O ponto a ser destacado é que, de acordo com as narrativas dos Karitiana atuais, os Juari não passavam de um pequeno grupo de homens; não havia mulheres – ou, alternativamente, havia "*apenas quatro homens e uma mulher velha*" (Manso, 2001: 20), ou "*não tem nada mulhê [sic], não. Só tem um mulhê velha, velha*" (Moser, 1993: 105), esta última estruturalmente semelhante aos homens, pois não mais possuía capacidade reprodutiva[49] – ou, pelo menos, não havia mulheres *humanas* (e *em idade reprodutiva*). Segundo contam, os homens Juari eram casados ou copulavam com enormes cadelas que criavam: "*mulher de Juari era cachorrão, por isso estavam acabando*", diz Epitácio. Antonio Paulo afirma que os homens Juari tinham "*vontade* [de manter relações sexuais] *e daí experimentavam cachorras*", insistindo, sempre, no sexo feminino daqueles animais. "*Conta a história que estes* [homens Juari] *transavam com cachorros [sic]*" (Manso, 2001: 20).

Essas uniões bizarras, ao que consta, eram estéreis, ou delas nasciam cachorros pequeninos – segundo Antonio, porque "*o sangue do cachorro é mais forte do que o da gente; se o sangue dos índios fosse mais forte, nasceriam pessoas*" – ou crianças com face canina, pêlos no corpo e unhas afiadas nas mãos e nos pés ou, ainda, bebês com face humana e corpos peludos; Valter diz, ainda, que "*choravam como nenês humanos*". Diz-se, ainda, que as criaturas engendradas morriam com apenas uma semana de vida, o que sugere que tais uniões maritais humano-caninas eram, de fato, inviáveis e, por esta razão, os Juari estariam mesmo fadados ao desaparecimento rápido, o que teria ocorrido se não tivessem sido encontrados pelos Karitiana e recebido mulheres humanas de Antonio Moraes. Desde então, teriam abandonado esta prática, e não obtive notícias do que aconteceu a essas consortes inumanas dos Juari.

Com base nestas histórias, Luis e Marcelo afirmam que, na época do contato com os brancos os Karitiana já tinham conhecido cachorros, posto que teriam se misturado com os Juari antes do aparecimento dos seringueiros:

---

49 Diz-se também que as poucas mulheres em idade reprodutiva tomavam "*remédio do mato*" para não conceberem, ressaltando-se a inviabilidade dos Juari como grupo social distinto.

"O pessoal do Candeias [os Karitiana] foi um dia caçar e veio até o local da atual aldeia, onde encontrou os Juari, sem mulheres e casados com cachorros".

Narrativa de interpretação complexa, que parece apontar para múltiplos significados da relação entre humanos e animais, além de comentário sobre a triste situação dos Juari: sem mulheres, os homens deste povo em vias de desaparecimento procuravam uniões sexuais aberrantes com cadelas.[50] Ação desesperada, mas ao mesmo tempo ridícula, prática iluminada pelas acusações jocosas, no mais das vezes veladas, que são hoje feitas a vários homens Karitiana – sobretudo mais velhos, cujas esposas já passaram da faixa etária reprodutiva – que se diz procurarem o coito com animais domésticos, em geral cadelas, até com certa frequência. No passado como no presente, tais atos revelam, talvez, a possibilidade – estéril, sem dúvida – da conjunção carnal com outras criaturas, por mais estranha que pareça. Quanto aos cães, parece tratar-se de uma nota sobre a sexualidade desregrada desses animais que, na visão dos Karitiana – e de várias outras populações indígenas, na América do Sul (Gow, 1997; Villar, 2005) e alhures (Tambiah, 1969; Laugrand & Oosten, 2001) – acasalam com múltiplos parceiros e cruzam indistintamente até mesmo com seus próprios "parentes". No caso específico dessas cadelas desfrutadas por alguns homens, diz-se que são "*rodadas*" (do uso informal: "*que andou por aí, passou por muitas mãos, gasta*"), um termo que também é aplicado a mulheres com larga experiência sexual, sinônimo de prostituta.

O curioso é que tanto os Juari de antigamente quanto os zoófilos Karitiana de hoje não parecem estar sujeitos, a crer nas narrativas, aos perigos que, na Amazônia, costumam assombrar qualquer tipo de intercâmbio descontrolado ou indevido entre humanos e não-humanos (Rivière, 1995; Viveiros de Castro, 1996): com efeito, comer, copular e mesmo conversar com animais na floresta – ações que perdem seu sentido fora dos domínios plenamente humanos – trazem sempre risco inerente da doença e da morte, pois implica no abandono da *perspectiva* hu-

---

50 Os Karitiana assinalam apenas a busca de satisfação sexual como motor dessas estranhas conjunções, mas seu viés "reprodutivo" resta patente nos comentários de que os Juari estavam desaparecendo porque não dispunham de mulheres (humanas).

mana e a plena absorção pelo ponto de vista do animal em questão (cf. Viveiros de Castro, 1996; 2002b).

Arrisco-me a sugerir que a conjunção carnal com cães, por mais excêntrica que pareça, é plenamente aceitável – ainda que ridicularizada – sob a ótica Karitiana, porque o cachorro doméstico *não está fora do universo humanizado*; ele é parte integral desse mundo socializado ou, melhor dizendo, o cachorro é a própria dobradiça entre o mundo não-humano, predatório e perigoso do mato, e o contexto familiar, seguro e controlado da aldeia, tensão sobre a qual voltaremos a falar. Na verdade, que outra criatura poderia ser "parceiro sexual alternativo" de homens carentes de mulheres senão o cão, animal que realiza, por excelência, a intromissão da alteridade no cenário íntimo dos humanos, ser que pode, em múltiplos contextos, transitar entre os campos da natureza e da cultura (Lévi-Strauss, 1997[1962]; Copet-Rougier, 1988)? Como diz David G. White (1991: 15):

> Fundamentalmente, por seus papéis e valores culturais ambíguos e sua constante presença na experiência humana, aliados a sua proximidade com o mundo feral, o cão é o alter ego do próprio homem (...) (ver também White, 1991: 12-21).

Com o que concorda com Alain Testart (1987: 177), para quem o cão é *"o mais humanizado dos animais"* (*le plus humanisé des animaux*).

O sexo não vai até a floresta: ao contrário de tantas cosmologias amazônicas, os Karitiana não equacionam a caça com a sedução (cf. Seeger, 1981: 223-224; Descola, 1994); o mito de *Okorokoto*, analisado por Rachel Landin (1985: 64-65), aborda a *"sexualidade inapropriada com a ou na natureza"*, e sugere claramente a aversão dos Karitiana com a irrupção da sexualidade humana na floresta ou com os seres que a habitam; ademais, se a aldeia é o local das relações sexuais socialmente sancionadas, a floresta não é seu oposto: jamais ouvi que relações sexuais – sobretudo aquelas ilícitas ou adúlteras – possam ocorrer no interior da floresta, mas apenas nas capoeiras imediatamente vizinhas da aldeia, nos roçados, em braços do igarapé não muito distantes da zona habitada ou em alguns cantos mais recônditos da aldeia, em geral à noite. Similar a essas zonas limites, um animal também liminar: o cão, a meio caminho entre a casa e o mato. Retornaremos a isso. Restaria, apenas, assinalar que se *"o bestialismo é, afinal de contas, o ato antiantropocêntrico definitivo*" (Serpell, 1996: 158), seria valioso repensar as histórias e as práticas do coito com animais – lá onde se "come" um animal em todos os sentidos – entre os Karitiana e em outras sociedades indígenas, à luz do instrumental proposto por Eduardo Viveiros de Castro e seu *perspectivismo* (1996) e por Philippe Descola e seu *animismo* (1996, 2001).

É possível, portanto, que as narrativas do encontro entre os Karitiana e os Juari focalizem a existência de cães introduzidos por seringueiros já vivendo entre esses últimos, e mesmo da prática da conjunção carnal entre índios e cachorros. Entretanto, creio que, ao evocar que dessas uniões nasciam criaturas humano-caninas, os Karitiana não estão fazendo referência apenas a um (possível) fato histórico, mas estão, acima de tudo, frisando a *exoticidade* de todo um contexto: um povo diferente (mas nem tanto, como vimos), sexo diferente (e aberrante) com um animal diferente, exótico, introduzido pelos brancos; brancos que, ao fim e ao cabo, foram os grandes responsáveis pela dispersão dos Karitiana e pelo quase extermínio destes e dos Juari. Enfim, um "*processo de exotização*" (cf. Mason, 1998) que sinaliza a trajetória francamente descendente do povo Juari, além do novo tempo, de recuperação, trazido pelo encontro com os Karitiana. Natural que fossem cães os personagens desta história: provenientes dos seringueiros, significam a inviabilidade de um povo, pois as relações – com brancos invasores e com cadelas – são estéreis e, por isso, deletérias. O cachorro, portanto, parece ser a irrupção perigosa e destrutiva do *outro* no interior do nós, os Karitiana: seres meio-humanos e meio-cães remetem a uma representação do outro como situado nos interstícios entre o humano, o animal e o sobrenatural (White, 1991; Magaña, 1992: 3-4). O sexo com cachorros, portanto, fala-nos da relação tensa entre os Karitiana e alguns dos animais introduzidos no seu cotidiano com o contato. Fala-nos da impossibilidade da convivência realmente pacífica entre brancos e índios por intermédio das relações estéreis entre seres de natureza diferentes: transar com cadelas sinaliza, por meio da narrativa mítica, a inviabilidade de um povo marcado pela iminência da extinção precipitada pelo aparecimento dos não-índios. Fala-nos, enfim, de uma cosmologia que especula sobre as vicissitudes de seu passado, de seu mundo atual e de seu destino futuro. Os Karitiana, enfim, não são bestiais; bestial é o mundo terrível e destrutivo que o branco lhes trouxe. Mundo no qual abundam os cães, essas criaturas que, por tão próximas dos homens, servem para a reflexão sobre o destino desses últimos; esta proximidade é assunto para outro capítulo, e voltaremos a ele.

Capítulo 11
Enfeites de aldeia

> "Pode-se, por ventura, conceber o rato sem o homem?"
> Günter Grass, *A ratazana*

As aldeias Karitiana

A TRAJETÓRIA DOS KARITIANA pelos vales dos grandes afluentes da margem direita do alto Madeira precipitou-se na Área Indígena Karitiana, um quadrilátero de 89.682,1380 hectares situado entre os rios Jaci-Paraná e Candeias, integralmente situado no município de Porto Velho, capital de Rondônia. A área, delimitada quase inteiramente por linhas secas, encontra-se ainda praticamente coberta pela floresta. É banhada pelos afluentes do rio das Garças (norte e leste), do rio Caracol (sul e oeste) e do Igarapé Belo Horzonte (sudeste), e tem cerca de 35 mil hectares de suas porções sul e, principalmente leste, incidentes sobre a Floresta Nacional do Bom Futuro, uma área de preservação ambiental federal. O norte da reserva está ocupado por várias grandes fazendas de gado, algumas delas pertencentes a figuras importantes da política rondoniense, e encontra-se sob forte pressão em função da proximidade com a BR-364. Ao oeste, algumas intrusões por parte de garimpeiros têm sido registradas em função das riquezas minerais – ouro e cassiterita (minério de estanho) – que se acredita existirem na área indígena (F. Ricardo, 1999: 21); garimpeiros exploraram esses metais até os anos 70, quando foram expulsos pelos índios (CIMI-RO, 2002: 35). Madeireiros também vêm invadindo as porções sul e leste da terra indígena.

Quase no centro da terra indígena (S 09° 17' 44,5"; W 64° 00' 11,7". CAO/INF/MPE-RO, 2006: 3) está situada a aldeia Karitiana chamada *Kyõwã* ("*aldeia-criança*" ou "*aldeia nova*"), cujo nome em português é *aldeia Central*. Às margens do igarapé Sapoti, afluente do rio das Garças, *Kyõwã* é um agregado de casas dispersas – sem organização aparente, bem ao estilo Tupi (Viveiros de Castro, 1986: 275-276) – por cerca de cinco hectares, e cercada de capoeiras velhas e roçados em uso, estando a mata fechada um pouco mais distantes; antigos cemitérios e vestígios de velhas aldeias abandonadas são encontrados sobretudo à leste, no rumo do rio Candeias. A aldeia fica a cerca de 100 km de Porto Velho, metade pela BR-364, sentido Rio Branco-AC, metade por uma estrada de terra em razoável estado de conservação que, saindo da rodovia no ramal Maria Conga, atravessa algumas propriedades rurais particulares antes de internar-se na mata.

Entre 260 e 300 Karitiana habitam esta aldeia atualmente (contra cerca de 230 em 2003).[1] Os Karitiana, como já aludido, não residem mais nas grandes casas comunais (*abi atana*, "*casa redonda*") do passado. As residências atuais – a maioria de madeira coberta de palha, embora haja algumas de taipa e de alvenaria com telhas de amianto – abrigam, em geral, um grupo doméstico – pais e filhos solteiros – mais agregados, incluindo parentes solteiros ou viúvos, parentes da cidade ou das outras aldeias por temporadas, e filhos casados (com suas esposas e às vezes filhos) que aguardam a construção de suas moradias. O padrão de residência, antigamente uxorilocal (cf. Landin, 1989: 16-19) parece ser, hoje, neolocal, e novas casas vêm se multiplicando para todos os lados do terreno da aldeia. Quase todas as habitações possuem anexos: sanitários ("*casinhas*", com fossas secas), cozinhas, galpões de trabalho e armazenamento e galinheiros. Além disso, reconhece-se uma área no entorno das casas, chamada de *quintal*, onde são plantadas algumas fruteiras, e se desenrola boa parte da vida familiar e aldeã, incluindo as brincadeiras das crianças e o pouso dos vários animais de criação da família.

O igarapé Sapoti divide o espaço em duas áreas, referidas por "*lado de lá*" e "*lado de cá*" relativamente ao informante. A margem esquerda (oeste) do Sapoti, onde desemboca a estrada de acesso a aldeia, concentra os serviços instalados pelos brancos: a residência do chefe do posto indígena, a Escola Indígena 04 de Agosto, a casa do rádio e depósito de maquinário e insumos agrícolas, a residência dos professores não-índios, o posto de saúde (uma construção nova), a casa dos técnicos da Funasa, a bomba de água e uma garagem coberta. Este é, portanto, o lado da aldeia mais próximo – real e simbolicamente – do mundo dos brancos, ainda que abrigue aproximadamente metade dos habitantes de *Kyõwã*, além de importantes estruturas comunitárias como o galpão de reuniões, um campo de futebol, uma enorme *abi atana* (logo na entrada da aldeia, destinada a ser uma

---

1 O número exato é difícil de precisar devido à existência de uma grande "população flutuante" Karitiana, cuja moradia divide-se em diferentes períodos nesta aldeia, na cidade e nas outras duas aldeias hoje existentes, como veremos.

espécie de "*museu da cultura Karitiana*", abrigando o "*acervo histórico resgatado*" por um projeto desenvolvido na aldeia, o *Projeto Kyowã* [sic] – ver Soupinski & Teles, 2009), e uma das *igrejas*. A margem direita (leste) abriga a outra metade da população, além da *Casa da Língua* (ou *Casa Bilíngue*),[2] da residência utilizada pelos missionários do CIMI e outras duas *igrejas*.

As três *igrejas* ("*casas de Deus*") da aldeia são a expressão arquitetônica de uma cisão que corta a sociedade Karitiana desde os anos 70, quando dos trabalhos de pesquisa da língua e de evangelização desenvolvidos pelos missionários David e Rachel Landin, ligados ao *Summer Institute of Linguistics* (SIL, hoje *Sociedade Internacional de Linguística*) e à Igreja Batista da Filadélfia. Aproximadamente metade dos Karitiana, hoje, se identifica como *crente* e frequentam uma dessas três igrejas: uma Assembleia de Deus, cujos *pastores* principais são Valter e seu filho Geovaldo, e que funciona numa bela *abi atana* construída na extremidade sudeste da aldeia *Kyõwã*, na margem direita do igarapé; e duas igrejas Batistas, cujos pastores são Valdemar e Luís Francisco, ocupando, respectivamente, uma *abi atana* pequena na margem esquerda do igarapé, e um anexo à casa do pastor situada na extremidade diametralmente oposta à Assembleia de Deus.

Aos *crentes* se opõem os Karitiana que seguem a liderança política e espiritual de Cizino Dantas Moraes, o único xamã (que os Karitiana chamam de *pajé*, *ta'so sypotagna*, que traduzem como "*homem que vê espírito, dono do espírito*") ainda em atividade. Estes não frequentam as igrejas, mas os rituais xamânicos eventualmente conduzidos por Cizino. Por isso são também referidos, uns e outros, como "*povo do pastor*" e "*povo do pajé*". Como já notado anteriormente pela etnografia Karitiana (cf. Moser, 1993: 133-140), os Karitiana buscam desenfatizar esta cisão religiosa no aspecto sociológico, afirmando que a convivência entre os dois grupos religiosos é, no mais das vezes, pacífica. Isso é verdade na convivência cotidiana da aldeia; contudo, a oposição entre crentes e não-crentes colore uma disputa faccional intensa, que opõe o pajé Cizino a outras importantes lideranças da aldeia que são crentes: Delgado, Antônio Paulo e Garcia (falecido recentemente, em agosto de 2009).

---

2   A *Casa da Língua* foi uma iniciativa da linguista Luciana Storto. Desde 1994 é um espaço destinado ao estudo e registro da língua Karitiana, bem como à pesquisa da história e da cultura deste povo e à guarda de textos, gravações, relatos e outros materiais produzidos pelos Karitiana. Em 2007 a iniciativa foi premiada pelo *Prêmio Culturas Indígenas*.

Não pretendo estender-me nesta questão religiosa (mais dados podem ser encontrados em Moser, 1993: 133-141; Manso, 2001; Vander Velden, 2004: 24-29; Storto & Vander Velden, 2005). Só resta assinalar que a cosmologia Karitiana parece ter operado um desdobramento de modo a acolher a cosmogonia e os ensinamentos bíblicos, rearranjo que tem impactos profundos no modo como esta sociedade pensa sua história (cf. Vander Velden, 2008) e sua atual condição no mundo, da qual fazem parte conspícua os animais domesticados introduzidos pelos brancos, como veremos. Ademais, verifica-se um crescimento da filiação dos Karitiana a diversas denominações pentecostais locais – dado afirmado pelo próprio grupo – bem como uma intensificação do assédio destas igrejas ao grupo, por meio de frequentes visitas aos índios na aldeia *Kyõwã* e em Porto Velho.

Quanto à vida econômica, os moradores de *Kyõwã* são basicamente agricultores, pescadores e caçadores. Cada unidade doméstica possui seus roçados – conhecidos pelo nome do chefe da residência, sempre um homem – que circundam a aldeia em todas as direções (distando até 10 km dela), e têm, em geral, em torno de 0,5 a 3 hectares (Maranhão, 2003: 35). A maior parte do trabalho é feita por todos os moradores da casa, ainda que algumas tarefas recaiam mais nos homens (derrubada, queima e limpeza do terreno, além do cuidado com as culturas comerciais) e outras nas mulheres (colheita e transporte; cf. Landin, 1979-80); várias famílias possuem residências temporárias ("*sítios*") próximas de seus roçados mais distantes, para onde se transferem durante as etapas mais demoradas do ciclo agrícola. Os Karitiana plantam, sobretudo, milho, diversas qualidades de feijão e amendoim, macaxeira, mandioca (introdução pós-contato, usada na a confecção de farinha), arroz (também exótico) e uma variedade de tubérculos; algumas famílias cultivam café e laranjas, quase tudo destinado ao mercado de Porto Velho, onde encontram boa aceitação. Existem alguns roçados comunitários – especialmente milho, macaxeira, feijão, cana-de-açúcar e café – organizados pelo chefe do posto, mas os Karitiana não demonstram muito entusiasmo pelo trabalho nessas roças coletivas e, em torno disso, trava-se uma luta constante entre eles e a Funai: ainda nos anos 1980 o órgão tentou implantar roças coletivas, mas os Karitiana não aceitaram e reivindicaram "*a repartição tradicional da produção por grupos de parentesco*" (Leão, Azanha & Maretto, 2005: 68). Variados produtos vegetais são coletados na floresta, com destaque para os frutos de palmeiras, como o açaí (*iri*), que também é comercializado na cidade.

A pesca é realizada nos igarapés que cortam a área indígena, especialmente o Jatuarana, o Preto, o Tapagem, o Meruim e o próprio Sapoti (neste, em pontos mais distantes da aldeia). Utilizam, hoje, redes, tarrafas, linha e anzol e, mais raramente, arco e flechas. As pescarias são muito mais produtivas na estação seca (o *verão* amazônico, entre junho e novembro), quando os igarapés estão com níveis mais baixos – o igarapé Sapoti chega praticamente a secar no auge do verão – e os Karitiana organizam grandes pescarias com timbó (*ting*, ou a variedade mais forte, "*para matar poraquê*", *topyk*), da qual participam homens, mulheres e crianças de vários grupos domésticos. Podem durar vários dias e garantem boa quantidade de peixes de diversas espécies; a estação também é propícia para a colocação de *tapagens* nos igarapés, trabalho que demanda grande esforço mas rende boa pescaria. Pude participar de pescarias com razoável sucesso, e os Karitiana me forneceram uma extensa lista de espécies de peixes apreciadas como alimento, com destaque para a jatuarana (*pojpok*). Uma pesca de pequeno rendimento é realizada quase que cotidianamente por mulheres e crianças no igarapé da aldeia, mas seu produto – pequenos peixinhos, caranguejos e camarões de água doce – conta mais como diversão.

A caça é atividade masculina por excelência, e os Karitiana mesmo se definem como caçadores: do ponto de vista individual, ser um caçador de sucesso é sinônimo de uma vida tranquila, de harmonia familiar e de prestígio social. Os homens, em geral, caçam sozinhos, ou em grupos de dois ou três, mas pude observar caçadas coletivas em que mais de vinte homens foram à mata no caminhão da aldeia; utilizam armas de fogo (espingardas), que quase todos os chefes de família possuem, embora alguns mais velhos ainda digam caçar com arco e flecha; armadilhas diversas são deixadas na floresta e periodicamente visitadas. Caçadas com cães treinados são comuns, mas muitos homens afirmam não apreciarem a companhia desses auxiliares. Quanto aos animais caçados, os Karitiana apreciam sobremaneira os macacos, cuja carne é aclamada "*a carne primeira do índio*", a mais apreciada. Macacos-prego (*pikom*), com efeito, parecem ser a caça mais frequentemente abatida, junto com a paca (*boroty*). Também são caçados outros macacos, as duas espécies de porcos do mato (queixada, ou "*porcão*", ou caititu, "*porquinho*"), cutias, veados (roxo e capoeira), antas e diversas aves (principalmente mutuns, tucanos, jacus, jacamins e várias espécies de nambus), entre outros. O tratamento das caças é tarefa de homens e mulheres, mas a cozinha é domínio feminino. Há um sistema de distribuição de carne entre os grupos familiares aparentados, o que garante uma provisão assaz constante do alimento, mesmo às famílias de caçadores menos dedicados ou afortunados, em especial quando do abate de animais maiores, como antas, o que não é muito comum.

Os Karitiana vêm reclamando da rarefação da fauna e das consequentes dificuldades colocadas para a caça: percursos mais longos na mata, mais tempo gasto na atividade e pouca carne. Pude observar muitas caçadas sem sucesso, e mesmo algumas famílias completamente desprovidas de carne por algumas semanas. Da mesma forma, os moradores da aldeia reclamam da escassez de peixe: em 2006, por exemplo, os Karitiana me informaram que não encontravam mais jatuaranas porque um fazendeiro represou o rio das Garças ao norte da terra indígena para a formação de um tanque de piscicultura, impedindo que os peixes subissem o rio; a mesma informação foi prestada em 2005, quando foi constatado o desaparecimento, neste rio, de várias outras espécies, caracterizando escassez de fauna aquática (Leão, Azanha & Maretto, 2005: 75). No geral, se comenta que caçadas e pescarias são muito menos produtivas do que no "*era tempo*".

Kyõwã é habitada continuamente, como vimos, há mais de 30 anos, e o território indígena parece ser ocupado há bem mais tempo: os estudos para sua demarcação começaram nos anos de 1960. Por esta razão, é razoável supor que a pressão antrópica sobre a fauna local seja intensa e o número de animais venha efetivamente sofrendo decréscimo. Não tenho dados quantitativos que possam confirmá-lo, mas em 1974, David Landin (1979-80: 228) já afirmava: "*a caça nas áreas no entorno da aldeia parece ter sofrido superexploração*"; relatório de 1983 (Mindlin & Leonel Jr., 1983) menciona a "*diminuição da caça*" provocada pela "*perda de mobilidade*" do grupo. Minha impressão em campo, contudo, é que a caça e a pesca podem não ser abundantes, mas tampouco me parece rara, e caçadores e pescadores voltando da floresta com presas abatidas são uma visão comum no dia-a-dia da aldeia. Não obstante, a reclamação pela diminuição da caça e da pesca tem movido muitos Karitiana a solicitarem à Funai e outros órgãos a implantação de projetos de criação animal e piscicultura: vários homens afirmam que não caçariam mais se dispusessem de carne proveniente de animais domesticados. Diversas iniciativas foram tentadas, outras aguardam implantação, mas as complicadas variáveis desse cenário precisam ser discutidas com mais cuidado, o que será feito na quarta seção deste capítulo.

As dificuldades com a caça e a pesca talvez expliquem, também, a dependência cada vez maior que os Karitiana têm de carne (boi e frango) e pescado adquiridos na cidade. Na verdade, boa parcela da dieta atual compõe-se de produtos comprados em Porto Velho, especialmente óleo de cozinha, macarrão, arroz, bolachas, doces e refrigerantes. Tal se dá, também, em função de outras fontes de renda – além daquela aferida com a venda de produtos agrícolas ou extrativistas – que fazem circular amplamente o dinheiro na aldeia, e desta para a cidade: salários dos funcionários indígenas da Funai, dos professores (pelas secretarias estadual e municipal de educação), agentes de saúde e agentes sanitários (pela Funasa), aposentadorias rurais e Bolsa-Família (pelo governo federal), além de alguns trabalhadores em empresas privadas.

Acrescente-se a comercialização do artesanato, que é produzido por todas as unidades domésticas na aldeia, e vendido diretamente na capital – em feiras, festas populares, lojas ou nas ruas – ou por intermédio da loja da Associação Indígena Karitiana (*Akot Pytim Adnipa*, ou APK), entidade que repassa parte do dinheiro das vendas aos artesãos. A procura pelo variado artesanato Karitiana em Porto Velho é significativa, e isso mesmo após a proibição do comércio de peças elaboradas com penas, ossos, dentes e peles de animais silvestres pela lei 9605/98 (Pereira, 2008: 75). Embora ainda sigam fabricando peças com penas de aves nativas – e poucas são para uso ritual, interno às aldeias, o que é permitido pela legislação – muitas já são produzidas com penas de aves domesticadas, especialmente de galinhas.

* * *

A população total dos Karitiana hoje gira em redor de 350 pessoas (320 em 2005: Storto & Vander Velden, 2005), uma expressiva recuperação demográfica desde o final dos anos 60, quando teriam chegado a apenas 45 pessoas (cf. Moser, 1993: 18-19; Vander Velden, 2004: 37). Este número é resultado da soma dos habitantes da aldeia *Kyõwã* – a maior, mais antiga e mais importante aldeia do grupo, além de ser a única situada no interior da área indígena demarcada – com os que vivem nas outras duas aldeias Karitiana, assim como nas zonas urbanas.

Em 2003 o pajé Cizino, acompanhado de alguns de seus genros e outros aliados políticos, abriu roçado, levantou uma *abi atana* e fundou uma aldeia na margem direita (leste) do rio Candeias, na linha 9, próxima da localidade de

Triunfo, já no município de Candeias do Jamari; portanto, fora da área demarcada. Esta foi uma etapa do processo de reocupação do território –estratégia que chamei alhures de processo de "*contraterritorialização*" (Vander Velden, 2010) – que os Karitiana reivindicam como seu "*território tradicional*": a área, como vimos no capítulo anterior, em que parte do grupo foi contatada nos anos 50 do século passado, incluindo a margem direita do Candeias e o igarapé da Tapagem. Individualmente, tratou-se de uma jogada estratégica de Cizino, como forma de reconquistar seu prestígio político e ritual, abalado com a emergência das lideranças evangélicas (os "*crentes*"). A aldeia foi queimada por fazendeiros vizinhos no mesmo ano (Leão, Azanha & Maretto, 2005: 63), mas reconstruída pelo grupo do pajé, permanecendo no mesmo local até hoje.[3] Chamada de *aldeia Nova* ou *aldeia do Candeias*, o nome escolhido para ela aponta para uma outra dimensão do retorno ao território às margens do rio: *Byyjyty otsoop aky*, "*os cabelos de Byyjyty*", autodenominação dos Karitiana que remete a sua (re)criação pelo demiurgo *Byyjyty* no "*tempo antigamente*", como visto no capítulo anterior.

A retomada das margens do Candeias foi, então, carregada de forte conteúdo simbólico, porque o retorno ao antigo território do grande líder Antônio Moraes marcou uma espécie de volta ao "*tempo antigamente*", tempo de fartura de alimentos e de uma vida sem tantas privações: não é fortuito, pois, que os comentários sobre a aldeia do rio Candeias sempre ressaltam a riqueza e as dimensões exageradas dos peixes no rio, a abundância de caça, a produtividade das terras agricultáveis e a beleza intocada de suas matas, pintando uma espécie de cenário paradisíaco. Este retorno ao passado mítico também ficou patente no desejo, expresso por Cizino, de que os Karitiana que para lá se deslocassem tornassem a viver como os antigos, reorganizando totalmente a vida comunitária, que doravante deveriam voltar a andar nus, além de descartarem objetos e bens

---

3   A portaria 361/PRES de 07/05/2003 criou o GT da Funai encarregado de revisar os limites da área indígena Karitiana, propondo um acréscimo de 30 mil hectares a área original. Problemas locais levaram à extinção do GT sem que os trabalhos tenham sido concluídos. Em 2008 um novo Grupo Técnico foi constituído pela Funai (Portaria 809/PRES/2008) para levar ao cabo os estudos de revisão de limites da Terra Indígena Karitiana, mas novamente os trabalhos foram interrompidos, e a área da aldeia de Cizino permaneceu sem proteção legal, embora venha recebendo assistência da Funai de Porto Velho. Os estudos foram retomados pelo GT criado pela Portaria 921/PRES/2011, por mim coordenado, tendo iniciado as pesquisas de campo em julho de 2011 (ver nota 59, abaixo).

introduzidos pelos brancos, *incluindo os cães de caça* (mais sobre isso em Vander Velden, 2004: 16-17).

É óbvio que a utopia nativista de Cizino não deu certo, e a aldeia está cheia de fogões a gás, panelas de metal, armas de fogo, cachorros e galinhas, e as pessoas vestem roupas adquiridas na cidade. *Byyjyty otsoop aky* compõe-se, basicamente, de uma grande casa redonda (*abi atana*), além de dependências anexas como o posto de saúde, construídos com madeira e palha. A população desta aldeia é bastante flutuante e acontece de ela ficar inteiramente desocupada por alguns períodos; em geral, ela é ocupada por cerca de 30 indivíduos, pertencentes a quatro grupos familiares (2011). O grupo do Candeias possui roças de milho, macaxeira, mandioca, feijão e tubérculos, mas depende primordialmente da caça e da pesca, consideradas muito produtivas naquele local, como afirma o estudo realizado por Maranhão (2003: 44). Lamentavelmente, por razões diversas, não pude visitar esta aldeia nos três períodos em que estive em campo; desta forma, as informações aqui resumidas provêm de relatos dos moradores da aldeia e de uma curta visita em julho de 2011. De todo modo, é importante destacar que se fala muito do grupo do Candeias, e em 2003, quando acompanhava de *Kyõwã* a comunicação pelo rádio da Funai, longas conversas com o pessoal recém-instalado na aldeia Nova giravam em torno da fartura de comida, assunto que se esticava pelo resto do dia.

A mais nova das aldeias Karitiana não é, pelo menos no discurso de parte dos índios, Karitiana. Trata-se da *aldeia Juari*, ou *Joari*, criada por Antenor, uma importante liderança Karitiana, ex-coordenador da extinta CUNPIR (Coordenação da União das Nações e Povos Indígenas de Rondônia, Noroeste do Mato Grosso e Sul do Amazonas, uma ONG de alcance regional). Em julho de 2008 Antenor conduziu o povo Juari – que ele afirma serem algo em torno de cem pessoas – na reocupação de um território considerado tradicional para o grupo, uma antiga aldeia chamada ~Jo~jbit omirim, nas piscosas margens do igarapé Preto. Segundo Antenor, que nasceu ali, os Juari reivindicavam este território, situado na fronteira norte da área indígena (na Linha 46 do *Projeto Soldado da Borracha*), desde 1996 (CIMI-RO, 2008). Conforme Antônio Paulo, trata-se da região do igarapé Preto (*E'se emo*), local em que residia seu pai.

A nova *aldeia Juari*, portanto, redesenha uma divisão que os Karitiana, como um único povo, teriam apagado com o reencontro entre os dois grupos por volta dos anos de 1960. Tudo leva a crer, então, que a divisão permaneceu latente

– aparecendo por vezes, aqui e ali, nos mexericos das pessoas – até 2008, quando foi erguida como nova bandeira a conduzir o grupo na reocupação de antigas porções do território tradicional. Não quero especular sobre as razões políticas, individuais ou coletivas, envolvidas nesse processo. Contudo, pelo que pude observar durante minha pesquisa de campo em 2009, a divisão Karitiana-Juari não parece ter mobilizado a maior parte dos indivíduos e grupos familiares, nem mesmo os que se identificam, e são identificados, como Juari: apenas umas 30 pessoas, de seis grupos domésticos, trabalham efetivamente na consolidação da aldeia, embora ainda passem a maior parte do seu tempo em Porto Velho, uma vez que as estruturas na aldeia Juari ainda são precárias; duas famílias residem por períodos mais longos ali. Deste modo, os Karitiana continuam atuando como um grupo coeso e, tanto no cotidiano dos índios quanto no cenário local mais amplo, o nome Juari não parece surtir grande efeito. A maioria dos Karitiana rejeita qualquer distinção que singularize os Juari como unidade minimamente discreta.

A *aldeia Juari* apresenta um aspecto provisório, formada por cinco casas recém-construídas (2011) com estrutura de madeira cobertas com palha; até 2009 constituía-se apenas de armações de madeira cobertas com lonas em uma clareira na mata. É habitada por aproximadamente 16 pessoas, entre adultos e crianças. É importante constatar, ainda, que a área reocupada pelos Juari liderados por Antenor está dentro da fazenda de um tal Eduardo, pecuarista, cuja propriedade limita-se com a terra indígena: existe um grande rebanho bovino pastando bem próximo da aldeia e os Karitiana dali e de *Kyõwã* costumam receber, vez por outra, bois abatidos para seu consumo (em 2009, por exemplo, o fazendeiro cedeu cinco cabeças para uma festa).

Falta mencionar os Karitiana que vivem nas cidades.[4] Ao menos uma família vive em Cacoal, cidade a 480 km de Porto Velho. Cerca de 40 pessoas vivem na capital do estado: algumas famílias possuem residências alugadas em bairros da periferia da cidade; parte dessas famílias transferiu-se permanentemente

---

4 Depois de minha última visita aos Karitiana, em 2009, uma nova aldeia, chamada aldeia *Bom Samaritano*, foi fundada por Orlando Karitiana no Km 90 do Ramal Maria Conga (a estrada que leva da BR-364 à aldeia Central; a nova aldeia está bem próxima desta), no local em que seu pai, o finado Garcia, mantinha um roçado e um sítio; o local é conhecido como *~Jo~j are*). Os poucos dados de que disponho mencionam duas casas (mais uma em construção) e 18 habitantes. Fiz uma rápida visita a esta nova aldeia em julho de 2011 (ver nota 59, abaixo).

para a zona urbana, ao passo que outras estão na cidade temporariamente, por razões variadas: o casal Elivar e Marilene, por exemplo, reside no bairro Tancredo Neves porque ambos estudam e trabalham em Porto Velho; Renato assumiu a direção da APK e, por isso, mora no mesmo bairro com seus filhos e sua esposa, que também está empregada na cidade; Antenor, assim como seus filhos, também, possui casa na capital, aonde está com mais frequência do que na *aldeia Juari*. A maior parte dos Karitiana em Porto Velho, contudo, ocupa, por períodos mais ou menos longos, as dependências da Casa do Índio, anexa à sede da Funai na capital rondoniense.[5]

A Casa do Índio-Funai-PVH compõe-se de dois conjuntos de pequenos quartos construídos em alvenaria cobertos com telhas de Eternit – um deles em torno de um pátio bem em frente à sede do escritório da Funai, o outro na parte de trás deste –, além de uma casa com dois cômodos amplos e mais dois menores, onde funciona a loja de artesanato da APK. Os Karitiana ocupam quase todo o conjunto de habitações, salvo a parte mais próxima dos escritórios administrativos, onde residem várias famílias de outros povos indígenas que se encontram em Porto Velho por razões diversas. Na verdade, apenas o conjunto de quartos é ocupado permanentemente pelos Karitiana que precisam viver por períodos mais longos na cidade, pois têm filhos estudando (a escola da aldeia *Kyõwã* só chega até o 5º. ano,[6] e há tão somente um incipiente trabalho de educação com crianças na aldeia do rio Candeias) ou possuem empregos ali.

Mas todas as dependências permanecem praticamente lotadas o ano inteiro, porque os Karitiana fazem com muita regularidade o percurso entre suas aldeias e Porto Velho. Estão sempre na cidade: para tratamento de saúde, venda da

---

5   Até 2009 a Funai de Porto Velho era uma Administração Executiva Regional (AER). Neste ano, em função da reestruturação da Funai, de denúncias graves sobre o descaso e a inoperância do órgão para com as etnias atendidas naquela cidade, e de conflitos internos à instituição, a regional foi transferida para o município de Ji-Paraná. Tal mudança vem acarretando muitos protestos dos Karitiana (e de outros povos na região), que temem passar a depender de uma agência localizada a 400 km de suas aldeias, além da desativação da sede da Funai na capital (ouvi ameaças de que isso pode ocorrer), da qual dependem para seus muitos negócios na cidade.

6   Isso até 2009; em 2011 encontrei uma nova escola, instalada em uma imponente constução financiada com recursos da UHE Santo Antônio, e que permite aos alunos indígenas estudarem até o terceiro ano do ensino médio. Estão na cidade, portanto, aqueles que preferem estudar em escolas da zona urbana e os que cursam o ensino superior ou se preparam para ele.

produção das aldeias, compra de alimentos, vestuário, eletrodomésticos e outros itens no comércio local, acesso a serviços bancários ou por questões ligadas às reivindicações políticas do grupo. Sempre que se chega à Casa do Índio, os quartos estão tomados por redes e crianças, além de toda a quinquilharia adquirida na cidade ou trazida das aldeias: os veículos que vêm para Porto Velho viajam, via de regra, abarrotados de passageiros (pois os casais só se deslocam se acompanhados dos filhos solteiros) e seus bens, não sendo incomum o transporte de televisores e aparelhos de DVD, colchões, alimentos para consumo da família ou para presentear parentes, matéria-prima para produção artesanal, além de cachorros, galinhas, macacos e papagaios que, em geral, não são esquecidos nas aldeias, senão morreriam de fome.

As famílias que permanecem por mais tempo nas dependências da Casa do Índio também possuem uma estrutura mínima de mobiliário, aparelhos eletrodomésticos (geladeiras, fogões, máquinas de lavar) e eletrônicos (Tvs, DVDs, aparelhos de som). Também apreciam, como todos os Karitiana, a criação de pequenos animais, e por isso o local é cheio de araras, papagaios, galinhas, patos, cães, gatos e mesmo macacos de várias espécies. No entanto, é preciso alertar que as condições de habitação são muito precárias: os prédios são velhos e carecem de manutenção, o mato cresce sem controle, há poucos banheiros e o esgoto corre a céu aberto em várias partes; há muito lixo acumulado por toda parte, o que atrai animais como ratos, moscas e cachorros das ruas. Existe, ainda, o problema de falta de espaço e da superlotação em alguns períodos – às vezes praticamente todos os Karitiana encontram-se em Porto Velho –, o que obriga muitas famílias a improvisar estruturas de madeira e lona para passarem a noite, cozinharem e desenvolverem as atividades cotidianas, como a confecção de artesanato, atividade que ocupa a quase todos – homens, mulheres e crianças – que estão de passagem por Porto Velho. Acrescente-se a dificuldade na garantia das refeições diárias, sobretudo quando a permanência torna-se mais longa do que planejado e o dinheiro míngua; é comum que os Karitiana tragam comida das aldeias – especialmente milho, macaxeira, farinha de mandioca, peixe e carne de caça – mas muitos dependem de renda para adquirir alimentos na cidade.

* * *

Eis um breve panorama da situação das quatro aldeias Karitiana atuais, mais os dados sobre as famílias que vivem, temporária ou permanentemente, na área urbana. Outras informações podem ser conferidas em CIMI-RO, 2002; Vander Velden, 2004; Storto & Vander Velden, 2005; Leão, Azanha & Maretto, 2005; CAO/INF/MPE-RO, 2006).

Minha pesquisa de campo foi realizada em três períodos (maio-julho de 2003, agosto-dezembro de 2006 e maio-julho de 2009), totalizando 11 meses. Quase todo o trabalho foi feito na aldeia *Kyõwã*, a mais populosa e mais antiga aldeia Karitiana;[7] muitos dados também foram coletados em Porto Velho, com as famílias que ali vivem, ou com sua "população flutuante" que, em alguns momentos, chega a abranger quase toda a população: em julho de 2009, por exemplo, praticamente todos os Karitiana estavam na Casa do Índio, em função de uma festa popular promovida pelo governo de Rondônia – o arraial *Flor do Maracujá*, que acontece em um terreno muito próximo da Funai – na qual os Karitiana organizam uma barraca para venda de artesanato. Pelo que pude conferir, as vendas são boas, o que atrai as famílias, que passam o dia dedicadas à fabricação das peças, que serão comercializadas à noite, durante a festa. Em vários outros momentos encontrei-me praticamente sozinho na aldeia Central, porque todos estavam em viagem a Porto Velho. Também estive em várias residências que algumas famílias ocupam na cidade, e nas épocas em que estive em Porto Velho procurei passar o máximo de tempo possível com os Karitiana.

A pesquisa constituiu-se de observação participante e entrevistas gravadas ou anotadas (os Karitiana não apreciam muito meu gravador), além de muitas conversas informais: os animais – *de casa* e *do mato*[8] – são presença constante no cotidiano dos Karitiana, mesmo quando estão no espaço urbano. Além disso, os dados sobre a presença de animais de criação e sobre projetos antigos, atuais ou futuros de criação animal nas aldeias foram recolhidos nos seguintes

---

7   Em julho/agosto de 2011 fiz rápidas visitas (23 dias) à aldeia Juari do igarapé Preto, à aldeia de Cizino no rio Candeias (*Byyjyty otsoop aky*) e à aldeia *Bom Samaritano*, fundadada por Orlando Karitiana nas proximidades de *Kyõwã*. Estas visitas ocorreram no contexto da realização dos trabalhos de campo do GT instituído pela portaria 921/PRES/2011 da Funai, por mim coordenado, e responsável pelos estudos de identificação da Terra indígena Karitiana. Os dados apresentados na seção 2.1 abaixo, muito se beneficiaram destes 23 dias de campo em 2011.

8   Estas categorias serão analisadas no capítulo IV.

arquivos: arquivos da Associação do Povo Indígena Karitiana (APK), arquivo do Setor de Produção da Funai-PVH, arquivo do Conselho Indigenista Missionário de Rondônia (CIMI-RO), arquivo da Associação de Assistência Técnica e Extensão Rural do Estado de Rondônia (EMATER-RO) e arquivo do setor de saneamento indígena da Fundação Nacional de Saúde (Funasa-PVH). Fora de Rondônia, explorei o arquivo do CIMI-Nacional e o Arquivo Histórico Clara Galvão, da Funai (ambos em Brasília), e o acervo documental e a biblioteca do Museu do Índio, no Rio de Janeiro. Os dados serão apresentados na sequência deste capítulo.

Animais de criação

Qualquer breve passeio por entre as habitações da aldeia *Kyõwã* leva ao encontro com uma variedade de espécies animais, nativas ou introduzidas após o contato com os brancos, e que vivem ali, na companhia dos homens, perfeitamente aclimatadas. Caçadores que vão à floresta ou famílias que se dirigem quase que diariamente aos seus roçados são, com frequência, acompanhados de perto por bandos ruidosos de cachorros. As redondezas das casas estão sempre cheias de galinhas, araras e papagaios que ciscam por toda parte, gatos, macacos e quatis podem ser vistos em várias casas, a égua pasta vagarosamente solitária em qualquer ponto em que haja pasto, quase sempre nos arredores da casa de seu dono.[9] Da mesma forma, qualquer veículo que deixa a aldeia poderá conduzir, por entre crianças, adultos e seus muitos pertences, cães, gatos e pássaros, assim como qualquer transporte que retorna de Porto Velho geralmente traz animais, recém-adquiridos na cidade ou apenas retornando de uma temporada na Casa do Índio, na companhia de suas famílias.

Uma olhada, ainda que breve, nos trabalhos etnográficos e nos relatórios de caracterização sócio-econômica e cultural realizados na principal aldeia dos Karitiana nos oferta o mesmo panorama. Por exemplo:

> Possuem [os Karitiana] alguns animais 'de cria', como araras, curiquinhas, papagaios e criação de pequeno porte como galinhas, patos e porcos (Moser, 1997: 4).

---

9 O termo é Karitiana, que traduz a relação dos *pets* e *wild pets* com os humanos como "*o animal x é de y*" ou "*pertence a y*", ou "*x tem o animal y*"; nunca ouvi as palavras *posse* ou *propriedade* aplicadas aos animas. No capítulo seguinte procuro explorar a natureza deste vínculo.

Ou também:

> [A]prenderam com os não índios a criação de patos, galinhas, porcos e outros para sua alimentação e muitas vezes fazer escambo com estes animais (Bezerra de Oliveira, 1994: 28).

Antes de prosseguirmos com a apresentação desses seres nos espaços habitados pelos Karitiana, gostaria de ressaltar a distinção entre os animais nativos e introduzidos. Com efeito, a literatura etnológica nas terras baixas sul-americanas costuma operar com uma distinção – nem sempre explicitada – no conjunto dos *animais de criação* (domésticos, domesticados, de estimação, de casa ou mascotes) entre *pets* – os animais introduzidos com o contato (cães, galinhas, gatos, coelhos, porcos, entre outros) – e o que denomina de *wild pets* ou *domestic wild animals*[10] – ou seja, os animais nativos, cujos filhotes são capturados na floresta para serem criados nas aldeias, também denominados *animais familiares* ou *familiarizados,* ou ainda *xerimbabos* (Descola, 1994a: 90; Fausto, 1999; Ingold, 2000: 85).

Esta distinção espelha o contraste entre os processos de *domesticação (domestication,* que se refere aos animais introduzidos, desde sempre submetidos ao controle reprodutivo e ao convívio com humanos) e aqueles de *familiarização* ou *amansamento (apprivoisement,* ou *taming,* no que toca aos animais nativos criados nas aldeias, recolhidos um a um) (Erikson, 1987; Descola, 1996a, 2002). Se os processos de *familiarização-amansamento* entre sociedades indígenas foram objeto de algumas poucas pesquisas, o processo de *domesticação* é considerado, em geral, ausente das terras baixas da América do Sul: Descola (2002: 101) fala em uma "*teimosa rejeição à domesticação animal*" entre os povos nas terras baixas, e isso porque a *domesticação* é uma *técnica* que só funciona por meio da *objetivação ("coisificação")* da relação entre humanos e animais, processo impossível em cosmologias em que as relações entre uns e outros não são objetiváveis porque são relações eminentemente *sociais,* entre pessoas, e mesmo vários objetos guardam "*atributos de humanidade*" (Descola, 2002: 97-99).

Mas, será mesmo que *domesticar* pressupõe, necessariamente, *objetivar*? Não estará o conceito corrente de domesticação por demais carregado pela visão

---

10 Os "*verdadeiros pets selvagens*" (*vrais pets sauvages*) dos Jivaro de Taylor (2000: 315), que excluem cães e galinhas.

ocidental moderna do animal doméstico como *servo* ou *escravo* (Haudricourt, 1962; Jacoby, 1994; Serpell, 1996: 150-156; Tani, 1996; Burgat, 1998; Patterson, 2002)? Mesmo esta caracterização, não supõe uma relação *social* – aquela entre senhor e escravo/servo –, ainda que fundada sobre a assimetria e a violência? Ainda, o animal *familiarizado* sul-americano, não pode ele próprio, estar sujeito a uma forma de *quase-objetivação*?[11] Empiricamente, o que dizer dos animais introduzidos que se adaptam perfeitamente à vida nas aldeias, como as galinhas, configurando relações tipicamente descritas como de *domesticidade,* posto que existe até mesmo reprodução? E aqueles grupos Pano (Frank, 1987; Erikson, 1998; Coffaci de Lima, 2000; Sáez, 2006) ou Tupi-Mondé (Dal Poz, 1991, 1993; Mindlin, 2001: 199-200) que criam animais – nativos e introduzidos – justamente para serem abatidos e consumidos em festins rituais? Não estaremos diante de processos mais complexos, como aquele magnificamente descrito por Sergio Dalla Bernardina, (1991) para a festa do urso entre os Ainu, no norte do Japão, em que a subjetividade da criatura não-humana jamais é questionada, mas mascarada – via *re-inimização* – no momento fatal do abate?[12] Não existirá mesmo, no final das contas, um *mal-estar moral* (ou *"mauvaise conscience"*, cf. S. Hugh-Jones, 1996) ou *conceitual* (Erikson, 1987) envolvido em todas as formas de relação nas quais humanos colocam seres não-humanos na sua esfera de ação e influência, resultando, muitas vezes, na morte e na predação destes últimos?

---

11 Fausto (1999: 940), por exemplo, diz que, entre os Parakanã, o termo para os animais familiarizados (*te'omawa*) é derivado da raiz *–te'omam*, que significa "*não tem poder algum*"; o *pet*, portanto, é um ser que *perde potência, perde auto-consciência*, deixando-se *dominar* pela perspectiva do outro, tornando-se seu *aliado* (*não-inimigo*).

12 É o que sugere Ph. Erikson (1997: 445) para os grupos Pano e Tupi-Mondé: é precisamente porque são *pets* (e não *caça*) que esses animais podem ser ritualmente abatidos, ao serem assimilados a seres humanos. Erikson (2000: 20-21) também aponta que exemplos de abate e consumo cotidiano de *pets* encontrados na literatura (p. ex. Lyon, 1974: 92; Denevan, 1974: 105; Maybury-Lewis, 1984: 81) devem-se, nos casos analisados, a situações de *exceção* – dificuldades econômicas – que levam a esta *"desperate practice"*; Maybury-Lewis, (1984: 81) adverte que embora os Xavante digam que comem os caititus que mantêm presos, o autor mesmo nunca viu abaterem um desses animais: dizem que comem, mas não comem; voltaremos a isso. Não obstante, tais práticas – excepcionais pelo rito ou pela fome – continuam a contrastar com o tratamento de *pets* na maior parte das sociedades nas terras baixas, que nunca são abatidos, e cujo consumo é mesmo escandaloso; mais estudos comparativos são necessários.

É certo, pois, que do ponto de vista formal, como vimos no capítulo anterior, a maior parte dos povos indígenas sul-americanos não domesticou animais, no sentido estrito do termo; não obstante, se adotarmos outra perspectiva na consideração das relações humano-animal, talvez os termos necessitem de rediscussão. Estudos recentes, que vêm tomando a domesticação como processo de *simbiose humano-animal* (H. Leach, 2003), ou como uma trajetória contínua de *ações recíprocas* entre humanos e não-humanos que configuram um *processo*, no qual a ideia de animal doméstico *strictu sensu* perde seu sentido (Digard, 1988: 30; 1992: 264; sobretudo Digard, 1993), ou, ainda, focalizando a relação de *companheirismo* na evolução conjunta de uns e outros (Haraway, 2003), talvez apontem rumos distintos, que sugiram outras respostas para o "*por que os índios na Amazônia não domesticaram o pecari?*" (Descola, 1994b).

É assim, se nos basearmos na formulação de Tim Ingold (2000: 77-88), para quem existem diferenças de grau, e não de natureza, nas formas de *engajamento* (*engagement*) entre humanos e animais que vão da *caça* à *domesticação*, passando pelo *amansamento-familiarização*, e que devem ser analisadas em cada caso, dependendo do

> (...) *relativo escopo do envolvimento humano no estabelecimento das condições de criação* [de seres vivos em geral, plantas, animais e crianças humanas]. Tal não é apenas uma questão de grau mais do que de tipo, ela pode também variar com o tempo (Ingold, 2000: 86, grifo no original).

Desta forma, a oposição entre caça, animal domesticado (*pet*) e animal familiarizado (*wild pet*) necessita ser recolocada, e cada contexto social requer análise detalhada das relações entre humanos e não-humanos (Digard, 1988: 35).[13] É

---

13 Isso permitiria, por exemplo, repensar as práticas amazônicas de "*manejo*" de animais de caça que são atraídos por roçados, muitas vezes mantidos com esta estrita finalidade (Donkin, 1985: 20), práticas descritas pela literatura como "*domesticação silvestre*" (Deshayes, 1986) ou "*semidomesticação*" (Posey, 1983; Donkin, 1985: 95-99; Beckerman & Valentine, 1996: 659; Gilmore, 1997: 218; Cormier, 2003: 126-128; ver também Erikson, 1988b). Também permitiria uma reconsideração dos exemplos daquilo que Ph. Descola (2002: 103) chama de "*estocagem*" ou "*cativeiro*", sobretudo de porcos do mato (mas também de pacas, agutis e outros), que são conservados em cercados por vários povos para serem abatidos conforme a necessidade (Donkin, 1985: 95-98; para

interessante que, para os Karitiana, ambos, *pets* e *wild pets*, são denominados, indistintamente, *animais de criação*. Há muitas semelhanças entre eles, sobretudo quanto aos *circuitos de aquisição-captura* e aos *ciclos de vida* e *processos de aclimatação e maturação*, como veremos. Há também diferenças importantes, como vimos no capítulo anterior e veremos nos dois capítulos seguintes; creio poder dizer que uma delas recorta o campo dos animais de criação entre aqueles *de perto* e os *de longe*, mas sem nos apressarmos, primeiro precisamos saber de quais animais estamos falando, começando por seus números.

* * *

Como todas as sociedades indígenas amazônicas, os Karitiana apreciam trazer para suas aldeias animais nativos apanhados na mata, sobretudo filhotes que tiveram seus progenitores mortos em caçadas; filhotes às vezes são pegos sem que seja necessário matar adultos, como o quati de Márcio ("*mãe dele fugiu*"); alguns exemplares são capturados já adultos, como periquitos, pegos com malhadeiras dispostas debaixo de árvores frutíferas, ou com iscas atrativas. No geral, as espécies mantidas pelos Karitiana são as mesmas reportadas por múltiplas etnografias.[14] Efetuei um recenseamento dos *wild pets* existentes na aldeia *Kyõwã* em 2006:

---

este autor a manutenção de porcos do mato em cercados com fins alimentares é um princípio "*na direção da domesticação*" [*towards domestication*]); mas, os animais silvestres mantidos nas aldeias (*wild pets*) – em especial os que têm de permanecer presos por correntes ou cordas – não estão *em cativeiro*? A análise detalhada de casos particulares deverá complexificar nossa maneira de conceber as relações tecidas entre humanos e animais com os quais convivem intimamente; atentemos, por exemplo, para o trecho de Cormier (2003: 127), em que transparece a dificuldade na definição estrita da natureza das relações que os Guajá estabelecem com seus macacos de criação: "(...) *muitos dos macacos nem mesmo podem ser considerados amansados, quanto mais domesticados*" (*many of the monkey cannot even be considered tamed, much less domesticated*); note-se que esta observação é feita para uma sociedade que aprecia imensamente os macacos como *pets*, criam muitos deles nas aldeias e os tratam como filhos, chegando a amamentá-los!

14 Erikson (1987; 1997) aponta que as espécies capturadas na mata e criadas nas aldeias são as mesmas que são comumente abatidas na caça. Entre os Karitiana, se isso vale para quatis e macacos-prego (abundantes tanto no quintal quanto na mesa), não vale para araras, papagaios e periquitos – os *pets* mais comuns –, muito raramente abatidos, e cujo consumo é interdito para a maior parte das pessoas (apenas os muito idosos podem comê-los, pois a ingestão de sua carne provoca envelhecimento precoce).

Tabela I. Animais nativos criados pelos Karitiana
Aldeia Kyõwã – 2006

Chefe de residência	Espécie	Quantidade
John	Jacamim	1
Valter	Quati	1
	Macaco-prego	1
	Araras vermelhas	2
Luís Carlos	Papagaio	1
	Periquito (curica)	2
Antônio José	Macaco-prego	1
	Periquito (curica)	2
Daniel	Arara Canindé	1
	Tracajá	1
Inácio	Arara	1
Jorge	Tracajá	1
	Tartaruga	1
Luís Francisco	Quati	2
	Periquito (curica)	3
Garcia	Papagaio	1
Valdemar	Anta	1
	Arara	2
	Papagaio	2
	Periquito (curica)	1
Valdomiro	Periquito (curica)	6
Delgado	Arara Canindé	1
	Macaco-prego	1
Epitácio	Arara	2
João Batista	Arara	1
	Tracajá	1
Gumercindo	Arara	1
	Periquito (curica)	6
	Papagaio	1
Pereira	Macaco-barrigudo	1
Rogério	Macaco-prego	1

Totais

Arara	10
Papagaio	5
Periquito (curica)	20
Macacos (4 Pregos e 1 Barrigudo)	5
Jacamim	1
Quati	3
Anta	1
Quelônios (3 Tracajás e 1 Tartaruga)	4
Total de wild pets:	**49**[15]

Destaco que nem sempre o chefe da residência – pois as casas são identificadas pelo nome deste – é o *dono* do animal; com maior frequência, ao contrário, são as mulheres e crianças que desenvolvem relações mais próximas e são reconhecidas como *donas* do animal: o papagaio da casa de Garcia é de sua filha Edelaine, e Epitácio disse que as duas araras na sua casa são das suas esposas[16] e filhas. As condições de vida desses animais são um tanto variáveis. Quatis e macacos ficam em geral presos, porque podem fugir para a floresta: o quati de Valter vivia amarrado por uma cordinha no pescoço, ao passo que os de Luís Francisco ficavam em uma gaiola; os macacos-prego de Antônio José e de Rogério também estavam presos a uma corda, mas o macaco-barrigudo da casa de Pereira era preso em uma gaiola de madeira, coberta à noite com um lençol; apenas o macaco-prego de Antônio Paulo era criado solto, subindo por todo canto da casa.

Os psitacídeos também são criados de formas distintas: papagaios e araras vivem quase sempre soltos, e as araras costumam passear pela aldeia; essas aves costumam ter suas rêmiges aparadas ou, no caso das araras, arrancadas para a confecção de artesanato, e por isso não voam; são, em geral, aves ariscas.

---

15 Não quero sugerir que estes números sejam exaustivos, pois certamente houve animais que eu não contabilizei, por razões diversas: criados em cômodos das casas aos quais eu não tinha acesso, fora da aldeia acompanhando seus *donos* em viagens, recém-capturados e ainda muito jovens para serem vistos, trancados em casas fechadas durante a ausência dos moradores, entre outras.

16 Epitácio, Cizino, Pereira e Gumercindo têm duas esposas cada, prática hoje desestimulada.

Periquitos (que os Karitiana chamam de *curica* ou *curiquinha*[17]) bem pequeninos são mantidos em gaiolas de arame, mas os maiores podem ser vistos soltos pelo chão. O único jacamim, um animal adulto impressionantemente dócil e inteligente, perambulava pela aldeia, sempre em busca de companhia humana. Os poucos tracajás são criados em recipientes com água, mas a tartaruga – e também um enorme jabuti que certa vez Antônio José encontrou na floresta, e depois vendeu a madeireiros que faziam uma obra na aldeia – é presa por uma corda para que não escape. Por fim, a anta, em 2006, era um filhote também muito dócil e sociável, que andava pela aldeia pastando, às vezes entrando nas residências.[18]

A justificativa dos Karitiana para o modo de tratamento dos animais capturados na mata depende do grau de *sociabilidade* alcançado, num contínuo que vai do *bravo* (*do mato*, ou que acaba de ser de lá tirado), ao *manso* (*de casa*), passando por formas intermediárias. Uma das araras de Gumercindo estava "*amansando, é um pouco brava ainda*"; Delgado, que mantém uma bela arara-canindé em gaiola dentro de casa, disse-me que "*não amansa não, é como filhote de* [macaco] *guariba*"; o mesmo falou Antônio José, sobre uma de suas curicas que fugiu (e por isso foi castigada): "*é bravo, não amansa*". Ou seja, os animais, quando capturados, insistem em escapar da companhia dos homens e ganhar a floresta: de algumas espécies, como cutias e guariba, chega-se a dizer que "fingem" uma mansidão, para enganar seus captores, como me confidenciou Antônio José: "*cutia e macaco-guariba fica como manso, mas só pensando em ir embora, se deixar, foge para o mato*". A maior parte das outras espécies, contudo, parecem apresentar, aos olhos Karitiana, tendências individuais perceptíveis: alguns "*amansam logo*" e se acostumam com a vida na aldeia; outros demoram mais; outros parecem jamais ser dobrados pela sociabilidade humana. Voltaremos a isso no momento oportuno.

Os Karitiana apreciam tanto esses animais que muitos daqueles existentes em *Kyõwã* foram adquiridos em outros lugares. A anta de Valdemar teria sido

---

17 Embora curica pareça ser o nome regional dos grandes papagaios verdes do gênero *Amazona* (Borzacov, 2004: 21).

18 Esta anta foi capturada muito jovem, junto com um irmão, morto depois por um caçador que a encontrou numa capoeira próxima da aldeia e confundiu com um animal *do mato*. Em 2009, o mesmo animal, já bastante crescido, estava causando problemas, pois já havia mordido quatro pessoas (incluindo uma enfermeira não-índia da Funasa), e era mantido em um cercado.

comprada de um índio Suruí (ou Uru-Eu-Uau-Uau) em Porto Velho, e o macaco-barrigudo (que, de acordo com os Karitiana, não ocorre no seu território) de Pereira foi trazido dos Cinta-Larga; outro guariba que vi com os Karitiana na Casa do Índio foi barganhado com os Tenharim, que costumavam frequentar o local, e também venderam a Daniel sua arara azul e amarela (que os Karitiana dizem não existir no seu território); o tracajá criado pela família de Jorge foi adquirido dos Karipuna do Jaci-Paraná, e o filhote que Daniel mantém num prato com água e arroz ele me disse que foi encontrado no lixo, na cidade: esses quelônios são raros na área Karitiana.

É evidente que os Karitiana que vivem nas outras duas aldeias e na cidade também apreciam e mantêm *wild pets* em suas casas e, do mesmo modo, transportam suas criações quando viajam: Arnaldo, por exemplo, que vive na aldeia do rio Candeias, sempre traz seu macaco-aranha para Porto Velho, onde o animal permanece preso a uma longa corda. Várias das famílias que ocupam os quartos da Casa do Índio também possuem animais como estes, os mais comuns sendo macacos e psitacídeos.

Além disso, os animais de criação nativos jamais são deixados na aldeia quando os residentes de uma casa estão fora, a não ser que algum parente concorde em vigiar e cuidar deles; os veículos nos quais as famílias se deslocam para a cidade, ou entre as aldeias, estão sempre abarrotados de macacos, araras e periquitos, e é por isso que na Casa do Índio há, todo o tempo, muitos desses animais. Ali, em geral, presos em gaiolas ou por cordas e correntes, para que não fujam ou sejam roubados.[19] Todos eles são tratados com muita afeição, sendo alimentados, com frequência na boca e abrigados no interior das moradias durante a noite.

Embora eu não tenha observado, os Karitiana recordam a captura na floresta e a criação de animais das seguintes espécies: irara, tamanduá-mirim ("*mambira*", de duas variedades: *ojopy'i e ngỹ'i*), cutia, mutum, um tipo de gavião de pequeno porte (*pytpyrĩn bajo*, que era criado por Delgado, mas acabou fugindo), e até mesmo um poraquê (que Meireles mantinha em um poço cavado ao lado de sua casa) e uma jiboia (que Antônio Paulo criava em um "*chiqueiro*", um cercado; os Karitiana afirmam que jiboias atraem sorte, riqueza e parceiras sexuais). Sobre várias outras

---

19   Em julho de 2009 os Karitiana relataram que, meses antes, policiais federais e fiscais do Ibama tentaram entrar nas dependências da Casa do Índio para apreender os animais de criação silvestres, amparados pela lei 9605/98; encontraram forte resistência dos índios e nada levaram.

espécies os Karitiana especulam sobre a plausibilidade de seu amansamento e criação na aldeia – "*cachorro do mato é bravo, mas se pega filhote, acho que dá para criar*" (Epitácio) – mas afirmam que ainda não foram feitas experiências.

Uma última palavra quanto ao número de animais amansados. Como se pode supor, os dados sobre este aspecto são raros na etnografia, mas a julgar pela informação de Viveiros de Castro (1986: 154) de que na aldeia Araweté em 1982 havia 54 araras "*criadas soltas*" (num universo de 135 pessoas), a população de araras entre os Karitiana em 2006 (10) não parece exagerada. Meus dados sobre os animais de criação entre os Karitiana também parecem apresentar um cenário pobre se comparado àquele observado por Laura Rival (2002: 98) entre os Huaorani, entre os quais há sempre uma população crescente de *wild pets* que chegam quase ao número de crianças de uma aldeia. Nas aldeias Karitiana há seguramente muito mais crianças do que araras, periquitos, macacos e quatis de criação.

Passemos, agora, aos animais introduzidos pela chegada dos brancos.

* * *

Não é tão simples calcular o número exato de cães existentes, hoje, na aldeia *Kyõwã*. É certo que todos os animais parecem ter seus *donos* – diz-se que tal cachorro "*é de fulano*" ou "*sicrano tem tal cachorro*" – ou, pelo menos, estar ligados a alguma casa:[20] de fato, as pessoas parecem poder identificar qualquer animal, pelo seu "proprietário", muitos ainda podendo ser referidos pelo seu nome próprio. No entanto, a grande circulação dos cães pela aldeia, a saída frequente deles para a cidade na companhia das pessoas que para lá se deslocam, e a chegada constante de novos animais adquiridos em Porto Velho ou em outras localidades, dificultam sobremaneira a contagem da população. Com efeito, é comum que vários dos animais "de uma casa" ou de um *dono* estejam fora da aldeia em diferentes momentos – caçando, acompanhando pessoas nos roçados ou em viagem, ou vagando livremente pelas redondezas –, o que torna praticamente impossível

---

20 Ressalto que a referências às casas deve-se somente ao fato de que as contagens de que disponho foram feitas levando-se em conta as unidades residenciais da aldeia; é o equivalente de *família*, talvez um termo mais adequado. Mas os animais são sempre vinculados a um indivíduo específico (*dono*) da casa ou da família, e toda a análise subsequente estará fundada nesta relação *inter-individual*. A grande circulação de animais entre as aldeias e as áreas urbanas (pois famílias podem ter mais de uma casa, e seus membros podem dividir-se entre elas) também torna mais estratégico o foco nas relações inter-individuais humano-caninas.

obter números precisos diretamente nas residências e mesmo confiar nas informações dos chefes de famílias.

Não obstante, disponho de três recenseamentos, um deles efetuado em 2003, os outros dois coletados no ano de 2006, em três intervalos distintos: nos meses de fevereiro e março, no mês de junho e entre os meses de setembro e novembro.[21] Os dados de 2003 foram obtidos entre maio e junho, no âmbito da realização do *Relatório Ambiental da Terra Indígena Karitiana* (Maranhão, 2003), atividade complementar aos trabalhos do GT criado para a revisão dos limites da área demarcada. O relatório informa o número de 45 cães, "*procedentes do município de Porto Velho-RO* [...], *criados soltos pela aldeia, os quais se encontram em estado de desnutrição e descuido*" (Maranhão, 2003: 50). Para uma população humana total de 230 indivíduos na aldeia Central naquela altura (Vander Velden, 2004: 17), teríamos, então, uma média de 1 cão para cada 5 habitantes, aproximadamente.

Quanto aos dados de 2006, os dois primeiros intervalos foram cobertos por dois levantamentos (ver Tabelas I e II) realizados por Alexandre Karitiana, agente sanitário indígena (AISAN) da aldeia, sob supervisão da Funasa, como parte de seu programa de acompanhamento das condições de saúde pública na aldeia. As *Fichas de saneamento das casas* trazem os números para a população de cães, gatos e porcos domésticos (embora não houvesse nenhum porco na aldeia em 2006, o procedimento é padrão),[22] além de fazer referência à existência de galinhas e das residências que possuem galinheiros. Os dados foram registrados pelo AISAN diretamente, por meio de visitas às casas, ainda que o trabalho não tenha sido concluído, por razões que me escaparam. Embora as tabelas estejam incompletas – várias casas estavam fechadas, com seus moradores fora da aldeia (junto, muito provavelmente, com seus cães), várias casas não foram visitadas na

---

21 Não pude efetuar um novo censo em 2009 porque a maioria dos Karitiana esteve em Porto Velho nos meses de maio a julho.

22 As fichas do *Censo Sanitário e Cadastramento das aldeias e dos bairros habitados por populações indígenas,* elaboradas pela Funasa e utilizadas pelos AISAN, requisitam dados sobre a existência de animais domésticos, de que espécies, se têm contato com lixo e fezes humanas, e se são criados como "*atividades econômicas*". Estas fichas parecem estar em uso desde 2008, mas em 2009 procurei o escritório da Funasa em Porto Velho, mas não consegui acesso aos dados; de acordo com funcionário do órgão, esses dados ou não existem, ou as informações manuscritas pelos AISAN ainda não teriam sido lançadas no sistema (que, diga-se de passagem, não é de acesso público); tampouco localizamos as fichas.

segunda coleta de dados, além do fato de que o número de moradores de cada residência deve estar subestimado, não incluindo, por exemplo, crianças muito pequenas e recém-nascidas –, as figuras são de grande valor.[23] Apresento a população de cães:

Tabela II
Levantamento dos cães domésticos existentes na Aldeia Kỹõwã (retirado das "Fichas de Saneamento das Casas" – Funasa – Coord. Reg. de RO – Divisão de Engenharia de Saúde Pública)
Período: 21/02 a 10/03 de 2006

	Casa (Nome de seu chefe, ou chefe da família)[24]	Nº de moradores (em 21/02/06)	Nº de cães
1	Meireles	6	-
2	Valdemar	7	1
3	Valdomiro	7	-
4	Antonio Paulo	5	4
5	Delgado	8	2
6	Alexandre	3	-
7	Gumercindo	12	-
8	Garcia	7	2
9	Valter	6	1
10	José Pereira	10	-
11	Roberto	3	-
12	Epitácio	10	1
13	Inácio	4	-
14	Luís	5	1
15	José Cláudio	7	-
16	Ribamar	7	1
17	Carlito	8	-
18	Enedina	11	-

---

23 Agradeço a gentileza de Alexandre em permitir a consulta de seus dados.

24 O recenseamento não inclui todas as casas da aldeia, pois várias delas estavam fechadas, com seus moradores ausentes, no momento da coleta dos dados.

19	Antonio José	5	2
20	Zé Maria	8	-
21	Daniel	4	-
22	Jorge	9	-
23	Nelson	4	1
24	João Batista	6	-
25	Luiz Francisco	11	1
26	Raimundo	9	2
27	Valdecir	4	-
28	John	7	3
Número total de moradores recenseados			193
Número total de cães			22
Razão cão/residência (aprox.)			0,8/1
Razão cão/morador (aprox.)			1/8,8 hab.

Tabela III
Levantamento dos cães domésticos existentes na Aldeia Central Karitiana (Kyõwã) (retirado das "Fichas de Saneamento das Casas" – Funasa – Coord. Reg. de RO – Divisão de Engenharia de Saúde Pública)
Período: junho de 2006

	Casa (Nome de seu chefe, ou chefe da família)[25]	Nº de moradores (em 21/02/06)	Nº de cães
1	Meireles	6	-
2	Valdemar	7	1
3	Valdomiro	7	-
4	Antonio Paulo	5	4
5	Delgado	8	2
6	Alexandre	3	-
7	Gumercindo	12	-
8	Garcia	7	2
9	Valter	6	Nd[26]

---

25 Ver nota anterior.

26 Dado não disponível.

10	José Pereira	10	-
11	Roberto	3	Nd
12	Epitácio	10	1
13	Inácio	4	Nd
14	Luís	5	Nd
15	José Cláudio	7	-
16	Ribamar	7	1
17	Carlito	8	Nd
18	Enedina	11	-
19	Antonio José	5	2
20	Zé Maria	8	Nd
21	Daniel	4	-
22	Jorge	9	-
23	Nelson	4	Nd
24	João Batista	6	Nd
25	Luiz Francisco	11	1
26	Raimundo	9	2
27	Valdecir	4	-
28	John	7	3
Número total de moradores recenseados (em 21/02/2006):		193
Número total de cães[27]		19
Razão cão/residência (aprox.)		0,7/1
Razão cão/morador (aprox.)		1/10,2 hab.

O segundo intervalo foi coberto por meu próprio recenseamento da população de animais domésticos na aldeia, por residência, efetuado entre setembro e novembro de 2006. Coletei a maior parte dos dados em visitas diretas às casas, posteriormente conferindo os números com o *chefe* da casa e/ou alguns outros moradores; assim, checagens foram efetuadas em vários momentos. Algumas famílias, cujas casas estiveram fechadas por todo o período – e que, sabidamente, não deixaram a aldeia Central, mudando-se para a cidade ou para a aldeia do Candeias –, foram entrevistadas em Porto Velho; mesmo assim, de algumas casas não obtive os números, por não ter havido oportunidade de encontrar qualquer de seus moradores. O número de animais por residência não se alterou no período de três meses em tela, o que nos leva a supor que a pequena variação da população de cães se considerarmos o período de quatro meses entre março e junho de 2006 (conforme as tabelas II e III) seja apenas efeito da ausência de dados para 8 das 28 casas. Os dados por mim coletados são apresentados na tabela IV:

Tabela IV
Número de cães por residência. Aldeia Central Karitiana (Kyõwã)
Período: novembro de 2006

	Casa (Nome de seu chefe, ou chefe da família)	Nº de cães	Observações
1	Meireles	-	Casa fechada[28]
2	Valdemar	3	
3	Valdomiro	-	
4	Antonio Paulo	3	
5	Delgado	-	
6	Alexandre	Nd	
7	Gumercindo	1	
8	Garcia	7	Três cães pertencem ao Reinaldo, que é casado, mas vive com a família na casa do pai.
9	Valter	6	Três cães pertencem a Carlildo, hospedado na casa de seu cunhado (Geovaldo, que também mora na casa), pois sua família encontrava-se em Porto Velho.
10	José Pereira	1	Pertence ao Claudionor, que mora na casa do pai.
11	Roberto	-	Casa fechada.
12	Epitácio	-	
13	Inácio	-	
14	Luís	1	
15	José Cláudio	nd	

---

27 Muitas casas encontravam-se fechadas no período da pesquisa, pois seus moradores passaram todo o tempo em Porto Velho ou na aldeia Nova; de algumas não obtivemos informações, mas outras puderam ter seu número de cães aferido em entrevistas com seus moradores ausentes, vizinhos ou outros indivíduos que interagem frequentemente com os moradores da residência.

16	Ribamar	nd	
17	Carlito	-	Casa fechada.
18	Enedina	-	Casa fechada.
19	Antonio José	1	
20	Zé Maria	nd	Casa fechada.
21	Daniel	1	
22	Jorge	-	
23	Nelson	-	Casa fechada.
24	João Batista	-	
25	Luiz Francisco	1	
26	Raimundo	1	
27	Valdecir	-	
28	John	5	Um dos cães pertence ao Leandro, ausente da aldeia.
29	Rogério[29]	1	
30	Mauro[30]	1	
Número total de cães			33
Número total de moradores[31]			193
Razão cão/morador (aprox.)			1/5,8 hab.
Número total de residências			30
Razão cão/residência (aprox.)			1/1

A diferença no número de animais observada entre os períodos definidos pelo Relatório Ambiental (maio-junho de 2003: 45 cães), pelas tabelas II e III (março-junho de 2006: 19-22 cães) e aquele apresentado na tabela IV (setembro-novembro do mesmo ano: 33 cães) deve-se, provavelmente, às flutuações no número de moradores e de residências ocupadas, que ocorrem de modo constante e por vezes dramático (o período de férias escolares, por exemplo, traz de volta a aldeia cerca

---

28 O meu recenseamento inclui as residências de Rogério e Mauro, anteriormente não contabilizadas pelo AISAN.

29 Ver nota anterior.

30 O número total de moradores permaneceu constante em relação ao período anterior (cf. tabelas II e III), mesmo tendo-se em vista que algumas famílias deixaram a aldeia, e outras para lá retornaram, entre junho e novembro de 2006.

de 30 pessoas – crianças e suas famílias – que vivem na Casa do Índio devido à frequência nas escolas urbanas) ao longo de todo o ano; possivelmente, a qualidade da coleta de dados também influenciou a diferença constatada (note-se que o AISAN interrompeu a investigação na segunda etapa do trabalho, deixando de visitar oito casas); além disso, devemos levar em conta a dinâmica populacional dos cães: alguns animais morreram, outros podem ter nascido (embora tal evento seja raro, como veremos) e vários, certamente, foram incorporados à população local, trazidos da cidade por vários indivíduos, tal como informa o texto do *Relatório Ambiental*. De todo modo, num prazo mais longo (entre 2003 e 2006) o número de animais em relação à população humana manteve-se basicamente inalterado, em torno de cinco ou seis habitantes para cada cachorro.

É difícil dizer, segundo critérios concretos, se a quantidade de cães na aldeia Central é exagerada, normal ou inexpressiva, pelo simples fato de que não dispomos de padrões de comparação. Poucos profissionais em campo preocupa(ra)m-se em recensear os animais ou mesmo oferecer dados aproximados sobre suas populações, limitando-se, no mais das vezes, a algumas vagas impressões, tais como "muitos", "alguns", "poucos" ou "vários". Koch-Grümberg (2006: 236) anota, no diário de sua viagem pelo norte do Brasil e Venezuela entre 1911 e 1913, que uma *maloca* Yekuaná-Majonggóng abrigava 25 cachorros, "*muitos cães, cujo número nunca parece ser suficiente para esses índios*"; lamentavelmente, ele não nos informa a população humana da aldeia e ficamos apenas com sua impressão. Já Philippe Descola (1994a: 230) registra, entre os Achuar equatorianos, que "*não há escassez de cães*", e que cada mulher – que são as proprietárias dos cães – possui meia dúzia de animais de sua "propriedade", o que significa que uma casa terá, no mínimo, 6 cachorros. Obviamente, esse número deve ser multiplicado, pois a maioria das residências Achuar abriga mais de uma mulher, co-esposas do líder do grupo doméstico, suas filhas solteiras e casadas e outras mulheres aparentadas. Uma população canina ainda mais expressiva foi registrada – por um raro recenseamento detalhado – entre os Isoceño no sudeste da Bolívia, onde "*essencialmente todas as residências possuem cães*": 3,8 cães adultos por residência (comparado à razão de 4,9 humano por casa), aproximadamente 1 animal para cada 1,5 pessoa humana (Fiorello, Noss & Deem, 2006).

Comparativamente, então, os Karitiana têm muito menos animais.[31] Na casa com maior número de cachorros – de Garcia, com sete animais – observamos que três dos cães "pertencem" a seu filho Reinaldo, que é casado, mas reside ali, e é o atual provedor de carne para o grupo doméstico, uma vez que seu pai não mais caça. Na casa de Valter (seis cães) observamos fenômeno semelhante: três animais são de Carlildo, que já caça, e estava morando temporariamente ali, com seu cunhado (Geovaldo, filho de Valter), pois sua família encontrava-se na cidade. O mesmo vale para a residência de John, com cinco animais, pois um deles "pertence" a Leandro, irmão do chefe da residência, e que na época residia em Ariquemes, onde estudava. Todas as demais residências têm entre três e somente um animal, e 12 dos 30 grupos domésticos não têm nenhum animal. Em média encontramos entre 0,7 e 1 animal por casa, apenas.

Não obstante as constatações feitas acima, é um exercício complicado definir pertencimentos individuais no interior dos grupos domésticos, uma vez que os indivíduos referem-se, em geral, aos animais – seus e dos outros – como *do chefe da casa*. Isso só parece dar-se de modo diferente no caso de jovens caçadores que, por razões diversas, vivem sob o mesmo teto daqueles reconhecidos chefes de residências, como confirmam as três situações apresentadas. Não obstante, alguns poucos exemplos observados sugerem que, diferentemente dos Achuar, entre os Karitiana, homens e mulheres podem ser *donos* de cachorros, ainda que a "propriedade" das mulheres seja difícil de perceber: um dos poucos casos de que tive conhecimento é de um filhote, ainda sem nome, que *é da* Naiara, filha de John, mas que, à época, residia com o avô, Antônio Paulo. Voltaremos, mais a frente, à relação entre cães e os gêneros masculino e feminino.[32]

---

31   Mas não se comparados a outros casos etnográficos: Maybury-Lewis (1984: 80), por exemplo, registrou "*muito poucos cachorros*" entre os Xavante em São Domingos: cinco ou seis animais para uma população humana de 220 indivíduos, um número muito inferior ao encontrado hoje nos Karitiana.

32   Cabe uma observação quanto ao registro da casa de Dona Enedina, nas tabelas II e III (produzidas pelo AISAN). No momento da coleta de Alexandre, o marido de D. Enedina já havia falecido, e é muito provável que o AISAN tenha tomado os dados daquela residência enquanto D. Enedina e os demais moradores ainda estavam lá morando, mas sem a presença de um homem adulto que pudesse ser definido como chefe da casa. Quando eu mesmo iniciei o trabalho de campo, em agosto de 2006, a moradia, localizada em uma porção relativamente isolada do restante da aldeia, estava desabitada e fechada, e havia rumores de que era assombrada pelo *espírito* do

Quanto à proporção entre cachorros e pessoas, o único dado de que disponho vem da Organização Mundial de Saúde (OMS/WHO), que recomenda um número ideal de 1 cão para cada 7 pessoas nos países emergentes (Bögel et alli. 1990). Tomando essa figura como base, podemos perceber que o número de animais na aldeia Central – segundo os dados do Relatório Ambiental (cerca de 1 cão para cada 5 habitantes) e os que eu mesmo coletei (aproximadamente 1 cão para cada 5,8 habitantes) – é ligeiramente alto em relação ao padrão tomado internacionalmente como ideal; é, inclusive, pouco mais alto que o índice brasileiro, de 1 cão para cada 6 habitantes humanos, aproximadamente, segundo dados do IBGE em 2007.[33] Não tão alto, no entanto, se levamos em conta, por exemplo, os dados para os Estados Unidos como um todo que, em 1994, tinham uma taxa de cerca de 1 cão para cada 4,6 habitantes (número calculado a partir dos dados de Serpell, 1996: 13); neste mesmo país, já em 2003, 63% dos lares abrigavam 75 milhões de cachorros (Kulick, 2009: 486), aproximadamente 1 animal para cada 4,1 humanos.

Estatísticas à parte, crucial é destacar que os Karitiana dizem que há muitos cães na aldeia, e que esse número aumentou paulatinamente: Garcia, por exemplo, disse-me que quando nasceu (ele diz ter 60 anos; logo isso teria acontecido por volta de 1946) havia poucos cachorros na aldeia, e que agora eles são muitos. Em 2009, embora eu não tenha realizado novo recenseamento, a impressão geral é que as coisas pouco mudaram, ainda que algumas famílias com quem conversei tenham afirmado que deixaram de ter cães, por razões que serão apresentadas na última seção deste capítulo.

Na aldeia do rio Candeias, apesar do desejo de Cizino em retornar ao estilo de vida tradicional, também existem vários cachorros. Em 2006, com base em conversas com moradores desta aldeia, contabilizei seis animais, para uma população de aproximadamente 50 pessoas, o que dá média de moradores por cão

---

finado Bené (espectros de mortos que assombram suas antigas residências são ocorrências comuns entre os Karitiana).

33 Informação retirada de http://www.caesegatos.com.br/?pag=noticias&ver=466, acessado em 23/09/2008. Dados mais recentes (2009) indicam que no Brasil há 32 milhões de cães (aproximadamente 1 cão para cada 5,6 humano) e 16 milhões de gatos (aproximadamente 1 para cada 11,3 habitante) ocupando 44% dos lares brasileiros (dados da Associação Nacional dos Fabricantes de Alimentos para Animais de Estimação – Anfal Pet, em Pavão, 2011: 5-6).

(8,3) muito superior àquela de Kyõwã; como se trata de uma única casa redonda, a razão entre cães e residências (6/1) é logicamente maior. Em 2009 eram apenas quatro cachorros, pois dois haviam morrido, e havia o desejo de pegar outros. Ao contrário do que acontece em *Kyõwã*, os moradores de *Byyjyty otsoop aky* habitualmente não trazem os cachorros adultos para Porto Velho, pois eles são reputados como *vigias* da aldeia, que por largos períodos fica completamente desabitada; somente alguns filhotes não ficam por lá, senão "*eles morrem, sozinhos, na aldeia*", como me disse Roberto.

Os Karitiana que vivem em Porto Velho, na Funai ou em casas próprias, também costumam "possuir" cachorros. Em 2003, notei a existência de vários animais na Casa do Índio e em duas residências que visitei, mas não os contabilizei de forma sistemática. Em 2009, com mais tempo em Porto Velho, estive em duas residências na cidade, uma com dois moradores (e dois cães), outra com quatro moradores que não tinham cachorros. As dependências da Casa do Índio, entretanto, estavam abarrotadas de cães, alguns "pertencentes" aos moradores fixos, outros trazidos da aldeia, e uns, ainda, que os Karitiana afirmem serem "*cachorro de rua, sem dono*", que procuram o local em busca de alimento, acasalamento ou contato social, cães "adotados" por funcionários da Funai ou que "pertencem" a alguma das outras etnias que regularmente também ocupam as dependências anexas à Funai. Por isso é muito difícil recenseá-los. Esses animais podem, eventualmente, ser "adotados" e levados para uma das aldeias Karitiana.

* * *

Os felinos domesticados não são muitos: Francisco Delgado afirmou-me, em 2006, que:

> [T]empo, tinha muito gato na aldeia, muito filhote de gato na mão de criança. Aí os brancos falaram que gato dá doença, pêlo de gato dá doença, criança brinca com gato aí pega comida e dá doença. Aí pessoal levou os gatos para a cidade, quase todos. Agora tem muito pouco. O pessoal aqui parece que não gosta muito.

Ouvi esta história da retirada dos gatos da aldeia de várias pessoas, mas a operação deve ter acontecido em tempos recentes. Em 2003 o *Relatório Ambiental da Terra Indígena Karitiana* registrou a existência de 20 gatos na aldeia Central (Maranhão, 2003: 52). Os dados de 2006 indicam a presença de muito menor número de animais: com efeito, as tabelas cedidas pelo AISAN Alexandre Karitiana anotam a existência, no período entre fevereiro e junho de apenas três gatos, "pertencentes" a Inácio, John e Luis Francisco. Meus próprios dados, coletados no segundo semestre do mesmo ano, indicaram uma população total de cinco animais, assim distribuídos por moradia:

Tabela V
População de gatos. Aldeia Central Karitiana (Kyõwã)
Período: novembro de 2006

	Dono	Número de gatos
4	Antonio Paulo	2
28	John	1
13	Inácio	1
25	Luiz Francisco	1
Total de residências		30
Razão gatos/residências		1/6
Total de moradores		193
Razão gatos/moradores (aprox.)		1/39

Número muitíssimo inferior ao de algumas sociedades nacionais, como nos Estados Unidos, onde a população de gatos é maior do que a de cachorros (Serpell, 1996). A diminuta população de gatos deveu-se, como vários relataram, à retirada dos animais pela Fundação Nacional de Saúde, alegando ação preventiva contra certas zoonoses transmitidas pela espécie. Não registrei qualquer tentativa de oposição dos Karitiana contra a medida sanitária. De fato, "*o pessoal parece que não gosta muito de gato*". Na Casa do Índio-Funai existem muitos gatos, algo que pude constatar tanto em 2006 quanto em 2009. Contudo, os Karitiana dizem que a maioria não tem *dono*, são animais *da rua* que ficam por ali. A única família da cidade que possui gatos é a de Renato, que tem dois animais. Na aldeia nova do rio Candeias não há gatos.

* * *

Na minha segunda temporada em campo, havia uma égua na aldeia, de nome *Babalu*, e que "pertencia" a John; um animal muito manso, que permanecia a maior parte do tempo pastando nos arredores da residência de seu *dono*, ou nas proximidades, na margem esquerda do igarapé Sapoti.

Tenho notícia de dois burros que viveram na aldeia. Um deles que se chamava *Empenado*, ainda conheci na minha primeira viagem ao campo em 2003. Ele pastava solitário onde houvesse vegetação rasteira, quando estava solto, pois muitas vezes permanecia amarrado em um limoeiro vizinho à residência que, na época, era de Cizino. Houve outro animal que os Karitiana se lembram, chamado *Gonguinho*, que não conheci. Segundo Epitácio, os dois burros vieram de um "*projeto da comunidade*", e por isso pertenciam à comunidade. Em 2009 apenas a égua ainda vivia em *Kyõwã*.

Valter, em 2006, mantinha em frente a sua casa na aldeia *Kyõwã* uma gaiola de madeira e tela com três coelhos "*de criação*", duas fêmeas e um macho. Na minha visita, três anos depois, ele me disse que os animais se reproduziram em grande quantidade, mas que começaram a desaparecer durante as noites – segundo Valter, por causa de um "*bicho invisível*" – até restar somente um casal, que ele soltou na mata. Contou, depois, que várias pessoas tinham relatado o encontro com coelhos na floresta, ele mesmo tendo visto um. David Landin (1979-80: 233) diz que coelhos haviam sido introduzidos entre os Karitiana nos anos 70.

Em 2006 não havia porcos nem *Kyõwã* e nem na aldeia *Nova*. Garcia disse-me que, tempos atrás, havia porcos na aldeia Central: "*fizeram chiqueiro, mas porco saiu e foi comer roçado do pessoal. Aí pessoal matou e comeu*"; Antônio Paulo confirmou a afirmação, lembrando da época em que ele mesmo criava um porco. Relatório de 1983 (Mindlin & Leonel Jr., 1983: 55) menciona que alguns Karitiana criavam porcos. Já em 2009, havia duas casas com criação de porcos: a de Rogério, com três animais, e a de John, com nove cabeças. São criados em cercados de madeira (*chiqueiros*), mas os índios dizem que esta é medida recente, pois ouvi muitas reclamações sobre os problemas criados por estes animais: Renato, por exemplo, apontou que os donos dos porcos, "*eles não cuidam, porco come milho, come a macaxeira dos outros, mata cachorro dos outros, o pessoal está com raiva, acho que vai matar*".

* * *

É claramente difícil avaliar a população de galinhas criadas pelos Karitiana, mesmo aproximadamente. Dizer que são muitas é tão-somente uma impressão resultante do fato de que as galinhas aparecem por toda parte da aldeia *Kyõwã*, nidificam por vezes mesmo no interior das residências, e com muita frequência, várias vezes por dia, entravam pela porta da sede do posto, onde eu habitualmente me hospedo. Além disso, praticamente todas as casas possuem galinheiros anexos às estruturas habitadas pelas pessoas, construções que vão desde simples quadriláteros feitos de pedaços de alambrado ou tela, até pequenas casinhas de madeira com teto de palha, e que podem chegar a de seis m^2 e conter prateleiras de madeira sobrepostas para aumentar o espaço em que as aves usam para se abrigar a noite. De fato, as galinhas procuram seus galinheiros quando anoitece, e permanecem ali até o amanhecer, fechadas pelos seus *donos* com o fim de protegê-las de ataques de predadores como gatos-maracajás e mucuras. Durante o dia andam soltas e vemo-las em profusão.

Em 2003, Maranhão (2003: 52) estima que havia cerca de 100 galinhas na aldeia *Kyõwã*, todas elas "*geradas de dois casais vindos de Porto Velho*", informação que desconheço, e com a qual estou propenso a discordar, pois é muito comum que novas aves sejam trazidas para a aldeia, pela mão dos próprios índios ou de outras pessoas. Não que todas as casas criassem galinhas na época, mas se dividirmos a população estimada de aves pelo número de residências efetivamente habitadas naquele momento (25), teríamos 4,0 galinhas por casa, número menor que os 5,5 relatados por Allen Johnson (2003: 67) para cada moradia entre os Matsigenka na Amazônia peruana, e muito inferior às 20 aves encontradas em cada residência Ticuna na aldeia Vendaval, em 1992 (Ribeiro de Almeida, 1993: 105; o autor considera este número muito pequeno). Não disponho de mais dados para comparar: encontrar esse tipo de cálculo na literatura, como deve estar claro, é verdadeiramente excepcional. Acrescento que o número registrado por Maranhão está, possivelmente, subestimado, pois em 2006 e 2009 pude apurar que apenas Valter possuía pelo menos 30 aves em seu galinheiro.

Os dados de 2006 foram coletados pelo AISAN Alexandre e se referem apenas à existência de galinheiros, em duas contagens distintas. Em fevereiro, seu recenseamento apontou a existência de galinheiros em 21 das 28 residências (não há dados para uma casa, de Meireles, que estava ausente). Em junho, o quadro do AISAN indica 14 casas com galinheiros e nove sem, e não há dados para outras cinco. Não creio que o quadro tenha se alterado muito, uma vez que as galinhas são abundantes e os galinheiros são estruturas relativamente permanentes. Há de se observar que a ausência de galinheiros em uma casa não quer dizer que não haja galinhas que "pertençam" a seus residentes: as galinhas podem passar a noite nos galinheiros de outras casas, nas capoeiras próximas ou mesmo no interior das moradias.

Os galináceos continuam a chegar à aldeia *Kyõwã*, pois há vários projetos – via Funai, EMATER e de um fazendeiro vizinho da terra indígena – de doação de galinhas aos Karitiana. Em 30 de junho de 2009 o caminhão da APK levou 120 galinhas para aquela aldeia, e Zé Maria contou que 2.000 seriam levadas depois. Os índios estavam pedindo as galinhas, que chegaram bem e, sob supervisão da cacique Milena ("*representante das mulheres indígenas Karitiana*"), foram distribuídas entre os moradores, "*cada família ganhou três*". Assumindo o número médio de 40 famílias (casas),[34] quando as demais aves prometidas forem entregues teremos um aumento razoável no número de galinhas por residência, de 4,0 para 50![35]

Cizino, Roberto e outros moradores da aldeia nova no Candeias informaram, em 2006, que havia muitas galinhas naquela localidade. Em 2009 Cizino contou que as 80 galinhas que ele tinha no rio Candeias foram devoradas por gatos do mato, mucuras (gambás) e gaviões: "*por isso eu estou pensando, agora, eu vou cercar, pegar arame, cercar tudinho, agora* [bichos] *não vão comer mais* [as galinhas], *não. Come nada, não come, não*". Incontáveis galinhas também circulam pelos pátios da Casa do Índio de Porto Velho, várias transportadas das aldeias, outras que são de residentes no anexo da Funai, e que se reproduzem por ali, posto que pintinhos e juvenis são comumente observados.

***

De duas outras espécies introduzidas após o contato tenho apenas relatos, posto que nunca vi perus e cabras serem criados pelos Karitiana. Epitácio rememora que havia perus na aldeia, mas que seu dono Valdemar "*não sabia criar, não sabia o que dar de comida, e os filhotes morreram*". Diz, ademais, que os perus são

---

34 Resultado da conta: 120 galinhas divididas em três por família.

35 Soube, em 2009, de outro projeto, financiado por um fazendeiro vizinho da terra indígena que pretende fornecer mais 2,5 mil galinhas.

bravos, e que matavam seus filhotes: "*tinha muito peru na aldeia, mas os filhotes morrem muito*".

Sobre as cabras, uma fotografia, feita em 1996, e reproduzida em Moser (1997: anexo 02) mostra algumas delas pastando por entre as residências da aldeia *Kyõwã*. Não encontrei, já na minha primeira visita à aldeia, nenhuma cabra. Inácio disse que quando era pequeno (sem especificar a idade; em 2003 ele tinha 24 anos) havia muitas cabras na aldeia, que a Funai havia trazido e colocado em um cercado próximo do prédio da escola. Não existem ruínas detectáveis desta estrutura, e as cabras fotografadas por Lilian Moser aparecem soltas. Mas as versões sobre o fim da criação de cabras divergem: Epitácio disse que a Funai levou as cabras de volta para Porto Velho, "*na época do chefe de posto Sadi*", ao passo que Inácio acredita que os caprinos "*comeram o que não pode comer*" (plantas venenosas), e "*aí morreu tudo*".[36] Documento do PLANAFLORO[37] de 1995 menciona a existência de "*seis cabeças de cabritos*" na aldeia.

* * *

O que podemos concluir desses números? É possível argumentar que os Karitiana apreciam a companhia de animais no seu cotidiano, estando nas aldeias ou na cidade, mesmo de passagem: eles vivem cercados de animais de criação, nativos e introduzidos. Parecem apreciar, ainda, um fluxo constante desses seres – do mato e das ruas da cidade para as aldeias ou moradias urbanas –, pois falam sempre em *pegar* novos animais, e muitos efetivamente o fazem com razoável frequência; é razoável supor, portanto, que os Karitiana também se regozijem, do processo de acostumar esses seres ao convívio com os humanos ou, dito de outra forma, seu *amansamento*. Isso é mais evidente no caso dos animais nativos capturados na mata, mas me parece que com os cães e as galinhas operam um processo análogo, ainda que essas espécies pareçam opor resistência a esta "*educação*". Com o foco nas aves e nos cachorros, voltarei a este ponto no capítulo seguinte.

---

36 Destaquemos que ruminantes sofrendo de carência de sal – os Karitiana não estão informados, ao que parece, da necessidade de fornecer o mineral aos animais – podem procurar por plantas que, se não venenosas, podem prejudicar a (re)produção do rebanho (Chaul, 1997: 93).

37 *Projeto Executivo de Alternativas Econômicas* (Manuela Camargo e Werner Kornexl, 1995), disponível em *Documentos do PLANAFLORO* (http://pesquisa.rondonia.ro.gov.br/netacgi/nph-brs. exe?d=PLAN&top1=E&tu=http://pesquisa.rondonia.ro.gov.br/index3.html&p=1&r=1&f=S&l=20& s1=Karitiana), acessado em 26/12/2006.

Claramente, cachorros e galinhas dominam os cenários habitados pelos Karitiana, tanto urbanos quanto nas aldeias, e disso resulta a diferença na quantidade de dados de que disponho para ambos, em comparação com os outros animais, incluindo os animais do mato familiarizados. Eles são presença conspícua por toda parte, nos pátios, dentro das casas, nos roçados, na Casa do Índio e nas atitudes, preocupações e conversas dos índios. Pode ser que seu maior número entre os Karitiana nos momentos em que fiz pesquisa de campo tenha influenciado a produção dos meus dados, mas não acredito nisso. Parece-me, antes, que cachorros e galinhas realmente ocuparam rapidamente o cotidiano do grupo e se tornaram peças-chave no seu sistema de percepção e classificação dos seres não-humanos, muito mais do que as outras espécies adventícias. Mas, antes de prosseguir, é valioso questionar: por que ter animais de criação?

Enfeites de aldeia, companheiros, filhos

Por que criar animais em aldeia? Esta questão foi abordada por alguns etnólogos americanistas, instigados pela presença abundante e o evidente rendimento simbólico de *xerimbabos* vivendo nas comunidades com as quais trabalharam. Discordando de autores anteriores que defendiam que os animais familiares são criados como provisão de carne em sociedades que dependem das incertezas da caça, Philippe Erikson (1987; também 1997), baseando-se em extensa evidência etnográfica, argumentou que as sociedades indígenas nas terras baixas sul-americanas adotam os filhotes dos animais como forma de restabelecer o "*equilíbrio natural*", anulando – ou compensando – com a criação (feminina) os efeitos destrutivos da caça (masculina).

Em texto posterior, Erikson (2000) conserva uma perspectiva *psicológica*, ao sugerir que a adoção de animais é forçada por um *mal-estar conceitual* (*conceptual disconfort*)[38] provocado pela morte de um ser; deste modo, a adoção continua sendo forma de *contrabalançar* os efeitos da caça, entendida como agressão contra um outro, forma de *aliança desonesta* que a criação de *pets* busca atenuar, uma vez que pode trazer perigo para os humanos. No que é criticado por Descola (1998, 1999), que sustenta que o *desconforto* aludido por Erikson é muito mais característico de sensibilidades ocidentais quanto a tomar a vida de um animal,

---

38 "*Pets servem como um contrapeso intelectual à caça*" (Erikson, 2000: 16).

e não faz justiça à complexidade simbólica das relações entre humanos e animais. Descola (1994a; 1998), assim como Menget (1988), Fausto (1999) e Santos-Granero (2009) apostam em abordagens que buscam posicionar a criação de *wild pets* nos contextos cosmológicos mais amplos – focalizando a necessidade da *alteridade* e da *exterioridade* para a reprodução do *socius* –, reforçando a homologia entre a familiarização de animais e a adoção de crianças raptadas, em oposição à analogia entre a caça e a predação canibal (real ou metafórica) de inimigos; tudo isso, por fim, é expressão da oposição global entre *consanguinidade* e *afinidade*. A fórmula estrutural é sintetizada por Descola (1998: 37):

caça : animais de estimação : : inimigos : crianças cativas : : afins : consanguíneos

Todos esses autores assumem uma complementaridade entre *pet keeping* e caça (como rapto de pessoas e agressão guerreira), que parece colocar todo o processo como um assunto de *homens*. Taylor (2001) oferece um panorama alternativo ao incorporar definitivamente as mulheres, sugerindo, para os Jivaro, que a analogia corre entre o amansamento (*taming*) das mulheres com o casamento e o amansamento de animais da floresta; sua sugestão avança ao defender que o cuidado com os animais é tarefa feminina porque, estruturalmente, mulheres e *pets* se equivalem. Em outro artigo, a mesma autora sustenta que, entre os Jivaro, os *wild pets* são *órfãos* cuja *proteção* deve ser garantida pelas mulheres na sequência de violentos eventos de caça (Taylor, 2000: 324). Mais recentemente, Cormier (2003: 112ss), em um estudo específico sobre os *pets* entre os Avá-Guajá, referendou estas posições, defendendo "*a importância do pet keeping na produção de identidades femininas*" (*the importance of pet keeping in producing female identities*) (Cormier, 2003: 113). Embora reconheça que várias das explicações elaboradas por trabalhos anteriores podem ser aplicadas aos *pets* Guajá, a autora sustenta que a relação entre estes e as mulheres deve ser salientada: "(...) *Eu acredito que a relação maternal é a chave para compreendermos o pet keeping entre os Guajá*"; e, adiante: "(...) *Em suma, pet keeping entre os Guajá é melhor descrito como a reprodução da 'maternagem'* [*mothering*]" (Cormier, 2003: 114; *maternage*, para Haudricourt, 1986).

Não pretendo resolver esta questão aqui. No entanto, o material Karitiana parece apontar que a criação de animais deve ser vista como prática pertinente ao *conjunto das relações familiares*, que envolve, portanto, mulheres, homens e crianças: afinal, falar de *filhos* também implica falar em *paternidade*. Nesse sentido, atentar para os *ciclos de vida* dos animais de criação – em sua inserção no universo familiar dos humanos, como veremos no próximo capítulo – parece-me saída mais produtiva, algo que a incorporação das espécies trazidas pelos brancos após o contato vem a tornar ainda mais saliente.

* * *

A prática de recolher filhotes de várias espécies nativas na mata espelha o desejo, sempre presente, de continuar a incorporar ao convívio também os animais introduzidos: os Karitiana sempre manifestam a intenção de *"pegar outro cachorro"*, *"ter mais galinhas"*, *"criar porco"* ou *"fazer criação de boi"*. Os animais de criação, então, vêm sempre de *fora*, do *exterior*, das aldeias, seja da floresta, seja da cidade.[39] Além disso, as narrativas resumidas na terceira seção do capítulo anterior destacam, em muitos casos, que os Karitiana começaram logo a *pedir* animais – sobretudo cães e galinhas – aos seringueiros e outros agentes da colonização que atingiram sua região. Houve, pois, e há, uma procura ativa pelos diferentes animais de criação.[40]

Os Karitiana fornecem várias explicações, quando perguntados da razão de adotarem animais. Valter, por exemplo, disse-me, certa vez, que *"as pessoas matam a mãe dos animais no mato, aí têm que pegar filhote para criar, eles não podem ficar sozinhos. Tem que criar como filho"*, arrazoado que evoca a sugestão de Ph. Erikson (1987, 2000), de que a adoção de *pets* funciona como *compensação*

---

39 Mais sobre isso será discutido no capítulo III.

40 Estes devem ter sido eventos muito comuns na história dos contatos iniciais entre populações indígenas e colonizadores, mas pouco sabemos deles, muito em função da virtual inexistência de documentação. Um dos poucos casos documentados foi o do grupo contatado no vale do rio Javari (oeste do Amazonas), que pedia insistentemente filhotes de cachorros aos funcionários da Funai: *"Cachorros vira-latas passaram a integrar a relação dos tradicionais brindes usados na atração de índios arredios e isolados. Sertanistas da Funai foram surpreendidos com estranhos pedidos de cachorros quando entraram, ano passado, pela primeira vez, em contato com um grupo tribal ainda não identificado, às margens do rio Ituí, no Amazonas. Desde o primeiro contato os índios demonstraram desejo de receber mais do que machados, terçados, panelas e tesouras que lhes ofereciam os sertanistas. (...). Queriam cachorros (...). Nos dois encontros que se seguiram, voltaram a pedir mais cachorros, obrigando a turma de atração a arrebanhar nos povoados vizinhos os vira-latas que encontravam, comprando alguns (...)"* (Funai, 1978: 18).

pela agressão infligida por meio da caça. Não obstante, a maioria dos outros depoimentos que coletei aponta em outra direção, sintetizada pela conclusão de uma conversa com Antônio Paulo, Elivar, Meireles e Arnaldo, na Casa do Índio:

> Mulher gosta de criar animal, dá prazer criar, para fazer o bem para mulher. Criança também gosta. Homem não gosta muito, é difícil. Por isso os homens pegam animal no mato, para criar. O pessoal gosta de pegar bichos no mato só para ver, para criar.

Há duas coisas importantes aqui. Primeiro, que o desejo de recolher animais na floresta é movido pelas mulheres, os homens só fazendo atendê-las; isso condiz com os incontáveis relatos de caçadores que afirmam ter animais de criação apenas porque "*a mulher* [esposa] *quer*" ou "*criança* [filhos] *pede*". Segundo, que a criação de animais tem como razão um *prazer* – "*dá prazer*", "*fazer o bem para mulher*" – que é propriamente *estético* – "*só para ver*", o que aparece, ainda, na frase do mesmo Antônio Paulo: "*os Karitiana gostam de criar*", e este prazer, nem de longe, é apenas feminino, ou infantil.

Diz-se de araras e papagaios, mas também de galinhas, da égua de John e dos coelhos que Valter tinha em 2006, que eles "*enfeitam a aldeia*". A simples presença da égua serve, diz-se, de "*enfeite*", ou para "*enfeitar o quintal*" de casa. Valter, respondendo à minha indagação, disse que seus coelhos "*servem só para enfeitar a casa*". A noção de *enfeite* ou *enfeitado* (*pojatī*) é usada para referir-se à pintura corporal e aos adornos feitos de penas utilizados pelos Karitiana, mas também às penas variadas das aves, definidas como seus *enfeites*: o mito de *Ombygmo* narra o surgimento da coloração das plumagens das aves, que se pintam com diferentes substâncias do corpo despedaçado deste homem infeliz; "*passarinho pegou as cores e ficou diferente, se pintou para se enfeitar*", conclui a história. Assim, a pintura é enfeite, e ela marca a origem da *diversidade*, que aqui é cromática. Destarte, o gosto pela criação de animais, além do puro prazer, parece ser também um elogio à *variedade*, que está na floresta, mas pode ser reproduzida na aldeia.

Embora apreciem, por exemplo, ter seus cães e alguns gatos com coleiras ou outros pequenos adereços – algumas improvisadas, como uma das gatas de Renato, na cidade, que usa uma pulseira Karitiana no pescoço – os Karitiana não enfeitam, propriamente, seus animais, como fazem os Pirahã (Gonçalves, 2001:

368) e os Karajá (Ferreira, 1983: 226).[41] Os animais eles mesmo são enfeites. Lembremos, *en passant*, o que diz Loretta Cormier (2003: 115-116) sobre a criação de macacos entre os Guajá como arte corporal (*body art*): "[m]*acacos podem ser pensados como um tipo de arte corporal que projeta uma imagem de fertilidade e, desta forma, de atratibilidade sexual* (...)". Macacos são, ali, enfeites de mulher, como são, para os Karitiana, enfeites da aldeia.

Cães, todavia, não enfeitam o espaço aldeão: nunca ouvi tal afirmação aplicada a eles. Permanece, entretanto, a afirmação de que são as mulheres as principais responsáveis pela adoção destes animais por uma residência. Os homens, de sua parte, oferecem uma razão adicional para ter cachorros, além do simples prazer da criação: a *caça*. Se os cães são como filhos – para homens e mulheres – para aqueles eles são também *companheiros* e *ajudantes*. É Cizino quem resume:

> Cachorro é igual gente, porque ele ajuda as pessoas, mata, caça para as pessoas, come carne e osso. Ele ajuda, procura e mata porco, cutia. Por isso não come cães, é amigo da gente, amigo [de] quatro pés.

Diz-se que o cachorro é "companheiro no mato" e por isso são criados: "*para espantar bicho bravo no mato; andar no mato sem cachorro é perigoso*". Além de gostarem de criar, então, o cão é um *auxiliar* importante, como aponta Meireles: "*cachorro ajuda muito o pessoal, como caçador, e de noite, quando chega bicho perto de casa, cachorro acua, avisa...*". Destacando outra função do cachorro – a de *vigia, protetor* – o mesmo Meireles completa: "*cachorro fica vigiando de noite, se vem gente ele avisa. É companhia, ele acompanha sempre a gente*".

O cão, pois, não enfeita a aldeia, mas entra no universo social Karitiana sob o signo do *trabalho*:[42] como *protetores* e, sobretudo, como *caçadores*, obrigações

---

41 Como já faziam os grupos aldeados nos rios Madeira e Tapajós (Tupinambarana e Tapajó) no século XVIII, conforme atesta o jesuíta João Daniel (*apud* Cypriano, 2007: 125): "*estimam muito as verônicas, medalhas e imagens dos santos; mas é pelo lindo delas, e não pelo respeito e devoção que metem; e por isso muitas vezes enfeitam com elas os seus macacos e cachorrinhos, atando ao pescoço* (...)".

42 Os equinos da aldeia – a égua e os dois burros (esses já mortos) – também parecem (ou pareciam) estar subsumidos no universo do trabalho: Epitácio relatou-me que os burros eram empregados no transporte de gêneros agrícolas dos roçados e de produtos vegetais extraídos na mata para a aldeia; da égua, John, seu *dono*, disse-me que uma pequena carroça (que vi junto a sua casa)

eminentemente masculinas. É por isso que muitos homens Karitiana afirmam apreciarem apenas cachorros que sabem caçar e que, mesmo atendendo aos frequentes pedidos de suas esposas, muitas vezes recusam animais que não manifestam habilidade ou propensão para "*matar caça*"; outros homens afirmam nem mesmo apreciarem a companhia de cães durante caçadas. Esta questão será explorada no capítulo seguinte; aqui, é preciso continuar, porque talvez o fato de não enfeitarem a aldeia – ao contrário, cães são sujos, feios, desordeiros e incestuosos – explique o fato de que sejam eles os únicos animais de criação que muitos Karitiana recusam, ou vêm recusando nos últimos tempos. Ou, mais propriamente, digam que recusam.[43]

A sujeira dos cães é um dos argumentos frequentemente levantados: Valdomiro diz não ter cachorros porque tem filhos pequenos em casa, que têm contato íntimo com os animais – "*fica pegando e mordendo cachorro, eu não gosto. Quando a crianças crescer aí eu vou pegar cachorro. Minha mulher quer criar cachorro, mas eu não*". Já Marcelo queria ter cachorros, mas sua esposa Milane não permite, pois não gosta. Além disso, diz-se que cachorros são "*cheirosos*" (isto é, fedidos), transmissores de *opira*, uma condição patológica que pode ser descrita como "*cheiro forte ou ruim*", mas que parece ser também aplicada à problemas de pele: o cachorro *pirento* é um animal sarnento, sem pelos e mau-cheiroso. Gumercindo completa, apontando outra razão cada vez mais aludida para a recusa em ter cães em casa:

---

era atrelada ao animal para condução da família aos roçados mais distantes, o que eu nunca vi; apenas uma vez presenciei Junio, filho de Irene (atual esposa de John) selar e montar este animal para visitar um roçado afastado, e o uso da égua como montaria parece pouco habitual (a maioria dos Karitiana não sabe cavalgar). Este pouco "*uso*", então, sugere-me que os equinos não são (e não eram), de fato, tidos como animais de trabalho, e a forma de tratamento cotidiano dos mesmos indica, antes, que sejam (fossem) mesmo *criação de casa*, ou *de perto*, embora não referidos como *companheiros* ou *ajudantes*. Ademais, "*enfeitam a aldeia*".

43 Se há muitos cães, os Karitiana afirmam existirem hoje poucos que são, efetivamente, caçadores. Isso explicaria porque muitas casas não abrigam cachorros: vários homens afirmam que só gostam de cães que sabem caçar, e como eles são raros, não têm cachorro nenhum. Não sei dizer até que ponto esta escassez de cachorros caçadores é real, mas talvez seja possível sugerir que o treinamento dos animais para a atividade de perseguir e matar presas é um domínio cada vez mais restrito aos velhos e experientes e, portanto, cães especializados vêm se tornando difíceis de obter.

> Eu que não tenho cachorro, só gosto de cachorro caçador, para matar caça, pois ele ajuda as pessoas, mas criar por aí [sem razão utilitária?] eu não gosto, não, é muito cheiroso [fedido]. Tempo eu criava muito cachorro caçador, mas a pessoa sente muito quando morre, [porque] cachorro mata caça, e ajuda o pessoal, e cachorro também não vive muito, porque caça brava mata muito cachorro.

Pode-se detectar a emergência de uma *nova sensibilidade* (cf. Thomas, 2001) para com o sofrimento envolvido na morte de um cão, especialmente se for um animal bem treinado para a caça. Aqui, está em jogo muito mais a perda de um eficiente *companheiro* para a atividade de perseguir animais na mata, aliada ao sentimento de raiva (*pa'ira*) provocado pela agressão contra o animal de criação, e que obriga o caçador a "*pagar o cachorro*" (isto é, *vingar*) por meio do abate do ser agressor; a raiva não é um sentimento agradável – na concepção Karitiana, ele assume forte conotação de loucura, descontrole emocional, com fortíssimo potencial de violência – e por isso tem se evitado, dizem, levar os cães para a floresta. Isso explicaria porque a recusa em ter cães parece virtualmente restrita aos homens adultos: as mulheres e crianças nunca falam em deixar de ter cachorros, e casos como o de Milane são raros.

Mas há outra quota de sensibilidade encontrada nas explicações dos homens – algo que as mulheres não verbalizam – para não ter cachorros. Diz Antônio Paulo:

> Eu não quero pegar mais cachorro, porque eles sofrem muito com fome, apanha. Eu não gosto de ver cachorro sofrer. Eu não quero, mas mulher pega assim mesmo. Mulher e criança é que pega, sempre quer pegar [cachorros].

No que concorda com seu filho, Antônio José:

> Eu não quero mais cachorro, não tem mais, morreu tudo. O pessoal tem que sair da aldeia, aí cachorro fica sozinho, com fome, ninguém dá comida, sofre muito.

"*Quando tem criação, sofre muito por causa de criação*", diz-se com frequência. Antônio Paulo diz que não gosta de ver os animais sofrerem, e Cizino diz ser "*feia*" a atitude de deixar os cachorros solitários na aldeia, com fome e sem cuidados. Isso leva a atos de piedade, como a atenção dispensada pelo pajé Cizino a um gatinho que, na cidade, teve uma das patas quebradas ao ser espancado. Ações como estas, contudo, são muito mais comuns entre as mulheres e crianças, que, por seu turno, não recusam os cães e parecem querer sempre mais animais de criação. Elas também sofrem pelos cachorros mortos na caça e por aqueles maltratados na aldeia ou na cidade, mas isto não parece constituir motivo para que deixem de agregá-los ao seu convívio. Como sugeriu Cormier (2003), algo na identidade feminina deve estar mesmo fortemente vinculado à criação de animais.

* * *

Temos, portanto, que como *enfeites da aldeia*, os animais de criação servem à fruição estética de todos: o mesmo diz Stephen Hugh-Jones (*apud* Serpell, 1996: 64) a respeito dos Barasana, onde cuidar dos *pets* é, primariamente, um *lazer*:

> Estes povos simplesmente se divertem enquanto cuidam e alimentam seus animais de estimação. Os animais são continua fonte de discussão e de entretenimento, e são considerados parte integral da comunidade.

Vale a pena refletir um pouco mais sobre a dimensão estética da criação animal, inclusive de modo a conectar os cachorros aos demais animais de criação dos quais se diz enfeitarem a aldeia. Com efeito, conhece-se a importância, para as sociedades indígenas nas terras baixas, da criação ou da apropriação da *beleza* como um dos atributos fundamentais da humanidade, a ser buscado ativamente e cotidianamente pelos indivíduos: poder produzir coisas belas é forma cristalina de manifestação da criatividade, do conhecimento e da produtividade humanas, e do prazer e da alegria envolvidos nas atividades cotidianas. A beleza, o cuidado, o esmero e a perfeição nas artes do fazer são sempre procurados, porque são índices das capacidades agentivas e produtivas das pessoas: em suma, signos da alegria, da harmonia e da produção contínua da própria sociabilidade (Overing, 1991, 1999;

Overing & Passes, 2000; van Velthem, 1998, 2003; Lagrou, 2007, 2009; Santos-Granero & Mentore, 2008).

Podem as artes da domesticação serem consideradas produtoras de beleza? Aristóteles Barcelos Neto (2002) tece – a respeito das relações entre os Wauja e os seres monstruosos chamados *apapaatai* – considerações interessantes nesse sentido. Segundo o autor, as imagens (máscaras, desenhos em papel) dos *apapaatai* despertam "*intensa emoção*" estética nos Wauja, fundada no fato de que a aproximação com esses seres encontra-se sob os signos da "*inimizade/amizade, perigo, desconfiança e reciprocidade forçada*". Prossegue:

> Entre os Wauja, a dimensão de monstruosidade dos apapaatai se tornaria 'domesticável' pela arte, a qual proporcionaria um contato menos 'perigoso' com os seres 'sobrenaturais'. Nesse caso, o prazer estético associa-se exatamente ao prazer de uma aproximação controlada (...). Daí porque o prazer estético que os desenhos de apapaatai despertam ser possivelmente o prazer de uma virtual 'domesticação' da monstruosidade (...) (Barcelos Neto, 2002: 175-176).

Domesticar, por meio da redução dos poderes deletérios dos *apapaatai* a partir de sua fixação iconográfica, é processo que oferece prazer estético: alegria e beleza contribuem para a domesticação da monstruosidade e são os principais frutos desta atividade (Barcelos Neto, 2006: 305-306). Ora, o mesmo não se passa com a familiarização/domesticação de animais, ao transformar o filhote inculto e arredio do mato, ou o animal estrangeiro da cidade, em um ser plenamente social, que alegra os indivíduos por suas capacidades agentivas e pela variedade colorida, bela e agradável que sua presença imprime nas aldeias? Nesta direção aponta também Els Lagrou (2009: 56, meu grifo):

> A obtenção e elaboração dos materiais vindos do exterior em materiais constitutivos da própria identidade grupal segue uma mesma lógica, quer se trate da incorporação de pessoas, qualidades ou capacidades agentivas de pessoas (alma, canto, nome), ou de objetos [e também, eu acrescento, de seres/pessoas não humanos]. *Estes elementos conquistados sobre – ou negociados com – o exterior precisam ser pacificados, familiarizados. Este processo de*

transformação do que é exterior em algo interior tem características eminentemente estéticas.

Os próprios cães, se não enfeitam, propriamente, a aldeia – em função de suas qualidades associadas à sujeira e certos hábitos antissociais – também não contribuem para a criação da harmonia e da alegria na comunidade – o que as torna, afinal, belas – ao demonstrarem a criatividade e a produtividade humanas evidenciadas na transformação dos filhotes em cachorros companheiros? Não são os "*cachorros sabidos*" apreciados pelos Karitiana?

A ação de domesticar, portanto, parece ser bela em si mesma, e acaba por produzir mais beleza: uma aldeia povoada por diferentes espécies de seres convivendo em harmonia, destacando a habilidade dos humanos em produzir variabilidade, harmonia, paz e convivialidade.[44] Como belo e esteticamente prazeroso é um roçado com infinita variedade de cultígenos (cf. Descola, 1996: 166-167), bela é uma aldeia repleta de seres de diferentes naturezas convivendo em harmonia: um aspecto adicional daquilo que Barcelos Neto (2002: 263, grifo no original) chamou de "*animais enquanto arte*".

* * *

Os cães, portanto, também enfeitam as aldeias, a seu modo: como trabalhadores dedicados e companheiros afetuosos. Há, contudo, outra dimensão importante na posição desses seres. Como *companheiros*, no sentido de *auxiliares*, os cachorros são circunscritos ao domínio masculino, definido pelo *trabalho* do caçador; mas continuam a ser, para as mulheres, outra coisa: são, dizem os Karitiana, "*como filhos*". Não apenas os cachorros, mas os animais de criação em geral são definidos pelos Karitiana "*como filhos*". Tomar animais da floresta ou da cidade, portanto, obedece a outras razões que não apenas o prazer estético de domesticar/ amansar e produzir convivência. Há outras dimensões em jogo, tais como a filiação, o companheirismo (no caso de cães caçadores) e mesmo a riqueza, no caso

---

44 Desta forma é possível concebermos – descontada nossa apreciação estética culturalmente enviesada – como cães famélicos e doentes podem ser vistos como enfeites da aldeia: não são os cachorros em si mesmos que são belos, mas a arte de manter diferentes seres convivendo no espaço aldeão, além da variedade que contribui para quebrar a monotonia de um cenário povoado apenas por humanos.

especial do gado, mas que pode ser estendido a outras espécies cuja criação pode eventualmente atender a um virtual mercado consumidor extra-aldeão.

No entanto, todas essas razões para se coletar mais e mais animais de criação estão conectadas, parece-me, ao tema do *enfeite* e da *produção da beleza*. Com efeito, a relação de companheirismo e ajuda mútua (se é que podemos assim dizer) entre humanos e cães espelha as boas relações que humanos plenos devem manter entre si no esforço para a produção continuada de uma convivialidade (*conviviality*) pacífica e produtiva e, por esta razão, bela em si mesma (cf. Overing & Passes, 2000). Da mesma forma, a procura pelos animais de criação como *riqueza* – evidente no caso do desejo dos Karitiana pela introdução da criação bovina nas aldeias, conforme escrevi em outro lugar (Vander Velden *no prelo*) – também opera no sentido da produção da beleza, posto que a riqueza (tal como vista nos fazendeiros donos de rebanhos bovinos que possuem propriedades nas vizinhanças da terra indígena) é, na visão Karitiana, princípio para a produção da *saúde*, que se expressa na beleza dos corpos em perfeito funcionamento e na moral comunitária em alta (conforme demonstrei em Vander Velden, 2004).

Com respeito à associação entre animais de criação e filhos – expressa em frases como "*cachorro é como filho*" e detectada em várias práticas cotidianas e rituais Karitiana (descritas na tese) – o tema do enfeite e da beleza se revela com ainda maior nitidez. Isso porque os próprios filhos, as crianças, são pensadas como enfeites de aldeia: uma comunidade bonita é uma comunidade cheia de crianças. A aldeia de *Kyõwã* é chamada de "*aldeia criança*" (uma das traduções possíveis, pois *õwã* se traduz como "criança" em Karitiana) não só porque é uma aldeia nova (ou era, quando foi nomeada), mas porque é um espaço com muitas crianças: diz-se, inclusive, que seu nome decorre do fato de que a aldeia "*é bonitinha feito sorriso de criança*". Não constitui engano dizer que considerar a abundância de jovens habitantes como forma de embelezar uma aldeia decorre, em boa medida, de uma recuperação demográfica espetacular,[45] da qual os Karitiana jactam-se: daí que as muitas crianças expressam a vitória na luta contra a extinção e a persistência de todo um povo e sua cultura. Tema que certamente não escapou a outros povos indígenas, que mencionam como são belas as aldeias

---

45 Os Karitiana chegaram a ser apenas 45 pessoas no final dos anos 60. Hoje, somando mais de 350 pessoas, o grupo teve sua população aumentada em quase sete vezes no decorrer de 40 anos.

cheias de crianças, justamente porque estão, com elas, retomando o crescimento demográfico (cf. Müller, 2002).

O vínculo entre animais e filhos/crianças humanas estreita-se quando percebemos que, de fato, são especialmente os filhotes dos animais – tanto os capturados na floresta quanto aqueles trazidos da cidade – que efetivamente recebem o cuidado e o carinho das pessoas, sobretudo das mulheres e crianças. Filhotes de aves e de cães são mantidos em cestos de palha ou caixas de papelão e são alimentados na boca, são carregados no colo a guisa de crianças humanas e dormem na companhia de seus donos, no interior das casas; filhotes de mamíferos coletados na mata são em geral mais arredios e permanecem presos em gaiolas ou por correntes, mas isso está longe – ao menos na ótica Karitiana – de constituir maus-tratos ou negligência. Filhotes recebem a atenção constante das pessoas, sobretudo de mulheres e crianças, que com eles interagem diuturnamente; são, como já se disse, "*como filhos*". Isto abre a discussão do nosso próximo capítulo.

Criação de animais (fazendeiro é que sabe...)

Há uma outra espécie de razão que comanda o desejo de "possuir" animais de criação – e, neste caso, falamos apenas das espécies introduzidas pelos brancos[46] – e é frequentemente evocada pelos Karitiana, assim como há uma forma diversa de criação de alguns desses seres. Cabe aqui uma nota aos projetos, desenhados fora das aldeias, que planejam e intentam a introdução da criação animal em *escala ampliada* e em *confinamento*, denominadas *pecuária, avicultura e piscicultura*. Refiro-me, da mesma forma, à vontade manifestada pelos Karitiana, hoje, de disporem desses sistemas de *produção seriada de animais para abate doméstico e fornecimento de carne.*[47]

---

46 Nunca tive notícias de projetos de criação de animais nativos da Amazônia entre os Karitiana, tal como foi (ou está sendo) testado em outras comunidades, com emas e queixadas, entre outros (cf. Inglez de Souza, 2007: 57-58).

47 Os Karitiana estabelecem uma diferença importante, ainda que carregada por algumas ambiguidades, entre os animais criados "*em casa*", ou "*de perto*", e aqueles que se diz serem criados "*de longe*" e que incluem os animais de criatório (bois, galinhas e peixes). Este ponto será abordado no capítulo seguinte.

Como vimos, os caçadores Karitiana vêm manifestando preocupação com a diminuição dos estoques de caça, bem como com a intensificação do esforço despendido para obtê-la. Ato contínuo, muitos homens emitem declarações como a de Antônio Paulo, que diz que se os Karitiana "*tivessem criação, eu não matava mais caça*". Inácio complementa afirmando que a caça está ficando difícil na área – "*para matar macaco precisa andar cinco quilômetros para dentro do mato*" – e por isso ele quer "*fazer pasto e colocar vaca leiteira*".[48] Outros homens afirmam que caçam apenas por necessidade de consumir carne, mas que abandonariam, de bom grado, a atividade, se dispusessem alguma criação da qual pudessem obter seu sustento. O relatório ambiental feito na Terra Indígena Karitiana (Maranhão 2003: 50) concorda – "*a implantação da pecuária na área pode amenizar a pressão sobre a fauna silvestre*" –, complementando a afirmação do falecido chefe Garcia, que me disse em 2006: "*na aldeia mesmo, boi nunca teve, mas queremos fazer projeto*".

Várias tentativas foram feitas. Anotamos, acima, a existência de um antigo projeto de criação de cabras, que redundou em fracasso – os animais morreram por terem comido plantas venenosas ou foram recolhidos pela Funai, segundo diferentes versões – mas sobre o qual não disponho de informações adicionais. Há notícias de uma tentativa de introdução da criação de porcos, mas desse também não tenho dados. O projeto instalado na aldeia sobre o qual existem dados confiáveis foi um grande galinheiro destinado à criação de galinhas de raça – chamadas *galinhas de granja* ou *de galinheiro* pelos índios – confinadas em um grande galinheiro da aldeia *Kyõwã*, na margem esquerda do igarapé Sapoti.

As ruínas do velho galinheiro – uma armação de esteios de madeira telada com alambrado – ainda podem ser vistas no terreno imediatamente atrás da escola indígena e do posto de saúde da aldeia, já quase completamente tomadas

---

48   Ver a interessante discussão de André Martini (2008: 15-16) sobre a piscicultura entre os povos indígenas no Alto Rio Negro, na qual o autor sustenta que a propalada "escassez" de pescado é fruto de uma "*percepção particular*" dos estoques pesqueiros sensivelmente atrelada aos projetos de criação de peixes. Ou seja, a escassez só pode ser comprovada a partir não apenas da definição nativa sobre as quantidades e o sucesso na captura, mas também quando vista *pari passu* com os desejos de implantação de tanques e, daí, o controle dos estoques. O autor lembra, ainda (Martini, 2008: 27) que a "*escassez de proteína*" é um tema clássico na discussão sobre a Amazônia, há muito definida como ecótono com baixa disponibilidade de carne; este debate também pode ter, ao seu modo, influência na montagem de projetos de criação animal.

pelo mato. Não consegui localizar documentos sobre a implantação da criação de galinhas confinadas, mas o chefe do Posto Indígena Karitiana informou que o galinheiro foi construído pelo PLANAFLORO[49] que, na ocasião, teria oferecido aos índios um breve curso de uma semana de treinamento em avicultura. De acordo com Reginílson (atual chefe do posto indígena Karitiana), pelas diretrizes do projeto, o galinheiro deveria ser um empreendimento comunitário. O funcionário acrescenta que quando chegou à aldeia para ocupar o posto, no ano de 2000, o galinheiro já não estava mais em funcionamento.

Delgado recorda que as galinhas do extinto galinheiro comunitário eram "*galinhas brancas, diferentes das que se criam em casa*", estabelecendo certa distinção entre as aves dos terreiros e aquelas introduzidas pelo projeto do PLANAFLORO, que eram *aves de raça*. Note-se que a grande maioria das galinhas soltas pela aldeia não tem raça definida: as assim chamadas *galinhas-carijós*, em que se ressalta a variedade da coloração da plumagem. Esta criação não vingou: tal como relembram alguns Karitiana, tão logo os técnicos do PLANAFLORO deixaram a aldeia, as galinhas confinadas começaram a se matar. Delgado contou-me, não sem horror, que as galinhas "*comeram a bunda umas das outras, arrancaram as tripas para fora*" – sem que ele possa explicar as razões – "*e aí todas morreram, e o projeto acabou*".[50] Ainda adicionou:

> O galinheiro da aldeia não deu certo porque o pessoal não tinha técnica para cuidar, e nem ração, e nem apareceu técnico para ensinar a criação.

---

49 O PLANAFLORO (Plano Agropecuário e Florestal de Rondônia) é um programa federal (hoje vinculado ao Ministério da Integração Nacional, embora se encontre paralisado desde o término, em set./2002, do acordo de empréstimo internacional firmado com o Banco Mundial) cujo objetivo é promover o desenvolvimento sustentável do Estado de Rondônia, a partir do equilíbrio entre diversas atividades produtivas (sobretudo agricultura, pecuária e extrativismo vegetal), conservação ambiental e proteção social (http://www.abrasil.gov.br/avalppa/RelAvalPPA2002/content/av_prog/365/prog365.htm). Vários documentos do PLANAFLORO (disponíveis em http://pesquisa.rondonia.ro.gov.br/index3.html) mencionam a introdução da criação de pequenos animais em áreas indígenas como uma das principais alternativas de diversificação produtiva e de sustentação alimentar. Os documentos que se referem à T. I. Karitiana foram expedidos entre 1994 e 1999.

50 Galinhas confinadas em espaços exíguos podem manifestar comportamentos de estresse e agressividade, que por vezes descambam para confrontos violentos e mortes, o que não é comum nas aves criadas soltas (Chuahy, 2009: 36-37).

Nisso contradizendo duplamente o funcionário da Funai responsável pelo posto indígena: quanto ao treinamento técnico, e quanto ao destino das aves, posto que este defende que o projeto falhou porque os Karitiana comeram todas as galinhas, ao passo que os índios argumentam que as aves se mataram. Outra versão, que ouvi de um funcionário da Funai em Porto Velho, corrobora o fracasso, atribuindo-o aos Karitiana, e não às galinhas:

> Nenhum projeto de criação nos Karitiana deu certo. Deram 2.000 galinhas para criar em galinheiro, os índios concordaram; depois que o galinheiro foi instalado na aldeia, avisaram os índios que eles teriam que plantar milho só para alimentar as galinhas. Os índios ficaram indignados, porque ninguém avisou disso. Daí que eles comeram todas as galinhas.

A versão Karitiana para o desaparecimento das galinhas brancas e o fracasso de sua criação em confinamento aponta para o comportamento anômalo daquelas aves. Os poucos comentários que recolhi sobre a experiência parecem sugerir um grande distanciamento das pessoas da aldeia em relação ao novo galinheiro, desinteresse que culminou na ruína do empreendimento. Estas explicações divergentes para um mesmo acontecimento podem indicar, conforme Mario Blaser (2009), que estamos diante de uma complexa negociação em que distintas ontologias (ou distintos mundos) estão em jogo. Aqui, se os servidores da Funai pareciam estar vendo negligência e incapacidade técnica da parte dos índios (culpando, desta forma, os agentes humanos do processo), os Karitiana focavam sua atenção na *agentividade* das galinhas, na estranheza de seus corpos brancos e de sua situação anômala de confinamento. Dissensões como estas parecem estar na raiz das falhas de muitos projetos – não só de manejo e conservação de fauna silvestre (sustentabilidade), como sugere Blaser (2009), mas também de criação animal – envolvendo animais entre povos indígenas, tal como abundantemente descrito na literatura e tal como veremos em outras seções deste trabalho.

Penso, ainda, que a sugestão de um modelo *comunitário* de criação de animais também foi determinante para a extinção do projeto: os Karitiana – assim como outros grupos indígenas (Fernandes, 1993: 99-103) – não parecem muito inclinados a encampar modelos comunitários de produção: não tenho notícia de outras experiências semelhantes envolvendo animais, mas pude acompanhar inúmeras vezes as dificuldades de servidores da Funai e de outros órgãos em estabelecer e manter roçados e outras atividades comunitárias, pois a *família* (ou a casa) é a *unidade de produção agrícola* (e também parece sê-lo *nas relações com os animais de criação*). Ademais, mesmo que, ao fim e ao cabo, os Karitiana tenham comido aquelas galinhas, isso apenas evidencia seu distanciamento em relação àquelas estranhas aves, que jamais consideraram suas próprias, seus animais de criação: diferentes demais – brancas e confinadas – daquelas criadas junto às residências, seu destino não poderia ser a familiarização, dependente da convivência. Recusando-se a alimentá-las e acabando por devorá-las, os Karitiana iluminariam outro limite dos projetos de criação animal entre eles: não se cuida daquilo que não se reconhece, não se zela por aquilo que não se considera como seu.

As tentativas de se introduzir uma verdadeira atividade pecuária entre os Karitiana também não são de hoje. Em 1983 os Karitiana já manifestavam interesse na criação de gado (Mindlin & Leonel Jr., 1983: 55, 60). No ano de 1986, um técnico agrícola e um engenheiro agrônomo da Funai apresentaram um *"Projeto de Pecuária do P. I. Karitiana"*, que visava a atender a população local *"na sua parte alimentar"*, por meio da produção de leite (média estimada em 30 litros diários), a partir da aquisição de cinco novilhas da raça Gir/Holanda (além de dois cavalos). O documento[51] informa, ainda, a expectativa do grupo:

> A comunidade do PI Karitiana está certa de que o início desta criação [de vacas] só trará benefícios a todos, pois é um tipo de atividade esperado há muito tempo.

Em 1995 técnicos do PLANAFLORO apresentaram novo projeto que contemplava bovinos, suínos e muares.[52] Ambos os projetos, ao que tudo indica, ja-

---

51 "Projeto de Pecuária do PI Karitiana". Ministério do Interior – Funai – 8ª. DR – Porto Velho/RO, 1986 (documento encontrado no arquivo do CIMI-RO, Porto Velho). O projeto incluía, ainda, a construção de curral, formação de 20 ha (cercados) de pastagens com capim braquiarão e compra de vacinas e vermífugos; o custo total do projeto chegou a 130 mil cruzados. Moser (1997: 13) cita o referido projeto entre as muitas iniciativas fracassadas de "desenvolvimento" da terra indígena Karitiana (Moser, 1997: 70).

52 Ver nota 43.

mais foram implantados, mas as expectativas permaneceram: muitos dos índios – homens, diga-se de passagem – entusiasmaram-se com uma nova possibilidade de introduzir um pequeno rebanho na aldeia. Em 2003, Renata Maranhão detectou este desejo, materializado nas primeiras iniciativas de instalação da criação bovina na área:

> A comunidade almeja uma futura criação de gado para que possa complementar sua alimentação. Para isso, já foi realizado um plantio de 2 ha de Braquiária,[53] para se dar início ao processo. Entretanto a braquiária vem se alastrando para outras roças [sic], o que pode proporcionar futuros problemas por ser de larga adaptação e uma espécie pioneira, ou seja, de rápida propagação devido à alta produção de sementes viáveis (Maranhão, 2003: 50).

A autora aponta, corretamente, para o impacto ambiental provocado pela difusão descontrolada da gramínea adventícia, mas em 2006 e em 2009 não ouvi dos Karitiana referência à formação artificial de zonas de pastagens. Não obstante, a vontade de criar gado permanecia forte. Desde 2004 a EMATER-RO[54] acena com a possibilidade – materializada em um projeto elaborado em parceria com a Funai (na figura do chefe do posto) e a Associação Indígena Karitiana (APK) – da cessão de dez vacas leiteiras e um macho reprodutor para o grupo, além da construção de um cercado. Em janeiro de 2005 os Karitiana, por meio de sua Associação, elaboraram proposta para o uso dos recursos advindos com a comercialização de madeiras desvitalizadas, que incluía desenvolver criação de gado (com plantio de pasto), avicultura (patos e galinhas, por meio da recuperação das antigas instalações do galinheiro, e incluindo compra de ração) e piscicultura. A solicitação do grupo foi encampada pelo *Projeto de Apoio as Atividades Agropecuárias em Terras Indígenas – Comunidade Indígena da Etnia Karitiana*,[55] que elaborou um

---

53 Capins do gênero *Brachiaria*, muito utilizados na formação de pastagens na Amazônia brasileira.

54 Associação de Assistência Técnica e Extensão Rural do Estado de Rondônia, a EMATER-RO é uma associação civil, sem fins lucrativos, que desenvolve estudos e projetos agropecuários em parceria com as secretarias de desenvolvimento econômico e ambiental do governo de Rondônia.

55 Elaborado pela EMATER-RO, em parceria com o Ministério do Desenvolvimento Agrário (Secretaria de Agricultura Familiar e Secretaria Executiva Estadual do PRONAF – Programa

ambicioso projeto que incluía a aquisição de 96 matrizes e quatro reprodutores bovinos mestiços euro-zebu (Girolanda), três cavalos (com carroças e arreios, pois são "*animais de serviço*") e 50 mil alevinos de jatuarana. Propôs-se, ainda, a construção de uma represa de cinco hectares de área útil, um curral de madeira com 768 m² e três cochos para sal; recursos também seriam necessários para a compra de vacinas e medicamentos veterinários, sal mineral, arame e outros implementos. O orçamento total, só dos animais e dos insumos necessários para a implantação da criação, chegou a quase 190 mil reais.

Até agosto de 2009, contudo, a doação vinha sendo protelada, muito em função da carência de estrutura para receber os animais: leia-se, falta de pastagens e de conhecimento técnico adequados por parte dos índios (o *Projeto* propõe "*cursos de capacitação*", mas sua natureza não é especificada). De acordo com Reginílson, em 2009, a criação dos bois já estaria instalada, se um incêndio não tivesse acidentalmente destruído as estacas de madeira que Antônio José cortara e preparara, pois o arame já fora cedido pela EMATER.

Além do rebanho bovino, fala-se agora em *criação de peixes*. Em 2006 o chefe do posto indígena local disse-me que um trator estava para ser deslocado até a aldeia *Kyõwã*, onde cavaria um grande buraco próximo a um olho d'água junto ao roçado de Delgado; este seria o pontapé inicial do projeto de piscicultura Karitiana. Nada, contudo, aconteceu até dezembro daquele ano. Em outubro de 2007, a Secretaria de Estado da Agricultura, Produção e Desenvolvimento Econômico e Social (SEAPES) e a EMATER-RO informaram estar "*em fase de conclusão os trabalhos para a implantação de um micropólo de piscicultura no entorno da aldeia, com alevinos e assistência também providenciada pelas equipes técnicas da SEAPES/Emater*".[56] Quando cheguei à aldeia em 2009, pouco havia sido feito, como disse Cizino:

Nacional de Agricultura Familiar), a Prefeitura Municipal de Porto Velho, a CUNPIR e a Funai. Documento disponível nos arquivos da APK.

56 A/I SEAPES – Secretaria de Agricultura. Informação disponível no *Portal do Governo do Estado de Rondônia*, em: www.rondonia.ro.gov.br/noticias.asp?id=1541&ttipo=Mais%20Noticias, acessado em 15/05/2009.

Aí chefe de posto pegou trator, fizemos, cavamos o chão, aquele para criar peixe, até hoje não criaram. Até hoje não tem a ferramenta para criar peixe.

Mas havia alguns avanços: o chefe do posto, entusiasmado, já tinha o mapa da localização dos cinco tanques de peixes a serem construídos – seriam cavados no verão, depois de agosto: quatro na margem esquerda e um na direita, todos alimentados pelo combalido igarapé Sapoti – no projeto agora tocado pela Funai em parceria com as duas outras entidades do governo estadual; Reginílson contou-me que todo o treinamento seria fornecido aos índios pela EMATER, e que a produção estaria concentrada em três espécies: jatuaranas (peixe muito apreciado pelos Karitiana e de grande valor simbólico), tambaquis e tilápias, esta última uma espécie exótica, não-nativa dos rios amazônicos. Espera-se, inclusive, que a reprodução das tilápias seja feita por indução hormonal. Até agosto de 2011, contudo, não havia nem o rebanho bovino e nem a criação de peixes.

* * *

A questão que se coloca é: tendo falhado os projetos de criação animal anteriores, essas novas iniciativas têm chances de vingar? As tentativas prosseguem, mesmo com as ressalvas de um engenheiro agrônomo da Funai, que sintetiza as razões para o fracasso das tentativas de criação animal entre os Karitiana, bem como sinaliza seus possíveis rumos:

> Hoje a Funai tem projeto só de criação de pequenos animais nos Karitiana. Tem projeto de criação de galinhas caipiras, criadas soltas. Um tanto já foi doado, mas falta levar outras, entre 100 e 150 galinhas, dando umas três ou cinco aves para cada família criar. Todo tipo de criação comunitária não dá certo, se a comunidade tem outras atividades, por exemplo, agricultura. O boi não fica preso, ele ataca os roçados dos outros. Cabra ataca ainda mais, é pior. Não dá certo, por isso a Funai não investe mais nisso.

Os Karitiana não parecem grandemente tocados pelo projeto de piscicultura. Do projeto de criação de bovinos, contudo, muito se fala. Entretanto, embora todos demonstrem querer os animais, uma série de críticas é levantada.

Epitácio, e várias outras pessoas, alertam para o problema da destruição de roçados, evocando as outras espécies sobre as quais falamos: "*se não cuida, boi e cabra comem toda a plantação, e burro faz a mesma coisa*". Há problemas, também, com casos em que os equinos da aldeia mataram cães de outros *donos*: a égua do John matou com um coice o cachorro de Rosa, esposo de Epitácio, e o Cizino contou-me que foi difícil controlar a *raiva* do marido. Outros Karitiana mais velhos insistem no fato de que sem a *instrução técnica* apropriada, a criação animal na aldeia nunca vai funcionar, como nunca funcionou antes: "*os índios*, dizem, *não sabem criar animais*"; por isso Delgado insiste que as galinhas de granja definharam por *falta de instrução* dos índios. O que contrasta com o arrazoado do "Projeto de Pecuária" de 1986, onde se lê que os índios "*sabem* [que] *as técnicas de criação dos animais é* [sic] *bastante fácil* [sic] *de compreender, podendo contar com a assistência dos técnicos da Funai para sua aprendizagem, e depois se encarregarão do seu desenvolvimento*".

Aos olhos dos Karitiana, "*fazendeiros* – recordemos as várias fazendas de gado nos limites setentrionais da área indígena – *é que sabem criar animais, dão ração, dão vitamina*"; por seus rebanhos frutificam. Mas os Karitiana não sabem sequer *controlar* seus poucos animais de criação atuais que, soltos, acabam por devastar as plantações alheias, provocando desentendimentos e retaliações, via de regra sobre os próprios animais, como aconteceu com os dois burros que havia em *Kyõwã*, baleados porque invadiram os roçados dos outros. *Saber criar*, ter o *conhecimento*, portanto, de como fazê-lo, é o ponto crucial verbalizado pelos Karitiana quando refletem sobre a criação de animais exógenos em escalas ampliadas.

* * *

"*Fazendeiro é que sabe*", dizem, como já aludimos no capítulo anterior, o que os aproxima de *Boty~j*, o grande criador. Demoremo-nos um pouco mais na questão.

Como vimos, é interessante constatar que a forma *curral* não é desconhecida dos Karitiana. Não que haja qualquer correspondência entre a mitologia e o saber técnico, mas é digno de atenção que os Karitiana traduzam como *curral*, ou *chiqueiro* (*poon*) a estrutura criada por *Boty~j* no início dos tempos, assumindo sua homologia com a atividade de criação de animais em confinamento. Reproduzo fragmento um pouco maior do mito narrado por Epitácio, a que já fiz referência no capítulo I:

Antigamente não tem carne, caça, só esse sapo *mamo*, que os Karitiana comiam. Deus só comia ovos de sapo. Mas Deus queria comer caça, e daí formou cada animal de caça, mutum, porcão, anta, *todos em um curral, como branco está fazendo com boi*. Ora vai buscar tuna [*pom'emo*, ave do grupo dos nambus], que mulher de Deus, *Toboto*, pediu para comer com pamonha que ela estava fazendo. Ora respondeu com voz fina, foi no curral e jogou milho, depois abriu a porta do curral, e todos os bichos saíram correndo, passando por cima, amassando ele. Por isso as caças estão tudo no mato. Deus estava longe, fazendo outra coisa, mas ele descobriu quando juriti [*kyytsoopo*] caiu [apareceu] bem na frente dele (meu grifo).

Depois disso, como visto, *Boty~j* estabelece a *dieta* dos seres, ao oferecer a cada espécie seu alimento preferencial, típico. Ou seja, *Boty~j* é como se fosse o primeiro criador de gado, e é com seus animais confinados, libertados acidentalmente por um ato desastrado de seu irmão *Ora*, que a floresta é povoada pela caça que sustenta os Karitiana até hoje, diversificando uma alimentação até então baseada na carne do sapo *mamo*. É interessante que *Boty~j* continue sendo, ainda hoje, um criador de animais, como destaca este outro fragmento que descreve as cenas que *Deus* mostrou em sua comunicação constante com o pastor Luís Francisco:

> Lá no céu tem todo tipo de criação, Deus cria todo tipo de criação. Também cria galinha, porco, boi, cachorro, só que são maiores e mais bravos do que os daqui (...). Deus mostrou a plantação d'Ele, e diz que vai dar para mim, e mostrou também sua criação [animais].

No que é completado por Antônio Paulo: "*Deus tem muita criação, ele cria, anta, mutum, tuna*". Este mesmo informante, aliás, destaca que os próprios Karitiana veem a si mesmos como "*criação de Deus*", aparentemente nos dois sentidos: que foram criados ou feitos por Deus, e que são cuidados por ele, tal como os Karitiana cuidam ou criam seus animais de criação. Assim, ilumina outro aspecto da relação entre humanos e seus mascotes: a de que aqueles repetem com estes o mesmo esquema original já prefigurado por *Boty~j*:

Deus → criação [curral] → animais de caça

Deus → humanos → animais de criação [curral]

Este esquema é evidentemente mais claro quando se trata dos animais da floresta cujos filhotes são capturados e criados na aldeia como *criação* (*wild pets*). Esses repetem logicamente o modelo evidenciado pelo mito: os seres que escaparam, *tempo antigamente*, da relação de *criação*, retornam a ela por meio dos homens, eles também, por sua vez, criação de Deus. Mas penso que há uma forte analogia entre esse circuito do curral para a mata, "*tempo antigamente*", e o seu inverso, da mata (ou da cidade, pois, como já disse – e tornarei a dizê-lo, floresta e cidade se espelham) para o curral, evidenciado pela chegada dos brancos e sua criação de animais confinados.

É preciso salientar que o modelo do *curral de animais* não é exclusivo da cosmologia Karitiana, sendo difundido em várias outras sociedades descritas pela etnografia (Viveiros de Castro, 1986: 215, 226-228, 234; Taylor, 2000: 324; Belaunde, 2001: 204; Kohn, 2007b; Fausto, 2008; uma *caixa* para os Arara, de acordo com Teixeira-Pinto, 1997: 97; 2004: 233; uma *gaiola* para os Kayabi, segundo Grümberg, 2004: 202).[57] Não obstante, as evidências discutidas por Fausto (2008) apontam que esses currais (também chamados, por alguns povos, de *fazendas* ou *cercados*) em geral são propriedades (aqui, talvez, nos dois sentidos: do que pertence ao e do que é próprio de) das figuras usualmente conhecidas como *donos*, *pais* ou *mestres* da caça, dos animais ou de cada espécie em particular: esses seres mantêm os animais de caça confinados – combinando, na sua relação com eles, controle/domínio e proteção/cuidado – e vão liberando-os na floresta na medida de suas conveniências. Este, contudo, é um mecanismo permanentemente em ação, que depende da qualidade das relações cotidianas entre os humanos e os mestres e "seus" animais: as negociações que os humanos devem entabular para obter a dispersão das presas de caça são atividades permanentes. O esquema Karitiana, pode-se já ver, é diferente: *Boty~j* não é um mestre da caça, mesmo porque a libertação/dispersão dos animais mato afora ocorreu apenas uma vez, lá no início dos tempos míticos; ademais, nem mesmo *Boty~j* – que é o criador (nos

---

57 Tampouco é exclusiva das *cosmologias* ameríndias: Descola (2002: 103) e Donkin (1985: 97-99) mencionam evidências, em certas populações, de que porcos do mato são deixados em cercados para serem comidos quando necessário.

dois sentidos: de produtor e de pecuarista) original – foi o responsável por abrir as porteiras do curral mítico.[58]

Aos seres descritos como *donos* ou *chefes* de caça – sobre os quais voltaremos a falar – os Karitiana dirigem o que chamam de *orações* destinadas a pedir os animais a serem caçados, e devem cuidar de não matar em demasia ou sem razão utilitária, nem em desperdiçar a carne, compartilhando-a, consumindo-a integralmente e depositando os despojos de modo adequado. Caso não sigam estas prescrições, o "*chefe de caça fica bravo*" (Marcelo), e o caçador torna-se imediatamente *panema*. A *festa da caça* (*him myy~j*) é um ritual destinado a atrair animais para perto da aldeia para serem abatidos, e meus dados apenas sugerem que se trata de evento em que se opera uma negociação com os chefes de caça, embora eu não tenha elementos para sustentar definitivamente esta suposição.[59] Cizino verbaliza o vínculo entre a caça e seus *donos* (ou *chefes*), sugerindo como metáfora a relação entre os brancos e os bois:

> Chefe de caça também tem. Chefe de anta, chefe, não, dono, dono da caça. Dono. Dono tem. Como o senhor: você cria gado, pra você. Quem é dono? É Felipe. O mesmo ele tem, [a] caça. [Se] dono não deixar, a gente não mata anta; [se] dono não deixar, a gente não mata porco, entendeu? Se a gente está panema, muito, panema, a gente panema, muito, a gente fala [com] chefe dele: – cunhado, me dá onça pra mim, me dá anta pra mim, cunhado.

---

58 *Ora*, que efetivamente abriu o *curral*, libertando os animais, não é um chefe de caça, mas dos seres aquáticos: "*ele é chefe de peixe*".

59 É certo que este ritual (também chamado de *festa do gopatoma*, termo traduzido como "*remédio de folha, remédio do mato*") destina-se a "*limpar*" os corpos das pessoas, o que, no caso dos homens, possibilita que cacem com mais sucesso, posto que o fedor do corpo é uma das manifestações do estado de *panema*: um dos termos para este estado, *naam*, significa literalmente "*podre*" (cf. Landin, 1983: 111, onde *nãm* = *podre*); o caçador panema é dito estar "*podre*" ou "*ter mão podre*", e o barulho das moscas que infestam seu corpo afugenta os animais. Acompanhei duas *festas de caça* na aldeia *Kyõwã* em maio de 2003, e mais dados podem ser encontrados em Vander Velden (2004: 135-147).

Antônio Paulo completa:

> Onça é dono da caça, a onça cria os bichos, caças do mato, como a gente cria galinha. O terreno [terreiro?] da onça é grande, pois ela anda longe.

Mas é *Boty~j*, em última análise, quem "*sente*" (sofre) pelos animais abatidos, e as sanções remetem ao respeito para com o *Deus*, que enviará doença e infortúnio ao caçador (e a sua família) que extrapolar os limites apropriados. *Boty~j*, portanto, parece ser o grande controlador dos seres (inclusive dos *donos*), o grande dono, além de ser o grande criador. É Cizino de novo quem arremata:

> Dono de caça leva só cuidando, cuidando como Deus [*Boty~j*], mesmo, porque Deus fez. O Deus. Cuidando de tudo, Deus manda ele [dono de caça] cuidar [do] povo da caça, arara, macaco, macaco-preto, tudo, tudo, tudo.

Destaco que os Karitiana só raramente descrevem os animais da floresta como *animais de criação* (*pets*) dos *donos/chefes* de caça, e não mencionam a existência de *currais* ou *chiqueiros* sob o controle destas criaturas. O foco parece estar na libertação dos animais de caça nos tempos míticos, e os chefes/donos de caça parecem agir mais como prepostos de *Boty~j*, cuja idealização do *confinamento* dos animais permanece como modelo dominante, ou permaneceu, pelo menos até a chegada dos brancos.

Boty~j – e os *donos de caça* em menor grau – encarna a posição destes seres *magnificados* (como os chama Fausto, 2008), que definem sua relação com os animais em termos de *confinamento* e *controle*. Note-se, então, que, de fato, o balanço entre *proteção/cuidado* e *predação/domínio* – bastante bem formulada na ideia do *controle* – parece ser em tudo análoga à relação que o *criador de gado/pecuarista* estabelece com seus animais;[60] estes, sim, sabemos muito bem, expressam a ambiguidade entre o cuidado e o desleixo (cujos limites são a mutilação e

---

60 Entre os Chimane, na Bolívia, "*o mestre é um proprietário que possui animais de estimação e pessoas a seu serviço. A figura é frequentemente comparada aos fazendeiros bolivianos com seu gado e seus vaqueiros*" (Daillant, 2003, citado em Fausto, 2008: 356).

o abate) para com os animais domésticos. Fausto (2008: 334) argumenta que o cercado de animais dos mestres da caça expressa a assimetria da relação entre uns e outros por meio da linguagem do *englobamento*, do *continente-conteúdo*: com efeito, o mestre-singularidade contém em si a pluralidade dos seres que enclausura. Essas são figuras da *abundância* e do *poder*.

Mas, querendo insistentemente criar gado, peixes e galinhas de galinheiro, estarão os Karitiana almejando ser o *Deus*? Não creio, e esta é uma hipótese absurda,[61] porque falta aos Karitiana a capacidade de criar seres no sentido de *construir*, de *fazer* (*make*), atributo divino. Eles parecem querer, sim, ser *fazendeiros*, ou ser *como* fazendeiros. Eles parecem querer o poder, a abundância e a riqueza desses brancos, que dominam as técnicas de criar animais, e apareceram para os Karitiana, desde "*era tempo*", cercados por suas criações, que só fazem espalhar pelos pastos que dominam Rondônia e multiplicam fortunas do negócio agropecuário. Uma rápida nota em relatório sobre a comunidade Karitiana (Mindlin & Leonel Jr., 1983: 54-55) fornece um vislumbre desse interesse:

> [Os Karitiana] perguntam aos colonos e fazendeiros das vizinhanças como obter dinheiro e discutem as atividades mais rentáveis. Alguns começaram a criar porcos, outros galinhas (...).

O gado, portanto, é sinal de *riqueza* e de *poder*, e a pecuária é em geral tida como atividade de *status* mais elevado do que a agricultura, mesmo na Amazônia (Fearnside, 1989: 25; Piketty *et alli*. 2004: 184-185; Bastos da Veiga *et alli*. 2004: 26-29; Toni *et alli*. 2007: 64, 104). É também signo do *poder* e do *controle*, além de marca inequívoca do domínio sobre a terra: lembremos que, no Brasil, "*terra com gado é terra com dono*" (Rivière, 1972; Fearnside, 1989: 64; Vieira, 2007: 3; também em outros países latino-americanos: Macdonald, 1997: 246, 265). A pecuária é, ainda, emblema da *civilização*, do controle produtivo sobre terras novas, bravas e incultas (Anderson, 1994: 604-605; 2002: 377-378). O gado é, enfim, o que sugere Ph. Descola (1996a: 167):

---

61 Como é absurda a ideia de ser como os *chefes da caça*, que não comem os animais, mas os protegem. Criar animais para matá-los e comê-los é uma questão complicada que se coloca para estes projetos de criação animal, e nos dois capítulos que seguem teremos novas oportunidades de explorar detidamente este ponto.

> (...) objeto de uma transferência metonímica que o torna apto a exprimir as qualidades e aspirações daqueles que o possuem, e suscetível, por conseguinte, de servir de suporte de posições sociais (...).

É esta qualidade de poder expressar posições sociais, penso, que os Karitiana almejam nos animais de criação introduzidos.[62] Mas se não podem criar (*make*) os animais, eles tampouco sabem criá-los (*grow*), como dizem, e daí a necessidade de *conhecimento* e *instrução técnica*. Pois o fazendeiro (como *Boty~j*) é também figura de *conhecimento*. Esta alegada falta de saber técnico fundamenta a percepção Karitiana do fracasso dos projetos de criação até hoje tentados: os animais soltos não respeitam roçados, ninguém se interessa pelos animais confinados, e o resultado é o desastre, a não-reprodutibilidade, a doença e a morte, frequentemente violenta. Como se sabe, a "*inveja do gado*" (Taussig, 1993: 375-380) só faz disseminar o mal, mesmo no bojo da rica utopia "*relativa a um paraíso bovino na floresta tropical*" (Taussig, 1993: 376).

* * *

Antes de concluir, uma ressalva. Obviamente, não quero dizer com isso que a pecuária entre os Karitiana, se iniciada, não vai vingar: isso seria mero exercício de futurologia, além de reforçar uma atitude essencialista, que vê nas sociedades indígenas

> [u]ma estrutura inata e irreversível que, como a substância ou essência necessária de Aristóteles, enuncia o que um grupo não *pode deixar de ser* (Gordillo, 2006: 279, grifo no original).

O antropólogo argentino aponta acertadamente que os fracassos gritantes nos projetos de desenvolvimento econômico e diversificação produtiva para povos indígenas se devem à falta de sensibilidade etnográfica crítica de seus proponentes e à carência de diálogo com as formas nativas de organização do

---

62 Maurício Leite (2007: 209) salienta que os Wari' esperam dos projetos de desenvolvimento menos o incremento da produção de alimentos que opções alternativas de geração de renda e acesso á recursos financeiros. Isso se coaduna com as dificuldades envolvidas no consumo dos animais de criação, sobre o qual falaremos nos dois capítulos seguintes.

trabalho e da produção, em flagrante conflito com "*a racionalidade empresarial-capitalista*" (Gordillo, 2006: 286) da agências promotoras desses projetos, e, não a uma pretensa incapacidade atávica destas populações – por princípio, *caçadoras, coletoras* ou *horticultoras* – em adotar novas atividades econômicas e novos modelos de organização coletiva, desde que recebam – e desejem receber, claro – a capacitação técnica necessária. Com isso os próprios Karitiana estão de acordo, ao insistir que as falhas nos projetos se devem quase que exclusivamente à ausência de treinamento ou conhecimento. Nas palavras de Epitácio: "*se sabe criar, cria, se não sabe, não cria*".

Por outro lado, talvez estejamos, com os Karitiana, diante de uma cosmologia que, como sugere Rubem Thomaz de Almeida (2001: 107, 190) para os Guarani no Mato Grosso do Sul, recusa-se a produzir *artificialmente* seus alimentos, não porque não sabem criar animais, mas porque *não querem* fazê-lo: tratar-se-ia, enfim, da questão dos *desejos* a guiar as decisões e práticas produtivas. Outra possibilidade seria investigar as relações entre o acúmulo de animais pretensamente destinados ao consumo alimentar por sociedades que não estocam alimentos, povos para os quais a lógica do consumo segue razões distintas daquelas ditadas pela cautelosa racionalidade economicista (Kidd, 1999: 44; ver, obviamente, Sahlins, 2000[1972]). Penso, porém, que precisaremos de mais tempo para avaliar se as coisas assim ocorrem entre os Karitiana que, pelo menos nos discursos contemporâneos, desejam iniciar a criação de várias espécies. Restará saber se, mesmo com a instrução técnica e os insumos adequados, a criação animal será alternativa viável no sistema econômico do grupo.

O certo é que a criação intensiva de animais – para *abastecimento, subsistência, segurança nutricional* ou com finalidades *comerciais* – em aldeias na Amazônia não parece ser alternativa viável, como adverte Peter Schröder (2003: 95-96):

> No Brasil, as experiências com a pecuária bovina em terras indígenas na Amazônia Legal geralmente foram desestimuladoras, pois elas se fundamentaram, na maioria dos casos, em pressupostos errôneos sobre as culturas indígenas e necessitaram de grandes mudanças culturais da organização econômica indígena.

Sem tocar nas condições ambientais – natureza dos solos, regime de chuvas, cobertura vegetal – incompatíveis com a pecuária (Fearnside, 1989; Brack, 1997), e os impactos ecológicos (degradação de ecossistemas, deslocamento de espécies nativas, pisoteamento de solos, transmissão de doenças de animais domesticados para a fauna selvagem) e sanitários (difusão de zoonoses, contaminação da água e do solo por dejetos) provocados por estas atividades em comunidades indígenas (MacDonald, 1997: 326-327; Fiorello, Noss & Deem, 2006; Leite, 2007: 44, 216), além da pletora de insumos necessários à implantação e continuidade desta atividade produtiva – incluindo estrutura física, medicamentos e rações (cf. Salgado, 2007) – e dos altos custos que isso tudo implica (como visto acima), acumulam-se na literatura os casos de fracasso absoluto, ou de sucesso apenas relativo, eivado de descompassos e problemas, seja na criação bovina (Descola, 1982, 2005: 33-34; Baksh, 1995; Macdonald, 1997; Erikson, 1998; Rudel et alli. 2002; Schröder, 2003; Inglez de Sousa et alli. 2007), na suína (Erikson, 1998;[63] Thomaz de Almeida, 2001: 103-104), na criação de aves (Cormier, 2003: 122), na piscicultura (Martini, 2008)[64] ou na criação em geral (Queixalós, 1993; Guerra, 2008: 157-158).

Existem também, obviamente, outras *razões simbólicas* que podem indicar explicações para os insucessos dos projetos de criação de animais adventícios, e que têm de ser buscadas na *cosmologia* e nas *práticas sociais* Karitiana. O fato, porém, é que as comunidades adotam novos objetos e práticas (incluindo seres vivos e sua criação) desde que lhes pareçam interessantes, e isso pelos mais variados motivos (Trigger, 2008: 638); desta forma, devemos atentar também para a positividade envolvida na adoção das espécies exóticas introduzidas pós-contato por parte dos Karitiana: se a pecuária parece estranha aos universos sociais e econômicos indígenas, os seres criados, em si, talvez não sejam, lembrando-nos,

---

[63] Neste artigo, Erikson (1998: 374-375) oferece uma interessante lista de seis itens que podem explicar "*porque os índios amazônicos não fazem uso intensivo dos porcos domésticos*", e que congrega fatores econômicos, ecológicos e sociais e cosmológicos.

[64] Segundo Baptiste-Ballera et alli. (2002: 314-315) problemas semelhantes assolam as tentativas de criação de animais nativos em aldeias indígenas (pelo menos na Colômbia), levando, no mais das vezes, à "*frustração dos usuários por não poderem levar a um bom termo suas iniciativas*", e concluindo com "*o fracasso da maioria das experiências de criação animal com participação comunitária*".

ainda, que o *natural* (a natureza autóctone) e o *nativo* (o que é efetivamente integrado às cosmologias indígenas e funciona como valor identitário) muitas vezes não se confundem (Trigger, 2008: 641). Algumas dessas possíveis razões – que fundamentam os percalços com a criação animal ou que autorizam o desejo em implantá-la e em ter mais e mais animais de criação – serão consideradas nos dois capítulos que se seguem.

Capítulo III
Os filhos do homem, e da mulher

> "Os animais são todos iguais, mas uns são mais iguais que os outros"
> George Orwell, *Revolução dos bichos*

Cachorro é como filho

YM'ET, "MINHA CRIAÇÃO", é o termo Karitiana que circunscreve os animais que vivem junto dos humanos, gozando de sua companhia diária, da intimidade de seus lares, participando dos ritmos da vida doméstica.[1] A tradução exata desta expressão seria "*meu filho*", posto que é como os Karitiana se referem a suas crianças. O termo ainda tem forte conotação da combinação de *cuidado, zelo* e *controle*, como indica uma das expressões utilizadas para definir os chefes tradicionais (*byyj*): *byyjby'et* é, assim, "*o chefe que cuida da gente, dá saúde, avisa da proximidade dos inimigos*". Note-se, contudo, que esta é a forma de falar empregada pelas mulheres (os homens dirão *ym'it*, que literalmente significa "*meu sêmem*"[2]); curiosamente, foi com esta expressão que os homens a quem eu perguntava sobre como falar "*meu animal de criação*" na língua indígena respondiam, como se eles quisessem estabelecer de saída, no nível linguístico, um vínculo forte entre a criação de animais e as mulheres, como veremos abaixo.

O termo define a relação estabelecida pelos humanos com os animais *by'edna*, "*de criação*", também traduzido por "*de casa*", e termo que pode ser usado reciprocamente entre esposos. Outro verbo pode ser usado para definir os seres

---

[1] Landin (1983: 36) registra a forma *myet*, como *1 (s.) animal mimado*, e *2 (s.) amante*. Não sei se se trata de uma inversão das letras, mas lembro que a convenção ortográfica da língua Karitiana de David Landin foi revista por Luciana Storto (1996), e é esta última que utilizo aqui. Também não sei qual a natureza da relação qualificada pelo autor como de *amante*; só noto que a palavra não é a mesma para *esposa* (*sooj*). Lima (2005: 262) registra, entre os Yudjá, o uso do mesmo termo (*maka*) para animais domésticos e amantes. E Joana Miller (2009: 78) informa que as esposas Nambikwara podem chamar seus maridos de "meu pet" (*da maindu*), porque eles cuidam delas e as alimentam da mesma forma que fazem com os animais domésticos.

[2] Ainda que *filho=sêmem*, os Karitiana hoje afirmam que os filhos são formados do sêmem do pai e do sangue da mãe, acumulado após a suspensão das regras. Assim, não parece existir uma noção estritamente patrilateral da concepção.

criados pelos humanos, crianças e animais; *kerep*, que significa *"criar"* (*by'kerep*, *"de criação"*), mas também *"crescer"*:[3] *yn nakabm kerep opok ako*, "*eu crio/cuido de galinhas*" constrói-se de modo idêntico à *yn nakabm kerep õwã*, "*eu crio/cuido de criança*". Alguns Karitiana afirmaram haver diferenças na aplicação contextual desses dois termos (*by'edna* e *by'kerep*), mas retorno a esta discussão abaixo.

Que os animais de criação ou estimação são filhos[4] nas terras baixas sul-americanas é um tema destacado pela literatura regional há tempos e recorrentemente citado nas etnografias (Serpell 1986; Erikson 1987, 1988a, 2000; Fausto 1999; Taylor 2000; Belaunde 2001; Gonçalves 2001; Viveiros de Castro 2002c; Howard 2002; Rival 2002; Cormier 2003; Teixeira-Pinto 2003 e 2004; Santos-Granero 2009: 192-195). Aqui pretendo explorar outros desdobramentos desta proposição, calcado no material Karitiana, a ser amplamente explorado.

* * *

Como vimos no capítulo anterior, as razões para a adoção e a criação de diferentes espécies animais – nativos ou exóticos – remetem, em larga medida, a um conteúdo *sentimental*: sente-se *pena* dos animais, cria-se porque suas mãe foram abatidas nas caçadas, mas também esses seres *enfeitam* a casa ou o quintal, ofertando uma forma de *prazer estético*, que parece muito ter que ver com um gosto pela *variedade* e a *diversidade*. Neste mesmo registro, devemos situar a posição que os animais de criação adquirem no seio dos grupos domésticos Karitiana.

Todos os animais domésticos da aldeia têm *donos*, tradução que os Karitiana fazem do substantivo *õ'gy*, que pode ser empregado para os mascotes, e para objetos diversos ("*coisas*"): ~*ja naakat õ'gyt* ("*este* [sujeito] *é o dono*"); ~*ja naakat*

---

3   Os Karitiana me forneceram outro verbo para "*criar*", empregado tanto para animais como para "*ser humano*" (crianças): *sokyna*, mas nunca ouvi sendo empregado, e não tenho mais dados.

4   A maioria desses autores aponta que são filhos por *filiação adotiva*, que é distinta da filiação real (que é substancial): daí que o *pet* é equacionado não aos filhos de uma pessoa, mas às crianças cativas adotadas (Fausto, 2008: 349; Santos-Granero, 2009: 192). Parece-me, como veremos, que os Karitiana não estão tão interessados nesta distinção, mesmo porque é a convivência e a participação (com a consequente partilha de fluidos corporais e alimento) que acaba por criar laços de substância (como mostrou DaMatta lá em 1976). Talvez a questão sofra com certos preconceitos que, no ocidente moderno, ainda rondam a adoção de crianças.

obaky by'edna õ'gyt ("*este* [sujeito] *é o dono do cachorro*").[5] A noção parece circunscrever o conjunto de pertences pessoais de um indivíduo, os quais ele guarda ciosamente e controla seu uso por parte de outras pessoas. No entanto, parece-me menos carregada do sentido de *propriedade,* porque os animais de criação não são *objetos,*[6] e isso se torna patente na morte. As pessoas devem ser enterradas com vários de seus pertences pessoais, usualmente sua rede, suas roupas e até mesmo dinheiro: "*na morte não precisa de dinheiro*", e usar as roupas de um morto faz seu espectro "*lembrar*" dos vivos e querer levá-los para o outro lado, o que seria morte certa. Há uma distinção de gênero, marcada nos funerais: mulheres levam para o túmulo seus implementos de tecelagem (fios de algodão, fusos e lançadeiras), colares e um remo em miniatura (*ep'a*), enquanto os homens carregam seus arcos e flechas;[7] diz-se que é assim porque "*quando a alma da pessoa ressuscita lá* [no mundo dos mortos]" espíritos assassinos querem atacá-la, e as almas dos mortos podem defender-se, as mulheres batendo neles com o pequeno remo, os homens ameaçando com flechas.[8]

Antigamente, mesmo as residências, onde ocorria uma morte eram abandonadas e queimadas, e mesmo hoje costuma se evitar os cantos da casa frequentados pelo morto em vida. Notemos, contudo, que mesmo sendo de alguém, animais de criação nunca são mortos[9] e enterrados junto com defuntos, e nem há registro

---

5   O mesmo termo se aplica aos *donos* (ou *chefes*) *de caça:* "*a onça é dona da anta*" (*irip' õ'gy*). Mas não serve para se referir a esposa, pois "*mulher não tem dono*".

6   Recordemos que o "*princípio de substituição*" opera só muito raramente na Amazônia, onde pessoas equivalem somente a pessoas, mulheres equivalem a mulheres, e objetos (bens) a objetos, uma categoria não figurando como equivalente a outra (Hugh-Jones 2001: 246).

7   Mas não espingardas, bens por demais caros e valiosos: haveria, aqui, uma correlação entre armas de fogo e cães, considerados, eles também, como "*armas*" de caça?

8   Sobre o complexo ritual funerário Karitiana, ver Storto (1998) que, todavia, não menciona vários dos detalhes que pude conferir em 2003, no ritual de enterro da velha Nazaré Baixinha, que levou para o túmulo cerca de R$ 200,00 em dinheiro, além do *ep'a*, de um fuso com algodão e de suas roupas. Ver também Vander Velden (2004: 150-152, e 2007).

9   Como acontece, por exemplo, entre os Suruí-Paiter (Mindlin 1985: 146), que queimam (?) galinhas e porcos junto com os bens pessoais de um defunto. Os *pets* pertencentes a um morto são abatidos e atirados à tumba (junto com seus pertences destruídos) também entre os Suyá (Seeger 1981: 174). Os grandes líderes Guaykuru eram enterrados junto com seus cavalos, cães de caça, papagaios e suas armas (Techo 1897 *apud* Santos-Granero 2009: 92, 166).

de que isso acontecia no passado. Diferentemente, pois, da *propriedade* de objetos – que parece permitir ampla e irrestrita liberdade para se dispor de um bem conforme o desejo – a *posse* de animais de criação parece estar mais próxima do *controle,* do *cuidado* e da *proteção* (ou seja, forma de *responsabilidade*);[10] espelha, assim, a relação entre *Boty~j* e os *donos da caça* com os animais *do mato*, sem, no entanto, querer sugerir que estas relações sejam isentas de assimetria e de violência. Mas não creio poder afastar completamente o sentido de *posse* de um animal de criação por seu dono: como vimos, diz-se que "*Miro é cachorro do Inácio*", ou "*esta arara é do Valter*", e os sentimentos provocados pela morte violenta de um animal de criação – além de outros hábitos, como, por exemplo, alimentar os animais e sempre transportar a maioria deles quando se está fora de casa – indicam um laço deveras reforçado entre humanos e seus animais. Trata-se, contudo, de *posse* em um senso particular, que poderíamos aproximar da figura jurídica da *guarda* de menores no Brasil:

> (...) A guarda obriga a prestação de assistência material, moral e educacional à criança (...) (Estatuto da Criança e do Adolescente, Cap. III, seção III, subseção II, art. 35).

Formulação que muito se assemelha a que Luisa Elvira Belaunde (2001: 121-122) faz acerca da relação entre os Airo-Pai e seus mascotes:

> Não existe um antagonismo institucionalizado entre o benefício do criador e o benefício do criado, nem se pode falar de uma dominação e exploração unilateral. No entanto, o tom da relação entre criado e criador varia. Em alguns casos se diz que o criador age como um comendante que ordena a seus soldados. Em outros casos, atua como um tutor que tem por missão lograr que seus alunos desenvolvam plenamente seu potencial.

---

10 Assim Viveiros de Castro (1986: 232-233) define o conceito Araweté de *ñã:* "*liderança, controle, representação, responsabilidade, propriedade de algum recurso ou domínio*"; em seguida, observa que "*a noção jurídica de 'propriedade', no caso dos Araweté, é o aspecto menos importante, e nem sempre presente, no uso do termo*".

Discutindo a difusão da prática de tomar cativos de guerra por inúmeras sociedades sul-americanas, Fernando Santos-Granero (2009: 168-170) observa que uma noção ameríndia de propriedade (*property*) emerge do fato de que as "coisas" (sejam objetos, seres humanos e não-humanos, cantos e rezas, partes de corpos, aldeias) são "*produtos da agência produtiva de seus mestres/donos*" (*product of their masters' productive agency*): são as ações de "*dar origem a*" ou de "*fazer algo aparecer/existir*" que definem direitos de propriedade (*rights of ownership*), e estas "*agências produtivas*" podem se manifestar na fabricação de artefatos, na aquisição de bens e seres por troca, comércio ou guerra, e a produção de corpos, em especial os corpos dos filhos. Assim, mesmo "coisas" que não são criação (no sentido de *made by*) dos humanos, podem ser apropriadas por eles, como é o caso, entre os Karitiana, dos animais de criação, tanto exóticos quanto nativos: são, aliás, os humanos que trazem esses seres do mato ou da cidade para as aldeias, "*causando-os*", por assim dizer. Ademais, se crianças são social e substancialmente produzidas pelos pais por meio das atividades produtivas que as alimentam, das práticas corporais rituais que as identificam e as protegem, gerando, com tudo isso, *aparentamento*, é por esta razão que as pessoas <u>têm</u> os <u>seus</u> filhos. Estas práticas de *aparentamento* – que também podem ser nomeadas de *consanguinização* – de crianças são, em larga medida, idênticas aos cuidados dedicados aos animais de criação entre os Karitiana. O mesmo nota Els Lagrou (2007: 63-64) entre os Kaxinawá no Acre: ali, toda produção – de artefatos ou de crianças – é definida como um tipo de *domesticação*, *familiarização* ou *sedução* da alteridade, de onde são extraídos os elementos constituivos do interior da sociedade; os mesmos termos, como percebe a autora, são empregados na literatura etnológica americanista para definir os processos de incorporar animais da floresta ao convívio dos humanos, e isso se mostra de pleno acordo com as ideias Kaxinawá:

> Este termo [familiarização] traduz bem a palavra 'acostumar' usada pelos Kaxinawa para traduzir yudawa, o processo de refazer o corpo, isto é, acostumá-lo à nova situação, à comida, ao ambiente. A tradução literal de yudawa é 'fazer o corpo'. A palavra se refere ao fato de um novo corpo ser produzido através do lento processo de se acostumar emocional e corporalmente (...) (Lagrou, 2007: 64).

Se "*crianças são como artefatos e artefatos são como crianças*" (Lagrou, 2007: 82), e os animais são como crianças, como *filhos*, como se verá adiante, então os animais de criação também entretecem com os humanos estas relações de contiguidade que unem produtores (donos/pais) e "produtos" (filhos). Há de se ter em mente que objetos e artefatos ("coisas") não são, para as cosmologias indígenas amazônicas, o mesmo que são para nossa ontologia materialista e objetificante. Nas terras baixas sul-americanas, como mostram os artigos de coletânea organizada por Fernando Santos-Granero (2009b), os artefatos são, com frequência, subjetivados ou animados (*ensouled*), adquirindo almas ou qualidades de pessoa por meio do contato com seus donos. Assim, a distinção entre seres "animados" (humanos, animais, espíritos) e "inanimados" não é tão nítida; crianças, artefatos (e animais de criação) "pertencendo" às pessoas porque feitos, produzidos, gerados ou fabricados por elas: "*animais e objetos podem ser, e devem ser, considerados conjuntamente*" (Hugh-Jones, 2009: 56). Deste modo, objetos e animais têm donos de uma mesma natureza, relacionada não apenas à produção ou geração, mas também ao cuidado, à atenção, ao apreço, à conservação e à aclimatação. Vale, portanto, sobre o uso do termo dono para descrever a relação de um indivíduo com seus animais de criação, minha ressalva quanto ao uso da noção de *propriedade* (*property/ownership*), que me parece carregada demais nos (dos) conceitos do mundo capitalista e individualista contemporâneo.

Penso que a sugestão de Ellen Basso (1977: 101-103), extraída do material Kalapalo (Alto Xingu) oferece uma solução satisfatória para a questão. A autora define a categoria *Itologu* – que, entre os Kalapalo, circunscreve os *pets* – como uma combinação do uso de metáforas humanas para caracterizar a relação entre humanos e não-humanos com um sufixo que marca a possessão desses seres. Assim, a relação entre *dono* e *pet* é análoga à relação entre *pais* e *filhos* (pois *oto* = pai = dono), e esta relação é diferente daquela estabelecida entre pessoas e coisas (que é de *posse, possession*); ainda que esta também seja definida em termos de um *oto* (*dono*), falta aos objetos a marcação feita pelas metáforas humanas: o dono das coisas (objetos, artefatos, alimentos, instrumentos, ornamentos) é outra coisa que o dono dos *pets*.

Não obstante, parece-me que podemos compreender a relação entre humanos e *pets* retomando a dupla acepção do termo *criação* na língua portuguesa, que os Karitiana mesmo empregam. Assim, os mascotes são *cuidados* (*grown*), mas também são *feitos* (*made*), no sentido bem amazônico, no qual *pessoas são feitas*, por meio das atividades de produção e nutrição, do convívio mútuo e íntimo e da partilha de alimentos, das práticas de resguardo, da ornamentação corporal e mesmo da "*moldagem*" dos corpos literalmente aplicadas por algumas sociedades aos recém-nascidos. Os *pets*, como as crianças, são *criados* por seus *pais*: conformados à imagem e semelhança dos parentes, de acordo com a forma da sociedade.

As referências às crianças não são fortuitas. No caso dos animais, esta *posse* (ou *guarda*, diríamos) parece assumir o sentido da *filiação*, ou, num sentido mais amplo, da *consanguinização* ou *familiarização*,[11] ainda que o termo *dono* não possa ser utilizado pelos pais em relação a suas crianças ou pelos homens em relação a suas esposas. O vínculo entre humanos e animais domésticos é, pode-se sugerir, um vínculo de *parentesco*, mesmo que ele não seja expresso em outros termos além da relação filial: "*o animal doméstico é como filho ('it)*", e "*quando se cria se sofre* [no sentido de preocupação] *muito por causa de criação*", de forma idêntica ao que se passa com os filhos humanos.

"*Criação cria como gente, é que nem filho*", disseram-me Renato e Elivar na primeira indagação que fiz a respeito da relação dos Karitiana com seus animais de criação. Depois ouvi de todas as bocas afirmações da mesma natureza. Diz Valter:

> Mulher cuida de criação como [de] criança, dá comida, dá água, deixa no colo, trata como filho da pessoa; a gente não pode comer animal de criação, porque cria como filho.

E Antônio Paulo:

> As criação são todas de mulher, mulher que cria. Mulher não cria até filho? Do mesmo jeito que cria criança cria filhote de bicho.

---

11   Aqui o termo *familiarização* quer dizer *aparentamento*, modo de inserção do animal doméstico no sistema social local, e assim tem um sentido um pouco diferente daquele utilizado na descrição do processo de *socialização* dos animais de criação trazidos da floresta (conforme Erikson, 1987).

"*Como filhos*", os animais de criação estão fortemente vinculados ao universo feminino, porque compete às mulheres os mais intensos cuidados diários com as crianças pequenas, embora muito carinho e atenção sejam dispensados também pelos homens, que também muito se interessam pelos filhotes de animais recolhidos na mata, recém-trazidos da cidade ou nascidos na aldeia.

Esses filhotes recebem cuidados dedicados, em especial, da parte de mulheres e crianças: são alimentados na boca,[12] deixados dentro de paneiros (cestos de palha) no interior das casas, são acariciados com frequência e jamais deixados nas aldeias quando seus *donos* estão ausentes, exatamente como se faz com crianças de menor idade, sobretudo meninas, que nunca estão desacompanhadas de seus pais. Existe, ademais, um contato físico muito íntimo entre humanos e filhotes: as crianças vivem com estas pequenas criaturas no colo, carregando-as para todo lado – como fazem com seus irmãos ainda bebês, ou com brinquedos –, e todo novo animal capturado ou trazido da cidade é alvo do interesse atento das pessoas, como foi o caso de um pequeno filhote de tamanduá-mirim recolhido na mata por Rogério.

Isso é muito evidente no caso dos animais nativos capturados durante incursões na floresta. Em 2006 pude observar Bob, o filhote de anta do filho de Valdemar, tratado com extrema afeição e zelo: animal extremamente dócil (pelo menos até aquele momento), Bob acompanhava o menino por todos os cantos, inclusive durante banhos no igarapé; andava por toda a aldeia, entrando nas casas, para ser, no final do dia, procurado e recolhido por algum dos moradores da residência que conduzia o animal de volta para casa. Marilene e Elivar alimentavam Loro, um grande e falante papagaio verde, com macaxeira cozida; a ave era criada dentro da casa, e recebia muito carinho. O mesmo se diga de outros periquitos, sempre procurando a companhia humana, além de quatis e macacos: um jovem macaco-aranha era sempre carregado às costas de um menino, à guisa de uma mochila. Note-se, todavia, que, como já visto, vários desses animais têm de permanecer presos em gaiolas ou por correntes – e os psitacídeos têm suas asas aparadas – durante o processo de "*amansar*", pois senão fogem e retornam para o mato.

---

12 Mas não, até onde sei, no peito, como registrado entre várias outras populações nas terras baixas sul-americanas (Cormier, 2003; Teixeira-Pinto, 2003: 37) e alhures (Simoons & Baldwin, 1982).

Mas o cuidado carinhoso vale também para vários dos *pets* introduzidos. Os Karitiana afirmam que homens, mulheres e crianças podem "*cuidar*" dos cachorros, a depender das preferências individuais. "*Cuidar*" talvez seja um verbo um tanto impreciso neste contexto: com efeito, apenas os filhotes bem pequenos que chegam à aldeia recebem atenção mais cuidadosa, são alimentados, alguns são abrigados em paneiros de palha guardados no interior das casas, e são alvo do interesse constante das crianças, que costumam carregar para todo lado os filhotes, como fazem com bebês humanos. Diz-se, pois, que cachorros são "*como filhos*" de seus *donos*: cria-se o animal "*como gente*", "*criação é que nem filho*".[13] Seria mais correto, contudo, asseverar que os cães são filhos das mulheres: com efeito, são as mulheres as grandes responsáveis pela alimentação e os cuidados que a maior parte dos cachorros recebe: "*mulher cuida do animal como de uma criança, dá comida, água, deixa no colo; é tratado como filho da pessoa que o cria*".

Pintinhos (*opok ako'et*, "*filho de galinha*") e mesmo frangos jovens também podem ser objetos da atenção afetuosa por parte de mulheres e crianças, que às vezes os mantêm em cestos de palha – como fazia Graça, esposa de Antônio Paulo – onde são alimentados com farinha grossa de milho e restos de comida: diz-se, efetivamente, que "*galinha é criação de mulher*".

O contato com burros e cavalos não é tão íntimo como acontece com cães e gatos, o que é óbvio em se tratando de animais de grande porte. Mas, mesmo alguns tendo sido mortos por atacarem roçados, os equinos podem ser, às vezes, beneficiados com cuidados intensos e afetuosos. Assim foi em certa ocasião que a égua Babalu, em 2006, foi picada logo acima do casco por uma jararaca de aproximadamente um metro de comprimento em um matagal próximo da casa de John. A cobra foi imediatamente morta e a notícia correu rápido, toda a aldeia rapidamente reuniu-se para ver o animal; vários indivíduos manifestavam tristeza e pesar pela triste sorte do animal, e já davam a égua como morta. Então, Valter – um dos agentes indígenas de saúde (AIS) contratados pela Funasa – foi convocado para tratar do caso. Valter aplicou nas feridas uma massa feita de raiz da planta *goborojadna* (de *go*, "folha" e *boroja*, "cobra",

---

13 Cães (como macacos de criação) possuem almas; quando morrem, suas almas vagam solitárias e são carregadas pelo vento.

porque a folha e a "*batata*" são pintadas como cobra) e de talos de palha (de babaçu ou açaí) "*mastigados*" (amassados), presas ao local por um pano amarrado na pata da égua. Também fez o animal beber o sumo extraído da massa, além de ingerir parte da palha pisada. Valter acompanhou de perto a evolução do quadro por dois dias, e foi bem-sucedido: a égua não morreu; na verdade, voltou a sua plena forma. Epitácio completou as informações: servem como remédios contra veneno de cobra também a *semente* [castanha] *de caju*, e duas variedades de batata brava (*goko~jty*, literalmente "*folha barriga grande*" e *goko~jty ina*, "*folha barriga grande pequena*"; diz-se que se uma pessoa as ingere, sua barriga incha) misturadas com os talos de palha. Para pessoas mordidas por cobras também se administra palha de açaí ou babaçu: devem mastigá-las ou beber seu sumo (do babaçu), pois se diz que a palha "*segura o veneno, não deixa ele subir para o coração*".

Destaquemos, de saída, duas observações relevantes, extraídas dos fatos transcritos acima: são as *mulheres* que criam/cuidam dos *pets*, e são especialmente os *filhotes*, ou *juvenis*, que recebem esse cuidado. Tudo se passa como se o nexo entre humanos e animais de criação fosse definido como laço *maternal* – ou, talvez, fosse melhor dizer *filial*, posto que os homens também são envolvidos –, mas que está submetido à passagem inexorável do tempo e ao processo de *maturação* dos seres, humanos e não-humanos: os animais de criação, como os seres humanos, parecem também possuir *ciclos de vida*, dos quais depende a qualidade da relação que estabelecem com seus *donos*. Exploremos a primeira.

Se são prioritariamente as mulheres (e crianças) que cuidam – alimentam, acalentam, protegem e preocupam-se – dos animais de criação, são também elas que *sentem* e *choram* a morte deles. Tais atitudes são salientes nos casos das mortes relativamente frequentes de cachorros: são as mulheres que ralham com seus maridos, entre sentidas e preocupadas, quando um cão é ferido ou morto durante expedições de caça, quando desaparece na floresta ou quando é agredido (às vezes fatalmente) por vizinhos e outros moradores da aldeia. Não que os homens não lamentem a perda de um auxiliar valioso das atividades na mata – "*cachorro é companheiro no mato, por isso cria cachorro: para espantar bicho bravo. Andar no mato sem cachorro é perigoso*" (Roberto) –, mas o ônus emocional da perda recai majoritariamente sobre as mulheres.

Aos homens cabe, sobretudo, o sentimento de *raiva* (*pa'ira*) – que, claro, também é expresso por suas consortes – diante da agressão, mortal ou não, contra um de seus animais de criação, e também contra seus filhos – o que é muito raro, diga-se de passagem – ou algum outro objeto ou pertence pessoal. Quando acontece de cachorros serem feridos ou mortos durante caçadas, os homens são tomados pela raiva, e muitas vezes retornam à mata apenas para abater o algoz de seus companheiros:[14] Antônio José, por exemplo, que teve uma de suas cadelinhas gravemente ferida por um quati – evento com o qual abrimos a introdução deste livro –, perseguiu o animal até conseguir derrubá-lo. Em outro momento, o mesmo Antônio José teve um de seus cães caçadores morto por um queixada – porque ainda não havia aprendido a caçar, "*foi direto no queixada para matar, porco matou ele*"; o caçador ficou com raiva, e teve de "pagar" o cachorro, matando o queixada no dia seguinte. Parece existir mesmo uma *memória* de cães apreciados que, mortos violentamente, alimentam o desejo de pagamento/vingança: Cizino, no rio Candeias, quer um cachorro de grande porte para abater a onça que matou *Miro*, um cachorro de seu filho Inácio, muito "sabido" e excelente caçador:

> Então está bom, eu vou levar cachorro para matar onça. Eu vou levar cachorro, eu vou amarrar lá onde ela [onça] matou *Miro*. Eu vou amarrar, eu vou armar em cima. Quando cachorro gritando, ela [onça] vem, onça vem, não vai demorar, não. Pensa que [cachorro

---

14 A mesma coisa ocorre quando um animal ataca e fere um caçador, que deve, ato contínuo, "*pagar*" a agressão, matando-o. Retorna-se ao mato para abater animais que machucaram pessoas. Mesmo ferimentos ocasionais – uma mordida de piranha nos dedos, uma picada de inseto – provocam violenta e inexorável reação, levando ao contra-ataque e à morte dos animais. É por esta razão que sou cético quanto à ideia de Fausto (2007: 509; 2008: 335) de que o bando de porcos "contido" pelo dono dos animais é uma "*coleção-anônima sem capacidade de ação própria*": se assim fosse, porque os Karitiana vingar-se-iam das agressões sofridas diretamente sobre os porcos, uma vez que estes têm um *dono* (ver capítulo IV)? Note-se que cachorros feridos nas caçadas recebem atenção especial para que se recuperem e não venham a óbito: o caso narrado na introdução deste livro ilustra bem este ponto; em outro caso que acompanhei, Meireles (um dos Agentes Indígenas de Saúde, que ainda residia na aldeia *Kyõwã* em 2003) fez, com os materiais do posto de saúde, uma bem-sucedida sutura do ferimento de um dos cachorros caçadores de Valter, atacado por um quati; estes parecem ser um dos raros momentos em que cães adultos recebem particular cuidado e atenção: talvez seja devido ao valor e prestígio de animais bem treinados para a caça e eficientes nesta atividade. Descola (1996: 232) menciona que doenças dos cães são assunto sério para os Achuar, que possuem vários remédios para curá-las.

está] sozinho. Aí mata, a gente vai matar ela, também. Ela também não tem coração, mata animal do outro, rapaz, ela tem que morrer também. Onça brava, brava mesmo.

As histórias de agressão e contra-agressão envolvendo cães caçadores e animais do mato multiplicam-se muito, porque a caça é uma atividade cercada de perigo, tal como reconhecido pelos Karitiana.

Bastante confusão transcorre na aldeia devido a atos de violência contra animais alheios – seja morte intencional, por descuido, ou mesmo o simples roubo destes –, e a raiva – abastecida pela necessidade de "*pagar*" (*amon godna*, isto é, *vingar-se de*)[15] uma agressão sofrida – coloca nos homens – escudados por suas mulheres – um desejo quase incontornável de matar o agressor, e esta disposição assassina pode mesmo voltar-se aos *donos* do animal: quando, em 2003, o burro de John matou com um coice um dos cachorros de Rosa, esta ficou com muita raiva, fazendo seu marido Epitácio e seus filhos imediatamente tomarem armas para abater a tiros o equino, o que só não aconteceu por causa da intervenção de Cizino. Em outra ocasião, a mesma Rosa saiu em perseguição de várias crianças que, por cruel diversão, torturavam os patos daquela mulher que viviam na beira do igarapé. Casos muito frequentes envolvem comportamentos dos próprios animais de criação, que ás vezes atacam e devoram outros animais da aldeia e destroem posses alheias: diz-se que "*quando animal mexe nas coisas dos outros, os outros ficam com raiva, não dá certo*".

As mortes violentas dos dois burros que havia em *Kyõwã* ilustram bem este ponto. Com efeito, algumas pessoas dizem que *Empenado* morreu devido a envenenamento, outras que foi abatido a tiros. Epitácio conta que o burro puxava uma carroça, mas naquele dia colocaram uma carga excessiva de palha que o animal não suportou, caindo, quando viram que ele fora baleado. Completa recordando

---

15 A expressão é usada para fazer referência à vingança – "*pagar o sangue*", diz-se – por uma agressão – mortal ou não – sofrida, seja da parte de um animal ou de outra pessoa, e mesmo de objetos inertes quando envolvidos em acidentes que provocam lesões. A mesma expressão descreve o sentimento que movia, antigamente, os ataques aos índios inimigos (*opok pita*), para "*pagar parente*" (isto é, vingar a morte de Karitiana durante combates ou ataques). Nada tem a ver com transações comerciais que envolvem pagamento (*akewem*) em dinheiro ou espécie, e nem com o que os Karitiana denominam "*pagar a noiva*" (*~jonso kapigoot*), obrigação que têm os rapazes recém-casados de fabricar velas de caucho que devem ser ofertadas ao sogro.

que Empenado "*ficou manso quando estava morrendo*", que as crianças choraram muito a morte do burro, e que ele foi enterrado. Segundo Epitácio, Gonguinho também teria sido envenenado. Os dois burros, segundo consta, teriam sido mortos pela mesma razão: porque atacavam as roças de milho, coco e outras plantações das pessoas, gerando revolta. Empenado, por exemplo, morreu porque estava devorando o milho brotando nos roçados. Ambas as mortes revoltaram Epitácio e parte da comunidade: dizia-se que iam chamar "[Polícia] *Federal para pegar quem matou os burros*".

A morte dos animais que atacam e destroem roçados para se alimentar ilustram o funcionamento do mecanismo do "*pagamento*" das agressões, no sentido de punição aplicada a qualquer ser que prejudique outrem: Garcia dizia-me, em 2006, que a égua Babalu ia morrer, pois "*come o milho dos roçados*", indicando o provável destino do animal que pasta por onde não deve. Restaria esclarecer se matar os animais revela um "*pagamento*" cobrado dele mesmo ou do seu *dono*, mas não disponho de dados que possam sustentar para burros e cavalos as mesmas noções de *consciência* e, digamos, *responsabilidade*, que parecem ser atribuídas aos animais do mato, e mesmo aos cachorros, e que confere sentido ao expediente da vingança. Os problemas gerados pelos equinos – e por cabras e porcos – também subsidiam, como já vimos, a observação feita por vários Karitiana de que os índios não sabem criar animais, não têm conhecimentos técnicos para tanto, e por isso não logram mantê-los afastados dos terrenos cultivados: se "*não cuida*", bois, cavalos, cabras e burros comem todas as plantações, e por isso as pessoas recorrem à violência. O próprio cuidado indevido torna a criação desses seres na prática inviável: Epitácio diz que "*o pessoal não sabe cuidar do burro, colocam muito peso* [carga] *nele, daí ele adoeceu e vomitou sangue*".

No final das contas, muita diplomacia é necessária para dissuadir os homens de intenções desse tipo, e por vezes eles podem permanecer vários dias fechados em casa até que a raiva seja dissipada, e o convívio volte ao normal. Por trás dos homens raivosos, contudo, parecem estar suas mulheres e filhos, também sofrendo com a raiva e clamando pela vingança.

Esta disposição dos animais de criação no *pólo feminino* da sociedade entre os Karitiana encontra abundante respaldo na literatura etnográfica das terras baixas sul-americanas (Erikson, 1987, 2000; Descola, 1994a, 1998; Fausto, 1999; Taylor,

2001; Cormier, 2003; Martini, 2008). Entretanto, como já discutimos, sugere-se aqui que se existe um nexo bastante forte entre *mulheres* e *pets*, ele existe também nas relações entre as *crianças* – e, em menor grau, entre os *homens* – e os animais de criação. Se o animal é *familiar*, o vínculo entre humanos e não-humanos mantidos em casa também o é, e é à *família* (unidade doméstica, casa) que devemos dirigir o foco.

* * *

André Martini (2008: 117-122) defendeu que, entre os índios no Alto Rio Negro, o trabalho de alimentação dos peixes de criação é deixado a cargo das mulheres que, assim, complementam as obrigações dos homens. Esta complementaridade do par conjugal faz irromper o domínio das relações de *consanguinidade* no universo idealmente impessoal (econômico) do projeto de piscicultura local, transformando os animais em *filhos*. Como filhos – expressão do poder criativo das mulheres que, processadoras de mandioca, nutrem o grupo doméstico, especialmente as crianças – os peixes são circunscritos ao pólo feminino, e as mulheres passam a resistir ativamente à pesca, restando aos homens a comercialização, mais do que o consumo direto, do pescado. Tal cenário vem impondo alguns problemas para o progresso satisfatório da atividade.

Este exemplo sugere que a adscrição dos animais de criação (e da criação de animais) ao domínio feminino pode trazer entraves adicionais aos projetos de introdução de animais de criatório entre populações indígenas, e aqui apenas menciono, de passagem, um problema *técnico*, vinculado àqueles que discutimos no fim do capítulo anterior: trata-se da forte ligação, na ideologia que fundamenta o saber técnico-científico ocidental, entre a criação animal e a masculinidade.

Isso é evidente no caso da *pecuária* de grandes animais, sobretudo com vistas ao consumo alimentar. Estas atividades são, como regra, apresentadas aos povos indígenas como trabalho tipicamente *masculino*: há um estreito nexo entre a masculinidade e o domínio/controle desses animais na pecuária indo-europeia (ver, por exemplo, Parkes, 1987; Tani, 1996) ou, pelo menos, ibérica (e, depois, americana[16]), em que o controle sobre cavalos e bois, e mesmo de cães, é signo do *macho*, do *conquistador* e do *domesticador* dos sertões (Rivière, 1972; Baretta

---

16 Acerca do mundo rural brasileiro, "[n]ote-se que a oposição masculino/feminino também impera no domínio da criação: os animais de maior porte (equinos, bovinos) ou destinados ao transporte

& Markoff, 1978; Pimentel, 1997). As frentes de expansão pastoris sempre foram caracterizadas – ao menos na literatura – pela quase ausência de mulheres e pela caracterização do trabalho como uma faina brutal, desgastante, solitária e, por esta razão, afeita aos homens (Ribeiro, 1996[1970]; Mott, 1979). Este modo de pensar é, obviamente, compartilhado pelas agências financiadoras de projetos agropecuários, o que faz com que elas coloquem os cuidados com os animais doados para criação como responsabilidade dos homens. Os projetos de introdução da criação de bois entre os Karitiana que vimos no capítulo II são projetos elaborados *entre homens*: dos técnicos dos órgãos para os homens da aldeia, que deverão assumir os cuidados assessorados pela mediação de funcionários da Funai do sexo masculino. Não cabe, claro, como alertava Émile Durkheim, fazer sociologia do futuro, mas o posicionamento preferencial dos animais de criação como *filhos/criação* das mulheres pode ocasionar desvios nos objetivos almejados pelos proponentes dos projetos.[17]

Voltaremos às consequências da posição *feminina* dos animais de criação no capítulo IV. Antes de passarmos para a segunda observação evocada acima – a que se refere ao *ciclo de vida* dos *pets* – destrinchemos um pouco mais o nexo *maternal* entre os animais de criação e seus "pais".

* * *

O vínculo entre animais de criação e filhos fica ainda mais evidente no ritual do *dykysyko*. *Dykysyko* é a designação de um tipo de formiga que constrói ninhos em árvores e, por extensão, de um ritual que, segundo Laura Manso (2001: 68) – que o denomina "*prova da formiga*" –, objetiva fazer com que a criança recém-nascida (com cerca de dois meses de vida) cresça forte e sadia:

> Ao chegar no formigueiro a mulher tira a roupa e começa a pegar os ovinhos das formigas; com isso elas ficam bravas, subindo por

---

para fora do mundo doméstico são associados ao pai de família (...)" (Garcia Jr. & Alasia de Heredia, 2009: 229).

17 Saunt (1999: 159-161), estudando a introdução do gado europeu entre os índios Creek no sudeste dos Estados Unidos, destacou os impactos provocados nas relações de gênero em função das alterações no trabalho e nas atividades produtivas: "[p]*ecuária [ranching] também colocou homens e mulheres uns contra os outros*".

todo o corpo, enquanto isso a mulher mais velha [que acompanha a jovem mãe] começa a cantar e a mãe iniciada repete: "*Eu vim aqui passar formiga. Você dá prá [sic] mim saúde, prá [sic] segurar nenê, prá [sic] criança ficar forte, gorda, crescer, prá [sic] criança ficar [com] saúde e alegria*". A criança da mesma forma é picada pela formiga (Manso, 2001: 68; grifo no original).

Os dados que eu mesmo coletei não indicam que o rito seja realizado por todas as mães de bebês muito novos, mas apenas por aquelas que sejam afligidas por um estado patológico chamado *pypihyko*, caracterizado por sucessivos abortos espontâneos ("*mulher perde criança*" ou "*não consegue segurar criança*"), e que se manifesta também com a morte de crianças de pouca idade ("*bebê de colo, com oito meses*"); com frequência os Karitiana referem-se a esses eventos – de aborto ou morte prematura – utilizando-se simplesmente do verbo "*acontecer*": como se se tratasse de alguma sorte de tabu linguístico, comenta-se que simplesmente "*aconteceu*" com certa família ou casal. *Pypihoko* é, também, o termo que define aquelas espécies de que se diz não saberem cuidar apropriadamente dos filhotes que, por isso, apresentam taxas altas de mortalidade, sobretudo por serem presas de diversos animais: os pássaros japó (*orej*), japiim (*oritowy*) e *kyjyp* ("*tipo de japiim, de bico vermelho*"),[18] além de onças, cachorros ("*onça e cachorro não cuidam dos filhotes, morre muito*") e perus (estes, introduzidos).

Assim, quando um casal perde uma criança ainda não nascida ou muito nova, ambos os pais devem procurar o ninho da formiga *dykysyko*, recolher os "*beijus*" (pedaços da estrutura do ninho) e colocá-los no colo e nos braços, submetendo-se

---

18 Todos esses animais têm seu consumo proibido, porque provocam a morte sucessiva dos filhos pequenos de um casal. Valdemar diz que o japó só pode ser comido por quem tem "*família completa*"; se a família perde um filho, e come carne de japó, "*acontece*", e outra pessoa da família morrerá. Isso acontece porque os filhotes de japó "*morrem muito no mato*". O tatu 15 kilos (*sosyty*), o tatu-pequeno (*sosy i*) e a paca (*boroty*) também só podem comer quem tem "*família completa*", ou seja, família que não perdeu nenhum membro. Se após a morte de algum membro da família (sobretudo crianças pequenas) esses animais (que vivem em buracos ou ocos de pau) forem comidos, eles, que levaram o espírito da pessoa morta para o buraco, levam também à morte outra pessoa da mesma família. Depois que nasce um filho após a morte do anterior, e ele "*fica grandinho*" (entre 4 e 10 anos), pode-se voltar a comer esses animais. Quando morre um velho, a família também não pode comer japó, paca e tatu, senão também morrem outros membros da família, pois esses animais levam o espírito dos vivos para os buracos.

às ferroadas dos insetos; não podem afastar as formigas, elas devem sair de cima dos corpos por sua própria conta. No mesmo ritual devem esfregar na pele as folhas de *Pypihykaap*, um "*remédio do mato*" que, como a "*prova das formigas*", serve para evitar que "*aconteça*" de novo; o casal deve retornar para a aldeia sem ser notado pelos outros, abster-se de sexo (não podem nem banhar-se juntos ou se tocar) e de vários alimentos (óleo, mamão, banana: o oleoso e o doce, sabores proibidos também nos rituais relacionados à caça (cf. Vander Velden, 2009); carne de veado e de jacu: animais considerados "*loucos, de cabeça doida*") que "*prejudica*[m] *e tira*[m] *o efeito de dykysyk*[o]" (Manso, 2001: 68).

Renato e Elivar me esclareceram que todo animal criado que morre é enterrado: este procedimento por si só sinaliza a deferência para com os *pets*, cujos corpos jamais são simplesmente descartados.[19] Mas, às vezes, os corpos dos animais de criação são colocados dentro dos formigueiros de *dykysyko*. De acordo com os dois informantes, isso se faz para que os filhos (humanos) do dono do animal não morram como o animal, não *aconteça* com as crianças o mesmo que se passou com o animal: caso o rito não seja efetivado, mais filhos do casal irão, dizem, falecer. A razão do pequeno ritual – que escapa, parece-me, à maioria dos mais jovens – foi sugerida por Valter e Delgado, ambos na faixa dos 40 anos: quando as criança brincam com os animais de criação (nativos ou exóticos), o suor dela passa para o cão; se este morre, não pode ser enterrado, pois corre-se o risco de se enterrar junto o espírito da criança; deve-se colocar o corpo sem vida do animal "*na formiga, que tem muito filho*", para ela "*comer o suor da criança* [que está] *no cão*", e daí permitir ao casal "*fazer mais filho*" (o que evidencia, uma vez mais, o estreito contato cotidiano entre pessoas humanas e não-humanas nas casas e na aldeia).[20]

---

19 A prática de se enterrar os animais de criação se encontra entre outras sociedades nas terras baixas, e ilustram o carinho dedicado aos *pets* e seu vínculo com os universos feminino e infantil (Basso, 1977: 102-103; Carneiro da Cunha, 1978: 24-25).

20 O que conta Vânia Alves (2003: 102) sobre as crianças Maxakali e seus animais domésticos – cachorros, gatos e patos, animais exóticos, note-se – bem poderia descrever os hábitos dos pequenos Karitiana: "*Uma cena muito comum é crianças carregando pequenos animais nos braços. Vez por outra elas balançam o animal, mordem a boca, as orelhas e as patas sujas* (...)". Certamente que este convívio corporal íntimo com os animais em ambiente doméstico – "*brincando com os animais*" – faz parte do processo que Eduardo Carrara (2002) chama de "*educação ambiental*", por meio do qual "*as crianças aprendem as primeiras lições sobre o meio ambiente*" (2002: 104). Talvez brin-

O comentário dos índios ilumina o nexo entre crianças e os insetos, que reside na *multiplicidade*: as formigas são muitas, incontáveis, têm "*muitos filhos*", e é esta característica que se quer transmitir às mulheres com dificuldades em "*segurar criança*", no ventre ou no colo. Se se trata da transmissão de algum elemento material ("*veneno*"?) de umas para outras durante o rito, não sei dizer, mas uma lógica da substância queda patente na sugestão de que um vínculo feito de *suor* liga a criança e o animal: é como se uma parcela da criança impregnasse o cachorro (e vice-versa) que, morto, periga arrastar para debaixo da terra o espírito da criança, que assim morreria também.

As informações são um tanto contraditórias. Muitos Karitiana dizem que os animais de criação mortos são simplesmente enterrados. Segundo João, papagaios e curicas (periquitos) são colocados no formigueiro; macacos e quatis de criação só vão para as formigas se morrem ainda filhotes, pois seriam comidos se já adultos e gordos (informação absolutamente controversa como veremos); e apenas cachorros pequenos são depositados nas "*casas de dykysyko*", por razões práticas, uma vez que animais de maior porte não cabem nos ninhos arborícolas desta espécie, o mesmo valendo para os equinos que, de grandes dimensões, são simplesmente enterrados. Vários informantes disseram que gatos merecem apenas um enterro simples. Por outro lado, para Valter e Delgado, a prática só ocorre com "*cachorro e gato que é de criança pequena*", ao descreverem o mecanismo de "*impregnação*" do *suor* das crianças que vivem em contato estreito com esses animais, defendendo a necessidade de que indivíduos de ambas as espécies sejam colocados *na formiga* para que não levem a alma/sombra da criança para o fundo da cova; animais de pessoas adultas podendo ser enterrados sem maiores perigos.

A hipótese que avanço para dar conta dessas práticas parte da sugestão de que os cachorros que "pertencem" às crianças (que são, em geral, filhotes) são, de fato, *crianças*: por esta razão, filhotes são bem tratados, protegidos, abrigados no interior das casas, ali recebendo alimento e água, e são transportados pela aldeia da mesma forma que bebês humanos; notemos, ainda, que é muito comum que sejam as crianças de uma casa as responsáveis pelos cuidados com cachorrinhos, e esta constitui relação de bastante proximidade física: Valdomiro, como vimos,

---

cando com os animais introduzidos, as crianças estejam aprendendo algo do mundo dos brancos: a análise da posição dos cães no universo Karitiana, feita abaixo, sugere algo nesse sentido.

diz que não tem cães em casa porque seus filhos pequenos ficam "*pegando e mordendo rabo do cachorro*", o que ele desaprova. Herbert Baldus (1970: 182-183) sintetizou admiravelmente o que estou propondo aqui, observando os cães entre os Tapirapé, de língua Tupi-Guarani, no Brasil central:

> Os filhotes destes canídeos do tipo galgo [isto é, raquíticos] foram amamentados por mulheres – não por velhas, mas pelas moças mais bonitas. Numa casa havia, ao lado das redes de dormir, até uma macazinha pequena que era o leito de tal criança quadrúpede.

Se a morte de uma criança requer a realização da "*prova da formiga*", a morte de um animal de criação lhe é homóloga, solicitando, portanto, a mesma precaução ritual, só que desta vez, com o cadáver do animal. Este último ato serve, como vimos, "*para a formiga comer o suor*" da criança, que impregna os seres com quem convive intimamente: algo como uma *co-substancialidade* parece emergir entre dois seres que vivem estreitamente juntos, a criança e seus *pets*, laço expresso pelo perigo de que o animal enterrado leve para o fundo da cova a alma da criança. Parece, então, que se a alma dos nenês até certa idade "*está com o pai*" – ou seja, está ligada a ele o tempo todo, ao seu lado, acompanhando-o por toda parte, e por isso ele não pode realizar tarefas pesadas, exercícios físicos ou ingerir bebidas alcoólicas, entre outras precauções – como dizem os Karitiana, ela também pode, aparentemente, estar com os animais de criação de seu convívio. Assim, depositar os restos mortais da mascote em *dykysyko* torna-se uma precaução para evitar a morte das crianças com quem o animal conviveu, em geral os filhos de seu *dono*.

A notável reprodutibilidade das formigas – "*formiga não acaba, não dá para morrer todas, tem muitas*" (João) – garante que as mulheres tenham seus filhos fortes e saudáveis, e isso mesmo quando o mecanismo é posto a funcionar por meio dos corpos dessas crianças não-humanas. Penso que é de *intimidade* que estamos tratando aqui: a intimidade entre pais e filhos, análoga àquela entre humanos e animais de criação, em especial quando juvenis. Tudo bem que as mulheres Karitiana não chegam a amamentar seus mascotes. Não obstante, sua proximidade, seu carinho e seus sentimentos para com os cães – e outros animais domésticos – saltam aos olhos do observador. Note-se, de passagem, que estes cuidados são dirigidos, via de regra, somente aos animais que "pertencem" a uma dada casa ou família.

Claro que poderíamos pensar que dispor dos corpos dos animais no formigueiro tem por objetivo fazer com que os cães de uma residência não morram em série ou com grande frequência: como aludi acima, o cachorro é uma criatura *pypikyko*, seus filhotes frequentemente não vingam. Destarte, o pequeno rito almejaria manter sempre vivo o ciclo que traz animais de criação da floresta ou da cidade para as casas. Entretanto, a homologia entre mascotes e crianças permite avançar um pouco mais. Tal como muitas cosmologias nas terras baixas sul-americanas, os Karitiana dedicam extrema paciência e afeição aos cuidados para com as crianças. Crescer, contudo, implica em cada vez mais assumir responsabilidades sobre o cuidar de si, mantendo controle estrito sobre seus limites corporais e emocionais, suas ações e obrigações. Tornar-se adulto é converter-se senhor de si mesmo, é garantir a independência para fazer aquilo que se deseja, sem se esperar das pessoas – inclusive dos parentes muito próximos – mais do que reconhecimento ou reprovação implícitos por atos e atitudes que são julgadas como pertinentes ao foro íntimo e às capacidades de julgamento dos indivíduos (cf. Overing & Passes, 2000; Santos-Granero & Mentore, 2008). Agora, bem: se os animais de criação são "*criados como gente*", talvez deles também se espere um desenvolvimento semelhante: protegidos enquanto em tenra idade, sua maturação implica em que devem assumir, assim como as pessoas, não só o cuidado consigo mesmos, mas também, no caso dos cachorros, sua posição como *provedor* – tal qual são homens e mulheres humanos adultos.[21] Por isso, cães caçadores são tão valorizados: eles dão prova de sua maturidade e independência, o que se traduz na *colaboração* com o restante da coletividade. Prossigo com este ponto.

* * *

---

21 Humanizados (porque familiarizados/consanguinizados), os cães devem evitar – exatamente como qualquer pessoa humana – os comportamentos e atitudes animais: porque existem diferenças entre a *moral humana* e a *moral animal*, e comportar-se de acordo com esta num contexto em que cabe aquela é o que provoca o mal. De todo modo, o mau comportamento é animal (cf. Londoño Sulkin, 2005).

Vimos, acima, que os animais de criação, tanto nativos quanto introduzidos, em geral gozam de um tratamento carinhoso entre os Karitiana. Não obstante, seria mais correto dizer que são os *filhotes* que realmente se beneficiam de atenção, proteção e cuidados da parte de seus *donos*. Deixo claro que esta não é uma colocação feita pelos Karitiana, mas creio poder atestá-la pela observação das práticas que envolvem o cuidado com esses seres. Aqui se desenha outra oposição entre os animais de criação nativos e aqueles introduzidos com o contato.

Efetivamente, os animais familiares trazidos da mata – quatis, macacos, araras, papagaios, periquitos – não parecem *crescer*: mesmo animais adultos continuam criados no interior das casas, são alimentados na mão e gozam de grande afeição da parte de todos. Às vezes, podem receber um safanão ou mesmo uma surra, mas estes parecem ter algum *motivo* concreto e imediato: fuçam nas coisas, quebram objetos, importunam hóspedes, mordem pessoas, e por isso são eventualmente castigados. Mais ainda, *não se reproduzem* na aldeia, dado importante, como teremos oportunidade de ver. Os *wild pets* são, por assim dizer, infantes permanentes.[22]

Os filhotes de animais introduzidos também gozam de atenção especial, como vimos: cachorrinhos, gatinhos e pintinhos são afetuosamente cuidados. Mas a atitude diante de animais adultos parece completamente oposta. Cachorros e gatos são agredidos sem indício de razão aparente: vi muitas vezes uma criança se levantar, dirigir-se a um pobre cão simplesmente deitado nas imediações e desferir-lhe um doloroso pontapé; cachorros são quase todos esquálidos, famintos, sujos e sarnentos; gatos são ainda mais desprezados: ainda que se diga que os gatos são também criados como filhos (mas há muito poucos filhotes de gato), e vivam geralmente no interior das residências, manifestações de intimidade com esses seres são raras, e a violência é a regra, fazendo com que os gatos da aldeia sejam animais assustados e arredios, recordando a afirmação de Konrad Lorenz (1997: 215): "*o gato não é um animal de hábitos sociais; é e permanece uma*

---

[22] O que contrasta, a meu ver, com o caso Awá-Guajá, descrito por Loretta Cormier (2003: 114-120), onde os *pet monkeys*, quando crescem, deixam de ser referidos como "*filhos*", diminuindo-se bastante o contato deles com os humanos, que demonstram, assim, larga preferência pelos animais jovens. Em todo caso, tal fato confirma a percepção, por parte de uma sociedade indígena, de que os animais possuem um ciclo de vida, cuja progressão (de criança/filho para adulto e velho) engendra relações de naturezas distintas.

pequena pantera, selvagem e independente". O gato, enfim, "*é um animal selvagem*" (Lorenz, 1997: 218). Além disso, *matar* cães e gatos (ou deixá-los morrerem sem qualquer assistência) é perfeitamente possível – ainda que provoque muita querela, como apontei parágrafos acima – e é algo que de fato acontece até com certa frequência: cães doentes – cobertos de sarna ou com fortes sintomas de *raiva*[23] – são abandonados em seu sofrimento solitário até a morte, e animais desordeiros e agressivos podem ser baleados; já informei que os dois burros (animais de grande porte, e que vieram para *Kyõwã* adultos) foram mortos (a tiros ou por envenenamento, as opiniões variam), que a égua de John está sob constante ameaça, e que as crianças torturam patos adultos na beira do rio; galinhas e porcos, por seu turno, podem ser ocasionalmente abatidos para consumo.[24]

Parece, então, que os animais de criação introduzidos experimentam, como os humanos, a progressão em seus *ciclos de vida*: bem-tratados e mimados quando juvenis (exatamente como as crianças), ao crescerem e se tornarem adultos passam a receber tratamento condizente com sua *maturidade*, o que inclui *autonomia* e *responsabilidade*. Deste modo, não posso concordar com autores que defendem que o animal domesticado/amansado é um ser que perde sua subjetividade, tornando-se – porque *manso* – *fraco* e *inconsciente*, criatura que "*perdeu sua força vital*" e sua "*consciência de si*" (Sterpin, 1993: 59-60; Fausto, 2001: 348). A presunção de que a vida adulta requer autonomia e responsabilidade da parte dos cães, por exemplo, é antitética a estas concepções do processo de convivência entre humanos e não-humanos e parece aproximar-se demasiadamente da relação de *escravidão* que, como vimos, não parece definir corretamente a relação de proximidade e mutualidade (proteção-controle) entre homens e criaturas não-humanas na Amazônia. Gonçalves (2001: 340-341) registra que os Pirahã afirmam

---

23 Aqui, a *doença* (hidrofobia), não o *sentimento/emoção* (*pa'ira*); os Karitiana não compreendem que o termo *raiva* (com que, em português, traduzem o sentimento do desejo de *pagamento/vingança*) seja aplicado a uma condição *patológica* de humanos e animais (porque estes também têm "raiva-sentimento"), o que provoca alguns desentendimentos entre os índios e agentes de saúde. Isso porque a "raiva-sentimento" é uma condição passageira; talvez ela possa ser dita permanente em alguns seres da floresta reconhecidos por sua agressividade e disposição para o ataque (onças, quatis, serpentes, vespas, formigas), mas nunca poderia sê-lo para os animais de criação, que só estão na aldeia porque são (ou deverão ser) "*mansos*".

24 O consumo alimentar desses animais levanta problemas específicos, que serão discutidos cuidadosamente no capítulo IV.

que os animais familiarizados perdem sua cultura tradicional e esquecem sua língua e, daí, a capacidade de se comunicarem com seus congêneres na floresta: transformam-se, portanto, humanizando-se (viram "selvagens" da perspectiva dos animais da mata), mas não anulando sua volição e subjetividade. Mas nem só o selvagem tem consciência de si.

O tornar-se adulto, no caso dos cachorros, abre, também, a possibilidade de que sejam agredidos e mortos, uma vez que se relaxa a proteção que lhes era antes dispensada.[25] O trecho de Baldus, reproduzido logo acima, assim prossegue, em frase lapidar:

> Mas depois da infância cheia de meiguices, a *vida torna-se canina* para o cão (Baldus, 1970: 183; meu grifo).

Não quero dizer com isso que o ciclo de vida dos humanos, entre os Karitiana, seja marcado por esta progressão do cuidado para a violência, embora seja perceptível que a violência atinge muito pouco o universo infantil, mas irrompa até com certa cotidianidade o mundo dos adultos. Quero destacar, tão-somente, que tornar-se adulto é aprender a cuidar de si mesmo, provendo-se a si mesmo e a família, o que inclui necessariamente o convívio com – e a tolerância diante de – potências agressoras do mundo humano e não-humano. Não é fortuito, parece-me, que o *osiipo*, ritual de iniciação masculino – hoje abandonado – era fundado na *dor* das ferroadas das vespas e do sumo da planta *sojoty* (*Dieffembachia spp.*, possivelmente o "*Comigo-ninguém-pode*") esfregado nos ferimentos:[26] o mundo do mato e da caça – povoado de animais ferozes,

---

25 Mecanismo de tratamento dos animais domesticados oposto àquele encontrado nas sociedades industriais modernas, nas quais o animal doméstico criado nas residências humanas parece jamais amadurecer, sempre *infantil*, tratado como "*um tanto retardados, presos em uma infância perpétua*" (Ingold, 2000: 90-91; também Serpell, 1996: 73-86, que discute a *neotenia* anátomo-fisiológica e comportamental envolvida nesta nossa *infantilização* dos mascotes).

26 Sobre o *osiipo* ver Storto (1996: 87-107), Manso (2001: 65-67) e Vander Velden (2004: 144-147); óbvio que há muito mais em jogo no rito: minha interpretação sugere que o *veneno* das vespas e do *sojoty* destinava-se a tornar os corpos dos rapazes *amargos* e, portanto, *venenosos*, qualidade que, transferida para suas flechas, torná-las-iam imediatamente mortais aos animais; o amargo também repele o *podre*, e este aborrece os animais, que assim fogem do caçador *panema* (lembremos que *naam* = "*podre*"). Não obstante, a quantidade de relatos etnográficos

espíritos, "bichos"e *opok pita* –, o mundo da cidade – cheio de brancos invasores, criminosos e mal-intencionados, de doenças perigosas, políticas desonestas e expectativas frustradas –, e mesmo a vida em sociedade, são mundos povoados de *dor* e *sofrimento*. Esta tem sido a tônica da história Karitiana (cf. Vander Velden, 2006 e 2008).

Configura-se, então, entre os Karitiana, situação semelhante àquela descrita para várias sociedades indígenas nas terras baixas sul-americanas, na qual os animais familiares nativos recebem tratamento terno e atencioso, ao passo que os animais introduzidos são brutalmente desprezados e agredidos (Queixalós, 1993: 97; Coelho, 1995: 272; Cormier, 2003: 114-115). Destaco apenas que não me parece haver tanto um recorte absoluto entre nativos e exóticos, mas antes uma cisão entre *filhotes* e *animais adultos*, de ambas as origens, uma vez que os pequenos animais introduzidos são tratados com o carinho que merecem as espécies recolhidas no mato. Apenas os adultos das espécies não-nativas é que são alvo de violência, real e potencial.

Às crianças, pois, é destinado o cuidado, a proteção e o controle – o mesmo aos filhotes de animais de criação. Aos adultos cabe cuidarem de si mesmos, protegendo-se de um mundo agressivo, beligerante. Este percurso da infância à vida adulta parece ser reproduzido pelos animais de criação introduzidos, notadamente os cães.

* * *

O grau de responsabilidade assumido pelos indivíduos com os cães parece ser diretamente proporcional à maturidade do animal; assim, filhotes são mimados e cuidados com atenção, ao passo que cães adultos são alvos recorrentes da indiferença ou da violência das pessoas, inclusive da parte de seus *donos*, mas com muito mais frequência provenientes de outras pessoas. Juntamente com o uso dos cachorros como auxiliares na caça – cada homem caçador "possui" e leva seu cão ou sua matilha para o mato – tal padrão de comportamento estabelece um vínculo, ainda que tênue, entre os cães e seus donos. Efetivamente, como vimos, os Karitiana ficam consternados quando um de

---

que mencionam *experiências dolorosas* incluídas nos ritos de iniciação masculinos e femininos – associadas à simbologia de certas substâncias como a pimenta, o curare e o timbó – convidam a uma reflexão sistemática, ainda por ser realizada.

seus cães é morto durante caçadas: as mulheres "*sentem*", "*choram*" e brigam com seus maridos; os homens ficam com "*raiva*", "*sem sangue*" (isto é, perdem a noção exata das coisas) e muitas vezes voltam ao mato para "*pagar o*" [*o sangue do*] cão morto, vingando sua morte com a morte do animal agressor. De modo análogo, se alguém mata ou machuca severamente a criação de outrem, o dono fica "*bravo, sentindo*" e, ainda que não mais efetivadas hoje em dia, idealmente uma vingança de sangue deveria ser paga: os Karitiana dizem isso textualmente. Não é incomum que reparações em dinheiro sejam pagas em casos como esses.

Em geral, os cães permanecem nas proximidades de suas casas, e mesmo no interior delas, buscando, com frequência, a companhia das pessoas. Costumam, também, descansar por toda parte e passear livremente pela aldeia, entrando e saindo nas diversas moradias, mesmo que isso resulte, não poucas vezes, na sua expulsão a pontapés dos lugares em que são indesejados. Mesmo quando distantes de suas casas, os cachorros costumam ser identificados pela maior parte dos indivíduos, se não pelo nome, pela identidade de seu *dono*: os índios parecem saber a quem "pertence" cada animal. Não obstante, como diz João, alguns donos não cuidam dos seus cachorros, não dão comida para eles, e por isso os animais ficam vagando pela aldeia atrás de comida, aturando as agressões das pessoas. "*Por isso, cão rodado*", que "*anda por aí, espalhado*" pela aldeia. Da mesma forma, famílias que se dirigem a Porto Velho por vezes deixam seus cães – e gatos; aves nativas, macacos e quatis nunca ficam sozinhos – na aldeia, período em que sofrem para conseguir alimento, uma vez que ninguém tem a obrigação de os alimentar.

A utilidade reconhecida em determinados cachorros parece, ademais, direcionar os sentimentos afetivos entre humanos e animais. Alguns cães, por exemplo, são considerados bons animais de vigia: Gumercindo diz que "*gosta*" (termo é dele) de Caco, um cão marrom de porte médio, bem cuidado, "*pois ele pega e mata gambá que vem a noite para matar galinhas: se a galinha canta o cão já vai lá ver o que é*"; Meireles também destaca a *utilidade* do cachorro como vigia e protetor. Da mesma forma, é sincera a preocupação de alguns caçadores – e, especialmente, de suas mulheres e filhos – com a sorte de alguns cães feridos ou mortos na floresta durante caçadas.

O animal que caça como (e com) os humanos também sofre como (e com) os humanos: afinal, se crianças são abrigadas dos perigos do mundo, adultos devem saber suportar sofrimentos e agressões por sua própria conta. Parte desse sofrimento está intimamente interligada ao *trabalho*, ao *sustento*.

Como caçadores, os cães deixam definitivamente o universo seguro e tranquilo dos mimos femininos e infantis e ingressam em uma atividade perigosa e em muitas ocasiões mortal, e o corte é radical: diferentemente de povos como os Achuar (Descola, 1994a: 233-234) e os Kulina-Arawá (Lorrain, 2000: 299), as mulheres Karitiana não acompanham os homens nas caçadas, e os cães seguem apenas na companhia dos caçadores. Todo cachorro, quando se torna adulto, é privado de muito da proteção maternal de que usufruía; não obstante, os animais que não aprendem a caçar, que vivem todo o tempo dormindo ou vagando pela aldeia, são em sua maioria desprezados pelos Karitiana, e estão muito mais vulneráveis às violências cotidianas: esses animais, em geral, são magros, famintos, fracos, doentes e sujos, ao passo que vários dos melhores cachorros caçadores até merecem cuidados eventuais e podem se apresentar relativamente limpos, sadios, alimentados e até enfeitados, pelo menos em uma mirada superficial: esse era, por exemplo, o caso de Miro, o cachorro caçador de Inácio de quem Cizino se recorda com saudade. Esta, contudo, não é a regra, e todo mundo na aldeia sabe que é frequente que as famílias viajem para a cidade e deixem para trás os cães que, com isso, sofrem com a fome e o abandono: ninguém, em hipótese alguma, sente-se obrigado a cuidar de um animal que não "*é seu*", ainda mais em se tratando de um cão adulto.

Em certo sentido, então, a habilidade de caçar significa para o cão assumir algum destaque na vida cotidiana da aldeia. Praticamente todos os caçadores utilizam cães quando vão armados para a floresta, e afirmam, como já visto, que só apreciam e mantêm em casa animais que sabem caçar: Gumercindo, por exemplo, diz que não tem cachorros, pois só gosta deles para caçar, para "*matar caça*", pois "*ajudam as pessoas*"; mas "*criar por aí* [isto é, sem razão prática] *eu não gosto, é muito cheirosos*" [fedido]. Da mesma forma, Antonio José, Mauro e muitos outros assumem que só criam cães que "*matam caça*".

As conversas sobre cães com os homens Karitiana giram, invariavelmente, em torno das proezas dos animais no mato. Referir-se a determinado cachorro é enumerar suas especialidades, as presas que mais perseguiu e matou, episódios significativos no mato ou seu histórico de caças mais comumente abatidas: Valter relembra que tinha um cachorro que aprendeu a caçar, e matou sozinho sete quatis; "*este está aprendendo a caçar paca*", "*este matou cutia*", "*este não deixa tatu escapar*", sentenças desta natureza são reiteradamente proferidas. A *qualidade* e a *utilidade* dos cachorros – mas também sua *destreza* e sua *bravura* – são, desta forma, ressaltadas.

No geral, acredita-se que os cães aprendem a caçar observando outros cães mais experientes em ação, e existem animais que, virtuosos, podem mesmo caçar sozinhos, por sua própria conta. Existe uma série de técnicas destinadas a "*treinar*" ou "*ensinar*" um cachorro a caçar,[27] e que são consideradas como segredos pessoais – daí podendo haver considerável espaço para experimentos individuais – apenas revelados, segundo consta, quando o sujeito está próximo de morrer. Uma parte delas parece operar pelo princípio da contiguidade, por meio da colocação de fragmentos dos corpos das presas abatidas em contato com os cães, para que eles aprendam a caçar. Estes procedimentos focalizam o *olfato* dos animais, sentido canino considerado fundamental pelos Karitiana: estes asseveram que os cachorros aprendem a caçar "*com o cheiro*" das presas; outrossim, cães com "*muita barba*" (bigodes faciais fartos) são tidos como melhores caçadores. Abaixo, uma tabela resume os (poucos) métodos que registrei.

---

27 Em entrevista para a *Revista de Atualidade Indígena* (Funai, 1978: 35) Vilma Chiara afirma – referindo-se aos Krahó – que os cães não são treinados para a caça, e que o sucesso alcançado por alguns animais nesta tarefa se deve ao acaso. De fato, não creio se correto dizer que os Karitiana aplicam aos cães qualquer método sistemático de aprendizagem exceto conduzi-los à floresta para que aprendam com outros mais experientes. Não obstante, se os Karitiana falam em "*treinar*" e "*ensinar*" seus cães a caçar (referindo-se, com isso, às técnicas em geral denominadas na literatura como *magias de caça*), talvez eles estejam assinalando que uma oposição entre métodos, digamos, *ativo* (técnico) e *passivo* (mágico) de ensinamento dos animais não exista aqui; assim sendo, os diversos artifícios destinados a fazer cachorros caçadores são concebidos como treinamento, pois são modos ativos e intencionais de fazê-los não só agressivos como acostumados ao cheiro dos animais de presa; Posey & Elisabetsky (1991: 27) denominam de "*processo de aprendizado*" as técnicas usadas pelos Kayapó-Gorotire que buscam uma "*associação que pode ser feita pelo cachorro entre uma determinada planta (por seu cheiro) e o animal desejado*"; outrossim, toda agressividade implica, aqui, em uma propensão predatória e, portanto, cães tornados *bravos* por métodos "mágicos" estão aprendendo sobremaneira a *disposição* necessária para a caça.

Tabela VI. Técnicas de treinamento de cães caçadores

Elemento	Forma de aplicação no cão
"Orelha" (osso do crânio) de poraquê.	Passar no corpo.
"Venta" (cartilagem interna do nariz) de onça.	Passar no corpo.
Gosonderepo (folha)	Amassar e colocar as folhas no interior de um crânio de cutia que foi abatida por um cão: "*no cérebro, olhos, buraco do ouvido*"; depois pendurar o crânio (como se faz com crânios de caça). O cão caçará muitas cutias.
Bigodes de paca.	Colocar nas narinas do cão até ele "espirrar" para removê-las.
Ponta do rabo cortada ou dentes caídos do cachorro.	Colocar junto das patas das presas abatidas.[28]

Acrescente-se outra técnica, que consiste em pentear os pelos dorsais do cão para frente, contra seu sentido, arrepiando-os: destinada a tornar os animais agressivos – imitando o eriçar natural da pelagem dos animais quando ameaçados – esta técnica é perigosa, porque o cachorro torna-se "*muito bravo*", e pode mesmo atacar seu dono. Devo ressaltar, todavia, que a maior parte dessas práticas já caiu em desuso, e mesmo caçadores mais idosos pouco lançam mão delas hoje em dia. Não que haja um nexo entre o abandono de técnicas de treinamento e a diminuição das habilidades venatórias dos cães, mas alguns animais, entretanto, jamais aprendem o *métier*, ou, crê-se, se recusam a aprendê-lo. Este é outro contexto em que a maturidade dos cachorros é ressaltada: os Karitiana dizem gostar de cachorro *sabido*, isto é, animais inteligentes, que não apenas sabem *caçar* (como Miro, do Inácio, excelente caçador), mas também sabem *comportar-se* (como Faiter – Fighter? – de Elivar e Marilene): não roubam alimentos, não mordem pessoas, não invadem as casas. Afinal, saber caçar e saber viver bem em sociedades são atributos esperados de qualquer homem Karitiana.

---

28 Meus dados são provavelmente incompletos, mas não tenho registro do uso de plantas aplicadas diretamente nos cães para aguçar seu olfato e aprimorar seu desempenho nas caçadas, expediente comum nas terras baixas (Albert, Miliken & Gomez, 2009: 63-64). Entre os Karitiana o mecanismo parece operar fazendo a comunicação direta entre o cão e o animal a ser procurado e abatido, por meio de partes de corpos dessas presas.

Na floresta, os cães – é raro que um caçador seja acompanhado por um único animal; caso não disponha de (mais) cães, é comum que se junte a outro homem que tenha vários cachorros – agem farejando os rastros das presas e indicando aos caçadores a presença e a localização destas: os melhores nisso agem muito rápido, e por isso se diz que com eles "*não se anda longe*" quando se "*sai para o mato*" (pois uma presa é logo localizada). Uma vez que o animal é "*baleado*" (ferido), os cães podem avançar sobre a presa agonizante e acabar de matá-la. Vários cães tornam-se especialistas em perseguir animais terrestres velozes (como veados: diz-se que esses cães "*não se cansam*", pois fazem a presa correr até cansar), ao passo que outros são melhor dotados para encurralar espécies que procuram esconderijo em buracos na terra ou ocos de pau, como pacas, cutias e tatus. O que se valoriza, no final das contas, é sobretudo a *ferocidade* dos cães, quer seja, sua coragem para investir furiosamente sobre as presas e matá-las. Nisso reside a virtude e a perdição dos cachorros caçadores.

Porque caçar, já o dissemos, é muito perigoso para os cães. Quase todos os homens adultos da aldeia rememoram histórias de cachorros feridos gravemente ou mortos enquanto caçavam na floresta. A caça de onças, queixadas e especialmente de quatis – todos animais *bravos* (*pa'ira*) – são tidas como as mais arriscadas para os cachorros. Diz-se que o quati é a caça que impõe mais perigo para os cães: lembremos a história transcrita logo na abertura da introdução do livro; muitos outros casos são evocados: Mauro disse-me que o cachorro dele foi mordido por quati e ficou com medo de caçar, por isso o Mauro não o leva mais para o mato; Antonio José só gosta de cães caçadores, e contou que um de seus cachorros – de cor preta, segundo ele os melhores caçadores – foi morto por um queixada, pois não sabia caçar; seu pai, Antonio Paulo, por sua vez, narrou uma caçada em que voltou do mato e chamou seus cães: um deles "*respondeu*" e veio até ele, o outro não; Antonio chegou na aldeia triste, a mulher dele chorou, pois era cachorro caçador (chamava-se Preto); no ocasião ele brincou com a mulher – "*o cachorro já está no bucho da onça*" – e ela, claro, ficou *brava*, sentiu *raiva*.

Afirmam os Karitiana que cães que são bons caçadores "*não duram muito, morrem logo*", e "*morrem muito*", pois eles "*não têm medo*". Muitos cães perecem nessa tarefa, e têm de ser "*pagos*" (vingados) pelo caçador – que sente "*raiva*" pela morte do cão (lembremos que as mulheres sentem "*tristeza*") – que às vezes mata as presas com as próprias mãos, enforcando-as, ou utilizando como arma o que se tem à mão: machados, terçados, pedaços de pau. Além disso, alguns índios afirmam que os cães caçadores também podem "*ficar pa'ydna*" quando encontram quatis ou cobras na floresta. O estado de *pa'ydna* descreve, em geral, a situação de indivíduos que se tornam vulneráveis aos múltiplos perigos do mundo, estando mais propensos a acidentes ou a agressões por parte de animais (sobretudo serpentes). No tocante aos humanos, *pa'ydna* decorre da conjunção imprópria de substâncias corporais, notadamente o sangue (Vander Velden, 2004: 140-141). Aqui, parece que o "*medo*" adquirido por cachorros feridos nas caçadas também pode ser traduzido por esta vulnerabilidade crônica: um cão medroso é um animal fragilizado diante das ameaças do mato; na tradução de Pierre Clastres[29] (1995: 21), "*aquele que atrai os seres*".

O cão tem de demonstrar "*braveza*", agressividade e atitude para enfrentar esses seres, e certas técnicas para se fazer cachorros bons caçadores funcionam de modo diverso daquelas descritas acima, pois envolvem aguçar sua ferocidade: diz-se que basta passar um pente ("*ciscar*") nos pêlos do dorso do cão de modo a arrepiá-los ("*pentear para frente*") para o animal ficar "*bravo como onça*" (os pêlos arrepiados do dorso evocam a atitude comum em cães assustados ou agressivos). É possível aumentar a potência deste procedimento esfregando as folhas de *gokotyt* (um "*remédio do mato*", não identificado) na pelagem do animal, ou lavando-o com uma infusão das mesmas: "*cachorro fica bravo até com o dono*". Pode-se, ainda, misturar esta folha com pimenta macerada e colocar na "*venta*" (narina) do cão. As raspas do caule da planta *sojoty* – a mesma cujo sumo era esfregado nos braços dos homens no ritual chamado *osiipo* que, antigamente, destinava-se a fazer bons caçadores –, misturadas com pimenta malagueta[30] têm a mesma finalidade, quando aplicadas no ânus e no nariz do cachorro.

---

29 Clastres (1995: 21-27) registra o estado *bayja* entre os Aché, cuja descrição é deveras semelhante a do estado *pa'ydna* entre os Karitiana; as duas palavras são, muito provavelmente, cognatos. O autor não faz referência, todavia, à possível irrupção do *bayja* entre os cães. Viveiros de Castro (1986: 444-447) descreve situação análogo entre os Araweté.

30 A pimenta (*soj*) é considerada um dos mais efetivos *venenos* – a tradução é Karitiana – de caça. Comer muita pimenta torna as flechas de um caçador "*envenenadas*", e basta que elas apenas machuquem a presa para que ela não tarde a morrer. Pode-se, ainda, esfregar pimentas amassadas nas pontas de taquara das flechas para que fiquem "*quentes*". Assim, a pimenta se opõe diretamente ao óleo e aos alimentos doces (cana-de-açúcar, mamão, banana), que prejudicam a ação das flechas, tornando-as, respectivamente, escorregadias ou "*doces*" (não-venenosas) e daí ineficazes

Como caçadores, então, os cães são os grandes auxiliares dos humanos. Nesse sentido, sua posição social espelha aquela dos homens adultos, cuja definição passa, necessariamente, pela caça: homens de verdade são caçadores ativos, indivíduos experimentados e calejados nos perigos impostos pelos seres da floresta. Assim como os humanos, os cachorros também estão submetidos a um conjunto de restrições alimentares.

* * *

A forma de alimentação é outro contexto em que a equação entre crianças e animais de criação pode ser demonstrada, assim como se pode destacar as diferenças no trato entre formas juvenis e adultas desses seres.

Com efeito, as crianças recebem toda sua alimentação, ainda que desde muito cedo já contribuam com pequena parcela das refeições de sua família, coletando frutas, capturando pequenos animais em armadilhas ou pescando peixinhos e crustáceos nas proximidades da aldeia. Ali pelos seus dez ou onze anos um garoto já começará a acompanhar os mais velhos à floresta para caçar, e jovens um pouco mais velhos (12 ou 13 anos) sabem manejar espingardas e vão ao mato em pequenos grupos; também nesta idade as meninas auxiliam nos trabalhos nos roçados, especialmente na colheita e transporte dos produtos, além da cozinha. Em tenra idade, portanto, os jovens tomam sua parte na faina diária de produzir alimentos, aprendendo, desta forma, a cuidarem de si mesmos.

De modo correlato, os filhotes de animais são alimentados, e muito cuidado se tem com a nutrição destes seres: pintinhos recebem milho moído, tracajás comem pequenas porções de arroz deixadas nos recipientes em que vivem, psitacídeos, quatis, macacos e cachorrinhos recebem pedaços de macaxeira cozida, além de restos de comida. A diferença entre nativos e exóticos manifesta-se, uma vez mais, na maturidade: assim, os *wild pets* adultos continuam a receber comida de seus *donos*, ao passo que os *pets* introduzidos devem, em larga medida, cuidar de se alimentar por conta própria. Esta, não obstante, parece ser antes uma *regra ideal* do que uma *prática efetiva*, muito pela intervenção das mulheres.

Renata Maranhão (2003: 52) registra que os cachorros domésticos entre os Karitiana na aldeia *Kyõwã* são alimentados com restos de comida. De minha

---

(ver, sobre isso, Vander Velden, 2008). Diz-se que o sapo *kyryryt* (julgado venenoso) é *"pimenta"* das serpentes, pois só as cobras que se alimentam deste sapo possuem veneno potente e mortal.

parte, confesso que vi muito poucas vezes pessoas alimentando diretamente os cães: no geral, os animais "*se aguentam*", como se diz, roubando nacos de comida, fuçando escondido em louças sujas ou ciscando sobras de alimento atiradas ao chão. Não obstante, os Karitiana dizem que os cães recebem alimentos dos seus *donos*, o que os diferencia, entre outros, das galinhas, estas sim reputadas por conseguirem "*se aguentar*", devendo procurar o sustento sem o auxílio dos humanos, por sua própria conta. Na verdade, filhotes de cães são alimentados com sobras, ao passo que os animais adultos muitas vezes passam sem alimento. Mas não sempre.

Os Karitiana informam que os cachorros podem comer restos de caça sem problemas: afinal, eles também são caçadores e não poucas vezes auxiliaram o caçador na tarefa de trazer carne para casa. Algumas porções das presas são mesmo destinadas aos cães, como o couro, que não é habitualmente consumido pelos humanos. Fora a pele, toda a carne do animal abatido é aproveitada pelos humanos, e apenas uns parcos bocados sobram aos cães, e são ofertadas em geral pelas mulheres que evisceram a presa, limpam e tratam a carne. Certa vez eu presenciei um cão ser alimentado com pequenas porções de uma presa que estava sendo limpa no igarapé da aldeia: Lucinda, a esposa de Antonio José, atirava ao cachorro – que acompanhara seu marido na caçada – pedacinhos da carcaça. Como os humanos, todavia, os cachorros não podem comer de todas as carnes: cães não devem comer carne de onças, senão correm o risco de serem devorados pelo felino; também não podem provar carne de mutum (*bisỹ*) e de macaco-velho (*orori*), pois ficariam "*doidos, dá doença*".[31] Ademais, Antonio José me disse que cachorros também podem "*ficar panema*" – ou seja, sem conseguir caçar, sem sorte na caça[32] –, condição desencadeada por conjunções impróprias entre certos seres e suas substâncias corporais.

---

31 Diz-se que o macaco-velho "*cai muito* [de cima] *das árvores*", o que, em certo sentido, indica sua fraqueza: esses primatas não devem ser consumidos nas festas da caça (*him myỹj*), rituais destinados a garantir caça abundante ("*chamar caça*") e a trazer saúde e alegria para a comunidade (dois efeitos estreitamente interligados). O mutum é considerado uma ave "*pesada*", que "*até corre, mas cansa rapidinho*", e algumas de suas partes (o fígado) devem ser evitadas mesmo pelos humanos, sob risco de se tornarem "*pesados*", isto é, preguiçosos, lentos, pouco ágeis. Talvez esses sejam os efeitos que se busca evitar nos cães.

32 Posey & Elisabetsky (1991: 27, 34) registram várias "*doenças de cachorro*", entre os Gorotire, que são diagnosticadas quando os cães têm dificuldade em caçar um determinado animal.

Os ossos e demais despojos dos animais consumidos, entretanto, devem sempre receber destino adequado, atitude rigorosamente observada pelos Karitiana. Os crânios são comumente dependurados nos esteios das casas ou em árvores próximas das residências, presos uns aos outros: dessa forma, espera-se garantir que os animais no mato também sejam "*amarrados*", e não fujam à aproximação do caçador. Todo o resto – ossos, peles, bicos, garras, dentes, e especialmente nos contextos rituais[33] – que não é aproveitado deve ser recolhido após a refeição e guardado com cuidado para ser, posteriormente, depositado em certas árvores – na floresta ou na aldeia – que se crê impedirem a aproximação de animais que molestem os despojos, devorem-nos, carreguem-nos para longe ou aproveitem-nos de algum modo (na confecção de ninhos, por exemplo): marajá (*hy*), tucumã (*okorã*), laranjeiras e limoeiros, todas árvores de tronco coberto de espinhos. Esta prática se destina, quase sempre, a evitar que o caçador "*fique panema, não mata caça*". Na aldeia, um dos principais perigos são os cachorros: cães não podem roer ossos atirados ao chão, nem urinar ou defecar sobre despojos, e nem mesmo é recomendável que se aproximem deles ou passem sobre eles: caso aconteça, o caçador torna-se imediatamente *panema*. Por este motivo, os restos das carcaças jamais são atirados ao chão deixados aleatoriamente em qualquer canto.

O que parece ocorrer aqui é que a conjunção dos cães com a carne dos animais caçados só é permitida antes de seu processamento, isto é, antes que a carne seja preparada para consumo humano, através da mediação do fogo. Depois disso, é como se a presa passasse completamente para o domínio dos homens e, assim, se tornasse interdita aos cães. Os cachorros, portanto, podem ter contato com a carne enquanto ainda crua – a presa viva ou sua carcaça em processo de tratamento –, quer seja do lado da natureza; uma vez manipulada pela cultura, a carne e mesmo os restos de uma refeição carnívora não devem mais ser aproximados dos cães, sob pena de ofender os animais da floresta, fazendo-os evitar os caçadores e tornando o abate impossível.

Panema (existem vários termos assim traduzidos pelos Karitiana: *sondakap*, *pykowop*, *jokygn* ou ainda *naam*[34]) é um estado ligado à sujeira e ao fedor, como

---

33 As carnes consumidas nas festas da caça (*him myỹj*, também referidas como festa do *gopatoma*), no rito funerário e, antigamente, no *osiipo*. Mais sobre este ponto no capítulo IV.

34 *Naam* provavelmente significa "podre" (cf. *nãm* = podre, em Landin, 1983: 111). *Pykowop* se traduz por "*não acertar, errar*" (cf. Landin, 1983: 55). Desconheço a tradução dos outros dois

vimos: é a podridão do caçador azarado – diz-se que o infeliz está "*podre*" ou "*tem mão podre*" – e os odores nauseabundos que emite, além do zumbido das moscas que infestam seu corpo, que fazem os animais se afastarem. Substâncias como urina, fezes e sangue menstrual – todas consideradas "*podres*" – são as principais agentes do *panema*: uma vez despejados sobre os restos dos animais abatidos, o caçador como que também apodrece, e não mata mais nada (cf. Vander Velden, 2004: 144-147). A conexão torna-se cristalina se levarmos em conta que os Karitiana consideram os cachorros domésticos em geral animais sujos e "*cheirosos*" (isto é, fétidos):

> A pessoa que não respeitam as outras, parentes, os jovens que não respeitam os velhos, esses *viram porcaria, igual cachorro* (Antonio Paulo, meu grifo).

Desta forma, o contato dos cães com os restos dos animais que serviram de alimento aos humanos é forma grave de desrespeito para com os seres da floresta. Tanto mais que os Karitiana verbalizam uma série de normas que devem regular as formas apropriadas de se manejar e ingerir os alimentos: a carne de caça, em particular, deve ser comida com respeito, em pequenas porções e sem grande algazarra; parece que alguma circunscrição é necessária no momento em que se consome carne. Significativamente, a língua Karitiana não dispõe de uma expressão para "*fome de carne*", distinta da expressão para fome em geral, tal qual é comum em um número de línguas amazônicas (por exemplo, o Kaxinawá: Camargo, 1999: 132): não se deve fazer alarde excessivo do consumo de carne nas refeições, e deve-se comer discretamente. Cães, dizem os Karitiana, não sabem como fazê-lo.

Destarte, existem vários interditos relativos à alimentação dos cachorros. No geral, então, é raro que os animais adultos sejam alimentados por seus *donos*: eles devem, em larga medida, "*aguentar-se*", isto é, sustentar-se, "*se virar*". Isso talvez se explique porque, idealmente, um cachorro maduro deve ser um caçador, um provedor de carne, e é isso que desejam os homens. Não que os Karitiana

---

termos. Como observou Mauro Almeida (com. pessoal), os Karitiana parecem estar agrupando um conjunto heteróclito de noções e práticas sob o conceito – corrente entre diferentes populações indígenas e não-indígenas amazônicas – de panema. Penso que ele provavelmente está certo, mas aqui preferi conservar intocada a tradução Karitiana, e mais pesquisas serão necessárias.

sustentem – como fazem outras sociedades na região (como os Achuar: Descola, 1994a: 233) – que os cachorros devem ter fome (de carne) para caçarem com eficiência: ninguém nunca me dispôs as coisas nesses termos. Mas é um fato reconhecido que alguns cães sabem procurar caça no mato por sua própria conta e risco – além de, por vezes, roubarem nacos de comida ou devorarem algum animal de criação da aldeia –, sobretudo quando são deixados nas aldeias por seus *donos* em viagem. Como observou Cizino dos cachorros que haviam ficado na aldeia do rio Candeias em junho de 2009:

> Nenhuma pessoa ficou na aldeia do rio Candeias, só ficou cachorro. Cachorro de lá caça, caça calango, caça calangão, *ohinda*, caça sozinho, vai no mato, caça e come sozinho, cada um, sem deixar para outro [cão], não divide com os outros. Quando outro cachorro chega perto daquele que matou caça, ele fala: – vai caçar você o seu. Isso é feio. Ninguém fica lá para dar comida para os cachorros.

Os outros animais de criação introduzidos, quando adultos, também devem buscar seu sustento. Segundo Maranhão (2003: 52) os gatos também são alimentados com restos de comida, mas nunca vi os animais recebendo refeições. É seguro que os animais devem *se aguentar*, caçando pequenas presas e conseguindo alimentos por sua própria conta; não obstante, os Karitiana nunca me afirmaram manter gatos para controle de certas pragas domésticas, como ratos e lagartos.[35] As cabras e os burros que viviam em *Kyõwã* não eram alimentados, assim como a égua que está lá até hoje não o é, pastando nos locais em que cresce o mato baixo: os Karitiana desconhecem a necessidade que essas criaturas têm de sal mineral, que não é oferecido. O mesmo acontece com as galinhas.

Mais do que os outros animais de criação dos Karitiana, galinhas são reputadas por "*se aguentar*" sozinhas, sem o recurso ao alimento oferecido pelos humanos. Elas espalham-se pelos quintais da aldeia, ciscando por todo o terreno, e nunca vi aves adultas serem alimentadas. Aliás, isso remete ao fracasso do galinheiro comunitário instalado na aldeia *Kyõwã* anos atrás: conforme discutimos, a falha no

---

35 Zeuner (1963: 385) sugere que gatos e outros pequenos carnívoros aproximaram-se dos humanos – embora, provavelmente, não tenham sido deliberadamente domesticados – e tiveram sua utilidade reconhecida como predadores principalmente de pequenos roedores.

empreendimento é atribuída por alguns (Karitiana e funcionários da Funai) ao fato de que os índios não alimentaram as aves, recusando-se a ceder parte da produção agrícola para o sustento das galinhas confinadas.[36] Ter de alimentar criaturas adultas, que sabem "*se aguentar*", portanto, parece ter sido a chave do problema, e esta constatação talvez coloque impedimento adicional aos projetos de criação animal que se intenta introduzir entre os Karitiana. Citando um caso análogo, entre os povos rio-negrinos às voltas com a criação sistemática de peixes:

> Tudo o que é oferecido aos animais domésticos ou aos amansados é aquilo que o próprio grupo doméstico consome,[37] desde alimentos até remédios caseiros. Nesse quadro, a necessidade de alimentar os peixes era estranha ao universo cultural dos piscicultores (...) (Martini, 2008: 117-118).

Pois o animal adulto, tal qual homens e mulheres maduros, devem saber produzir ou buscar seu sustento. A recusa deste fardo estabelece a *preguiça* (*'okỹn*, "*estar preguiçoso*") – associada à *fraqueza* e à *doença* (*geet'ot*, provavelmente "*sangue caído*", ou "*sem sangue*"[38]) –, pecado que não é tolerado.

* * *

---

36 Martini (2008: 17, 98, 116-118) notou que parte dos problemas encontrados na implantação da piscicultura no Alto Rio Negro deveu-se ao fato de que os índios não percebiam a necessidade de alimentar os peixes. Nas palavras do autor: "*quanto à alimentação, 'era o próprio bicho que cuidava'*". Alhures (Martini, 2008: 109) diz: "*no início* [do projeto de piscicultura] *era difícil para os índios entenderem que precisavam dar comida para os peixes*".

37 Entre os Karitiana, a macaxeira cozida é onipresente na dieta dos animais de criação, seja oferecida diretamente para alguns, ou suas sobras, atiradas no quintal e avidamente reviradas por galinhas e cães.

38 O sangue (*ge*) é o que dá força, ânimo e vitalidade ao indivíduo, além de conferir-lhe parentesco e uma posição apropriada no universo social: estar "*sem sangue*", portanto, se diz de pessoas doentes (próximas da morte, porque a morte "*afina o sangue*", transformando-o em água; espíritos dos mortos não têm sangue) e de pessoas que são tomadas pela *raiva* (*pa'ira*) e por outros comportamentos *antissociais*. Haverá, então, uma conexão forte entre saúde "física" e saúde "social", expressa no corpo, da qual a *preguiça* é uma expressão saliente. Ver, a respeito, Vander Velden (2004 e 2007).

Dois elementos mais caracterizam a relação de filiação entre humanos e seus animais de criação. Vimos, no capítulo anterior, que os animais de criação "*enfeitam*" a aldeia, a casa ou o quintal. Crianças também enfeitam a aldeia: como as sociedades nas terras baixas em geral, os Karitiana são muito carinhosos e atenciosos com suas crianças, e uma aldeia cheia de meninos e meninas é uma aldeia bonita: diz-se, da aldeia *Kyõwã* – cujo nome é traduzido por "*como menino*", no sentido de "*coisa nova*" ou, mais propriamente, "*aldeia nova*" – que é "*bonitinha como sorriso de criança*". Mais do que isso, os Karitiana têm genuíno orgulho de seus filhos, e *Kyõwã* é bela porque está cheia de bebês e de crianças, pois ali se deu o espetacular processo de recomposição demográfica do grupo, que enfrentou a quase extinção no final dos anos de 1950 (Storto & Vander Velden, 2005). Os Karitiana observam com alegria e contentamento a superação das antigas perspectivas de extermínio, apontando para um posicionamento ativo do grupo que, mesmo conhecendo técnicas anticoncepcionais, as teriam abolido como forma de fazer crescer novamente a população; e cada novo nascimento é até hoje muito comemorado.

Ainda, existe outro ponto de conexão entre animais familiares e filhos, bem destacado na literatura etnológica das terras baixas: trata-se da homologia estrutural entre os animais trazidos da floresta e criados nas aldeias e as crianças raptadas em expedições guerreiras e adotadas pelo grupo agressor (Viveiros de Castro, 1986; Erikson, 1987: 118; Menget, 1988, 1996; Hugh-Jones, 1996; Descola, 1998; Fausto, 1999, 2001; Santos-Granero, 2009).[39] Conversando, certa vez, sobre os animais de criação, Antonio Paulo observou que, antigamente, quando crianças de grupos inimigos ("*filho de índio bravo do mato*", *opok pita*) eram capturadas, "*aí criava como filho, também*". Creio que ele esteja, de fato, sugerindo uma conexão entre a criação de filhotes de animais apanhados na mata e a socialização de crianças abduzidas em confrontos bélicos, ambos processos de *familiarização* que operam por meio da formação de laços de parentesco entre os humanos (os

---

39 Santos-Granero (2009) sugere a equação *animal de presa : cativo de guerra :: animal familiar : cativos escravos* (*slave captives*). A sequência de associações pode prosseguir para incluir os espíritos auxiliares ou tutelares dos xamãs, em muitas cosmologias tratados também como *pets* (Gregor, 1982: 324; Fausto, 1999; 2001: 339-347; 2008: 333; Carvalho, 2002: 305, 350; Rival, 2002: 78-79; Rosengren, 2006: 805; Miller, 2009: 72). Esta correlação não parece existir entre os Karitiana e seu único xamã (Cizino) nunca se referiu a seus espíritos auxiliares (que são todos antropomorfos) como seres "*de criação*". Pesquisa posterior poderá elucidar este ponto.

Karitiana, "*gente de verdade*") e esses outros seres não-humanos: animais e povos inimigos, de quem se diz: "*opok pita não é gente, é índio!*";[40] note-se, ainda, que uns e outros vêm "*do mato*"(*gopit*), expressão utilizada para denominar as criaturas que vivem na floresta, distantes do convívio com os humanos, Karitiana.

Esta conexão (animal de criação = filho de inimigo capturado e adotado) só me foi verbalizada nesta ocasião, e penso que tal ocorre porque a prática de atacar grupos inimigos e abduzir crianças foi abandonada há tempos: não existem hoje, entre os Karitiana, indivíduos que tenham sido raptados de outros grupos, mesmo porque "*outro índio agora é manso, não faz mais guerra*". Note-se, contudo, que o velho Pitanga (o indivíduo Arara do Capivari, a quem fizemos referência no capítulo I), quando foi trazido para a aldeia Karitiana – mesmo já sendo adulto – teve de ser *amansado*, como se diz: foi amarrado e espancado várias vezes, mas só "*amansou mesmo*" quando recebeu uma mulher Karitiana com quem se casou.[41]

* * *

Há, por fim, um último cenário em que a *juventude* dos animais de criação nativos contrasta com a *maturidade* das espécies trazidas pelos brancos: a possibilidade de *reprodução* nas aldeias, ou sua *reprodutibilidade* em contextos de convivência estreita com seres humanos, expressões da *sexualidade* dos animais de casa. Tal consideração foi-me sugerida pela bibliografia, na qual algumas discussões parecem coadunar-se com os fatos Karitiana.

---

40 "*Outro índio, opok pita, não é gente, é bicho, kida*". Os índios inimigos são *gotako* ("*pessoa que anda no mato*") ou *gopitako* ("*homem do mato*"); como os animais da floresta, a característica que os define, além da "moradia, é a ferocidade: são "*bravos*" (*sohop*), matam Karitiana. A categoria *kida* ("*coisa-bicho*") será explorada no capítulo seguinte.

41 Há indícios, na cosmologia Karitiana, de uma homologia entre *caça* e *guerra* (presente em outras cosmologias amazônicas: Viveiros de Castro, 1986: 350; Dal Poz, 1993; Descola, 2001; Sáez, 2001), sustentada pela afirmação de que os outros índios não são (ou não eram) humanos. Não tenho dados, contudo, para desenvolver este ponto. Notemos, apenas, que a caça não é descrita literalmente como uma guerra, embora o mecanismo de *pagamento/vingança* empregado para regular as ações na ocorrência de agressões infligidas por animais possa sustentar a identidade caça = guerra; contudo, se os guerreiros Karitiana partiam em expedições guerreiras para "*pagar parente*" (isto é, trocar uma morte dentro por outra de fora), não se diz que os animais caçados "paguem" sua morte – ou dos seus – atacando os Karitiana, e as restrições quanto ao abate de animais caem sobretudo sobre as quantidades apropriadas e ao "uso" criterioso dos produtos animais (carne, penas, peles e despojos).

Os animais de criação trasladados da floresta nunca se reproduzem na aldeia, efeito, talvez, das pequenas populações, de seu contumaz isolamento (estão espalhados por várias residências, e muitos permanecem trancafiados ou presos) e de pressões psicológicas advindas do próprio processo de *amansamento* do animal: sabemos o quanto a reprodução *em cativeiro* de incontáveis espécies animais é complexa e difícil, quiçá impossível. Explicações "*naturalistas*" à parte, creio que a esterilidade dos *wild pets* decorre de sua *imaturidade permanente*: eles não reproduzem porque são eternamente "*como filhos*", ou seja, crianças, "*como menino*". Isso subsidia o fluxo constante de animais da floresta para as aldeias, ao mesmo tempo servindo para reforçá-lo, posto que novos e diferentes animais vêm contribuir, sempre mais, para *enfeitar* as casas, terreiros e quintais. É como se uma parte de alguma "*potência*" da floresta (cf. Queixalós, 1993: 97) estivesse sempre sendo apropriada pelos humanos, que a domesticam no convívio cotidiano que processa o amansamento.

Por outro lado, parece abrir-se aqui nova distinção entre os animais familiares nativos e aqueles introduzidos pelos brancos. Com efeito, se crescem e amadurecem, estes últimos também podem desenvolver sua *sexualidade* e, em certas condições, reproduzirem. Isso não aconteceu com os equinos, que foram sempre em número reduzido, e não tenho dados sobre a possibilidade de que tenha ocorrido com as cabras e porcos que existiam anos atrás em *Kyõwã*, e de que ocorra entre os poucos porcos que vivem hoje por lá. Mas se reproduziram os coelhos da casa do Valter, assim como ocorre, ainda que raramente, com os cães (que, no entanto, demonstram uma *sexualidade* controversa), com as galinhas a *sexualidade* e a *reprodutibilidade* aldeã dos animais exóticos quedam sobremaneira evidentes.

De fato, os Karitiana afirmam não só a sexualidade tão exuberante quanto condenável do cão, mas também que as fêmeas emprenham e parem filhotes na aldeia. Este não aparenta ser, contudo, um evento constante: nunca vi ninhadas na aldeia, e mesmo filhotes são bastante incomuns, chamando a atenção de todos. Quer dizer: os cães podem cruzar na aldeia, mas não parecem, de fato, reproduzir ali. A grande maioria dos cachorros existentes é adquirida em Porto Velho ou outros povoados vizinhos à área indígena: são comprados, trocados, recolhidos nas ruas, doados pelos brancos; mesmo o chefe do posto indígena já trouxe cães para a aldeia. Os cães Karitiana, portanto, vêm *de fora*, do *exterior*, assim desde a origem: a espécie apareceu pelas mãos dos brancos (seringueiros), ou foram encontrados, em um contexto aberrante, entre os Joari contatados tempos atrás.

Como sugere Eduardo Kohn (2007a: 11), às precárias condições de saúde dos cachorros pode ser atribuída a inviabilidade da reprodução local dos animais. No entanto, como o mesmo autor observa, o fato dos cães serem sempre trazidos da cidade – hábito comum também entre os Ávila Runa no oriente equatoriano, grupo com quem trabalhou – cria um nexo de dependência do grupo em relação aos brancos "fornecedores" de cachorros, o que se configura como uma ligação dos Runa com o mundo mais amplo, que transcende a aldeia. Da mesma forma, os Karitiana "dependem" virtualmente da cidade para conseguirem seus cães, mas me parece que, como todos os poderes inerentes aos bens dos brancos que vêm de fora – em especial instrumentos de metal, remédios, armas de fogo, máquinas e veículos –, é exatamente esta origem alógena que confere valor, ao mesmo tempo que inspira o temor. A *exterioridade* dos animais resta sempre ressaltada, pois eles sempre procedem de longe.

Os cachorros, portanto, podem reproduzir-se nas aldeias, mesmo que se trate de evento episódico; não obstante, a sexualidade desses animais é algo bastante visível no cotidiano, alvo de muitas brincadeiras jocosas, acusações de prostituição (reais, contra cadelas, e metafóricas, contra mulheres) e de zoofilia (que evocam os "*cinófilos*" Joari de "*era tempo*", como vimos no capítulo I). Nas galinhas, entretanto, manifesta-se uma *reprodutibilidade* quase incontida, e que parece infundir algum *temor* nos Karitiana.

Já no início de sua convivência com os Karitiana, as galinhas parecem ter sido destacadas por sua notável *reprodutibilidade*. Antonio Paulo conta que antigamente havia muita galinha na aldeia e que algumas restrições alimentares recaíam sobre a ave em função de sua *fertilidade*. Diz-se que antigamente não se comiam galinhas: se uma mulher comesse, ela geraria muitos filhos, "*todos pequeninos como um dedo*". Isso por conta dos ovos (*sypi*) de galinha: "*tem muita galinha e muito ovo, e por isso nasce muito pintinho, à toa à toa*" (Delgado). Epitácio complementa: antigamente os jovens não podiam comer ovos de galinha, pois a galinha "*tem muito ovo e muito filho, e daí a mulher tem muitos filhos*".[42] E Valter:

> "Antigamente não comia galinha, pois elas têm muito ovo, botam muito ovo, daí as mulheres tinham medo de pegar rápido criança [engravidar seguidas vezes, sem o espaçamento apropriado, de dois ou três anos], ter muitos filhos".

A proibição parecia recair sobremaneira entre jovens e mulheres, pois "*fazia mal, só os velhos podiam comer.*" O nexo com a reprodutibilidade se revela claramente: mulheres e jovens concentram a potência geradora que as pessoas idosas já não têm mais; desta forma, a multiplicidade aparentemente incontrolável das galinhas expõe aquelas categorias ao risco da reprodução descontrolada.

Se, como diz Antonio Paulo, antigamente não se comia galinha – "*galinha bota muito ovo, tem muito filhote. Se comia, aí ia nascer muito nenê, muitos como ovos de galinha*" –, atualmente, como afirma Valter, os Karitiana comem galinhas e seus ovos sem maiores problemas. Na prática cotidiana, contudo, isso não parece ser bem assim. Primeiro, porque a associação entre galinhas (e seus ovos) e super-reprodutibilidade não esvaneceu por completo, o que pode ser detectado em dois conjuntos de ideias. Primeiro que, ainda hoje, se deve evitar pisar em cascas de ovos de galinha, porque se isso acontece, o homem passará a engravidar sua mulher toda vez que eles tiverem relações sexuais. Segundo – confirmação indireta, digamos –, que se postula uma conexão entre as galinhas e as *mucuras* (*dokon*, também chamados de *gambás*): com efeito, a mesma interdição que pesava sobre a carne de galinhas recai, hoje, sobre a mucura, animal que também não se come porque gera muitos filhotes, e isso faz a mulher ter filhos em demasia. Casais sem filhos podem matar uma mucura, tirar seus dentes, torrar, esmagar e

---

42 Eduardo Viveiros de Castro (1986:511) encontrou entre os Araweté certa ambiguidade em torno do consumo de ovos, que o levou a afirmar: "*desconfio que o ovo seja um problema filosófico para os Araweté*"; para este grupo Tupi-Guarani, continua o autor, o ovo "*é uma espécie de feto*"; os Araweté também associam o consumo de ovos à super-reprodutibilidade (Viveiros de Castro, 1986: 460). Holmberg (1969: 213) notou que as jovens Siriono não deviam comer ovos de qualquer espécie, pois provocariam partos múltiplos. Mindlin (1985: 66) informa que os Suruí-Paiter não comiam ovos de galinha no passado, mas que hoje "são cobiçadíssimos". Jensen (1985: 50-51) afirma que os Wayampi cobiçam ovos de galinhas, que são criadas para o consumo.

colocar o pó no café (ou fazer um chá) para que a mulher tome, assim engravidando em breve tempo. É certo que as fêmeas dos gambás são conhecidas por seu hábito de carregar toda sua numerosa prole nas costas, e isso deve sugerir a reprodutibilidade exacerbada; não obstante, os Karitiana sempre me falavam das mucuras quando mencionavam os interditos relacionados às galinhas; ademais, mucuras são inoportunos predadores comuns de galinhas na aldeia, e tal se deve a uma preferência alimentar: "*gambá é fedorento e safado, come galinha, gosta de tripa de galinha*".

Das minhas observações de campo, porém, será preciso afirmar que não estou tão certo de que os interditos que vedavam o consumo de aves e ovos tenham realmente caído em desuso. Galinhas não são presença frequente nos cardápios da aldeia, e ovos parecem sê-lo menos ainda. Aliás, estou quase convencido de que os Karitiana não comem ovos de galinha:[43] nunca os vi fazerem, e suspeito de que um bolo de aniversário que certa vez comi em uma festa na aldeia não levava ovos na massa, que estava bastante endurecida e pesada. A esta constatação – de que ovos não são ingeridos, e galinhas só raramente –, poderíamos atribuir o grande número de pintinhos e aves adultas que circulam pela aldeia. Temos, então, dois problemas: o nexo entre galinha e reprodutibilidade, e a aparente contradição encontrada no fato de que os Karitiana dizem que comem galinhas, mas de fato não as comem. Deixemos para o próximo capítulo esta segunda questão, e concentremos na primeira.

Se as galinhas são muitas, hoje e antigamente, esta multiplicidade parece ter sido considerada no modo como os Karitiana denominaram a espécie. A galinha é chamada *opok ako*, termo que os Karitiana traduzem como "*os muitos do branco*", e que remete, possivelmente, à quantidade desses animais que eram encontradas entre os primeiros seringueiros contatados ou a sua multiplicação depois de incorporadas ao grupo. *Ako* indica um coletivo, que Marcelo traduz por

---

43 Não há interditos universais quanto ao consumo de ovos de aves, anfíbios e répteis: jovens não devem comer ovos de tracajá (pois envelheceriam: "*acaba com a força, o corpo fica como velho, pesado, não fica bonito*") nem de araras e papagaios (pois também envelheceriam, ficando cansados, sem fôlego nem disposição: "*cansam logo, porque arara fica sempre cansada, quando grita põe língua para fora*"), e o mesmo interdito pesa sobre a carne dessas espécies, que só pode ser comida pelos velhos. Jovens também não devem comer ovos de peixe ou de sapo: provocariam espinhas no rosto. Todos os ovos são *sypi*: *se'ãrang sypi* = ovo de sapo; *opok ako sypi* = ovo de galinha.

"*junto, encontrar com outro, ficar junto*",[44] talvez porque "*antigamente o povo via as galinhas todas juntas*", o que recorda o hábito das galinhas permanecerem em bandos, especialmente quando dormem; *opok* é o termo empregado para designar os brancos (de *pok*, "branco"). Deste modo, teríamos "*o que permanece junto, vive agrupado, se ajunta, dos brancos*". Ou, como sugere a linguista Luciana Storto (em comunicação pessoal) *opok* ("branco") *ako* (coletivo) poderia ser traduzido literalmente por "*o muito do branco*", ou seja, "*a criação do branco*".

Não estou tão seguro quanto a trocar "*muitos*" por "*criação*", porque creio que estamos tratando de coisas diferentes: as galinhas se destacam não por serem "criação dos brancos" – esses são todos os animais domésticos introduzidos –, mas por sua proficuidade e seu grande número, não só na companhia dos brancos invasores, mas também logo que incorporadas pelos Karitiana. O ponto de interesse aqui, de fato, é que as galinhas, ao contrário do todos os outros animais de criação – exóticos ou nativos – reproduzem-se exuberantemente na aldeia.[45] Cães e gatos também podem parir filhotes, mas são eventos incomuns. As galinhas, entretanto, nunca param de botar ovos e criar seus pintinhos.

Cédric Yvinec (2005: 58-59) argumenta que o animal doméstico na Amazônia é o *filho de um inimigo não-humano* (animal) tornado *consanguíneo absoluto* (filho) por sua adoção, "*estéreis, na medida em que não se deixam reproduzir os animais domésticos*". Os mascotes são os filhos estéreis, não-reprodutíveis, das mulheres indígenas e, deste modo, estão excessivamente presos ao pólo feminino.[46] No caso dos animais de criação nativos, e de várias espécies introduzidas após a chegada dos brancos entre os Karitiana (como cães, gatos, cavalos e burros) encontramos situação análoga: filhos do inimigo externo (o branco) tornado filho (consanguíneo) dos Karitiana, especialmente das mulheres. As ga-

---

44 Assim, no nome da Associação do Povo Indígena Karitiana, <u>Akot</u> *Pytim Adnipa*, "*trabalhamos todos juntos*".

45 Os Yudjá (Juruna) vedam o consumo de galinhas por pais de recém-nascidos, pois contrairiam forte incontinência sexual, uma vez que "*esta ave copula o tempo todo*" (Lima, 2005: 144).

46 Assim, se o cativo de guerra Tupinambá era "criado" para ser comido, diferentemente das araras de estimação (por isso seriam como "jabutis emplumados"), jamais comidas, ele, não obstante, podia se *reproduzir* na aldeia de seus captores, por meio de uniões temporárias com as mulheres do grupo, coisa que nem as araras (e nem os jabutis) de criação em geral podem (devem?) fazer (cf. Viveiros de Castro, 1986: 661-664).

linhas, contudo, parecem algo singulares, pois elas se reproduzem localmente, e muito.

Taylor (2000: 315) afirma que, entre os Jivaro, as galinhas são assimiladas às plantas cultivadas em função de seu modo de reprodução. Elas se diferenciam dos animais domésticos nativos – "*estéreis, e condenados a assim permanecer, tanto por seu estatuto de dependência permanente quanto por seu caráter assexuado*" (Taylor, 2000: 324) – por sua proliferação vegetativa, como a das plantas, "*puramente feminina*" (Taylor, 2000: 325). Esta *concepção vegetal* das galinhas pode fazer sentido no universo Jivaro, no qual a agricultura é concebida como uma atividade tão perigosa quanto dependente das habilidades sociais e emocionais das mulheres, porque a mandioca é uma planta vampiresca com a qual as horticultoras precisam entreter complexas relações fundadas na *maternidade* e na *filiação* (cf. Descola, 1983; 1994a). Todavia, esta imagem aproxima-se, estranhamente, da maneira como a produção industrial moderna de animais trata esses seres, simbólica e materialmente: como criaturas infinitamente reprodutíveis, produzidas em série e em imensos volumes anônimos dedicados ao consumo humano (Regan, 2006: 110-123; Singer, 2004: 107-135).

Não penso que as galinhas tenham qualquer associação com os vegetais entre os Karitiana, mesmo tendo pouco a dizer sobre a simbologia da agricultura entre eles. Ainda que galinhas multipliquem-se à vontade na aldeia, elas estão, com frequência, no centro de querelas muito semelhantes àquelas envolvendo outros animais de criação: elas continuam a ser "*como filhos*". Talvez se trate, antes, da questão da distância que separa humanos de aves, consideravelmente maior do que aquela que opõe homens e mamíferos (cf. Lévi-Strauss, 1997 [1962]: 229). Como diz Valerio Valeri (1992: 155-156) sobre os Huaulu de Seram, na Indonésia oriental:

> Pássaros não são facilmente individualizados – além de serem menos antropomórficos que todos os demais animais que podem ser 'alimentados' pelos Huaulu.

O que dá conta do fato de que a integração das galinhas àquela sociedade seja "*very partial*", e assunto sobre o qual voltaremos a falar.

Talvez, em função de mecanismos análogos à distância, à integração parcial e à baixa antropomorfização das aves, tal como referidos logo acima, galinhas não recebem nomes próprios entre os Karitiana. No entanto, seu tratamento cotidiano não parece apontar para indiferença ou irrelevância absolutas. Pintinhos (*opok ako'et*, "*filho de galinha*") e mesmo frangos jovens, com efeito, podem ser objetos da atenção afetuosa por parte de mulheres e crianças, conforme já apontado, que às vezes os mantêm no interior das casas, onde são alimentados com farinha grossa de milho e restos de comida: diz-se, efetivamente, que "*galinha é criação de mulher*" (o que as diferencia, por exemplo, das araras criadas na aldeia, que são capturadas pelos homens no mato). A relação entre as mulheres e suas aves domésticas pode ser equiparada, assim, ao tipo de laço estabelecido com os demais animais de criação: o de um indivíduo animal que "*é de*" um indivíduo humano. Se galinhas e galos adultos – que circulam livremente pela aldeia, incluindo o interior das moradias[47] – adquirem um estatuto diferente daquele dos pintinhos (além dos filhotes de cães e gatos, e dos animais de criação capturados na floresta), isso se deve fundamentalmente ao modo como os Karitiana concebem sua vida, notadamente no que tange à forma como se alimentam: galinhas "*se aguentam*", como fazem idealmente os adultos das outras espécies introduzidas. Não obstante, esta diferenciação não parece abrir um espaço irrestrito para a apropriação dos corpos desses animais – as carnes, as penas e outras partes destacadas de seus corpos – tal como acontece nas sociedades industriais contemporâneas, o que pode talvez indicar que o vago antropomorfismo das galinhas não possa ser tomado como um dado, mas deva ser analisado segundo critérios culturalmente singulares de definição do que é o humano.

Procurar seu próprio alimento (ou auxiliar na sua produção) e se reproduzir em espaços circunscritos pela sociedade: eis o paradoxo colocado por cachorros e galinhas (e quiçá pelos outros animais exógenos): filhos que crescem e demonstram sua sexualidade, amadurecem e podem deixar descendentes. Acrescentado

---

47 Quando entram nas casas, contudo, as galinhas são rapidamente enxotadas, o que recorda a sugestão de Erikson (1988a: 31) de que o acesso às residências humanas é índice poderoso da consolidação de laços interpessoais trans-específicos: entre os Matis, as aves introduzidas (patos e galinhas) estão nesta condição. Recordo que os Karitiana constroem galinheiros ao lado de suas casas, onde as galinhas chocam seus ovos e passam as noites relativamente protegidas. Por outro lado, não se levantam casas para cães, por exemplo.

ao fato de serem as espécies mais comuns e abundantes entre os Karitiana, esta particularidade talvez dê conta da riqueza de contradições e descompassos envolvidos na relação dos índios com esses seres.

Para concluir a seção, apenas mais um detalhe curioso acerca da relação dos Karitiana com suas galinhas. Vimos, no capítulo anterior, que as galinhas continuam sendo adquiridas pelos índios na cidade, mesmo com sua singular reprodutibilidade na aldeia: todas as famílias "possuem" galinhas – umas mais, outras menos – e as aves cruzam, botam ovos e criam seus filhotes em profusão, continuamente, pois, como dito, é raro que aves e ovos se tornem refeição; mas os Karitiana, sempre que têm oportunidade, seguem adquirindo galinhas e trazendo os pássaros para a aldeia ou para a Casa do Índio, em geral comprando-as (na minha segunda viagem de campo a esposa de Antonio Paulo havia comprado uma porção de pintinhos na cidade por R$ 20, mesmo o casal já tendo várias galinhas). Galinhas podem mesmo ser compradas na própria aldeia, de residências que acumulam maior número delas, como foi o caso de Daniel, que me informou, na mesma ocasião, que conseguira um dinheiro e comprara uma galinha de sua sogra. Creio que o que está em jogo aqui é o fato de que a multiplicação autônoma das galinhas na aldeia contrasta agudamente com a ausência de reprodutibilidade das demais espécies de animais de criação nativos ou introduzidos e, como tal, é estranha aos Karitiana, que ainda conservam a prática usual de transportar animais de fora para dentro da comunidade humana, tal como se este fosse o mecanismo normal de funcionamento da relação de domesticidade/familiarização.

As galinhas, portanto, parecem compartilhar com outros animais de criação muitas características: sua dissociação, ainda que contextual (embora os contextos em que galinhas sejam caçadas/comidas pareçam raros), diante da caça; o tratamento próximo e até mesmo carinhoso dispensado aos filhotes; a circulação constante dos animais importados da cidade e, com frequência, conduzidos para a Casa do Índio quando as famílias deixam a aldeia, não sendo deixadas sem assistência. Por isso, não sei se concordo integralmente com Carlos Fausto (2006: 26) quando afirma que "*a multiplicidade anônima é vista pelo pensamento indígena como sendo da ordem da 'coisa'*". Ainda que não recebam nomes, demonstrem uma fertilidade aberrante, alimentem-se por sua própria conta e vivam quase constantemente fora da vigilância dos humanos, não me parece correto deduzir que as galinhas sejam, para os Karitiana, simplesmente carne; de fato, é justo o contrário o que parece ocorrer: galinhas em geral não são carne porque não são caça. São, como os outros, animais de casa, animais de criação. Retornaremos a isso no próximo capítulo.

Da mesma forma, se os cachorros podem extraordinariamente dar cria nas aldeias, eles também continuam sendo procurados na cidade e adotados. Penso, então, que mesmo que essas espécies – cães e galinhas – possam multiplicar-se nas aldeias, o *fluxo* deles do mundo dos brancos para o mundo dos Karitiana espelha a captura constante de filhotes de várias espécies na floresta, seu transporte para a aldeia e sua posterior *familiarização* (*amansamento*) por parte dos homens. Os animais de criação nativos – papagaios, araras, jacamins, quatis, macacos, antas – não se reproduzem na aldeia, e sua existência depende do trânsito ininterrupto desses seres vindos do exterior, neste caso, do mato. É assim que o argumento biológico para a não-reprodutibilidade dos cachorros (e de outros *pets*) na aldeia ganha uma razão simbólica complementar: a ligação, feita de animais com o universo dos brancos, paraleliza o nexo com a floresta, feito das pequenas mascotes que os Karitiana estão sempre buscando para se tornarem seus "*filhos*".

* * *

A reprodutibilidade (real ou possível) de algumas espécies na aldeia, bem como a autonomia e a independência (sobretudo quanto à obtenção de alimento) demonstrada por alguns desses seres, encontram correspondência no nível linguístico, e aqui retomo a discussão com a qual introduzi este capítulo.

A forma *by'edna* denomina, segundo os Karitiana, os animais que se "*cria, cuida de perto, que está próximo da gente, de casa, que vive com as pessoas*" (João), e inclui, além do cachorro (*obaky by'edna*, talvez o exemplo mais perfeito da classe), o gato doméstico, os coelhos e todos os animais trazidos da floresta para serem criados na aldeia (comumente macacos, quatis e psitacídeos, mas também antas, jacamins, mutuns, tamanduás-mirins e mesmo gaviões e serpentes). O adjetivo qualifica, mais ainda, os seres que *comem com e como os humanos*, ou seja, que são *alimentados pelos humanos* (as mulheres) com *comida humana* (restos de refeições, em geral macaxeira ou arroz cozidos).[48] No caso de cães e

---

48 A importância do ato de alimentar os animais de estimação pode ser notada no termo Huaorani para *pet*, *queninga*, que significa literalmente "*it receives food from humans*" (Rival, 2002: 98). A autora, aqui, refere-se apenas aos *wild pets* (macacos e papagaios, principalmente).

gatos, que só muito raramente recebem alimentos, trata-se de considerar que, idealmente, esses seres deveriam ser nutridos, uma vez que são bastante próximos dos humanos – possuem nomes próprios e recebem cuidado afetuoso quando jovens – e, deste modo, resvalam na *personificação*, o que os qualificaria para tomar parte nas redes de circulação de alimentos que integram as unidades sociais da aldeia, que inclui os animais de criação ditos *by'edna* que vêm ainda filhotes do mato. Por fim, *by'edna* também pode ser aplicado, a depender do contexto, para animais que individualmente são identificados como "pertencentes" a determinada pessoa: João diz que "*boi by'edna é quando o boi é seu, é da pessoa*"; o mesmo vale para a égua de John (e os burros que existiam na aldeia): ainda que não propriamente alimentada, ela é nominada, individualizada, tem seu *dono* explicitamente reconhecido, e é muito dócil e sociável.

Porque quando "*tem muito boi, muita criação*", se dirá *boi by kerep*. *Kerep* é o verbo traduzido como "*criar*" ou "*cuidar*", como na frase de João, *yn nakabm kerep opok ako*, "*eu crio/cuido de galinhas*". Contudo, esta é a forma que se diz utilizada para denominar aquelas criações que são ditas "*de longe*", numa referência espacial: seres que são mantidos fora dos espaços mais íntimos das residências Karitiana. Nesse sentido, o termo designa os animais criados "*fechados, em curral ou lago de peixes*" (Inácio); peixes, aliás, jamais podem ser chamados de criação *by'edna*, mas apenas *ip'am kerep tyjã*, "*os peixes de criação*".[49] Um sentido adicional parece remeter aos animais que são criados em quantidades grandes, "*muitos*", em multidão, como é o caso dos peixes em tanques artificiais (que os Karitiana planejam construir na aldeia Central), mas também de bois em um rebanho (evidentemente cercados) e de galinhas. Finalmente, *by kerep* denomina aqueles animais que não são alimentados diretamente pelos humanos, que "*não precisam* [de] *cuidados*", que "*se aguentam*", buscando comida por conta própria e sem a intervenção das pessoas: bois, cavalos e burros que pastam a relva, peixes que devoram frutinhas e insetos caídos num possível tanque (nunca ouvi falar em ração para peixes na aldeia), galinhas que ciscam o chão em busca de comida.[50]

---

49 Onde *tyn* = "*ter muito, muitos*"; assim, literalmente: "*muitos peixes de criação*".

50 Eu só não consigo entender – e meus dados lamentavelmente não ajudam – porque, para falar na criação/cuidado de crianças, se usa a forma *kerep*. Talvez seja possível que a oposição entre *by'edna* e *by'kerep* não seja exatamente clara, e mesmo que se trate de uma racionalização pos-

Distância (relativa, quer dizer, ausência de intimidade), quantidade, autonomia: galinhas, sendo tudo isso, nunca são *opok ako by'edna*, "*pois essa forma só serve para criação*", diz João, indicando o sentido forte do termo. Das galinhas só se pode dizer *opok ako by kerep*, "*porque elas não vivem na casa, a galinha vive sozinha*". Tudo bem que elas vivem entre as pessoas, dormindo e acordando perto delas (mas não no interior das casas, como vimos). Não obstante, quando questionados, os Karitiana dizem: "*galinhas cuidam de si mesmas, vivem por ali, segurando-se* [isto é, alimentando-se] *por conta*". Como afirma Epitácio, as galinhas sabem comer "*de qualquer jeito, lagarta, grilo, só para segurar* [para viver] *e ficam por aí*". Galinhas, como os desejados peixes em lagos artificiais – e penso que os Karitiana nunca foram informados sobre a necessidade de ter de alimentar esses peixes – cuidam de si mesmos, desdobram-se por conta própria em busca de alimento; ademais, esses peixes, se vierem, vão para longe das casas, ao passo que as galinhas, ainda que convivam com as pessoas, têm de viver a ciscar em busca de comida, além de controlar seus próprios ritmos, inclusive o *reprodutivo*.

As galinhas são, assim, próximos distantes, criação que parece manter uma existência independente e autônoma, mesmo que ali, passeando por entre as moradias, em toda parte. As galinhas "*se viram, se aguentam*", e como tal, parecem manter aquela distinção em relação à comunidade humana: como diz, novamente, Valerio Valeri (1992: 155), as galinhas são vistas também pelos Huaulu na Indonésia menos como membros da comunidade daqueles que as alimentam (os humanos) e mais como agrupadas em uma "*comunidade própria (delas)*": "*elas tendem a ser vistas mais como membros de sua 'comunidade' do que como membro da comunidade daqueles que as alimentam*". E continua: "*as galinhas Huaulu formam uma sociedade paralela àquela dos humanos*" (Valeri, 1992: 165), num sentido próximo àquele elaborado por Lévi-Strauss (1997 [1962]: 228-229) para a sociedade rural francesa, com a qual as galinhas domésticas guardam uma *relação metafórica*.

Um gradiente de distanciamento parece cindir, portanto, a categoria dos animais que convivem com os humanos, e os Karitiana distinguem, podemos dizer, duas "variedades" de animais domésticos, de acordo com o tipo de relação

---

terior ao contato, provocada pela introdução desses seres que se *reproduzem* – e, portanto, se *perenizam* – nas aldeias.

estabelecido com eles, ainda que traduzam os termos com a mesma palavra em português: *criação, de criação*. Se a *quantidade* é um dado importante – bois, galinhas, peixes devem ser, sempre, em grande número – o *nome* (individual) tem tudo a ver com isso.

Apenas um nome

Dos animais de criação entre os Karitiana, macacos, quatis, araras, papagaios, cachorros, equinos, coelhos e a anta recebem nomes próprios. Patos, galinhas, répteis (quelônios e serpentes) e o jacamim não, recebem e só tenho referência a um periquito com nome, a maioria não sendo nominada. A situação onomástica dos porcos e gatos é ambígua, e não tenho informações sobre o que ocorria com as cabras, embora as informações que coletei não mencionem que fossem nominadas.

De partida, delineiam-se dois conjuntos: nominados parecem ser aqueles seres cuja individualidade é exaltada porque estão, sempre, em pequeno número, e mantêm com os humanos relações de proximidade e intimidade (os animais referidos pelo termo *by'edna*). Já aqueles que se destacam pela multiplicidade, por populações maiores, além de levarem suas vidas de modo, digamos, mais independente e autônomo (os animais *by kerep*), não recebem nomes.[51] O nome, pois, parece ter alguma relação com a *proximidade* e o *número*.

---

51 Araras são em bom número, mas cada uma delas é alimentada e vigiada com cuidado e atenção; além disso, há importantes razões cosmológicas que, creio, comandam a proteção dada a estas aves, mas que não cabe expor aqui. Os periquitos (curicas) são numerosos, mas também recebem cuidados íntimos e especiais: talvez a maioria não receba nome por seu diminuto tamanho, pela facilidade com que são capturados (daí seu grande numero) e pela alta taxa de mortandade entre os indivíduos mantidos nas aldeias. O jacamim é um caso interessante: embora seja muito dócil e sociável, a ave não tem nome; foi capturado ainda filhote pelo John, que abateu sua mãe; a ave vive na aldeia, quase como um mascote (no sentido de *emblema*) dela, passeando por todos os lados, mas dorme com as galinhas no galinheiro de madeira e tela da casa de seu *dono*, e como elas não recebe alimento. A distância relativa entre aves e humanos – apontada, entre outros, por Valeri (1992) e Lévi-Strauss (1997 [1962]) – talvez explique porque só araras e papagaios, entre os pássaros, sejam nomeados: esses psitacídeos de grande porte apresentam uma série de características "humanas" (monogamia vitalícia, organização em bandos alegres e ruidosos, e a capacidade de falar) que podem ser índice desta aproximação (lembremos, ainda, a associação entre araras e papagaios e pessoas idosas, únicas que podem consumir a carne desses animais). Pequeninos, os periquitos estariam por demais distantes dos humanos, e em larga medida, alheios a eles (a nominação dependendo, talvez, da intensidade da relação esta-

O sistema de nominação dos indivíduos humanos entre os Karitiana já foi analisado por diferentes autores (Landin, 1989; Lúcio, 1996: 123-132; 1998; Araújo, 2002: 65-67), e um breve resumo será suficiente para nossos propósitos. Toda pessoa possui, hoje, dois nomes, que são mutuamente independentes: um deles é o *"nome Karitiana"* ou *"nome na língua"* (isto é, na língua Karitiana), composto por um único elemento (aparentemente nomes de personagens míticos, como Orowej ou Taty, ou de seres naturais, como Ej'oop, nome de uma flor), que é transmitido por via agnática, em gerações alternadas: ou seja, uma criança recebe seu nome dos pais do seu pai (FF ou FM) ou dos germanos do pai do seu pai (FFB e FMZ) (Lúcio, 1996: 129), o que faz com que um "estoque" de nomes – os *"nomes Karitiana"* parecem ser um conjunto finito (ver pequena lista em Landin, 1983: 181-183) – se repita, idealmente, a cada duas gerações (G0 e G$_{\pm}$2). A existência deste "estoque" finito que se retransmite com o nascimento de crianças – diz-se que a criança que recebe o nome de seu/sua avô/avó paternos é o *"eu novo"* ou *"eu renovado"*, ou a *"reencarnação"* destes – faz com que pelo menos dois indivíduos possam compartilhar o mesmo nome em certo momento do tempo; em função da intrincada rede genealógica que caracteriza a estrutura de parentesco dos Karitiana atuais, esta partilha é ainda mais frequente e numerosa. Deste modo, o *"nome Karitiana"* parece servir menos para *individualizar* do que para tornar manifestas as parentelas agnáticas às quais os indivíduos estão vinculados.

A individualização parece ser possibilitada pelo outro nome, o *"nome em português"*. Efetivamente, não há duas pessoas que, hoje, tenham o mesmo *"nome em português"*, e os Karitiana procuram ativamente evitá-lo: um casal esperando bebê vai, recordando todos os Karitiana atualmente vivos, procurar um nome que não seja usado por mais ninguém; ao que parece, os nomes em língua portuguesa jamais se repetem, mesmo se seus portadores antigos já tenham falecido: recolhendo todos os nomes recordados pelas narrativas dos primeiros tempos do contato – quando, naturalmente, os nomes em português começam a aparecer – não se encontram nomes idênticos para dois indivíduos, vivos ou mortos. Nem que a diferença seja dada por diferentes combinações, uma vez que alguns Karitiana possuem nomes compostos, e alguns até mesmo adotaram sobrenomes

---

belecida entre animal e seu *dono*, por opção individual): o mesmo penso poder dizer dos poucos quelônios (tracajás e jabutis) criados.

dos brancos (por exemplo, o pajé Cizino Dantas Moraes Karitiana), por razões que me escapam. A individualização produzida pelos "*nomes em português*" é também alcançada pelo largo uso de apelidos – alguns Karitiana têm mais de um –, que lançam mão de palavras tanto em português quanto em Karitiana. Os apelidos em geral destacam características físicas ou comportamentais ou fazem referência a eventos da história da vida dos indivíduos; são, além disso, com frequência, "*engraçados*".

O sistema onomástico dos animais de criação é diferente. Alguns deles recebem nomes, mas os padrões de nominação animal são menos complexos: "*cachorro não é gente, a gente chama* [dá nome] *de qualquer jeito*" (Valter). Cada animal porta apenas um nome e não possui apelido; a maioria dos nomes está em língua portuguesa ou, melhor dizendo, são extraídos do universo cultural dos brancos, embora haja alguns poucos nomes em língua Karitiana; nunca recebem nomes nas duas línguas. Tal como entre humanos, os Karitiana parecem querer evitar que dois animais coetâneos tenham o mesmo nome, mas certas denominações aparentemente são reutilizadas quando da morte do animal portador, muito em virtude de preferências pessoais dos "donos": por exemplo, Antonio Paulo deu o nome de *Preta* a uma cadelinha que adotou logo após sua homônima ter sido ferida fatalmente por um quati; da mesma forma, Mauro tinha um cachorro chamado *Saúde*, morto há algum tempo, mas seu nome foi reutilizado em um cachorro de Júlia, que apreciava o nome.

O conjunto de nomes de animais de criação que coletei está reproduzido na tabela IV, abaixo, separado por espécie. Note-se que estão elencados todos os nomes registrados, e não apenas os daqueles seres que viviam na aldeia durante os períodos de pesquisa de campo[52] (2003, 2006 e 2009).

---

[52] Eu não consegui obter os nomes de muitos dos animais, especialmente daqueles que vagavam pela aldeia todo o tempo, como é o caso das araras; ausências frequentes dos *donos* também prejudicaram a pesquisa: como eu disse, os animais de criação são quase sempre levados quando suas famílias estão fora.

Tabela VII. Nomes de animais de criação nativos

Espécie	Nomes
Macaco-prego	*Chiquinho, Chico, Capítono* (Capitão? Capítulo?)
Macaco-Barrigudo	*Negofalha* (?)
Macaco-Aranha	*Keith*
Quati	*Boba, Djei (DJ*, de *Disc Jockey?)*
Anta	*Bob*
Papagaio	*Loro, Ed, Marina*
Arara	*Rosa, Janete*
Periquito (curica)	*Careca*

A maior parte dos nomes da tabela acima parecem ser nomes pessoais humanos, e mesmo quando se referem a uma possível característica física (*Careca*), podem ter sido escolhidos a partir de personagens populares assim apelidados (neste caso particular, um jogador de futebol). Desconheço o significado de três dos nomes (*Capítono, Negofalha* e *Djei*), mas observo que sua grafia é tentativa, posto que as pessoas que forneceram os nomes não puderam escrevê-los; o que eu tentei aqui foi aproximar a escrita da forma como ouvi os nomes da boca dos informantes, e o mesmo vale para vários dos nomes "obscuros" listados abaixo. Não parece haver, por fim, distinções que separem nomes por grupos/classes/espécies (ou "*tipos*", como dizem os Karitiana) de animais.

O que já podemos notar aqui, entretanto, é a predominância massiva de nomes provenientes da língua portuguesa ou do universo dos brancos: todos os nomes que coletei para os animais familiares nativos parecem compartilhar esta característica. Lamentavelmente, não tenho informações sobre a nominação dos animais nativos antes do contato, pois os Karitiana não se recordam destes.

Vejamos os nomes próprios dos animais introduzidos:

Tabela VIII. Nomes de outros animais de criação introduzidos

Espécie	Nomes
Gato	*Xana, Nêgo, Seu-nome, Bigode, Ispai* (Spy?), *Iskai* (Sky?)
Burro	*Gonguinho, Empenado*
Égua	*Babalú*
Coelho	*Carlota, Bidu* e *Carolina* (casa do Valter em 2006), *Paulo* e *Paulina* (casa de Carlinhos em 2011).
Porco	*Landrasse* (?), *Dorok* (?), *Piau, Jou* (Joe?)

Aparentemente, este grupo apresenta bem menos nomes pessoais (exceção feita aos coelhos). Alguns nomes dos gatos evocam nomes comumente empregados entre os brancos (*Bigode* e *Xana*, diminutivo de *bichano*, forma comumente empregada para referir-se aos gatos na cidade), e há um nome (*Seu-nome*) dos que os Karitiana chamam *engraçados* que, inclusive, aparece também como denominação de um cão. Vários desses nomes, penso, podem ser atribuídos a personagens de telenovelas e filmes, e mesmo a palavras ouvidas durante o consumo desses audiovisuais (*Ispai/Spy, Iscai/Sky, Babalú*, nome de uma conhecida goma de mascar e de uma personagem de telenovela muito popular nos anos 90). Meus dados são exíguos, mas permitem vislumbrar um sistema onomástico análogo ao dos cães: nomes em língua portuguesa, nomes humorísticos ou irônicos e que fazem referência à cor e ao universo dos brancos. Destaco que muitos seres neste grupo (sobretudo os gatos) não recebem nomes próprios: "*chama de gato mesmo*", dizem os donos, quando perguntados sobre o nome do animal.

A ambiguidade de gatos e porcos se revela, porque nem todos os indivíduos dessas espécies são nominados. De acordo com Elivar, nem todos os gatos recebem nomes. Epitácio, por exemplo, criava dois animais que não tinham nomes, e acabaram mortos por cachorros. Penso que o pequeno rendimento simbólico dos gatos – alimentado pelo fato de que a maioria dos Karitiana afirmar francamente que não gostam deles – dá conta deste desinteresse onomástico. Quanto aos porcos, observa-se que dos nove animais de John, apenas três possuem nomes, e dos três da residência de Rogério, só um é nomeado; Rogério afirma, ainda, que os três animais atendem ao mesmo nome (*Jou/Joe*). Talvez o estatuto ambíguo dos porcos – animal de criação, mas potencial refeição[53] – explique, aqui, porque se hesita em nomeá-los.

Minha maior coleção é, pois, a dos nomes caninos, na qual a diversidade de opções e escolhas transparece com clareza:

Tabela IX. Os nomes dos cães Karitiana

Critério de nominação[54]	Nomes
Origem	*Marreteiro.*
Cor	*Preta, Pretinha, Preto, Pretão, Branquinha, Café.*
Características morfológicas	*Barbudinha, Pequenina,* **Korodeto** ("cotoco", remete ao rabo pequeno do animal), *Boquinha,* **Peroho** ("*umbigo grande*", pois o animal tem um quisto na barriga), *Bico* (?), *Gigante.*
Nomes pessoais	*Dita, Marlon, Mairon, Simone, Roni, Jenifer, Soromina* (foi me dito que se trata de um nome pessoal), *Miro, Nicolau, Zezé, Bela, Boris, Kevin.*
Personagens da mídia	*Betoven, Kong, Scooby-Do, Bidu.*
Nomes comuns de cães (da cidade)	*Príncipe, Prince, Rec* (Rex), *Dog.*
Onomatopeia	**Hãjhãj** (remete aos seus latidos quando caça cutias).

---

53 Não que eu tenha observado porcos da aldeia serem abatidos para consumo: apenas na minha terceira visita havia porcos em *Kyõwã*, e basiei minhas informações no que dizem os Karitiana, ou seja, que porcos são criados para serem comidos. Discutiremos esta questão no capítulo seguinte. Quero apenas destacar que a posição dos porcos introduzidos parece, de fato, oscilar entre a casa e a caça, até porque um mesmo vocábulo em português descreve o animal exógeno e as duas espécies nativas (queixada e caititu, chamados indistintamente de *porco*; apenas na língua Karitiana eles são distinguidos: *sojxa ty*, queixada ("*porco grande*") e *sojxa ina*, caititu ("*porco pequeno*").

54 Estes critérios foram definidos por mim, com base nas explicações dadas pelos Karitiana a respeito dos nomes dos cães: quer dizer, os Karitiana não sustentam esta tipologia, e nem parecem interessados em fazê-lo. O critério *"nomes engraçados"* é Karitiana, mas tampouco parece constituir uma categoria definida e discreta, muito porque é altamente contextual (por exemplo, aplicar um nome pessoal a um cachorro pode ser extremamente *engraçado*). O critério *"outros"* agrupa nomes identificáveis, mas o universo de onde foram retirados me é inacessível. O último critério da lista apresenta nomes dos quais desconheço completamente o significado e a origem. Problemas de transcrição podem estar envolvidos, conforme já alertei. O acesso a novos dados podem alterar e refinar substancialmente esta tabela.

Nomes "engraçados"	Caturma, Saúde, Seu-nome, Sem-nome, Cizino (um cachorro sarnento que vive na aldeia do rio Candeias; a graça vem de que seu nome é o mesmo do líder desta aldeia; trata-se de um nome pessoal, mas sua propriedade mais marcante me parece ser o jogo com o nome pessoal humano).
Animais	Pantera, Lobio (Lobo?), Lubi (Lobo?), Tigre, **Torowoto** ("onça preta").
Outros	Caco, Txuca, Pop, Bazuca, Dog, Faite (fight?), Pitu/Pito (marca de cachaça), **Sypo** ("caroço"), Faiter (Fighter?), Pipo, Guerreira, Garavina, Gravira (Carabina?), Massangrano (rio Massangana?), Cadela.
?	Huni/Runi, Fefeto, Betoco/Metoco, Seuvarina/Selvarina, Stoven.

Numerosos detalhes precisam ser discutidos a partir desta primeira aproximação aos nomes caninos, ressaltando-se que os Karitiana, quando questionados, raramente explicitam os critérios de nominação, salvo quando são auto-evidentes, como no caso das cores. Estes, aliás, são bastante comuns, sendo habitualmente transferidos após a morte dos animais: Antonio Paulo e seu filho Antonio José dizem que os melhores cachorros caçadores são pretos, e que recebem nomes que fazem referência a coloração da pelagem; não obstante, notemos que apenas duas cores – preto e branco – são empregadas como nomes. Desconheço por qual razão: talvez o reconhecimento de que cães pretos são bons caçadores justifique a escolha frequente desta cor (e de alguns variantes, como Café; em Karitiana café se diz e'se emo, "água preta") para nominar cães; recordemos, além disso, que a memória destaca que o primeiro cão, Marreteiro, era branco, o que sugere que a coloração dos pelos é um critério observado pelos Karitiana. Outras características morfológicas são utilizadas na nominação, como tamanho (Pequenina), formato da cauda (Korodeto, que significa "cotoco", porque abanava o rabo amputado quando entocava pacas nos buracos escavados pelo animal), o formato dos "bigodes" (Barbudinha) ou um sinal particular (Peroho, por causa de um quisto na parte baixa do ventre).

As escolhas também podem remeter ao uso de caracteres comportamentais do animal na atribuição de nomes, todos eles relacionados com a caça: Epitácio, que deu o nome a uma de suas cadelas, diz que cães com muita barba (com pexlos abundantes no focinho) são bons caçadores. Os nomes que agrupei na categoria "animais" também podem ser agregados aqui, em função da associação entre os cães e certos carnívoros amazônicos, associação feita, como veremos, a partir da ferocidade e das habilidades venatórias de uns e outros. Destarte, cães chamados *Pantera*, *Tigre* (modo comum de se referir a onças no interior do Brasil), *Lobo* ou *Torowoto* ("*onça preta*") são algo redundantes pois apenas confirmam a semelhança entre cachorros e outros caçadores da floresta, além de apontarem para o talento desses animais. Da mesma forma, nomes como *Guerreira* (e possivelmente *Garavira* e *Gravira*, que podem ser corruptelas de *Carabina*) evocam a eficiência dos cães na caça, o que é explicitamente reconhecido nesses dois animais em particular.

Com respeito aos nomes pessoais aplicados aos cães, atente-se que, ao que parece, jamais um cachorro recebe o mesmo nome de um Karitiana vivo;[55] não posso dizer, contudo, se os nomes caninos serão checados no momento de nomear uma criança, evitando-se, assim, a homonímia, tal como ocorre entre humanos. De fato, parte desses nomes pessoais parece ter sido tirada de personagens de programas de televisão ou de filmes, produtos que os Karitiana consomem à exaustão, na cidade e na aldeia, quando há energia e dispõem de televisores ou aparelhos de videocassete e DVD. Marlon, por exemplo, é o cachorro de um personagem do cinema (*O Máskara*). Vários nomes podem ser comprovadamente rastreados na programação televisiva ou no cinema, e mesmo em revistas: *Scooby-Do*, *Kong* (do gorila *King Kong*?), *Betoven*, cachorro-título de uma série de filmes norte-americanos (*Beethoven;* talvez *Metoco/Betoco* e *Stoven* sejam corruptelas de *Betoven*) e *Bidu*, personagem canino dos quadrinhos de Maurício de Souza. Vários outros nomes podem ter sido extraídos de fontes audiovisuais, como *Dog*, *Pop*, *Bazuca* ou *Faite* e *Faiter* (talvez do inglês *fight*, "luta" ou "briga", e *fighter*, "lutador"), tendo-se em mente que os Karitiana – especialmente os rapazes – são ávidos espectadores de filmes de ação.

Os nomes próprios dados aos cães também podem estar vinculados aos nomes que os Karitiana dizem *engraçados*. Parece ser comum a prática de se fazer "brincadeiras" com a atribuição dos nomes aos cães – e a outros animais de criação –, obtendo-se, assim, efeitos jocosos, sobretudo com nomes que são ambíguos ou

---

55 O que talvez não seja a regra para outros animais de criação, pois uma das araras de Antônio José, *Rosa*, tem o nome de uma das esposas de Epitácio.

permitem piadas e trocadilhos. Os nomes pessoais podem ter sido inspirados em indivíduos (brancos) que os Karitiana conhece(ra)m. Os outros nomes *engraçados* de cães extraem seu conteúdo humorístico de contextos dialógicos, em que a resposta à pergunta pelo nome do animal cria um mal-entendido linguístico: *Saúde,* por exemplo, é o que se diz quando uma pessoa espirra; *Caturma* é, provavelmente, uma contração da expressão "*com a turma*"; *Sem-nome* confunde o interlocutor; e *Seu-nome* causa reações hilariantes aos índios quando desconcertam as pessoas que perguntam pelo nome do animal. Algumas inversões também provocam risos: *Gigante,* por exemplo, é um cachorro pequeno e muito magro; já *Cizino,* famélico e *pirento* (isto é, sarnento), tem o mesmo nome do grande pajé e líder da aldeia onde vive, *Byyjyty otsoop aky.*

De vários nomes dos quais desconheço a origem ou o significado, é possível dizer, apenas, que parecem corruptelas de outros nomes ou de palavras retiradas do mundo dos brancos: *Massangrano,* por exemplo, talvez evoque o rio Massangana, um afluente do Jamari, no território antigamente habitado pelos Karitiana, a leste da terra indígena atual; ou, talvez, o seringal Massangana, situado nas margens daquele rio (Medeiros, 2004: 202); pode ser homenagem saudosista, pois dá nome a um dos cães de um dos Karitiana mais idosos.

Assim, afora, talvez, os nomes que evocam características morfológicas ou comportamentais, a maioria dos nomes de animais de criação entre os Karitiana parece originária do *universo cultural dos brancos,* sobretudo urbanos, o que inclui o emprego majoritário de *nomes próprios e de palavras comuns na língua portuguesa*: é de notar que os nomes na língua Karitiana são relativamente pouco utilizados, e nunca se usa um nome pessoal Karitiana para nominar animal mascote. Ainda que poucos autores tenham publicado registros de nomes próprios dos muitos animais domesticados que observaram nas aldeias indígenas, uma pequena incursão pelas etnografias – que tratam majoritariamente dos cachorros – pode iluminar alguns pontos.

Entre os Toba do Chaco central argentino, apenas cavalos e cães são nomeados. Estes últimos recebem nomes na língua Toba ou em castelhano, tais como "Yuto" (nome de um povoado na província argentina de Jujuy?), "León" (leão), "Chiquito" (pequeno) e "Corbata" (gravata) (Arenas, 2003: 128), mas a autora não fornece detalhes sobre a origem dos nomes nem sobre o sistema onomástico. Sua curta lista, infelizmente, não nos permite maiores considerações.

Os Ávila Runa na Amazônia equatoriana "*tendem a adotar os nomes caninos empregados pelos colonizadores*" (Kohn, 2007a: 11) o que, de acordo com o autor, é um indicador de como os cachorros constituem "*links com um mundo social ampliado*" que compreende índios e brancos, e que é mantido, também, pela prática constante de se trazer cachorros das zonas urbanas para as aldeias. Como vimos, boa parte dos nomes para cães entre os Karitiana também evoca o exterior, o mundo dos brancos.

A análise de Diego Villar é um pouco mais profunda. Com efeito, o autor aponta que "*os nomes pessoais e* (...) *os nomes de animais* [são] *partes de um mesmo sistema*" entre os Chané no Chaco boliviano, com exceção dos nomes caninos, que remetem quase todos ao plano extra-onomástico, pois "*quebram a reciprocidade e negam a reversibilidade onomástica*" (Villar, 2005: 496). Isso porque, se pessoas recebem nomes de animais, e as outras espécies de criação (gatos, porcos e papagaios) recebem nomes humanos, os cães são exceção, pois seus nomes são únicos, e não são utilizados para nomear humanos. Villar (2005: 496-497) distingue três qualidades de nomes; embora longa, a citação é deveras interessante:

> Primeiro, os nomes dos cães são nomes em espanhol. Segundo, trata-se de nomes claramente humorísticos, impostos em geral com alguma intenção irônica. Esta última faceta surge com clareza nas explicações que os mesmos Chané dão para suas eleições onomásticas. Alguns nomes resultam, para o observador, idiossincráticos e até mesmo arbitrários: 'Osa' [Ursa] carece de caracteres marcados, e 'Estúpida' rememora para sua dona uma antiga briga com um irmão. Porém outros nomes refletem objetivamente alguma característica física: 'Tigrera' deve seu nome a suas listras, que segundo seu dono fazem-no parecer um tigre; 'Mordelo' [de morder] a seu mal caráter; e 'Pulgosa', 'Sarnosa' ou 'Flaca' a seus evidentes estados físicos. Outras vezes, o nome se deve a uma simples inversão: 'Gordo' é extremamente magro, e 'Preciosa' manca sem remédio, pois em razão de um acidente deve caminhar com apenas três patas. Finalmente, nomes como 'Cual?' parecem destinados a semear a confusão entre quem – como o etnógrafo – molesta os Chané perguntando coisas como nomes de seus cachorros.

O autor lembra, em seguida, que a tendência à nominação em espanhol e o "*humor onomástico*" não são patrimônio exclusivo dos Chané. Sublinhemos, então, que o mecanismo de nominação de cães entre os Chané, apresentado por Villar, é notavelmente semelhante ao dos Karitiana: nomes na "língua do branco", nomes humorísticos, nomes inspirados em características físicas e comportamentais dos animais (ou em inversão destas), nomes caninos que nunca se tornam nomes humanos e vice-versa. Villar (2003: 504) sugere que os modos de se nomear os cachorros guardam relação com a representação que os Chané fazem da espécie. Assim, ele observa que as características que distinguem humanos e cães são as mesmas que separam os brancos dos índios e, deste modo, impõem uma analogia, na situação pós-contato – de pobreza, traição, violência, opressão e doença –, entre os Chané e os cachorros: "*o cão está para o Chané assim como o Chané está para o branco*". Se cachorros recebem nomes que não servem para os humanos, este mecanismo problematiza a identidade que os Chané percebem entre sua trajetória de sofrimentos diante dos brancos e a trajetória dos cachorros domésticos que vivem entre eles. De modo correlato, as agressões aos cães seriam, elas também tentativas de expiação desta relação: castigar o cão implica em, metonimicamente, rejeitar de forma violenta o destino imposto aos índios pela presença destrutiva dos brancos (cf. Ariel de Vidas, 2002).

Os nomes humorísticos por seu turno, ainda segundo Villar, teriam a função de amenizar, através da ironia, "*a amarga lição que ensina o cão*", de outro modo insuportável. De minha parte, penso que os dados Karitiana não são conclusivos quanto a este ponto, sobretudo porque me parece que esta espécie de transferência de sentidos entre cães, índios e brancos não existe ali: ao contrário, os Karitiana não só não parecem se enxergar nos seus cães, como creio que eles, acima de tudo, pensam-se como brancos, condição que teriam perdido ao longo da história que transcorreu após o evento mítico que separou os dois grupos (ver a respeito, Vander Velden, 2008).

Carneiro da Cunha (1978: 25) revela que entre os Krahó, os animais criados (não comidos) recebem nomes, com exceção das galinhas, e estes apresentam uma característica semelhante ao material Karitiana: embora as regras de nomeação dos animais sejam as mesmas daquelas que regem a nomeação de humanos (quem nomeia não é o dono, mas um nomeador da mesma casa, e da mesma geração, ou geração superior, da do dono; o nome é posse do nomeador), os *pets* recebem *apenas um nome*, e não a série de nomes que particulariza os indivíduos humanos, e que garantem o pertencimento destes às diferentes instituições no interior da sociedade. Isso talvez indique que uma única relação – aquela entre animais e seus donos – defina os mascotes e oriente as condutas para com eles, o que se deixa transparecer nas práticas funerárias: apenas as mulheres choram os cães mortos, os homens sequer comparecem ao funeral. A prática Krahó de nomeação dos mascotes é explicada pela afirmação da autora: "*os animais domésticos (...) formam uma categoria de transição entre o selvagem e o social*" (Carneiro da Cunha, 1978: 25, n. 5).

A esta conclusão também chega Jean-Paul Dumont (1977) no seu estudo sobre a função fática dos nomes entre os Panare. O autor afirma que, neste grupo Karib na Venezuela, apenas seres humanos, corpos celestes e cães recebem nomes:[56] isso, sugere o autor, decorre do fato de que se os corpos celestes estão na fronteira entre cultura e sobrenatureza, os cachorros operam a dobradiça entre a cultura e a natureza: com efeito, os cães são seres ambíguos, irrupção da natureza no universo cultural dos homens; desta forma, nomear os cães permite que os humanos comuniquem-se com o domínio perigoso da natureza (daí a função fática dos nomes), assim como dar nomes às estrelas permite conectar-se com o sobrenatural: a individualização, nos dois casos, permite alguma relação onde há, de fato, incomunicabilidade. Esses dois conjuntos de nomes contrastam com os nomes pessoais humanos – "*puros nomes próprios*", diz o autor (Dumont, 1977: 95) –, assim delimitando-se os limites entre a ordem cultural e os domínios distantes e distintos da natureza e da sobrenatureza.

Alguns dados complementares – infelizmente fragmentários – de outras populações indígenas nas terras baixas parecem confirmar algumas regras gerais: nomes estrangeiros (originados do mundo dos brancos), jocosos, depreciativos ou extraídos do universo dos humanos, mas que descrevem características do animal, físicas e comportamentais. Crocker (1985: 32) menciona um cão chamado "*Preguiçoso*" entre os Bororo, e acrescenta:

---

56 Os nomes dos cachorros aparentemente não têm significados, não dependem do sexo do animal, formam um conjunto aberto e são privados: dois cães de donos diferentes podem ter o mesmo nome porque apenas o dono sabe e utiliza o nome de um cachorro.

Mas seus nomes [dos cães] são comparados aos apelidos [nicknames] humanos, e são mesmo marginais em relação a estes, pois em sua maioria derivam da língua e das práticas dos brasileiros.

Da mesma forma é a "*Porco*", nome que o Yekuaná-Majonggóng Manduca, companheiro de viagem de Koch-Grümberg (2006: 292), deu a sua melhor cadela de caça, por ser ela "*especialmente boa para caçar porcos*" (note-se que a "concordância" de gênero não parece importar aqui). Em outra parte de seu diário, ainda entre os mesmos índios, o etnógrafo alemão registra os nomes dos cães de caça de seu companheiro Manduca, todos na língua indígena: *Intyámu* ("velho"), *Xidyumö* ("pai do bicho-do-pé", em referência a este flagelo das patas dos cachorros – e dos pés humanos – na região) e *Itya* ("rastro", provavelmente um eficiente animal de caça). Adicionando a esta lista a "Porco", citada anteriormente, Koch-Grümberg (2006: 323) sugere, no parágrafo seguinte, o esboço de uma lógica para pelo menos uma parte dessas denominações: "*portanto, vários desses nomes de cães destinam-se a trazer sucesso, como os nomes de muitos de nossos cavalos de corrida*". O nome, então, aparenta funcionar como sorte de magia de caça, destinado não apenas a descrever o animal, mas, no mesmo movimento, também a aprimorar seu desempenho.[57]

Outros contextos etnográficos podem nos fornecer aportes dignos de atenção. Assim, entre os Inuit no ártico canadense, Laugrand e Oosten (2002: 91-93) encontraram um sistema onomástico canino muito semelhante àquele dos Karitiana, em que cães são nomeados a partir de referências a sua cor, a alguma propriedade particular do animal ou à natureza das relações emocionais ou afetivas com os humanos; alguns cachorros recebem o mesmo nome do dono, de um parente seu, amigo ou mesmo inimigo; e na onomástica de cães "*um elemento de jogo/brincadeira [play] está envolvido*". Os nomes dos cães conectam-nos intimamente aos seres humanos, formando um tipo de "*todo humano-canino*", que torna o assassínio de cães um atentado contra o seu dono (Laugrand & Oosten, 2002: 101). Não obstante, como comedores de fezes e mesmo de corpos humanos,

---

[57] Notemos, de passagem, que a opinião de Koch-Grümberg sobre a nominação "alemã" dos cavalos de corrida difere da "francesa" de Lévi-Strauss (1997: 231), para quem esses nomes jamais descrevem os animais – ou o fazem muito raramente –, além de serem escolhidos de forma bastante livre, desde que garantam a rigorosa individuação dos animais.

e como seres incestuosos, os cães diferenciam-se dos humanos, constituindo-se, assim, como sua contraparte e, por esta razão, seres ambíguos, "categoria transitória" entre animais, humanos e espíritos (Laugrand & Oosten, 2002: 95-96). São os nomes dos cães – com fortes laços com o mundo dos humanos – que garantem esta porção *humana* do par homem-animal, cuja contraparte animal é garantida por todos os hábitos condenáveis dos cachorros.

Roy Ellen (1999) encontrou concepções semelhantes entre os Nuaulu em Seram, ilha da Indonésia. O único animal a que os Nuaulu dão nomes são os cães, e assim eles fazem desses animais pessoas:

> Entretanto, os nomes escolhidos não parecem seguir a mesma lógica aplicada aos nomes humanos. De fato, tudo se passa como se eles fossem um tipo de paródia deliberada dos nomes humanos, desta forma salientando sua identidade com humanos por meio da posse de nomes (estrutura), ao mesmo tempo em que deixando claro, em função mesmo dos nomes (conteúdo) que a identidade está longe de ser completa (Ellen, 1999: 63).

Não obstante, como esses nomes são parecidos, mas não idênticos aos nomes humanos, os cães também são concebidos como seres ambíguos, oferecendo "*clara linha de demarcação entre os humanos e os mundos sencientes não-humanos*" (Ellen, 1999: 66, minha tradução). Os nomes caninos entre os Karitiana parecem partilhar dessas características: diferentes dos nomes humanos – mesmo que sejam nomes *potencialmente*, mas nunca *atualmente*, humanos – eles criam *individualidade* sem permitir, contudo, que um e outro domínio se misturem. O fato de os cães receberem apenas um nome próprio – e não dois, um Karitiana e um em português, como os humanos – também sugere que os cães são como que humanos em escala reduzida, atenuada.[58]

---

58 Escrevendo sobre os Teenek, no nordeste do México, Ariel de Vidas (2002: 544) constata que os cachorros introduzidos pelos conquistadores recebem apenas nomes na língua espanhola, e assim são associados a "*uma certa sociabilidade*"; todavia, "*esta não é uma identificação social completa*", porque os cães pertencem simultaneamente aos universos indígena e não-indígena, e para aqueles funciona como espécie de metonímia deste: assim, os nomes em espanhol marcam a ambiguidade dos cachorros, e ao sinalizar seu vínculo com o mundo dos europeus autorizam a violência contra os animais, cotidianamente praticada. Maltratar cães seria, assim, uma manifestação da revolta

O que se deve destacar, nesta breve incursão pelos escassos dados disponíveis, é que a maioria dos casos analisados menciona que cães recebem, em geral, nomes provenientes da língua ou do universo dos brancos, dos não-índios, dos conquistadores: Toba, Ávila Runa, Chané, Bororo, Karitiana. Muita informação adicional será necessária para conclusões mais sólidas. Mas este resultado parcial permite algumas sugestões interessantes.

* * *

Lévi-Strauss (1997 [1962]: 228-233) demonstrou que o sistema de nominação dos animais domésticos (aves, cães, bois e cavalos) na sociedade ocidental contemporânea apresenta notável coerência. Para este autor, uma vez que os cachorros fazem parte da sociedade humana (estando, com ela, portanto, em relação *metonímica*, a "sociedade" canina como parte da sociedade dos humanos), os nomes aplicados a eles procedem de uma série especial, distinta dos nomes próprios humanos (e distinguida destes de forma consciente, posto que aborreceria aos homens chamar cães por nomes pessoais), mas paralela a esta – justamente por proceder à *individualização* dos animais – estando com ela em uma relação *metafórica* (de semelhança). Cães, portanto, seriam *humanos metonímicos*: nomeados como os indivíduos humanos (como nomes próprios e diferenciantes), mas "*sem vida social própria, eles fazem parte da nossa*" (Lévi-Strauss, 1997 [1962]: 232).

Segundo Lévi-Strauss, o conjunto dos nomes dos cães no mundo euro-americano assemelha-se, formalmente, aos prenomes humanos: eles servem à constituição de individualidades. Não obstante, é muito raro que ambos os conjuntos

---

dirigida contra a sociedade majoritária e exploradora, posto que o cão encarna a trágica história da conquista (Ariel de Vidas, 2002: 535-536). Sou um pouco cético acerca desta interpretação, sobretudo porque os Karitiana nunca deram indicações de que destilam seu ódio aos brancos por meio dos cães: primeiro, porque eles não odeiam os brancos e, segundo, porque se o cachorro enquanto espécie foi introduzido, os animais individuais estabelecem relações concretas e particulares com pessoas ou famílias, relações cujo conteúdo vai muito além de uma situação de "bode-expiatório". Ricardo Piqueras (2006: 198-200) indica que o terror dos índios frente aos "*mastines e lebreles*" peninsulares empregados de forma brutal na conquista acaba quando os cães perdem sua função militar, mas, sobretudo, quando são adotados pelos nativos e "*passam a defender aqueles que foram ensinados a atacar: aos próprios índios*"; isso sugere não uma recusa continuada dos animais estrangeiros, mas sua incorporação, apesar das memórias de violência, assassinatos e canibalismo: relatos falam dos índios em Potosí, em 1572, chorando durante a matança de cães ferais promovida pelos espanhóis (Piqueras, 2006: 198).

se confundam, uma vez que os nomes caninos "*raramente sejam usados por humanos comuns*" (Lévi-Strauss, 1997[1962]: 232). Isso acontece por uma razão: "*nós não sonharíamos, seguindo o exemplo de alguns australianos e ameríndios, chamá-los como humanos, quer se tratassem de nomes próprios ou de termos de parentesco*" (Lévi-Strauss, 1997[1962]: 230). Ou seja, diferentemente de povos espalhados por outras partes do mundo, os europeus recusariam uma associação completa com os cachorros: a sociedade destes estaria imersa na daqueles, mas os nomes destes marcariam sua diferença radical em relação àqueles.

É certo que a "sociedade" canina faz parte da sociedade humana entre os Karitiana. Mas a série de nomes caninos parece conectar-se, em vários momentos, com a série de nomes humanos: em primeiro lugar, e principalmente, porque a individualização de humanos e de cães advém do mundo e da língua dos brancos. Além disso, alguns cães (e vários outros animais) portam nomes pessoais humanos. Por fim, é possível que surja uma homologia entre o conjunto dos nomes dos cachorros e o conjunto de *apelidos* aplicados aos homens, às expensas dos nomes próprios: engraçados ou denotativos de caracteres físicos ou comportamentais, uma mesma série talvez esteja sendo empregada para individualizar animais e humanos, questionando as diferenças entre uns e outros, a "*exemplo de alguns australianos e ameríndios*"...

A análise de Lévi-Strauss talvez deva ser relativizada nos dias de hoje, em função daquilo que Don Kulick (2009) chama de "*dissolução das fronteiras entre as espécies*": o fato de que animais domésticos vêm sendo cada vez mais tratados como humanos (ver também Serpell, 1996).[59] Sem dúvida que a atribuição de nomes pessoais humanos aos cães não causa, atualmente, a mesma repulsa que provocava nos franceses da primeira metade do século XX, e isso porque os animais, para além de sua individualização, parecem estar sendo paulatinamente humanizados. Obviamente, esta revisão da distinção entre humanos e cachorros nas sociedades ocidentais contemporâneas tem limites. Ademais, trata-se de um processo de identificação muito distinto daquele que opera entre pessoas e seus

---

59 Deixo claro que não creio que tratar os animais domésticos "como humanos" signifique considerá-los humanos *de fato*; deste modo, não estou tão convencido desta "dissolução de fronteiras" proposta por Kulick (2009), e penso que há limites muito claros (e de difícil transposição) nesta revisão de estatutos, talvez anunciada prematuramente por alguns autores com pendor visionário. Muita pesquisa ainda é necessária a este respeito, e por isso não vou estender-me aqui neste assunto.

animais de criação entre as sociedades indígenas. Contudo, a lógica de nominação dos animais de criação entre os Karitiana parece propor uma identificação entre estes e os humanos pelo menos no plano dos nomes oriundos do exterior (dos brancos), comuns a ambos.

* * *

Nomes pessoais humanos abundam entre os animais de criação nativos. Penso, todavia, que o caso Karitiana contrasta com o material analisado por Loretta Cormier (2003: 114-115), ao relatar que os Guajá atribuem aos macacos de criação nomes pessoais idênticos aos dos humanos (além de empregarem termos de parentesco nas relações com seus *pets*). Disso a autora conclui que:

> Dar nomes pessoais aos macacos sugere que os Guajá veem a natureza spiritual dos macacos como similar àquela dos humanos Guajá.

Nomes pessoais humanos aplicados aos animais de criação certamente elaboram um vínculo forte entre uns e outros. Não estou tão certo, contudo, sobre esta identidade "*de natureza espiritual*" – terei mais a falar sobre isso no próximo capítulo –, sobretudo porque só uma classe de nomes pessoais pode ser utilizada com animais, o que os distingue como seres de um só nome.

Os nomes pessoais humanos são menos comuns entre as espécies exóticas (como vimos nas tabelas acima) mesmo reconhecendo-se que "*cachorro*" também "*é como filho*". Penso que esta diferença talvez possa ser explicada pelas múltiplas ambiguidades concebidas e vividas pelos Karitiana na relação com esses seres *sem história*: são filhos, mas filhos algo anômalos, sua chegada nas aldeias contrastando, em vários sentidos, com a lógica de captura de filhotes solitários na mata, que resistem ao contato com humanos e jamais se reproduzem nas aldeias (veremos mais sobre isso adiante). Assim, seus nomes próprios expressariam a estranheza destas novas relações estabelecidas entre os Karitiana e as espécies trazidas desde sempre domesticadas pelos brancos.[60] Não obstante, a maioria maciça

---

60 Isso talvez explique, ao contrário, o fato de que os coelhos portem nomes pessoais humanos. Eles eram os únicos animais introduzidos que permaneciam fechados em uma gaiola (ou dentro de casa, sem poderem sair), pois, de outro modo, escapariam para a floresta (o que, parece, acabou acontecendo no caso dos animais do Valter). Assim, portavam-se tal qual os espécimes

dos nomes dos animais familiares – nativos e adventícios – provém do exterior da sociedade Karitiana: do mundo dos brancos e da língua dos brancos.

O que se nota, portanto, nos nomes dos animais de criação entre os Karitiana, é uma forma de *exonímia*: são dos brancos, do mundo exterior às aldeias, que proveem a maioria dos nomes, mesmo dos animais nativos familiarizados.[61] Da mesma forma que os brancos nomeiam os Karitiana atuais (isso pelo menos desde os tempos de João Capitão e Antônio Moraes), singularizando-os radicalmente (porque os nomes pessoais na língua Karitiana formam o estoque finito e repetitivo que atualiza os "*eus renovados*"), eles também nomeiam seus animais de criação. Cria-se, pois, a individualidade onde reinava indistinção: os animais do mato – e também aqueles da cidade, que nenhum Karitiana reconhece como *seu*, incluindo os cães e gatos que passeiam pela Casa do Índio, bem junto aos humanos, mas que são "*da rua*"[62] – não têm nomes próprios, os da aldeia têm.

Mas se esta exonímia é parcial no caso dos humanos (que possuem dois nomes, um "*na língua*" e outro em português), ela é total no que concerne aos animais: todos têm apenas um nome, em português (quase todos) ou em Karitiana (poucos).[63] Assim, se a onomástica dos humanos permite reconstruir genealogias

---

recolhidos na mata, que precisam ser amansados, e com frequência permanecem presos em correntes ou caixas para que não fujam. Esta semelhança permitiu que Valter (dono de três deles) e Carlinhos (dono de outros dois) nomeassem os coelhos seguindo a mesma lógica aplicada aos animais nativos. Isso talvez explique, ainda, por que não há uma palavra na língua Karitiana para o coelho. Cães, gatos e equinos jamais são presos, pois não fogem. Os porcos precisam ficar cercados, mas meus dados não permitem maiores inferências sobre a situação dos suínos.

61 Baseando-me na distinção proposta por Viveiros de Castro (1986: 384-388; ver também Gonçalves, 1992: 51) entre sistemas de nominação *exonímicos* (ou *canibais*) e *centrípetos* (ou *dialéticos*) – que caracterizariam diferentes estruturas sócio-cosmológicas nas terras baixas – tem-se que a onomástica dos animais familiares Karitiana parece ser quase que integralmente *exonímica* (os nomes são "capturados" do exterior, do mundo e da língua dos brancos) ao passo que o sistema de nomes humanos parece combinar as duas formas: os nomes "*em português*" provêm da exonimia, e os nomes "*na língua*" são centrípetos; tal combinação resulta numa interessante síntese entre individualização (advinda dos nomes em português, nunca repetidos) e posicionamento dos indivíduos em relações sociais mais amplas (nomes na língua, que reciclam nomes das gerações anteriores).

62 Isto é: o que não tem *nome* não tem *dono*, e vice-versa.

63 Observo que dos cinco cães que têm nomes na língua indígena, quatro (*Korodeto*, *Hãjhãj*, *Torowoto* e *Sypo*) pertencem a Cizino e seu genro Roberto, e viviam na aldeia nova do rio Candeias. Isso me faz relembrar a "utopia nativista" do pajé Cizino, ao retornar para o território

a partir da repetição dos nomes nas gerações alternas e, assim, constituir uma memória dos antepassados – isto é, meu nome é o nome do meu avô, porque eu sou meu avô renovado – isso não ocorre com os animais de criação: *eles não têm genealogias*. Se as linhas temporais sugeridas pela retomada dos nomes na língua Karitiana criam nexos entre os vivos e os que viveram, os nomes em português desaparecem com a morte de seu portador, e seu retorno não parece ocorrer: as listas de nomes em português recordados não apresentam repetições, recorrendo-se, para dar conta de uma população que aumenta ano a ano, a nomes compostos e a combinações curiosas bem ao gosto popular. Por outro lado, alguns nomes de animais de criação (sobretudo caninos) são repetidos, mas não há qualquer vínculo genealógico entre seres homônimos: Antônio Paulo já teve (não simultaneamente) duas cachorras chamadas *Preta*, mas o único nexo entre elas era a cor. Desta forma, uma vez desaparecido o animal, nada mais queda.

Os nomes, portanto, permitem vislumbrar a descontinuidade que caracteriza o universo dos animais de criação, seu fluxo necessário e constante da mata e da cidade para as aldeias. Como os seres vêm de fora, seus nomes também procedem do exterior. A onomástica, contudo, não permite contrastar com precisão os animais nativos daqueles introduzidos: todos são, afinal, filhos. Este contraste – do qual alguns aspectos já vislumbramos – deverá ser detalhadamente no capítulo que segue.

---

tradicional Karitiana e lá reconstruir o modo de vida dos antigos (como vimos nos dois capítulos anteriores). Se não deu para viver sem cachorros (como queria o pajé), pelo menos eles receberam nomes na língua Karitiana: resgate atenuado, pois, do passado.

Capítulo IV
Entre a casa e o mato

"Sua fidelidade é uma praga"
Carlos Fuentes, *Inquieta Companhia*

Uma sociedade da carne: classificação Karitiana dos animais

O PRESENTE CAPÍTULO busca elucidar a lógica (ou as lógicas) que preside(m) e organiza(m) a classificação Karitiana dos seres que a biologia científica ocidental reconhece como animais. Esta tarefa é crucial para que possamos reconhecer a natureza dos animais de criação, situando-os no interior de uma grade classificatória mais ampla. Vimos, nos capítulos anteriores, que esses seres diferenciam-se das espécies nativas por vários critérios, notadamente pelo fato de que *"não têm história"*, no sentido de que não foram criados *"tempo antigamente"* por *Boty~j*, mas são frutos de eventos históricos localizados precisamente no fluxo dos acontecimentos, trazidos já "acabados", por assim dizer, *"pela mão dos brancos"*. Agora, devemos procurar inserir estas espécies nos conjuntos formados pelos seres com os quais os Karitiana convivem desde antes do contato.

Esta não é, contudo, uma empreitada fácil, o que enseja algumas observações metodológicas. Eu não sou zoólogo, e nem pude contar com o auxílio de um profissional em campo, embora tenha recebido generoso auxílio de alguns especialistas trabalhando em Rondônia.[1] O conhecimento da zoologia nesta porção da Amazônia brasileira ainda é reduzido, o que não facilitou o trabalho: de fato, tive que trabalhar com dados relativos ao conjunto da fauna na Amazônia ou de todo o Neotrópico, posto que há poucos estudos específicos a respeito da biologia dos ecossistemas de Rondônia e adjacências.[2] Da mesma forma, minha

---

1 Registro aqui meu agradecimento à professora Malu Messias e seus alunos do curso de biologia da Universidade Federal de Rondônia (UNIR), à Michelle Roumiê, professora da disciplina na Escola Indígena 04 de Agosto (na aldeia *Kyõwã*), e ao pessoal do escritório do Ibama em Porto Velho, pelas informações valiosas e o empréstimo de guias de campo e outros materiais bibliográficos.

2 Os estudos sobre o impacto ambiental das UHEs de Santo Antônio e de Jirau produziram relatórios sobre a fauna que destacam a imensa riqueza da biodiversidade regional. Não consegui,

incapacidade com a metodologia de coleta de informações zoológicas em campo resultou em um conhecimento absolutamente fragmentado do conjunto local de espécies; de todo modo, por razões pessoais eu recusaria ter de coletar espécimes com a finalidade única de proceder a sua identificação. De mais a mais, este não é um livro de etnobiologia ou etnoclassificação e, portanto, o que ofereço aqui é tão-somente um esboço.

Todas as informações de que disponho foram coletadas na vivência cotidiana, prenhe de eventos em que os animais tomam parte, seja na aldeia, seja na mata e mesmo nos ambientes urbanos. O grosso dos dados, contudo, foi obtido nas entrevistas com muitos informantes,[3] muitas delas auxiliadas pelo uso de alguns materiais gráficos disponíveis, devendo citar em especial um reconhecido guia de campo para mamíferos do Neotrópico (Emmons, 1990) e o magnífico livro de Helmut Sick (2001) sobre a ornitologia brasileira. Todas as oportunidades em que tínhamos contato com animais – nos percursos pela estrada que dá acesso à *Kyõwã*, em expedições de pesca, na chegada de caçadores à aldeia, banhando no igarapé Sapoti, nos roçados, nas aulas de biologia da escola, nas fotografias de velhas revistas e jornais, dentro das casas invadidas por miríade de pequenos artrópodes – eu procurei extrair o máximo possível de conhecimento daqueles Karitiana que me acompanhavam: de que criatura se tratava, seu nome na língua, suas semelhanças com outras, se eram comestíveis, perigosas, venenosas ou se tinham alguma utilidade, se tinham "história" (mítica), se participavam em momentos importantes da vida ritual do grupo e, por fim, que outros seres poderiam ser lembrados a partir daquela espécie encontrada, constituindo-se, assim, agrupamentos mais ou menos consistentes de seres classificados em conjunto.

Qualquer pessoa que já tenha percorrido trechos de floresta tropical sabe da dificuldade em se avistar seus animais – exceção feita, claro, aos insetos! Assim, muito dos meus dados provêm do uso de ilustrações – fotografias ou desenhos – o que dá margem a uma série de problemas (destacados por vários autores:

---

infelizmente, acesso a estes materiais.

3 Procurei checar as informações com diferentes informantes, e muitas vezes pude reunir várias pessoas de diferentes "posições" na estrutura social (homens e mulheres, jovens e velhos, lideranças políticas e especialistas rituais, estudantes e não-estudantes) para falar dos animais. Tais estratégias, contudo, nunca produziram absoluto consenso, e há muitas discordâncias sobre a constituição de alguns pontos do sistema classificatório. Falaremos delas no decorrer do capítulo.

cf. Hunn, 1977: 24; Jensen, 1985: 31; Turbay, 2002), relacionados não apenas à bidimensionalidade, a ausência de movimento, do contexto (habitat) e à redução no número de formas representadas nas imagens (o que poderíamos chamar de "*tipos ideais*"[4]), mas também ao fato de que critérios reconhecidamente importantes para a identificação dos seres entre os povos indígenas sul-americanos não podem estar presentes nas páginas impressas de um livro: odores (cf. Dumont, 1976; Viveiros de Castro, 1977; Seeger, 1981), sons (Giannini, 1991: 12-14), tamanho, rastros, padrões, texturas, movimentos, associações ecológicas entre diferentes espécies (Hunn, 1977: 84-99; Jara, 1996a; 2002). Tentei compensar estas deficiências com o extenso conhecimento que têm os Karitiana do ambiente em que vivem há pelo menos um século.

O uso comedido dos estudos em zoologia tem, ainda, uma razão teórica: é que eu não estou seguro quanto à correlação precisa entre táxons científicos e nativos, como se a biologia pudesse vir, facilmente, recobrir com seu manto racional as formas previamente identificadas pelo conhecimento indígena. Se parece mais certo que restam poucas dúvidas no que toca as espécies de maior porte (sobretudo de mamíferos, aves e répteis) – assim, onça (jaguar) = *obaky* = *Panthera onca*[5] – a questão se complica quando do reconhecimento de espécies menores, ou de menor relevância econômica e cultural (como artrópodes, por exemplo). Ademais, em regiões em que é parco o conhecimento sobre a ecologia local, muito do que sabem os índios pode não ter sido alcançado pelos estudos científicos. Penso, portanto, ser preferível identificar as categorias indígenas, agregando o que se sabe sobre cada uma delas, uma espécie de zoologia (ou ecologia) indígena. As

---

4   Chamo de "tipos ideais" os modos canônicos de representação das espécies, geralmente focalizadas em animais adultos que apresentam o conjunto de características morfológicas consideradas típicas ou distintivas da espécie, ignorando, frequentemente, as variações de formas empiricamente observáveis, e que procedem do dimorfismo sexual e etário, de diferentes padrões de coloração, tamanho ou conformação corporal.

5   Mas, mesmo aqui as coisas não são pacíficas, posto que os Karitiana reconhecem muito mais *tipos* de onças do que aqueles com ocorrência assinalada em seu território, como veremos. Desconhecimento da fauna ou percepções diferenciadas das semelhanças e diferenças entre os seres? Descola (1994: 83) também destaca (com ressalvas) a não correspondência estrita entre a nomenclatura zoológica científica e a nomenclatura Achuar, além de apontar o conhecimento muito mais refinado e amplo acumulado pelos índios sobre a fauna amazônica, ainda pobremente conhecida pela ciência.

correlações são uma questão de segunda ordem, e demandam um esforço adicional de pesquisa cooperativa e de diálogo intercultural.

Devo alertar, ainda, como fazem Mauro Barbosa de Almeida, Manuela Carneiro da Cunha e Maira Smith (2002: 419), que "[a]s *classificações parecem aqui mais sistemáticas do que são porque, estimuladas por perguntas, as pessoas especulam e aplicam princípios lógicos que vão além dos que costumam empregar usualmente*".

* * *

Não existe um termo na língua Karitiana para a categoria (o nosso "*reino*") de *animal*, embora a distinção entre estes e o mundo vegetal pareça ser um dado reconhecido, ainda que não explicitado. Veremos adiante, contudo, que a categoria *kida/kinda* abriga, além de animais, uma série de criaturas que podem ser definidas, de acordo com nossos critérios, como *sobrenaturais*, e que são glosadas pelos Karitiana como "*bichos*" ou "*monstros*". Uma oposição clara entre natureza e sobrenatureza, pois, não aparece claramente aqui, e penso que, de fato, os Karitiana não distinguem esses dois níveis no interior da categoria *kida/kinda*, e todos partilham de idêntico estatuto ontológico.

Mesmo tendo-se em mente as limitações do meu conjunto de dados, creio poder afirmar que os Karitiana não possuem um sistema *hierarquizado* – que vai de categorias gerais, super-ordenadas ou supra-genéricas, para categorias mais específicas, subordinadas, estabelecendo-se relações (culturalmente significativas) de distância relativa entre umas e outras – de classificação dos seres, tal como encontrado na ciência ocidental e em certos povos sul-americanos (Jensen, 1985; Jara, 1996b). A classificação Karitiana parece-me fundada sobre algo parecido com aquilo que Fabiola Jara (2002) denomina *contextos* (*contexts*), ou seja: a organização de conjuntos mais ou menos discretos de seres a partir da percepção de sua presença em diferentes domínios da vida social e das relações entre humanos e não-humanos. De acordo com a autora, os sistemas indígenas de classificação apoiam-se majoritariamente em "*redes complexas de relações ecológicas*" (*complex web*[s] *of ecological relationships*), ou seja, o "parentesco" entre as espécies é definido em função de múltiplos contextos de relação entre elas – hábitos alimentares e reprodutivos, nichos de habitação, competição, simbiose, mutualidade, entre outras – o que inclui também suas relações com os humanos (Jara, 2002:

125; também Jara, 1996a: 95-96, 153); nesse sentido, a constituição de grupos de "espécies" relacionadas passa menos pela forma dos seres do que pelas variadas configurações de inter-relação entre eles. Assim, não existe a construção de conjuntos baseados somente nas semelhanças morfológicas ou comportamentais – o que, claro, também não se despreza na formação desses conjuntos – mas, antes, leva-se em conta as interações social e simbolicamente relevantes e significativas entre todos os seres que habitam o universo. Falar nesses *contextos* permite reconhecer, inclusive, a articulação de diferentes critérios que se cruzam nos sistemas classificatórios indígenas (Descola, 1994a; Jara, 1996a, 1996b; Rojas, 2002; Grenand, 2009).[6]

Serem *contextuais* não implica que as categorias careçam de certa fixidez. Significa, sim, que as categorias parecem estar o tempo todo abertas ao evento e às manipulações dos atores individuais: a decisão sobre comer ou não comer, a hesitação – caça ou animal de criação? – diante de um animal surpreendido nas capoeiras que limitam a aldeia, entre a casa e o mato. Significa, ainda, que temos muitas "*classificações encaixadas*" (Grenand, 2009), em que diferentes critérios indicam posições divergentes de um determinado ser em um certo ponto do sistema classificatório. Penso, todavia, que a difusão do conhecimento ocidental – técnico-científico e popular – sobre os animais entre os Karitiana – cujo ponto alto é a existência de uma disciplina de biologia no currículo da escola da aldeia em *Kyõwã* – pode estar resultando em uma cristalização de certas categorias tais como percebidas pela zoologia: aves, mamíferos, répteis e anfíbios, peixes e todos os demais.[7]

Os Karitiana apresentam as semelhanças entre seres – que permitem a construção de classes ou grupos – por meio do termo *tipo* ("*tipo de tucano é jeokon*"),

---

6   Por isso Sperber (1975: 13) diz que, em se tratando de conhecimentos indígenas da fauna, não se pode falar tanto em taxonomias, mas em "*classificações cruzadas*" (*classifications croisées*).

7   O estudo de Álvaro Banducci Jr. (2007) sobre a natureza, tal como concebida pelos habitantes do Pantanal mato-grossense, é um excelente exemplo dessas formas populares de classificação animal. Curioso é notar que o sistema classificatório ali descrito é, em muitos aspectos, semelhante ao dos Karitiana (ver, sobretudo, p. 118-140). Esta semelhança deve estar, contudo, especialmente no modo como os Karitiana *traduzem* para o português os termos de seu sistema, empregando as categorias tal como aparecem no conhecimento popular do interior amazônico. Destaco, ainda, que os seringueiros do RESEX do Alto Juruá, no estado do Acre, possuem um sistema de classificação dos animais impressionantemente semelhante ao dos Karitiana (ver Barbosa de Almeida, Carneiro da Cunha & Smith, 2002).

do uso de uma expressão que denota relação de identidade, mas não parentesco ("*companheiro dele é...*"), ou da própria linguagem do parentesco consanguíneo: "*irmão de jeokon é keep*". Como este código de parentesco não é desdobrado – não existem animais "primos', "cunhados", "pais" etc – não se permite a construção de relações intermediárias entre as diferentes categorias genéricas, aquelas situadas entre a categoria mais inclusiva (supra-genérica) e o nível do "*tipo*" ("espécie").[8] Parte desses conjuntos não é nomeado (são *covert complexes* de Berlin, Breedlove & Raven, 1968; ou as categorias *implícitas* ou *latentes* de Descola, 1994a, distinguidas lógica e praticamente), mas a maioria recebe seu nome a partir do animal percebido como distintivo, *emblemático* ou *significante preferencial* (nas palavras de Descola, 1994a: 86-88) ou, ainda, para usar os termos da etnobiologia, *típico* ou *prototípico* (Berlin, Breedlove & Raven, 1968; Hunn, 1977: 56): para descrever um certo grupo de seres, os Karitiana vão dar o nome de um dos animais, agregando os demais por meio das expressões de semelhança acima explicitadas. Do mesmo modo, se perguntados pela tradução do nome de certa espécie em português para a língua Karitiana, optarão pelo nome deste protótipo: "macaco", por exemplo, será dito *pikom*, termo que distingue o macaco-prego, mas que aqui funciona como denominador de uma classe de seres assemelhados (e, talvez, aparentados). Devo advertir, contudo, que estes *covert complexes* são construções analíticas do pesquisador, baseadas em métodos definidos (Hunn, 1977: 36-38), pois os Karitiana não parecem reconhecer esses agrupamentos de modo abstrato, e não parecem particularmente interessados nestes conjuntos fixos e descontextualizados.[9]

Como afirma Descola (1994a: 84-86) as regras que definem a inclusão dos seres em categorias genéricas são complexas e elusivas, e há certo grau de arbitrariedade em questões de taxonomia. Creio, contudo, que esta constatação emerge da tentativa de se fazer coincidirem as taxonomias indígenas com a taxonomia científica, cujos parâmetros são explicitados, até porque decorrem, em larga medida, dos sistemas populares de classificação dos seres na cultura ocidental (Thomas,

---

8 Fabiola Jara (1996a: 96) descreve o sistema Akuriyó – muito semelhante ao Karitiana – em que o sistema classificatório vai do mais geral ao mais particular, sem categorias intermediárias.

9 O foco na nomenclatura pode dar indicações incorretas, pois, como afirmam Berlin, Breedlove & Raven (1968), há evidências de que focalizar apenas as unidades nomeadas impede o entendimento da estrutura de certos domínios semânticos.

2001: 102-103); assim, há "resíduos" que sempre parecem "fora de lugar" porque as grades classificatórias nativas seguem regras variadas, que se entrecruzam e se conectam, muitas delas não apreensíveis senão após minuciosa investigação de aspectos da cultura aparentemente não relacionados à taxonomia.

Numa primeira aproximação, as poucas categorias supra-genéricas existentes no sistema de classificação dos animais dos Karitiana assemelham-se ao sistema de quatro destas categorias descrito por Philippe Descola (1994: 88-90) para os Achuar: *kuntin* (que congrega os animais de pena e pelo que são caçados; as caças), *chinki* (os passarinhos), *namak* (os peixes grandes) e *tsarur* (os peixinhos pequenos; estas duas últimas definem-se em função do modo de captura: arpão/anzol x timbó). Existe, ao largo desses agrupamentos mais amplos, uma infinidade de *categorias genéricas* aparentemente não relacionadas entre si, além de um número de seres que não pertencem a nenhuma categoria (ou constituem conjuntos próprios, com um único elemento).

Em um primeiro momento, pensei em manter separados este sistema de classificação contextual (cujo critério chave parece ser, como veremos, a comestibilidade) e um outro sistema, no qual os seres estão pulverizados em pequenos conjuntos (categorias genéricas) e em uma infinidade de seres não agrupados. Deste modo, subscreveria uma distinção entre uma classificação "*morfoecológica*" e outra "*utilitária*", além de uma terceira, dita "*simbólica*" (cf. Haverroth, 2004). Talvez fosse o caso, se os agrupamentos dos seres nas categorias "utilitárias" não fosse efetuado pelos próprios informantes, categorias que passaram, então, a funcionar como conjuntos supra-genéricos abrangentes. De fato, as distinções taxonômicas eram sempre feitas após a inclusão (quando factível, obviamente) da criatura em questão em uma das categorias gerais disponíveis, que são categorias de forte sabor "utilitário" ou "simbólico". Ademais, o nível de sobreposição – a inclusão de um mesmo ser em mais de um desses agrupamentos – parece rara: destaque-se que esta sobreposição é um dos indícios da existência de diferentes sistemas de classificação independentes (Haverroth, 2007: 53). Destarte, penso que esta distinção entre critérios de classificação talvez faça mais sentido na batalha entre taxonomia científica e classificações populares (cf. Thomas, 2001), e não estou seguro de que os Karitiana observem claramente tal oposição.

Adentremos, então, ao universo dos animais Karitiana.

***

A primeira categoria supra-genérica que abordaremos congrega todos os animais que os Karitiana caçam: *himo*. O termo significa, literalmente, *carne*, e é mais comumente utilizado para se referir, de modo generalizado e simplificado (pelos próprios Karitiana), aos mamíferos que são caçados para servirem de alimento.[10] Mas *himo* não compreende apenas os mamíferos, e nem congrega todos os mamíferos. É que *himo*, *carne*, faz referência aos animais que são *comidos* pelos Karitiana; ou seja, *himo* são os animais de *caça*, fonte dos alimentos mais prezados. Assim sendo, as aves que são caçadas e comidas pelos Karitiana são descritas como *himo* (por vezes são chamadas de *him papydna*, "carne alada"). Do mesmo modo – e ainda que haja dissenso quanto a isso – algumas espécies de anfíbios às vezes consumidas (a rã *kidapyhydna* e os sapos *mãamo* e *ekyj*) também são *himo* – como vimos, o sapo *mãamo* é tido como "*a primeira caça dos índios*", pois um mito fala que esta foi a primeira caça feita por *Boty~j* e dada aos Karitiana para que se alimentassem: um anfíbio, pois, demarca a origem da caça.[11]

Himo, pois, define a *caça* e a *carne*, posição da perfeita comestibilidade. Equação importante para nosso propósito neste livro: a comida vem, por excelência, da atividade da caça. Esta categoria evoca os "*contextos da comida*" (*contexts of food*, cf. Jara, 2002: 124), nos quais os seres são classificados em função de sua presença na dieta de uma sociedade. Embora tenha razoável fixidez – detecta-se um "núcleo duro" de espécies, com o qual a maioria dos informantes concorda – a categoria *himo* está, também, sujeita a revisões e manipulações dos indivíduos,

---

10 Existe outro termo para carne, *pisyp*, mas no geral os Karitiana sempre me traduziram a palavra "carne" como *himo*. Landin (1983: 81) registra *hĩm* como "carne (s[ubstantivo])" e *pisyp* como "carne (s. poss.)", no sentido de obrigatoriamente possuído. Talvez este último termo refira-se a carne de um animal enquanto um de seus atributos ou produtos, posto que *himo* indica o próprio animal, ou conjunto de animais que são caçados. Poderíamos dizer, então, que toda caça é carne, mas nem toda carne é caça.

11 Esta proposição levanta uma questão interessante: para os Karitiana, esses anfíbios são carne, e são também caça. Outras etnografias, contudo, apontam que a captura – que prescinde do uso de armas – de certas espécies (notadamente quelônios, anfíbios e invertebrados) é colocada ao lado da *coleta*, muitas vezes situando-a na esfera feminina da produção (cf. Fausto, 2001: 159). Não parece ser o caso aqui, porque uma dissociação entre caça e carne não parece existir, ao menos não antes da introdução, com a colonização, de animais de criatório abatidos para consumo. Voltaremos, claro, a isso.

posto que certos seres podem ser incorporados ao cardápio, assim convertendo-se em "*caça verdadeira*" (outro modo de definir a categoria) para certas pessoas.[12] Da mesma forma, alguns momentos rituais ou períodos críticos da vida tornam determinados animais impróprios para o consumo de certos indivíduos, que, se perguntados, podem oferecer classificação alternativa para determinados seres.

Vários grupos de seres de penas e pelos que não servem para alimentação humana não são, obviamente considerados *himo*. Não obstante, essas espécies podem ser agrupadas por meio de uma qualificação do próprio termo *himo*: são ditos *him'sara*, "*carne ruim*", ou *him a'oki*, "*carne que não se come*";[13] diz-se que elas são *himo*, mas de "*outro tipo*". Nesse sentido, pode-se discernir que os Karitiana percebem as semelhanças entre diferentes seres, mesmo que alguns membros de um conjunto sejam comidos e outros não. Talvez a tradução de *himo* como "*caça/carne boa ou apropriada*", em oposição a outras "*caças ruins/carnes impróprias ou imprestáveis*", seja mais adequada, espelhando, por exemplo, a oposição Kayapó-Xikrin entre *mru mei* (caça boa, alimento) e *mru kakrit* (caça sem valor), que recorta o campo dos animais de pena e pelo agrupados sob a categoria *mru* (Giannini, 1991: 45); a diferença está em que os Karitiana usam apenas raramente as expressões que denotam as carnes/caças impróprias, e como tal, elas não parecem constituir uma categoria plena. Talvez isso seja devido, como já disse, ao fato de a própria linha de separação entre carnes boas e ruins deslocar-se ao sabor dos eventos e das idiossincrasias, desejos e oportunidades individuais. De todo modo, parece-me, então, que se reconhece num certo conjunto de seres o dado de serem feitos de *carne* e de servirem, atual ou potencialmente, de *alimento*.

Estamos, talvez, diante da consideração de que onde há sangue *forte*, *quente* ou *grosso* (*ge pykõrõngo*) há *carne* (*himo*), real ou potencial; mais do que isso, se vive no mato, e é ou pode ser caçado, aí existe caça (*himo*). É possível, também, que as novas experiências gastronômicas trazidas após o contato – muitos Karitiana afirmam ter provado carne de seres antes interditos com seringueiros, garimpeiros, com outros povos indígenas e nas cidades – tenham alterado o sistema classificatório, e feito emergir a categoria de carnes impróprias: animais que

---

12 Leite (2007: 91-92) aponta que o sistema de classificação dos animais Wari foi modificado com a queda recente de proibições alimentares e a introdução de novas espécies consumíveis.

13 Ou ainda *him pisywem*, "carne preta, suja", em oposição às carnes apropriadas, *him pisyp se'a*, "carne limpa".

podem ser caçados e comidos, ainda que não o sejam com frequência cotidiana. Resta, todavia, um conjunto de seres que não são *himo* de maneira alguma, mas *kida*, como veremos, e onde a comestibilidade é estritamente proibida.

Podemos discernir um complexo de categorias de nível genérico no interior da supra-genérica *himo*. Antes, porém, precisamos retornar a questão dos *donos das caças* (*him õ'gy*), pois esses seres metafísicos operam uma subdivisão no interior da categoria *himo* que parece centrada nos ecótonos habitados pelas espécies, divididos, grosso modo, entre o alto e o baixo.

Com efeito, os Karitiana reconhecem uma série de criaturas (todas elas *bichos*, *kida*, como veremos) que controlam os diferentes tipos de caça, para quem os Karitiana devem *pedir* caça (que eles "*mandam*") por meio de *orações*,[14] mas que não toleram os excessos e o desperdício nas matanças, nem a caça desnecessária, nem o descarte despreocupado dos despojos das caças abatidas, punindo os caçadores transgressores com o estado de *panema*. Um ser chamado *Taokyy~ja*, segundo Cizino, parece ser o *dono* de todas as caças; note-se que não se trata de um espírito (*psam'em*), embora seja invisível ("*acompanha a gente como vento*"):

> Eu já vi. Ele é bom, rapaz! Ele é muito lindo, ele, muito. Ele [é] cheio [de] carrapato, cheio, cheio, cheio [de] carrapato, ele é diferente. Muito diferente [de] bicho do mato. Não é espírito, ele é como pessoa, mas tem diferente [diferença], você sabe diferente? Não é como, assim [nós], não é, não tem roupa, né? Não tem. Por isso anta tem muito carrapato. Eu vi muito, cada vez [que] eu vou no mato eu vejo ele.[15]

---

14 Assim os Karitiana traduzem fórmulas mágicas destinadas a "*pedir caça*" (e peixes) aos seus donos, bem como para afastar cobras, enviar doenças e infortúnios, entre outras ações. No caso das *orações de caça* (também chamadas de *rezas*), tratam-se de textos curtos, cuja expressão vocal parece situar-se entre o canto e a declamação (podem ser chamadas também de *cantigas*), embora eu reconheça que não disponho do instrumental teórico para analisar seus aspectos linguísticos. Sua estrutura consiste, mormente, na repetição da fórmula: "*cunhado, dá caça [macaco, anta, mutum, queixada...] para mim*". Ouvi diversas vezes essas orações sendo cantadas/declamadas, mas os Karitiana sempre foram relutantes em permitir sua gravação e sequer gostavam de falar sobre eles. Desta forma, lamentavelmente, não tenho elementos mínimos para analisá-los, o que espero poder fazer no futuro.

15 Cizino pode vê-lo porque é um *pajé* (xamã).

As informações do pajé Cizino parecem sugerir que *Taokyy~ja* é tanto uma espécie de "super-dono das caças", acima dos demais, como, alternativamente, uma categoria que agrupa várias criaturas reconhecidas como *donos de caça*, evocando a questão da unicidade-multiplicidade de certas pessoas na Amazônia (Fausto, 2006; 2008: 332):

> Tem muito tipo deste *Taokyy~ja*, dono de..., para cuidar, para salvar todo mundo, pássaro, mutum, a gente não sabe, né, Felipe? Ele leva [fica] só cuidando, cuidando como Deus, mesmo, porque Deus [*Boty~j*] fez. O Deus. Cuidando de tudo, Deus manda ele cuidar [do] povo da caça, arara, macaco, macaco-preto, tudo, tudo, tudo. Agora macaco, dono também, é gavião. Gavião não tem, sabia? Gavião não tem dono, gavião não tem dono, não. Dono do gavião [é] só Deus. Dono de onça, só Deus, entendeu? Agora, bicho do mato, bicho pra comer, todo bicho pra comer tem dono.[16]

Existem versões alternativas: Cizino, por exemplo, afirma que *Taokyy~ja* é quem "*dá caça pequena*" (cutias, pacas, tatus). Alguns homens Karitiana afirmam, contudo, que *Taokyy~ja* é o dono das antas (*irip'*), o maior animal caçado pelo grupo, cujo abate e o consumo de sua carne estão cercados de prescrições rituais.[17] Note-se que Cizino mesmo assinala a semelhança entre esta criatura e os tapires: ambos têm o corpo coberto de grandes carrapatos (*ororojo ty*).

---

16 Note-se, além disso, a disposição dessas figuras em uma estrutura hierárquica cujo topo é ocupado por *Boty~j* (*Deus*), o grande criador de todos os seres.

17 A anta é considerada um animal *sagrado* (o termo é nativo). Sua carne deve necessariamente ser partilhada por todos os membros da comunidade e consumida em silêncio e circunspecção. Seu sangue – considerado o mais *forte* (*ge pykõrõngo*) dentre todos os animais – até hoje é esfregado nos corpos de crianças e jovens para que eles se desenvolvam *fortes* e *duros*. Há um ritual chamado *Irip' sopahibmina* (lit. "*corcova de anta*") realizado quando uma anta é abatida, e destinado a "*mandar doença embora*" (Manso, 2001: 68-70). Cizino disse-me que "*espírito também é chefe de caça*" e que quando se abate uma anta é porque o dono/chefe "*liberou, porque é caça mais sagrada*" para os Karitiana: "*quando mata anta, caçador tem que dar carne para todo mundo na aldeia, não pode deixar ninguém sem pedaço, senão o caçador vai ter doença. Porque espírito deu caça para todo pessoal*". O pajé afirmou ainda que os espíritos que dão antas para os caçadores são *Yjtamama*, *Yjtasomo* e *Yjta'i*. Esses três espíritos antropomorfos são como auxiliares do pajé, pois é a eles que Cizino recorre nas sessões xamânicas: em uma sessão a que

A outra caça de grande porte, o queixada (*sojxa ty*) também tem um dono específico, *Taopoka*, chamado chefe de queixada, e assim descrito por Antônio Paulo:

> Antigamente tinha chefe de queixada, *Taopoka*. Foi um Karitiana que virou chefe de queixada. Diz que quando ele quer queixada, ele assopra: 'hung, hung, hung...'. Aí queixada grita, respondendo. Aí ele foi para o mato e ficou entre os queixadas, o pessoal viu no meio deles. Aí Karitiana matou queixada e ele chorou, e disse para não matarem queixada, pois eles eram gente. O pessoal disse que era só caça. Aí *Taopoka*, que era um chefe, morreu, depois nasceu de novo, e foi embora, virou queixada, até hoje é chefe do queixada.

Já Delgado se refere a *Taopoka* como mãe da mata, afirmando que ele "*é chefe de todas as caças do mato*", mas também "*dono do porcão*" (*sojxa õ'gy*):

> Mãe da mata, *Tao'poka*, é chefe de todas as caças do mato, deixa rastro como pé de gente. Ele segue os queixadas. Antigamente os brancos mataram um, mas ele deixou muito filho, que ficou. Ele não morreu, virou outra coisa diferente de homem. Se Karitiana matar mãe da mata, pessoa morre. O chefes de caça não deixam caçador machucar muito as caças: eles dão caça pro índio, mas não dá mais se caçador atira à toa [sem necessidade], brincando. A caça baleada fica doente para a mãe da mata. Ele dá caça para ser comida dos Karitiana, mas se caçador não sabe caçar e acerta, mas não consegue pegar, matar, a mãe da mata fica brava e não dá mais caça. A mãe da mata anda por todos os lados.

Seja como for, parece haver dois seres cujos "*emblemas*" são as duas presas de maior porte entre os Karitiana, mas que, em última análise, regulam a caça dos animais terrestres em geral, como afirmam estes e outros depoimentos. Mas se as duas maiores presas <u>têm</u> donos, os dois maiores predadores da floresta <u>são</u> donos, ou chefes: a *onças* (*ombaky*) e o *gavião-real* (há vários deles: *pytpyrĩn ty* – que pa-

---

assisti em junho de 2003, esses espíritos trouxeram de volta a alma do filho recém-nascido de João, que estava gravemente doente.

rece ser o mais comumente reconhecido, talvez um protótipo da categoria – *botỹ o*, *oroho* e *piribapo*).[18]

Note que aqui estamos tratando desses dois seres tal como encontrados no mato: toda onça e todo gavião-real existentes são *donos das caças*. Poderíamos dizer que se trata desses seres enquanto *espécies naturais*, se este conceito fizesse algum sentido para os Karitiana. Ademais, ambos são *bichos* (*kida*), categoria complexa que estaria, se assim posso dizer, a meio caminho entre a natureza e a sobrenatureza, e sobre a qual falaremos abaixo. Desta forma, onças e gaviões-reais, como predadores – "*comedores de carne*" – acumulam uma potência singular que os caracterizam como donos das caças. Das caças que matam e comem, e aqui um componente de *assimetria* parece saliente: o dono é aquele que efetua a devoração de seus "subordinados"; dirigem-se orações ou rezas às onças e aos gaviões-reais porque "*as caças são a comida deles*".

Aqui há uma divisão de trabalho: as onças são responsáveis pelas caças terrestres, ao passo que os gaviões-reais cuidam dos animais arborícolas (símios) e das aves, configurando-se uma oposição entre *baixo* e *alto*.[19] Vejamos o que se diz sobre as onças:

> Onça é dono da caça, a onça cria os bichos [animais] do mato, como a gente cria galinha. O terreno [terreiro?] da onça é grande, pois ela anda longe. É *Him õ'gy*, dono da caça". A onça também dá caça: ela é chefe, cria outros animais, é dona da caça (Delgado e Antônio Paulo).

Aqui há também algumas divergências: Cizino (entre outros) afirma que as onças cuidam apenas das *caças grandes, grossas*: porcos do mato (queixada e

---

18 Dos *donos de caça* diz-se, entretanto, que seu dono é *Deus* (*Boty~j*): em última análise, como vimos nos capítulos precedentes, *Boty~j* é o protótipo de *dono*, o grande criador, nos dois sentidos: produtor-fabricante (*maker*) e cuidador-controlador. Notemos que os gaviões-reais são, em certo sentido, "jaguarizados": como as onças, são animais grandes, agressivos e muito perigosos: "*gavião-real grande mesmo; ele não sente chumbo* [tiro], *não. Asa dele é grande, grande mesmo. Cabeça dele* [é] *igual cabeça de onça. Como avião*" (Cizino).

19 Oposição entre os seres que vivem no chão e aqueles que vivem nas árvores que é comum a outros sistemas classificatórios indígenas, como o dos Zuruahã (Kroemer, 1994: 104) e o dos Jarawara (Maizza, 2009: 39).

caititu), veado, veado-capoeira e tamanduá. Outros informantes destacam que se pode pedir qualquer caça para as onças, desde que terrestre. Pode-se pedir aos jaguares o acesso aos seguintes conjuntos de *himo* (categorias genéricas):

1) O grupo que reúne os seres relacionados às onças (*obaky*), que inclui os *tipos* normalmente consumidos – a irara (*obaky emo*) – e os vedados ao consumo – a onça-pintada (*obaky*, que parece ser o *protótipo*; também chamada de *obaky pe'ejema*, "onça pintada, com pintura"; este é o *chefe* não só deste grupo, mas de todos os animais de caça terrestres, como vimos), a onça-preta (*torowot*, ou *obaky torowot*), a onça vermelha (*obaky somo*), a onça-quati (*obaky iri'sa*, diz-se que é uma onça semelhante ao quati, talvez o guaxinim), o gato maracajá (*obaky ina*, "onça pequena"), o gato preto (*torowot'i*), dois animais chamados alternativamente de cachorro-do-mato, lobo ou raposa, e que tem "*o sentido da onça*", isto é, são semelhantes às onças (*kypõn* ou *kypõrõty*; e *gyryty*: diz-se destes que "*é igual cachorro, acua cutia igual cachorro*"). Os Karitiana reconhecem a unidade deste grupo, e as onças não comestíveis são ditas serem *him sara* ("*carne ruim*"), mesmo porque vários Karitiana (especialmente homens) afirmam terem comido a carne de várias dessas onças em diferentes ocasiões, conhecendo, inclusive, os efeitos deletérios e perigosos de sua ingestão. Com maior frequência, contudo, são registradas como *kida*, em razão de sua ferocidade e agressividade (ver abaixo). O quati (*iri'sa*) parece-me estar incluído aqui, pois se diz sempre que "*irara é igual quati*"; sua carne é muito apreciada. Os Karitiana observam que todos os seres deste grupo são ferozes (bravos, *pa'ira*), com frequência atacam as pessoas; são todos caçadores, predadores e se alimentam (majoritariamente) de carne que buscam ativamente. Os dentes (especialmente das onças-pintadas, mas também dos maracajás e cachorros-do-mato) são muito apreciados para a confecção dos colares de maior valor entre os Karitiana, pois são os presentes preferenciais dados pelos homens aos seus sogros;

2) O grupo não-nomeado que inclui a paca (*boroty*) e a cutia (*myndo*), ambas comestíveis (mas não muito apreciadas), além da capivara (*syhej*), está ina-

propriada ao consumo porque sua carne recorda o sabor da carne humana[20] ("*é tipo de gente*", embora algumas pessoas afirmem consumi-la hoje em dia; diz-se que os velhos podem comer);

3) Os porcos (*sojxa*): porcão ou queixada (*sojxa ty*) e porquinho ou caititu (*sojxa ina*), caças muito valorizadas por sua gordura;

4) O grupo dos tatus (*sootsy*), com as variedades tatu-galinha ou tatu-bola (*sootsy kyrysobma*, "*tatu com pelos no peito*"), tatu pequeno (*sootsy'i*), tatu-barriga-suja (*sootsy keet*), tatu-quinze-quilos (*sootsy ty*) e outros que não possuem denominação em português (*sootsy pok* e *sootsy pisywo*). O grupo inclui ainda dois *tipos* não comestíveis porque possuem *veneno* e são muito perigosos: o tatu peba (*gyryjyty'i*) e o tatu canastra (*gyryjyty*), criaturas extremamente perigosas, associadas aos mortos (porque são necrófagos, atacam e devoram os cadáveres dos defuntos: "*comem ossos de gente*"), não deve ser morto e nem mesmo procurado na mata. Tenho algumas dúvidas sobre se esses dois últimos seres devem ser agrupados nesta categoria, ainda que os Karitiana denominem todos como tatus (*sootsy*); é possível que aqui tenhamos uma "*classificação encaixada*" (Grenand, 2009), pois o tatu quinze-quilos e a paca são considerados irmãos ("*tatu é irmão mais novo da paca*"), com base no mito narrado na seção 1.4 (acima) e no fato de que ambos são caçados com armadilhas feitas com troncos pesados que desabam sobre o animal que morde a isca;

5) Os tamanduás (*ojopy*), com as variedades tamanduá-bandeira (*ojopy ty*) e mambira (*ojopy'i*, "tamanduá pequeno", também chamado regionalmente de *bereta*), este último não consumido (diz-se que a carne é dura); inclui outro tamanduá pequeno, vermelho e arborícola chamado *ngy'i*;

6) Os mucuras, ou gambás (*dokõn*), não se comem normalmente, "*só na mão do branco, mucura é como* [tem gosto de] *frango*";[21] mucuras são muitas vezes abatidas porque atacam galinheiros;

7) Os veados roxo (*de pita* ou *de emo*, "*veado preto*") e vermelho ou capoeira (*de somo*), caças muito apreciadas, especialmente porque são "*leves*" (*pawako*) –

---

20 Carlos Fausto (2004: 161) nos informa que a maioria dos grupos Tupi-Guarani evitam ingerir carne de capivara, pois ela tem fedor de sangue (*stench of blood*).

21 Note a associação entre mucuras e galinhas, cuja reprodutibilidade é comparada, tema ao qual já tratei no capítulo anterior.

"*porque veado corre muito*" –, qualidade buscada pelos homens, pois permite caçar com mais eficiência e escapar com destreza das agressões de índios inimigos e animais bravos;

8) Os ratos do mato (*mejehỹn*), também chamados preás, com diversas variedades, muitas delas comestíveis;

9) Os quatipurus (*oropoj*), com vários *tipos*;

10) Os quelônios: tracajá (*byypo*), tartaruga preta cabeçuda (*byyemo*), tartaruga branca (*byyopok*) e jabuti (*byypsom*); são *himo* só para os velhos, pois crianças e jovens nunca devem consumi-los, pois teriam preguiça e enveleheceriam precocemente: associação é feita com a lentidão desses animais;

11) Os vários anfíbios comidos pelos Karitiana, chamados genericamente de *sapos*, cuja denominação em Karitiana é *maam*, termo que designa também um *tipo* específico de sapo aquático, considerado, como já vimos, a "*primeira caça do índio*", pois foi o primeiro alimento criado por *Boty~j* para alimentar os Karitiana; inclui também *kida pyhydna* ("*sapo-rã*"), *ekyj* (sapo grande e aquático), *mam sa ep'orowõra* ("*sapo de perna comprida*"), *mam karako* (lit. "*sapo que tem muito sono, que dorme muito*"), *se'ãra~j* (só algumas pessoas afirmam comer), *sojo, hẽ~j hẽj, karara* (há dúvidas se é *himo*), *piwĩwĩ, maam ken, maam'i, mãwaty, maam sõmõra*. Algumas pessoas argumentam que o termo *maam* agrupa todos os sapos, rãs e pererecas conhecidos pelos Karitiana, mesmo os que não são comestíveis. Talvez, então, *maam* configure uma categoria supra-genérica própria, na qual alguns de seus elementos são *himo*. Não obstante, quando falam dessas espécies comestíveis, os Karitiana vão sempre dizer, antes de mais nada, que são *himo*.

Uma das caças (e das carnes) mais valorizadas pelos Karitiana não é agregada em nenhuma categoria genérica (ou, talvez, constitua categoria contendo um único elemento?): a anta (*irip'*), considerada "*carne sagrada*", além de ter o sangue mais *forte* e *grosso*, daí porque o consumo de sua carne está cercado de prescrições rituais e seu sangue é empregado pelos Karitiana em banhos considerados terapêuticos, pois "*dá força, espanta doença, faz criança crescer forte*".

Sobre os gaviões-reais, também chamados de *donos dos macacos*, dizem:

"O gavião-real é dono dos macacos: *him ongy naakat pypyr~in tyt*, o gavião-real grande é dono da caça" (Delgado).

"Gavião [é] chefe para ele. Para ele. Ele manda tudo, ele manda macaco, ele manda macaco-preguiça, ele manda macaco gogó-de-sola, ele manda tudo. Manda tudo. Tem que pedir também [para o] gavião também quando a gente está querendo macaco-preto: 'meu cunhado, rapaz eu estou querendo macaco-preto, dá pra mim, você come muito macaco, o que sobrar pode você me dar. Eu quero, minha mulher quer, meu filho quer, não quero pra mim, não. Meu filho está chorando, cunhado'. Fala com ele, com gavião, né? A gente canta também, ele canta, quando ele dá macaco, quando ele, ele dá macaco-preto ele canta, pra dar [para a] gente. Gavião. Gavião canta. Gavião-Real. Gavião-Real canta quando ele dá macaco, macaco-preto, macaco-prego, macaco-velho, todo macaco ele deu pra gente, cantando, entendeu? Cantando ele deu. Eu sei canto dele, eu sei tudo isso". (Cizino)

Os gaviões-reais são os donos da maioria das espécies arborícolas (sobretudo dos macacos) e das aves que são caçadas. Mas a referência ao *macaco gogó-de-sola* (*sy'yj*)[22] na fala de Cizino, um animal que não é comido pelos Karitiana – ele é, por outro lado, muito temido pelos índios – sugere que os *donos de caça* também controlam seres habitualmente não caçados e consumidos pelo grupo. O

---

22 O gogó-de-sola é agrupado pelos Karitiana com os primatas e é sumamente temido pelos índios: "*não se come, é bicho [kida] ruim. Pelo dele é parecido com [do] macaco de cheiro, ele é como macaco, macaco mesmo. Quando foca a lanterna nele, ele desce da árvore para atacar. Ele é pa'ira* [bravo]. *Ele pula longe, e morde só na garganta, no pescoço, nuca, até matar. É macaco vampiro, gosta de sangue*". Dizem que é um animal pequeno (cerca de 40-50 cm), de hábitos noturnos e muito agressivo. Algumas pessoas o identificam com o macaco-da-noite, mas parecem ser *tipos* distintos. Borzacov (2004: 136) diz que, na zoologia regional rondoniense, trata-se de "*felino parecido com macaco, sumamente perigoso*". A classificação científica afirma que se trata do *jupará* (*Bassaricyon gabbii*), um carnívoro procionídeo (Ibama, 2004: 6) e Viveiros de Castro (1996: 198) nota que os Araweté também associam juparás aos macacos-da-noite. Segundo a bióloga Malú Messias (com. pessoal), trata-se provavelmente do jaguarundi ou gato-mourisco (*Felis yaguarondi*), um felino de pequeno porte, pelagem marrom-avermelhada e hábitos noturnos.

que definiria, pois, as caças, é o fato de serem carne, mesmo que não sejam nunca comidos, ou o sejam apenas raramente.

O campo sobre seu controle discrimina as seguintes categorias genéricas:

1) Os macacos (*pikom*): macaco-prego (*pikom*, que talvez constitua um protótipo deste conjunto, pois é a presa mais frequente, além de caça mais apreciada: diz-se que é "*a carne primeira do índio*"; os Karitiana dizem que *pikom* é o nome do macaco-prego, mas também de todos os macacos), macaco velho (*orori*), macaco zóin (*iro~j*), macaco-de-cheiro (*bij*), guariba (*jepaky*), macaco-preto (*orom*), o macaco zogue-zogue (*ery*) e o macaco-preguiça, ou bicho-preguiça (*o'i*), que só os idosos podem comer. Aqui se incluem também seres que não são comidos, pelo menos não habitualmente: o macaco gogó-de-sola (*sy'yj*), que também é *kida* (ver abaixo), e o macaco da noite (*mõ~jỹrỹ*, ou *pikom dipino*; *dipo* = noite); os macacos definem-se por seus hábitos arborícolas e uma suposta semelhança com seres humanos é absurda aos olhos Karitiana;

2) Todas as aves que são comidas pelos Karitiana conformam as categorias genéricas que podem incluir espécies reconhecidas como "*tipo de*" ou "*irmão de*", mas que não se prestam usualmente como alimento. Os Karitiana, como outras sociedades indígenas amazônicas, conhecem uma riqueza impressionante de aves, e não disponho de espaço, aqui, para reproduzir esta variedade, tarefa para um outro trabalho. Contudo, é possível reconhecer algumas categorias genéricas – cuja lista seguramente não é exaustiva –, nomeadas a partir de protótipos (ou seja, o nome que será fornecido quando se pergunta "*como se diz tucano na língua?*"): pica-paus (*yrypan*), araras (*pat'*), tucanos (*jeokon*, nome que se dá ao tucano grande; esta categoria inclui os tucaninhos e araçaris), bacuraus (*pyyp pyyp*), nambus (*pom*, categoria que inclui as principais aves caçadas e consumidas pelos Karitiana, e que são espécies de hábitos majoritariamente terrestres), marrecos (*~jo~jbiri*), gaviões (*pytpỹrĩ*), andorinhas (*piri~jã*), urubus (*akyry*), patos (*kyry*); há outras categorias não nomeadas: uma inclui papagaios (*gy*) e curicas (*ĩrĩng*);[23] outra agrega diferentes *tipos* de corujas; outra agrupa as juritis, pombas e rolinhas.

---

23 Araras, papagaios e periquitos (curicas) só são comidos pelos velhos, porque faria os jovens envelhecerem rapidamente, tornando-se pesados, preguiçosos e lentos. Indica-o as rugas em torno dos olhos dessas aves, além do fato de elas estarem com frequência com os bicos abertos e a língua para fora, como que arfando, cansados (estado dito *sombyko*, "*sem fôlego, não consegue*

Reconhece-se também uma categoria mais ampla, *orojyt'*, que agrupa grande parte das aves de hábitos aquáticos, reconhecidas por se alimentarem exclusivamente de peixes, nenhuma delas comestíveis (são *him sara*: seu consumo causa loucura, preguiça ou cansaço extremos, ou mata a pessoa por esfriamento do sangue e do corpo). Esta categoria aparenta subdividir-se em certas categorias genéricas, a saber: maçaricos (*men men*), uma categoria não nomeada de aves "*parentes uma da outra*", que inclui o socó (*ot'ot*), o socozinho (*ot'ot'i*), o jaburu (*okoroj*), a garça-branca (*kendopok o~jeng*), um tipo de garça (*boxajpa*) e uma ave semelhante ao jaburu (*owãnowãn*). Inclui, ainda, duas variedades de martim-pescador (*tarak tarak* e *tarak tarak i*). Um mito confirma o agrupamento dessas aves em uma mesma categoria, que parece relacioná-las ao hábito da pesca com arco e flecha, ainda hoje praticada pelos Karitiana e que possivelmente espelha a destreza dessas aves na captura de peixes com seus bicos aguçados (como flechas que, no mito, transformam-se em bicos). Cizino narra:

> "Todos os pássaros [aquáticos] começaram como homem. Aí *Ora* mandou o pessoal [isto é, os humanos-que-serão-pássaros] buscar peixe, mas eles não achavam peixe, peixe não morre, não. Aí *Ora* mandou de novo pessoal buscar peixe, mas o pessoal não quis ir. *Ora* insistiu, e o pessoal concordou. Foram buscar peixe. Quando o pessoal estava lá, pescando, *Ora* foi lá e viu os peixes mortos, muitos, mas o pessoal não pegava. *Ora* brigou com o pessoal: "vocês têm muita preguiça!" Pegou *okoroj* [jaburu], quebrou a flecha dele, enfiou no bico, e mandou ele embora, que voou como jaburu. Pegou *owãnowãn* [ave semelhante ao jaburu] e fez o mesmo com ele. Pegou *botxajpa* [tipo de garça], pegou *ot'ot* [socó], pegou *ot'ot'i* [socozinho], pegou *kendopok o~jeng* [garça], pegou *tarak tarak* [martim-pescador], pegou *tarak tarak i* [martim-pescador pequeno] e fez com todos o mesmo. Aí mandou todos embora, voando, como pássaros, pegou todos os peixes e entregou para Deus [*Boty~j*]".

---

correr"). A carne desses pássaros, como dos jabutis e tracajá, também deixa *pesado* (*pyti*). Esses efeitos também se observam na recusa do consumo de carne de onças e cachorros domesticados – além de ser outra característica que os aproxima: diz-se que, como as onças, "*cachorro fica cansado,* [com a] *língua para fora*".

Várias aves importantes econômica e simbolicamente para os Karitiana não são agrupadas em categorias, caso do jacamim (*syy~j*), do mutum (*bisỹ*) e do jacu (*pa'y~j*), entre outros.

A constituição de um recorte no interior da categoria *himo* a partir da divisão de domínios entre onças e gaviões-reais encontra respaldo no ritual, demonstrando que, como argumenta Fabíola Jara (1996a: 272), as festas "*explicitam um aspecto crucial do sistema de classificação dos animais da floresta*". Assim, as *festas da caça* (*him myỹj*) – que não são ritos propiciatórios, mas destinam-se a manter afastadas as doenças e os espíritos agressores, bem como a trazer saúde para o grupo – autorizam o consumo apenas da carne de certas aves e macacos, mas de nenhuma caça terrestre: os homens que saem para buscar as caças necessárias para a realização do ritual – cada um que deixar a aldeia deve trazer pelo menos uma presa – não podem sequer matar caças vetadas, mesmo que sejam espécies consumidas no dia-a-dia. Da mesma forma, quando alguém morre, os homens devem trazer caça que, após preparada, é deixada para que o espírito do morto coma "*a alma da carne*"; nem toda carne é permitida, contudo, e a lógica aqui parece ser a mesma que preside a escolha das carnes servidas nas *festas*. Vejamos o que dizem João e Daniel a respeito:

> Carne que pode colocar na frente do túmulo são mutum, tuna, nambu, tucano (porque o pé dele é seguro, não cai de árvore), macaco prego, macaco de cheiro, tucaninho (*po~jon*), tucaninho (*tantan*). Jacu não pode, pois tem cabeça doida; porcão [queixada] não pode, porque é muito bravo, nojento; não pode quati, macaco-velho nem macaco zogue-zogue, pois eles caem muito das árvores, no chão; cutia e paca não pode, porque andam de noite. Não pode tucaninho *pyyk*, por causa do nome dele, tem nome ruim, *pyyk* é 'acabar, terminar', e a aldeia inteira ia acabar. Macaco preto não pode, nem para festa [de caça]: dá reumatismo, fica aleijado.

João disse-me que a proibição de incluir certas caças (como o tamanduá-bandeira) nos ritos de caça e nas cerimônias fúnebres tem a ver com as garras pronunciadas desses animais, mas não tenho dados adicionais. Diz-se, ainda, que nas festas só se usa "*coisas* [carnes] *limpas, bonitas*". O que parece definir as carnes ritualmente apropriadas é, em primeiro lugar, uma distinção entre seres "de cima" (alados ou habitantes das copas das árvores) e "de baixo" (caças terrestres, todas impróprias).[24] No interior do primeiro grupo o conjunto heteróclito de espécies proibidas aponta para algumas recorrências, que buscam evitar seres associados à loucura, ao pesado ("*carnes pesadas*", *him botiip*, o que, no final das contas, todas as carnes de animais terrestres são), à noite e que se movem de maneira abrupta do alto ao baixo (que "*caem muito das árvores*"). Não tenho dados adicionais que sustentem com segurança esta afirmativa, mas penso que as aves e macacos permitidos em festas e enterros – momentos de contato forte com espíritos, das doenças ou dos recém-falecidos[25] – são "comidas de espírito", não tanto porque essas criaturas comem destas carnes, mas porque elas atualizam aquilo que os Karitiana vivos devem ser, em oposição aos mortos (que querem levar seus parentes para o além) e aos espíritos que trazem doenças (que querem estar sempre próximos às pessoas para fazê-las adoecer e, assim, roubar-lhes a alma): leves, diurnos, firmes, centrados, belos, saudáveis, física e psicologicamente sadios.

As caças "do alto" (aves e macacos), cujo dono é o gavião, distinguem-se das caças "de baixo", controladas pelos jaguares, também nos contextos rituais mais importantes dos Karitiana. Parece, portanto, que se todos são *himo*, macacos e aves (ou a maioria deles) possuem carnes consideradas realmente *limpas*, *leves* e *saúde* (isto é, saudáveis):[26] não é fortuito, pois, que os macacos sejam "*a carne primeira* [mais apreciada] *do índio*".

---

24 Talvez haja também uma oposição entre caças *grandes* (de baixo) e *pequenas* (de cima); os Karitiana nunca dispuseram as coisas deste modo, mas há certa percepção de que as caças grandes estão no chão, ao passo que nas árvores e no ar encontram-se, em sua maioria, caças de menor porte. Lúcio (1998: 47-48) diz que as caças pequenas (especialmente aves) são "*a alimentação básica dos psam'em*" (espíritos). Ver Menget (1993) sobre a *hierarquização* dos seres vivos fundada no tamanho e na quantidade de "*energia vital*".

25 Antônio Paulo: "*antigamente pajé falava que espírito vive dentro do temporal, do vento. Daí mandava fazer festa da caça, festa da chicha, para amansar espírito mau, para ele não levar sombra da pessoa, e ela ficar doente. A festa agrada o espírito, a gente faz para ele, daí ele não faz mal. A festa tem que ser séria, não pode fazer nada errado, senão estraga a festa*".

26 A carne da anta também é considerada saudável, além de ser sagrada (o termo é Karitiana), mas é muito *forte* e *pesada*, e por isso não "*presta para festa*". A carne e o sangue das antas parecem vinculadas aos ritos que, antigamente, cercavam a guerra e a apropriação das cabeças dos inimigos mortos: se hoje se banha com o sangue das antas para se ter força e saúde, antigamente empregava-se, do mesmo modo e para finalidade idêntica, o sangue dos *opok pita* e o caldo onde se cozinhavam as cabeças cortadas dos contrários.

* * *

I~jo é a categoria que agrupa uma enorme e heteróclita variedade de aves de pequeno porte, que os Karitiana em geral traduzem como "*passarinhos*". Existem, contudo, certas discordâncias: alguns indivíduos afirmam que *i~jo* inclui todas as aves, aplicando o termo derivado *i~j'ina* ("*i~jo pequeno*") para os passarinhos, e outro derivado, *i~jity* ("*i~jo grande*") para pássaros de maior porte. Outros informantes defendem que *i~jo* define as aves que "nascem no mato", assim excluindo as galinhas e outros pássaros mantidos como criação, "*porque galinha não nasce no mato*"; outros, ainda, manifestam dúvidas sobre a inclusão de jaburus e mutuns na categoria, embora sustentem que ela congrega, além dos passarinhos, tucanos, patos, araras, gaviões, jacus, japós, curicas e outros.

O fato é que, discordâncias à parte, a maioria das pessoas entende que os *i~jo* não são comestíveis: não são *himo*. As dúvidas talvez decorram de uma tentativa em agrupar o conjunto das aves – tal como informado pelo conhecimento popular local ou pela educação escolar em biologia – em oposição aos demais grupos de seres (especialmente aos mamíferos, que seriam as caças por excelência), mas noto que a maioria dos informantes com quem conversei não titubeou em definir as aves grandes (sobretudo as normalmente comidas) como *himo*, nunca como *i~jo*; esta categoria fica, mesmo, restrita aos pássaros pequenos. De fato, a maior parte das espécies de passarinhos incluída nesta categoria, e nomeadas, não apresenta maior rendimento, nem econômico (são pequenos demais para servirem de alimento), nem simbólico. Muitas delas, contudo, são temidas por anunciarem presságios funestos, e várias têm seu consumo estritamente proibido, pois podem provocar uma série de condições patológicas, doenças ou estados alterados do ser (por exemplo, *pypihyko*, estado que se caracteriza pela morte sucessiva dos parentes da pessoa, em especial seus filhos; esta condição fundamenta a proibição do consumo da carne dos japiins – *kyjyp* e *oritowy* –, pois considera-se que estes passarinhos não sabem cuidar de seus filhotes, que por isso morrem em grande quantidade e com grande frequência).

No interior da categoria *i~jo* encontra-se um possível subconjunto, *pyjoti*, literalmente "*mãe do capim*", que agrupa passarinhos que costumam frequentar, em bandos, os gramados, pois se alimentam sobretudo de sementes de capim. Outra categoria agrupada entre os *i~jo* agrega os beija-flores (*kida papydna*, literalmente "*coisa-asa*", "*coisa que tem/é asa*"; este é propriamente o nome da categoria, pois não denomina nenhum *tipo* em particular); beija-flores são ditos serem "*bem sagrados*" e jamais podem ser mortos; comê-los é uma impossibilidade lógica, mesmo porque esses pequenos pássaros são reconhecidos como anunciadores da caça, e um mito reconta como o beija-flor se tornou uma espécie de acólito das caças grossas, anunciando aos caçadores quando voa pela mata a aproximação de antas e porcos do mato.

* * *

A categoria *ip'* congrega os seres que vivem nos rios e lagos, e é traduzida como *peixe*. Com efeito, todos os peixes estão agrupados nesta categoria, embora alguns poucos indivíduos equacionem *ip'* com os peixes comestíveis, pois dizem que "*é ip' porque a gente come*". Outros seres aquáticos também aparecem como *ip'*: caranguejos (*are*) e camarões (*jopiparat*) de água doce, jacarés (*sara*), botos (*ip'hy*, "*peixe grande*") e vários *tipos* de quelônios aquáticos, os tracajás (*byypo*). Há algumas dúvidas sobre a inclusão desses seres (crustáceos, mamíferos e répteis, na classificação zoológica) na categoria dos peixes (sobretudo quanto aos répteis, porque, para algumas pessoas, "*peixe não sai da água*"), assim como acontece com as arraias (*o~ji*) e os poraquês (*~jyngty*, "*peixe sarapó grande*") – ambos classificados, por vezes, de *kida*, pois "*é bicho feio*" –, mas em geral considera-se como *ip'* todas as criaturas criadas por *Ora* a partir de objetos inertes flutuando nas águas de um rio, tal como narra o mito de que fragmento foi transcrito no primeiro capítulo. Exceção feita às serpentes aquáticas, notadamente a sucuri (*so~jbap*), que não são peixes, mas, como as demais cobras, são consideradas *kida*, mesmo tendo sido também criadas pelo poder da fala de *Ora*. Da mesma forma, o mussum (*dyk*), que para a zoologia científica é um peixe, para os Karitiana é uma cobra.

É possível que as sucuris – que são ditas serem "*chefe de peixe*", para quem se deve pedir uma pescaria farta – sejam associadas ao próprio *Ora*: criador e criatura se confundem, posto que *Ora* é às vezes descrito como uma enorme serpente que vive nas profundezas dos rios. *Ora* é o dono dos peixes por excelência: "*Ora é coisa da água. Ora é como gente, vive no rio e tem fala nasal, fala pela língua. Ora nasceu do olho d'água*". O grande dono dos rios, "*chefão da água*", é *Ora*, mas não se requisitam peixes a ele: se o fizerem, os Karitiana correm o risco de serem devorados pela criatura. Existe, ainda, um conjunto de outros donos dos peixes: *Par*, que quando era gente só queria os peixes para ele, e continua protegendo "*o povo dele*" até hoje, recusando-os aos Karitiana; *Morĩ*, "*é bicho*", leva as pessoas que morrem afogadas; *~Jangpa*, *Opapãmãm* e *Papari*, "*bichos que moram na água*"; *Taosibma*, chamado "*chefe da jatuarana*", que era gente, mas só gostava de estar nos rios, entre os peixes, "*como peixe*", e para quem atualmente os Karitiana pedem uma boa pescaria: "*me dá peixe, estou com fome, minha família está com fome*".

Os Karitiana reconhecem uma grande variedade de peixes, a maioria deles comestíveis, mas muito submetidos a restrições rituais ou vinculadas a momentos críticos do ciclo de vida. Destaque para a jatuarana (*pojpok*), o peixe mais apreciado pelos Karitiana:

> "Jatuarana é peixe bom, não tem doença nem sujeira, tudo gordo, tem saúde, é peixe saúde [saudável], por isso é bom para festa. Jatuarana é diferente dos outros peixes: a casca [escamas] dela é miúda" (Inácio).

Pode-se dizer ser um protótipo da categoria *ip'*; existe um ritual, chamado *festa da jatuarana* (*pojpok myy~j*), também destinado a trazer saúde e vitalidade para a comunidade, no qual se consome quase exclusivamente este peixe, além de outros com eles aparentados – piau (*iwity*), sardinhão (*pojpok ogyty*), matrinchã (*pojpok'i*), *pojpokogy*, *kyryhydna*, *syp*, *papeek*, *ojogot* – o que acaba por configurar, também ritualmente, uma categoria genérica (definida pela jatuarana, o *protótipo*) de peixes assemelhados. Outra possível categoria genérica inclui os peixes chamados de *cascudos* (*siom*), termo que designa o protótipo do grupo, o *peixe cascudo "de verdade"*.

Se a caça é uma atividade estritamente masculina, da pesca participam homens, mulheres e crianças, que se reúnem em alegres grupos para, no alto verão (quando igarapés e lagoas estão com seus níveis muito baixos), organizar pescarias coletivas com timbó (*tim*, timbó comum, e *topyk*, "mais forte", usado para pesca do poraquê), tapagens (estruturas de madeira que represam os rios e prendem os peixes em cercados, onde são flechados – e apenas os homens podem pescar com arco e flechas – e recolhidos) ou simplesmente utilizando redes, malhadeiras e peneiras para pequenos peixinhos que vivem próximos das margens.

Não obstante, como os peixes têm *donos*, e *donos* particularmente perigosos e agressivos (*Ora* é o devorador de pessoas por excelência), a pesca não é uma atividade isenta de riscos: deve-se pedir, por meio de *orações/rezas*, para que as criaturas da água cedam os peixes aos pescadores. Daí porque a pesca, para os Karitiana, não pode ser equacionada à coleta, nem os peixes encontram-se em um pólo vegetal, tal como ocorre em certas sociedades indígenas (Belaunde, 2001: 196) e nas sociedades industriais contemporâneas (Bérard, 1993; Martini, 2008). Desta forma, a criação de peixes em tanques – que, como já aludimos, está sendo planejada para a aldeia *Kyõwã* – pode encontrar dificuldades adicionais: se *Ora* é o criador e o *dono* dos peixes – que, além disso, têm uma pletora de outros *donos* –, como produzir artificialmente criaturas que já tem dono? Como alimentar seres que, no fundo das águas, já são cuidados por uma pletora de *donos*, e por isso "*se aguentam*"? Recordemos a advertência de Descola (2002: 106) de que a domesticação nas terras baixas não funcionou porque implicaria uma transferência imprópria da sujeição dos seres, que já têm donos/mestres/chefes, o que acarretaria na diluição da alteridade necessária para o ato de matar.[27]

Note-se que peixes não são *himo*, embora sejam comida. Voltando, então, aos *himo*, talvez estejamos diante de um termo que faz referência, mais do que à *caça* (em oposição à *pesca*), ao fato de que tanto as aves quanto os mamíferos habitualmente consumidos possuem uma carne com *sangue* abundante e *grosso*, *quente* e *forte*: existem inúmeras práticas – de *evitação*, mas também de *consumo* – associadas ao sangue dessas espécies, e a não-comestibilidade de várias delas está ligada ao "*pitiú do sangue*" (*ge opira*, literalmente "*fedor, cheiro forte, do sangue*"). Com exceção dos grandes bagres de couro e do poraquê, os peixes não apresentam dificuldades quanto ao seu consumo: em certo sentido, os peixes não têm sangue, e nunca ouvi os Karitiana mencionarem prescrições relativas ao sangue dos peixes.

* * *

---

[27] Os Karitiana não comem nenhum animal que se alimenta única ou preferencialmente de peixes (lontras, ariranhas e aves aquáticas), pois a carne desses seres "*gela o sangue e o corpo*", causando a morte. Sua dieta vincula-os a *Ora*, grande criador e chefe dos peixes, e a criatura mais perigosa e temida pelos Karitiana em função de seu gosto por carne humana.

Três pequenos grupos de seres não se enquadram em nenhuma das categorias acima descritas. Deles não se diz nem mesmo que são *him sara* ("*carne ruim, que não presta*"). Os Karitiana também negam a semelhança desses seres com os passarinhos ou com os peixes. Eles são, por assim dizer, *categorias residuais* (Hunn, 1977: 54-55), no sentido em que são percebidos como os animais em geral, mas não fazem parte de nenhuma das categorias supra-genéricas definidas.

Um deles é o grupo (não nomeado) que inclui a lontra (*toroty*), a lontrinha (*toro'i* ou *kida pytot'i*) e a ariranha (*kida pytoroty*, literalmente "*coisa/bicho que tem a mão aberta*", referindo-se às membranas entre os dedos), animais não comidos pelos Karitiana (pois têm muito pitiú, porque se alimentam de seres aquáticos), e considerados também chefes de peixes, embora não sejam peixes (*ip'*).

Outro grupo agrega os morcegos: "*morcego não é pássaro* [*i~jo*], *nem himo, é morcego mesmo*" (Luiz). Aparentemente, para os Karitiana todos os morcegos existentes são hematófagos, mas apenas dois *tipos* são descritos: *asori* (morcegos de pequeno porte, mas também nome genérico para o grupo dos morcegos; alguns Karitiana mencionam *asori ty* para os *tipos* maiores, e *asori ina*, *tipos* de menor porte) e *okoko~jo* (grandes morcegos do mato, que vivem nas cavernas a sudoeste da aldeia *Kyõwã*). Os morcegos não têm chefes.

Um terceiro grupo é integrado pelo porco-espinho ou cuandú (*koroko*, ou *korok ty*) e pelo rato-toró, ou rato da taboca (*korok'i*, "*koroko pequeno*"). Diz-se que, antigamente, se a carne desses animais fosse comida, a pessoa seria morta por índios inimigos: diz-se que eles "*jogam veneno*" naqueles que os molestam, pois têm "*reza muito forte*". Um mito conta como os *opok pita* mataram, degolaram e estriparam um rapaz que, caçando junto do irmão, respondeu ao chamado de um rato-toró que cantava no tabocal: por isso, ainda hoje, quando o rato-toró canta à noite na beira dos igarapés, jamais se deve respondê-lo ("*arremedar*", imitar), sob risco de morte violenta. Parece haver alguma associação entre as flechas dos inimigos e os espinhos desses seres: diz-se que eles entram pela pele e "*chupam a carne*" da pessoa ferida, exatamente como as flechas, que "*comem carne e sangue*" de gente.

Os seres desses três grupos parecem deslizar para a categoria *kida*, mas parecem se diferenciar destes pela ausência de agressividade despropositada; sobre eles os Karitiana manifestam muitas dúvidas quanto a serem *kida*, mas o certo é que não estão agrupados nas categorias genéricas esboçadas anteriormente.

Confesso que o grupo formado pelo porco-espinho e o rato-toró me é incompreensível, mas podemos supor que, nos dois outros casos, o que chama a atenção é o fato de que conjugam modos de vida distintivos: as lontras são até reconhecidas como "*parecidas com onça*", mas vivem na água e alimentam-se de peixes; os morcegos, por seu turno, voam, embora se negue explicitamente que sejam *him papydna* ou *i~jo*.

* * *

Uma última categoria é definida, como já aludimos acima, pelo termo *kida* (também pronunciado *kinda*). *Kida* não parece ser exatamente uma categoria, senão na definição de certos conjuntos de seres. Em uma primeira acepção, *kida* é traduzido pelos Karitiana como "coisa", qualquer objeto material que não pode ser nomeado ou singularizado (a não ser por meio de um qualificativo): assim, *kida'o*, "*coisa redonda*" (isto é, fruta), ou *kida ~ji~jga*, "*coisa [que faz] fumaça*" (cigarro).

Kida, porém, possui outra tradução, que nos interessa mais de perto: ela define aqueles seres que os Karitiana denominam "*bichos*", na acepção próxima do uso da palavra no Brasil popular: "*todo animal, seja homem, ave ou peixe, de formas colossais, ou estranhas à espécie, ou muito feios. Visão, alma do outro mundo, coisa extraordinária, fenomenal e inexplicável*" (Cascudo s/d [1954]: 161).[28] Assim, são *kida* várias criaturas monstruosas, horrendas e destrutivas que são recordadas nos mitos, mas que também povoam a floresta onde vivem, atualmente, os Karitiana, e que epitomizam o perigo que ronda as incursões pelo mato (onde podem ser vítimas do *Mapinguari* – *owojo*, *kida harara* ou *kida so'emo* – do *Go hyhy* – uma planta que se transforma em pessoa "*branca, como morta*" que mata provocando loucura – ou do *Yj'o*, uma cabeça com pequenos pés que persegue pessoas para devorá-las), ou momentos críticos da experiência pessoal mesmo no interior da aldeia, como as mudanças de estação (controladas por *~Jo~j hi*, o Indiozinho da Friagem), as mortes (que propiciam a aproximação dos *psam'em*, "*alma/espírito*", além do poderoso *Kida hu~j hu~j* ou *Tem tema*, uma

---

28   O dicionário bilíngue de Landin (1983: 29) registra, para *kida*, além de *coisa*, a tradução como *mamífero*. Nunca ouvi os Karitiana fazerem referência a esta acepção, e nem acredito que os mamíferos sejam percebidos como uma categoria discreta de seres; na verdade, nunca ouvi alusão a mamíferos quando investigando a taxonomia local. Diferentemente dos Wapishana (Farage, 1997: 58-61) os Karitiana quase nunca se referem aos animais selvagens quando utilizando a categoria *kida*, conservando apenas sua referência a seres monstruosos, feios e perigosos.

enorme criatura com asas de morcego que devora a *sombra*, ou *alma*, das pessoas, e que é associada ao Diabo, "*satanás, cão, bicho ruim*"), a irrupção de redemoinhos de vento (morada de *psam'em pyyt*, "*espírito do vento*") e as *festas*; podem, ainda, aterrorizar os humanos quando de condutas impróprias, como ter relações sexuais durante a menstruação, ou caçar e pescar sem a devida requisição aos donos dos seres da mata e dos rios, e não distribuir porções da caça aos familiares e vizinhos (*Dopa*, o *Curupira*, e *Tao'poka*, *Mãe da Mata*, castigam caçadores que "*estragam caça*"; *Ora* e todos os *chefes de peixe* são temidos porque são canibais; todos os *donos* ou *chefes* dos animais são *kida*).

Kida é a categoria que agrega esses seres que parecem deslizar entre o natural e o sobrenatural. Mas *kida* é também um estado do ser, que conota a agressividade, a periculosidade, a feiúra, a asquerosidade e, arriscaria dizer, uma espécie de supernaturalidade. Os seres ditos *kida* destoam da paisagem bela e segura do mundo, introduzindo nela algo de uma potência destrutiva e descontrolada, marcada pela predação, pela devoração, pela agressão desproposital e por uma existência destinada ao desrespeito pela integridade dos demais viventes e pelo derramamento de sangue. Deste modo, *kida* funciona menos como uma categoria e mais como um qualificativo – que expressa potência, monstruosidade, feiúra – de certos indivíduos – ou momentos do indivíduo, digamos – no interior de categorias constituídas pelo critério da comestibilidade, como vimos acima, e que discrimina certos seres como totalmente intragáveis: assim, as onças – sobretudo a onça pintada, a onça preta e um conjunto de onças descritas como "*tudo bicho*", e temidas por sua ferocidade: *obaky bijo* ("*onça-macaco-de-cheiro*"), *obaky oromo* ("*macaco-onça*"), *obaky iri'sa* ("*onça-quati*" ou "*macaco-quati*"), *obaky poko* ("*onça branca*") e *obaky hu~j hu~j* ("*onça-coisa ruim*") – são, muitas vezes, descritas não como *carne/caça*, nem *carne/caça imprestável*, mas como *bichos* (isso também porque são *chefes*); o mesmo se diz do porco-espinho e do rato-toró, do macaco gogó-de-sola, dos morcegos (com dúvidas), do poraquê e das arraias: todos são, além de carne e peixe, *kida*. Mesmo cachorros da aldeia, quando manifestam comportamento diuturnamente agressivo, podem ser ditos "*bichos*".

Certos grupos de animais, contudo, são integralmente circunscritos pela categoria *kida*, assemelhando-se, parece, por sua feiúra, torpeza e periculosidade: *kida* também faz alusão aos seres que "*vivem na porqueira*" e são *sujos*, assim diferenciando-se das "*coisas*" ou "*carnes limpas*" que caracterizam *himo* e *ip'*.

Tal é o caso das cobras (*boroja*) – de que se diz "*é kida mesmo*", e que são os seres mais temidos pelos Karitiana quando excursionando pelo mato (grupo que congrega uma enorme variedade de serpentes, incluindo o mussum (*dyk*) e a jequitiranaboia (*boroja papydna*, literalmente "*cobra alada*") – das aranhas (*dykysy*), dos carrapatos (*ororojo*), dos répteis (não todos, mas um grupo não nomeado que inclui *ohin*, calango; *ohinda*, camaleão ou lagarto teiú; *gako*, iguana; *mõyyno*, lagartixa; *mamõ'õ*, lagartixa), das sanguessugas (*kida ~jo~jhorop*, ou *tem tema*; note-se que tem o mesmo nome do *bicho* associado ao Diabo).

* * *

Por fim, resta uma infinidade de animais invertebrados, notadamente artrópodes, que recebem pouca elaboração cultural, e são reconhecidos, sobretudo, por sua interação cotidiana com os outros seres humanos e não-humanos de maior porte (sobretudo se são venenosos, se mordem ou sugam sangue), assim como – caso de cupins, abelhas, cabas e formigas – por sua forma de moradia.[29] Embora pareçam perceber algo de conjunto nesses seres, os Karitiana não têm um nome geral para todos esses "*bichos pequenos*" (e o uso do termo *kida* aqui expressa certa repugnância), pois "*eles não moram juntos, moram diferente, faz casa diferente*", destacando seus modos distintos e variados de habitação. Aqui estão incluídos – ofereço quando existente, entre parênteses, o nome genérico da categoria – as borboletas (*kydnakodna*), os grilos (*pat'seen*), besouros (*orokon*), baratas (*bykypa*), formigas (grupo não nomeado, mas percebido enquanto tal), abelhas (grupo também não nomeado), vespas ou cabas (*gop*),[30] tocandeiras (*dopĩ*, protótipo, com quatro *tipos*,

---

29 Não me parece haver qualquer categoria supra-genérica aqui e desconheço o termo *kinatypyki*, traduzido por Landin (1983: 30) como "*inseto (termo genérico)*".

30 Ao contrário de muitas sociedades da América tropical (Lévi-Strauss, 2005 [1966]; Viveiros de Castro, 1986; Clastres, 1995; Jara, 1996b; Posey, 1997; Silva, 1998) os Karitiana não elaboram um profundo simbolismo em torno das abelhas e do mel (exceto que o mel é produto que os homens devem coletar para as mulheres); nunca vi mel sendo coletado na mata e trazido para a aldeia, nem mesmo se fala muito nele – mesmo quando se referindo a alimentos doces – que têm implicações sérias na eficiência dos caçadores, que devem evitá-los – o mel raramente é lembrado, ao contrário de frutas como o mamão, o abiu, além da cana-de-açúcar. Abelhas e vespas parecem ser consideradas pertencentes a categorias distintas, e sobre estas últimas recai maior peso simbólico, em função dos seus ferrões e de sua disposição frequentemente agressiva (note-se que a maioria das abelhas nativas não possui ferrão): as vespas, ou cabas (*gop*) são associadas à caça e à constituição de caçadores habilidosos e mortíferos; seus ferrões têm *veneno*,

diferentes das formigas), cupins (*gyp*), carapanãs e pernilongos (*tik*), vaga-lumes (*hybm hybma*), piuns e borrachudos (*kyryp*, protótipo), lesmas e minhocas (*gyryj*, protótipo), caramujos (*nõrõ~j*, protótipo) e as centopeias (*menenono*, protótipo). Como se pode prever, dezenas de outros animúnculos não encontram espaço em quaisquer categorias genéricas ou supra-genéricas.

Bravo : manso : : do mato : de casa : : homens : mulheres

A classificação dos seres, discutida acima, é completamente recoberta por outro esquema de classificação, que cinde as espécies em duas categorias distintas. Trata-se de um modelo de organização das criaturas difundido nas terras baixas (Seeger, 1981: 234-235; Viveiros de Castro, 1986: 227-228; Sterpin, 1993; Descola, 1996: 90; Rojas, 2002: 194; encontramos a distinção entre animais *da mata* e *da casa* também entre os seringueiros no Alto Juruá. Cf. Barbosa de Almeida, Carneiro da Cunha & Smith, 2002: 422-424) e encontrado mesmo em outros contextos etnográficos (Sperber, 1975), inclusive no conhecimento popular europeu anterior à revolução industrial (Thomas, 2001: 67-68): trata-se da oposição entre animais *do mato* (também ditos *bravos*) e animais *de casa* (também descritos como animais *mansos*).

Os Karitiana separam os animais – mas também os outros seres da floresta, e mesmo os humanos – em *mansos* e *bravos*, oposição que pode ser muitas vezes contextual. *Mansos* (*syjsip* ou *pyhoko*) são os seres dóceis, que se aproximam das pessoas ou, melhor dizendo, que aceitam a presença dos e a convivência com os humanos. Os animais *de criação*, que vivem próximos ou dentro das residências

---

que se buscava apropriar no ritual do *osiipo* (não mais realizado hoje: ver Storto, 1996: 87-107; Vander Velden, 2004: 144-147), destinado a fazer dos rapazes bons provedores de carne de caça: as múltiplas picadas das vespas faziam os caçadores e suas armas *venenosos*, e por isso mortais (ver Jara, 1996a: 288, n. 16, para uma sugestão do efeito de um ritual envolvendo picadas de abelhas entre os Akuriyó). Os méis e favos de algumas abelhas (*õn, pyrokegnjako, oropo, opojoko, myndo ohỹno, pyryke~jak'i, eet sojt*, "abelha pimenta") são empregados (bebidos, esfregados no corpo ou aplicados nos olhos) para aumentar a eficiência dos caçadores e suas armas, mas não em contexto ritual (são chamados de "*remédio de caçador*"). Mais do que o mel dessas abelhas, é a cera que parece ter maior importância: "*cera tem cola, é força do mel*". Os jovens caçadores coletam mel por causa dos favos: a cera faz "*como um imã, puxa a caça, a caça fica admirada e não consegue fugir, fica colada no caçador*"; por esta razão passa-se o beiju com mel pelo corpo do caçador, que atrai caças que, "*coladas*" nele, não escapam às suas flechas (e balas).

ou nos limites da aldeia – as *espécies comensais* do homem – são, portanto, o modelo da mansidão, porque convivem de perto com os homens, partilhando da sociabilidade aldeã, e não temem a presença de humanos e de outros animais. Sugestivamente, as pessoas que cultivam bons relacionamentos familiares e sociais no cotidiano são descritas como *mansas*, e mesmo os Karitiana, depois de interromperem os ataques contra os brancos e aceitarem a presença deles, se tornaram *mansos*, como são atualmente (da mesma forma, dizem que *amansaram* os brancos e os *opok pita*). Estes animais mansos são também chamados de animais *de casa*, da *aldeia* ou *de criação* (podendo ser *by'edna* ou *by kerep*), como vimos, reforçando o laço entre mansidão e criação/convívio: galinhas são mansas (*pyhok pitat opok ako*, "*galinha é mansa*"), como o *são* (mas nem sempre *estão*) todos os animais de criação. Não obstante, mesmo animais de caça que se aproximem em demasia do caçador são também ditos estarem *mansos*, efeito, muitas vezes, dos "*remédios de caçador*", que atraem as caças e não permitem que elas distanciem-se e fujam do tiro certeiro.

Do outro lado, os animais que fogem do contato com os humanos, que escapam do convívio na aldeia e dos laços de sociabilidade possíveis com as pessoas são chamados de *bravos* (*sohop* ou *pa'ira*):[31] estas são as criaturas *do mato* (*gopit*) propriamente ditas, pois elas não toleram a presença de seres humanos, vivendo livres na floresta. *Sohop* talvez deva ser traduzido como *silvestre* ou *selvagem*, no sentido que damos às palavras: habitante do mato, longe dos humanos, em oposição ao que é doméstico, ocupado e dominado pelo homem. Vê-se, portanto, que esta distinção pode se referir tanto à qualidade quanto ao estado dos seres: uma anta pode ser *mansa* (*syjsip irip'*) quando é criada na aldeia, entre humanos,

---

31 Mas os dois termos traduzidos em português como "*bravo*" denotam características/estados diferentes dos seres: se *sohop* funciona como uma designação genérica dos animais que não convivem com os humanos, ele é empregado mais estritamente com o sentido de "arredio, fugidio" ("*animal do mato, corre, não quer ver as pessoas*"), ao passo que *pa'ira* (que também é glosado como *bravo*) descreve os animais que atacam as pessoas, investindo agressivamente contra eles ("*animal morde, ataca, vem pra cima da gente*"). O termo é usado especialmente para espécies que se defendem dos humanos de maneira agressiva, como queixadas, quatis, felinos e mesmo vespas e abelhas, além dos seres da categoria *kida* em geral. Mas cães que atacam e mordem as pessoas na aldeia são/estão também *pa'ira* (mas não *sohop*), o que possivelmente indica que o atributo forte da "*braveza*" é, acima de tudo, o *distanciamento* que os seres estabelecem entre si, para o qual a floresta é o ponto mais distante e seguro.

ao passo que quando foge de um caçador na floresta ela é considerada uma *anta brava* (*sohopitat irip'*), uma *anta do mato*. O contexto também pode fazer com que um mesmo animal, individualmente, possa ser ora *manso*, ora *bravo*: todo animal que chega próximo dos humanos, mesmo aqueles que são *caça do mato* (normalmente *bravos*), quando se aproximam dos caçadores "atraídos" pelas técnicas de caça já evocadas em capítulo anterior, são considerados *mansos;* por seu turno, animais normalmente próximos (como os mascotes), quando fogem das pessoas ou atacam são ditos *bravos*.

Se o silvestre (e *bravo*) se opõe ao caseiro (e *manso*), é por causa da caça. Com efeito, a perfeita comestibilidade está no mato, com aqueles seres que procuram escapar dos homens, suas armas e seu desejo por carne: *himo*, as carnes próprias, como vimos, são os *animais de caça*, as presas mais apreciadas pelos Karitiana. Atividade masculina, a caça coloca os homens no domínio do mato, da floresta e entre eles e os animais, suas armas: arcos e flechas (praticamente não mais utilizados), cacetes de madeira, espingardas, e armadilhas variadas. Mas a caça é definida também por um conjunto de precauções que recaem sobre os despojos dos animais abatidos, e são destinadas a preservar a eficácia dos homens ao trazer carne para sua família. O destino de ossos, penas, peles e demais restos mortais define aqueles que são "*caça verdadeira*", *himo*.

Para as caças "*de verdade*", por assim dizer – isto é, animais que são procurados, perseguidos e abatidos por homens armados na mata – é preciso dar um destino adequado aos despojos, e esta determinação os Karitiana seguem com seriedade. Os ossos dos animais caçados e comidos jamais devem ser descartados de maneira descuidada ou aleatória, sob risco do caçador tornar-se ineficaz, desafortunado, encontrar o estado que é, por toda a Amazônia, o signo do homem produtivamente frustrado, e daí social e afetivamente infeliz (pois só caçadores de sucesso têm, também, êxito no casamento e na formação da família): o estado de *panema*, traduzido em Karitiana pelos termos *naam, pykowop, ~jokygn* ou *sondakap*. Qualquer conjunção excessiva com os restos mortais dos seres caçados – com o sangue menstrual, com urina e fezes, na boca de um cachorro ou nos dejetos destes,[32] ou simplesmente se os despojos são misturados ou arrastados para

---

32 Talvez por isso os Karitiana sejam reticentes em alimentar seus cães com pedaços de carne ou ossos de caça. Às vezes os cães caçadores recebem pequenas porções das tripas do animal, que não podem ser comidas pelos caçadores ("*dá panema*"), mas são apreciadas por mulheres e

o igarapé pela chuva – traz o tão temido azar na caça: por esta razão, os crânios dos animais mortos são cuidadosamente pendurados em frente às casas, os ossos e outras partes remanescentes são depositados nos galhos de certas árvores de tronco espinhento – laranjeiras, limoeiros, palmeiras marajá – pois os espinhos são uma garantia de que nenhum princípio maléfico aproximar-se-á dos despojos para trazer infortúnio: o espinho – assim como o veneno – repele as doenças.[33]

Estas determinações são fortalecidas nas *festas*: cada ínfimo pedaço de carne das aves e símios deve ser ingerido e todos os despojos – penas, pés, bicos, ossos, pelos – devem ser entregues ao homem mais velho que participa do rito, por quem são guardados para serem, mais tarde, cuidadosamente amarrados com envira e depositados no alto de uma árvore no mato, onde apodrecerão: em um marajá (de tronco coberto de espinhos) ou em árvores de tronco liso ("*pau liso*"), como o toari, o tucumã ou o oiti açu vermelho – pois as doenças não conseguem "*se agarrar*" ao caule liso, escorregando. Se forem atirados ao chão, dizem, as pessoas adoecerão, pois os espíritos ficarão bravos. O ato é comparado por Gumercindo, à proibição, entre os brancos, de se jogar lixo na rua. No geral, nenhuma parte dos animais de caça – seja no cotidiano, seja no ritual – deve ser desperdiçada e perdida: a ideia de animais mortos apodrecendo no mato porque um caçador abateu caça demais e não conseguiu transportar até a aldeia é absurda, e se outros homens não forem convocados para trazer os animais a ira dos *donos/chefes* de caça recairá sobre o caçador

Há discordância quanto aos ossos de peixes: de acordo com alguns, eles não recebem qualquer tratamento especial: os peixes não são caça, "*peixe é fácil de*

---

crianças. Como vimos, os cachorros também podem ficar panema mas, por alguma razão que desconheço, os cães não sofrem as consequências de comer tripas de caça, como acontece com os homens.

33 As penas das aves abatidas para o consumo são utilizadas na confecção de peças de artesanato. É pelo fato de não poderem descartar aleatoriamente os restos dos animais que os Karitiana não compreendem a razão da lei que proíbe o comércio de peças artesanais que empreguem penas e outros fragmentos corporais de espécies silvestres: se o animal foi morto para ser comido, o que fazer com suas penas, uma vez que não se pode simplesmente descartá-las? Vale lembrar que os Karitiana hoje confeccionam muito poucas peças para uso ritual na aldeia – o uso principal ocorre em manifestações na cidade, quando os índios enfeitam-se para a guerra, em que a plumária marca a identidade indígena Karitiana – e a maior parte do artesanato destina-se ao comércio na pequena loja que a APK mantém anexa à Casa do Índio-Funai de Porto Velho.

pegar"; outros, no entanto, asseveram que pescadores também podem ficar panema: se os crânios dos pescados não são pendurados nos esteios (porque "*não aturam*" e quebram), os ossos devem ser depositados corretamente, pois se espalhados pelo chão, alguém pode pisar ou urinar neles, fazendo com que "*peixe não vem* [venha] *ao pescador*". Da mesma forma, ainda que as espécies de anfíbios consumidas pelos Karitiana sejam consideradas *himo*, elas também não são exatamente caça e seus restos também não merecem destino cuidadoso.[34] Pode-se inferir, como visto, que, se animais de caça do mato e anfíbios comestíveis são *himo*, a caça por excelência radica em mamíferos e aves com sangue forte, o que peixes e anfíbios não têm.

Os animais do mato vivem na floresta, recusam o contato com os humanos, são bravos e podem atacar (quando estão *pa'ira*). Entre eles e os homens estão as armas, para que se convertam em alimento (carne). O mato, porque é o cenário da caça, é espaço vinculado aos homens: os Karitiana, diferente de outros povos sul-americanos, não levam mulheres em expedições de caça. A estas cabe o zelo para com o universo doméstico, o cuidado com as crianças, o preparo de alimentos, a limpeza das residências e a maioria das atividades artesanais; cabe a elas, ainda – conforme já vimos nos capítulos anteriores – o cuidado com os animais de casa, os *animais de criação*, definidos por ser a imagem da convivência, da companhia e da mansidão; aqui atinjo um ponto importante.

Pensando em carne e sangue, os animais de criação introduzidos com o contato que podem servir de alimento aos humanos, porque os brancos os comem – a saber, bois, porcos, cabras, galinhas, patos e perus –, são *himo*: isto dizem os Karitiana, mas não sem hesitação. Porque os animais domesticados não são caça, eles não precisam ser caçados. Eles são carne, mas não são caça. Insinua-se, com isso, outra objeção aos projetos de implantação de criação sistemática de

---

34 Não são caça propriamente dita – cuja forma forte são mamíferos e aves – mas são caça ainda assim, embora me faltem dados para definir seu estatuto com maior precisão: ao contrário do que se passa com outros povos (cf. Descola, 1994: 254-255, para os Achuar), a procura com fins alimentares de pequenos animais – sobretudo sapos e rãs – não é concebida pelos Karitiana como *coleta* (*gathering*), mas aproxima-se da caça: recordemos o mito (já evocado anteriormente) em que os sapos *maam* foram "*a primeira caça do índio Karitiana*": "*sapo, vive no rio, pode comer, é himo: foi a primeira caça que Deus fez, não havia outras caças. Deus explicou: 'esse aqui vocês Karitiana podem comer, é himo'. Só depois ele fez porquinho* [caititu]*, aí porcão* [queixada]*, aí anta, e por aí foi*" (Valter).

animais entre os Karitiana (e outras populações indígenas): a equação entre caça e carne não é evidente como parece; nem tudo que é carne é caça, e esperar que os Karitiana deixem de caçar só porque têm uma (pretensa) reserva de carne a sua disposição é reduzir um termo ao outro de modo simplista.[35] A caça envolve vários outros motivos – por exemplo, a constituição da masculinidade e a efetivação do matrimônio (pois só um bom provedor de carne de caça convence seus afins e conquista sua esposa) – que são desconsiderados na suposição reducionista de que a carne dos animais domesticados pode substituir as sensações, emoções e sentimentos que se misturam na atividade dos caçadores.

Significativamente, os ossos de grandes porções de carne bovina, ou das galinhas congeladas, consumidos com certa constância em Porto Velho ou trazidos da cidade para serem comidos na aldeia, também podem ser descartados sem prejuízo: o que já vem *morto* não é caça, o destino dos seus ossos não interessa ao destino dos caçadores. Mas nada é assim tão simples, posto que, caso uma galinha criada na aldeia tenha sido abatida com flechas ou a tiros – o que eu mesmo pude observar nas duas únicas vezes que vi galinhas sendo mortas para o consumo – seus despojos estão sujeitos a precauções idênticas aquelas que cercam os restos mortais dos animais caçados na floresta: devem ser descartados com precaução. A questão se complica, portanto, quando se trata de matar para consumir seres que, privando da convivência diária e íntima dos humanos, tornam-se tão próximos que chegam mesmo ao aparentamento, partilhando até da substância dos homens, posto que o *"animal de criação é como filho"*. Vejamos.

Conforme apresentei no capítulo II, muitos homens Karitiana, reclamando da escassez de animais, afirmam que abandonariam a caça se dispusessem de boa oferta de animais de criatório. Na mesma seção, porém, vimos que os animais de criação já levados para *Kyõwã* nunca foram utilizados como alimentos, e os que existem na aldeia atualmente também não são: as cabras e as galinhas de granja introduzidas anos atrás se acabaram por razões variadas (mortas por plantas venenosas ou levadas pela Funai no primeiro caso, matando umas às outras no segundo, a crer na versão dos índios), os porcos de hoje permanecem nos cercados,

---

35 Thomaz de Almeida (2001: 104) afirma que os Kaiowa e Ñandeva, mesmo tendo animais de criação, jamais deixaram de sair para caçar, ilustrando que *"a caça representa uma aspiração simbólica de grande relevância"*. O importante, segundo o autor, não é comer proteína ou acumular gordura, mas montar armadilhas e procurar animais (foco na atividade, não no seu resultado).

as galinhas multiplicam-se em grande quantidade. Por que, então, os Karitiana não abatem e consomem os animais de criação que tanto querem?

"*Peixes*, dizem alguns, *são fáceis de pegar*": eles não fogem correndo, não demonstram medo ou aversão aos humanos; por isso não são caça. Da mesma forma, afirmam os Karitiana, "*bois ficam na cerca, não é preciso caçá-los*"; e "*galinhas não correm para o mato*" quando perseguidas. Ou seja: circunscritos ao espaço da aldeia, no convívio estreito com os humanos, esses seres jamais pertencem à floresta, ao "*mato*", como dizem os Karitiana, que ressaltam a diferença entre "*animal de criação*" (isto é, da aldeia) e "*animal do mato*". Mas se as galinhas não fogem para a floresta, elas tampouco se oferecem gentilmente à captura e ao abate. Portanto, a afirmação – que ouvi dos índios – de que os restos de uma galinha abatida e consumida na aldeia podem ser despreocupadamente atirados em qualquer lugar é, acima de tudo, uma afirmação teórica, porque eu jamais vi uma dessas aves ser morta sem que tenha sido perseguida por homens armados de arco e flecha ou espingarda. Deste modo, o consumo apropriado daquilo que vive parece ser, acima de tudo, mediado pelas armas mortais: as duas únicas galinhas que vi servidas como refeições em um ano de pesquisa de campo tentaram escapar ao seu triste destino, mas seus despojos tiveram de encontrar repouso cuidadosamente apropriado, rigorosamente como os restos mortais das caças.[36]

Em uma das ocasiões em que vi uma galinha ser abatida para o almoço, dois rapazes a perseguiram por vários minutos armados de arcos e flechas, até ela ser encurralada, ferida em uma touceira, capturada e morta. Note-se que arcos não são mais utilizados na caça, pois a maioria dos homens Karitiana possui armas de fogo; não obstante, como projéteis são itens caros e escassos, desperdiçar uma bala com uma galinha não parece um bom negócio. O que importa reter, afinal, é que este evento aparentemente simples sugere que uma galinha doméstica só pode ser abatida – ou seja, transformada em carne – se convertida, primeiro, em caça.[37] Flechas – e cartuchos de espingarda – se destinam aos animais "*bravos*,

---

36 Lamentavelmente, não sei dizer a quem pertenciam estas galinhas, e nem quem as comeu nas ocasiões (se seus donos ou outros não diretamente relacionados, se mulheres e crianças também). Penso, contudo, que o fato das aves de criação serem abatidas com armas é por si só significativo.

37 Georg Grümberg afirma que, entre os Kaiabi, os animais introduzidos pelos brancos – galinhas incluídas – só eram comidos "*sob determinadas condições*" (Grümberg, 2004:95). Sem indicar que condições são estas, o autor nos dá uma pista para iluminar a questão da ambiguidade das galinhas: ele

do mato": estes são verdadeiras *caças*, e as verdadeiras *carnes*. Uma galinha – sociável, em princípio – precisa fugir, "*correr para o mato*", para ser abatida: ela tem de deixar de ser *syjsip* e passar – ao menos no momento crucial da morte – a ser *sohop*, a comportar-se como um animal que evita os humanos. Este trânsito simbólico depende da interpolação de um homem na relação que une mulheres e animais de criação. Se galinhas são comidas, então elas são *himo*. Entretanto, galinhas parecem ser *himo* apenas quando *caçadas*, ou seja, quando perseguidas, seu sangue derramado pela intervenção de homens e armas: percurso elementar para a obtenção de carne, da *verdadeira carne*, a carne de caça.[38] Conexão ainda mais reforçada pelo fato de que os ossos das galinhas, quando consumidas, podem ser descartados sem risco – porque "*a galinha não corre para o mato quando corre atrás dela*", ou porque a "*galinha é criação*" (isto é, não é caça) – desde que a ave não tenha sido abatida com flecha, pois "*aí não pode descartar ossos de qualquer jeito: se uma mulher passa por cima dá panema e o caçador nunca mais mata caça*". Tudo isso nos assevera que galinhas, animais de criação, não são tão facilmente conversíveis em carne:[39] devem, para tanto, ser caçadas, ou roubadas (porque matar e comer o animal do outro não parece problemático), ou ser compradas nos mercados urbanos.

---

opõe, entre os animais introduzidos nos Kaiabi, um casal de patos mansos que não se multiplicava (isto é, não *reproduzia*), e que "*eram tratados como animais de estimação*", às galinhas, cuja carne e os ovos não eram consumidos regularmente, mas que, "*em ocasiões especiais, abate-se alguma com flechas, sendo preparada como se fosse caça*" (Grümberg 2004:106, grifo meu).

38 Outro evento recente, que não presenciei, ilustra este ponto: Roberto contou-me que o pessoal da aldeia do rio Candeias roubou um porco de uma fazenda vizinha. Roberto e Rogério atiraram no porco com armas de fogo: "*depois que atirou, porco gritou e correu, aí eu bati com terçado na cabeça dele, e cortei garganta dele. Depois fizemos guisado*". O caso demonstra, mais uma vez, a necessidade da conversão de um animal *manso* em caça, a ser morta a tiros. Noto que mesmo as duas galinhas que vi serem abatidas foram mortas, no final, com facas: mas a caça pode começar com tiros/flechas e terminar com paus, porretes, facas e mãos. O ponto é que alguma "ação" – que desencadeie o ato do animal "*correr para o mato*" – parece ser necessária. Se a caça é algo mais do que simples obtenção de carne – esporte, exercício absorvente, jogo perigoso, ação excitante, exercício de destreza, agilidade e, por fim, masculinidade – é plausível sugerir que o animal preso aos humanos por laços de proximidade e familiaridade – que não foge, mas se aproxima, que não ataca, mas demonstra afeição – não se preste, de fato, para a caça que produz o alimento verdadeiro, a carne do animal do mato.

39 Poderia sugerir, conforme Archetti (2001: 54), que esses animais de criação eventualmente comidos são como "*carnes íntimas*", "*a 'meat' which is produced in an intimate way*".

Eis a questão: é preciso que entre as galinhas – que são cuidadas pelas mulheres – e sua carne interponha-se um homem e sua arma: uma galinha do terreiro precisa ser como que *caçada* – domínio masculino – para ser efetivamente *himo*. Este processo de "cinegetização" (*cynégétization*; ver Hell, 1994: 282) não parece acontecer, entretanto, com frequência. Os Karitiana parecem ser como vários grupos indígenas amazônicos, que dizem que comem animais domésticos introduzidos, mas só muito raramente o fazem: vários autores relatam a inexistência de interditos ou tabus específicos com respeito a estas carnes, e que ouviram de seus informantes que galinhas e outros animais de terreiro podiam ser comidos, mas, no entanto, jamais observaram seu consumo efetivo (cf. Goldman, 1981: 146; Donkin, 1989: 78; Queixalós, 1993: 78-79; Pina de Barros, 2003). Os Karitiana devoram com avidez frangos congelados trazidos de Porto Velho ou a carne bovina adquirida em açougues. Todos são categóricos ao afirmar que galinhas da aldeia são comidas, mas matar animais que estão tão próximos, no perímetro da aldeia, muitas vezes no interior das casas, parece constituir um problema, lembrando-nos que, na Amazônia, o problema não parece ser comer outra criatura, mas matá-la (cf. Erikson, 1998). David Landin (1979-80: 233) já notara, nos anos de 1970, este comportamento entre os Karitiana:

> Apesar do interesse e do gosto pelos animais, os Karitiana não consomem muitos dos animais de criação [livestock] que produzem (....). Assim, embora os Karitiana despendam tempo e energia cuidando de seus animais e aves, eles não colhem grandes benefícios disso.

Lembrando, como vimos no capítulo II, que ter animais de criação parece servir, antes de tudo, para o divertimento e a fruição estética, o que afasta o espectro da predação.

Embora *himo* seja a palavra Karitiana para *carne*, ela parece circunscrever, sobretudo, a *carne de caça* – repasto mais apreciado – de animais com sangue abundante e "*forte*" (mamíferos e aves) abatidos pelos homens com armas ou armadilhas para o consumo alimentar.

De fato, a etnografia das terras baixas-sul-americanas é abundante em exemplos nos quais os índios desejam animais domesticados de origem europeia, criam-nos em profusão nas casas e aldeias, mas nunca os comem. Podem até trocá-los ou vendê-los para a aquisição de bens (Wilbert, 1972: 97, 147; Siskind, 1973: 32; Oberem, 1974: 355; MacDonald, 1997: 264-267; Belaunde, 2001: 238; Leite, 2007: 138-141), incluindo outros alimentos e mesmo carne, mas geralmente jamais ingerem seus próprios animais (Kracke, 1978; Cormier, 2003: 97).[40] Entre os Karitiana isso parece ocorrer regularmente: na prestação de contas da APK que consultei em 2009 (referente ao primeiro semestre do mesmo ano) constam quatro ou cinco galinhas compradas pela Associação[41] de moradores da aldeia *Kyõwã* para alimentar os participantes externos de uma reunião no local. Pode-se, portanto, devorar os animais dos outros, por meio de trocas, mas também do roubo. É preciso ressaltar que cada família Karitiana parece ter conhecimento de quantas e quais aves lhes "pertencem". Isso fica claro na rápida percepção do desaparecimento das galinhas, que ou indicam as visitas destrutivas de predadores como felinos e mucuras, ou geram acusações constantes de roubo das aves. Antonio Paulo dizia-me que "*não dá para criar galinha na aldeia, tem muito ladrão, pega escondido, mata à noite*", e Marilene reclamava que suas galinhas estavam sumindo mesmo estando no terreiro da Casa do Índio de Porto Velho. Mas porque galinhas seriam roubadas, se todos podem ter legião dessas aves de rápida multiplicação?

De acordo com Reginílson, o chefe do posto indígena, os Karitiana raramente matam galinhas para alimentação, comendo apenas as que roubam dos outros, sobretudo nas madrugadas. Ou seja, ao que parece, os Karitiana não comem as suas próprias galinhas, mas as dos outros. Assim, mesmo que o interdito que antigamente pesava, segundo consta, sobre galinhas e ovos – pois seu consumo tornaria as mulheres super-férteis (ver capítulo III) – tenha caído em desuso, as galinhas não parecem frequentar a mesa dos Karitiana tal como podem querer imaginar os arquitetos de projetos de criação dessas aves na aldeia; vê-se, assim, que parece haver um lapso entre criação animal e subsistência,

---

40 Estudando o que chama de "complexo equestre" ou '"cultura do cavalo" entre os povos indígenas na Argentina, Palermo (1986: 170-171) afirma que a principal modificação ocorrida com a adoção dos grandes herbívoros por estes grupos foi sua rápida inserção nos mercados regionais como fornecedores de gado: "*não se deve compreender o gado somente como um bem de consumo (...) mas também como um bem para troca*".

41 Os preços pagos foram de R$ 15,00, R$ 17,50 e R$ 18,00, valores exorbitantes tendo-se em conta que o quilo do frango vivo era vendido por preço entre R$ 1,50 e R$ 2,00 em Porto Velho.

sugerindo que o fato deste grupo indígena criar galinhas não implica na solução rápida e simples do problema da fome, da desnutrição ou da carência alimentar, sobretudo de proteínas.[42]

Os Karitiana não comem suas galinhas e tampouco utilizam as penas destas galinhas para produção de peças artesanais. Eles empregam profusamente penas de galinhas na confecção de um rico artesanato, mas somente naqueles artefatos destinados à venda. Os artefatos plumários para uso ritual ou político dos próprios Karitiana (cocares, braçadeiras e outros adereços corporais), assim como a emplumação das flechas,[43] jamais as utilizam.[44] Em 2009, observei uma enorme quantidade de penas de galinha secando ao sol sobre lonas em frente à Casa do Índio de Porto Velho; quando indaguei Elivar sobre a origem do material, buscando pelos vestígios do abate das aves, ele me disse que os Karitiana não matam as suas galinhas para tirar penas, mas ganham as penas dos comerciantes na feira

---

42 Noto, aqui, que mesmo a tão difundida constatação da existência de uma "fome de carne" – distinta da fome em geral – nas terras baixas sul-americanas talvez não seja critério suficiente para a propalada necessidade de implantação de criação animal nas aldeias: Emerson Guerra (2008: 151-152) constatou, entre os Krahô, que a "fome de carne" parece satisfeita com o consumo de favas (leguminosa com teores de proteína maiores que os da carne vermelha), porque quando o grão é servido os Krahô não saem em busca de caça; assim, argumenta o autor, a fava pode ser uma excelente alternativa nos contextos indígenas em que se diz haver "carência proteica".

43 Como as penas do jacu, as de galinha não servem para a emplumação de flechas, pois "são fracas" e as flechas "ficam moles". Apropriadas são as penas de arara (pat'), mutum (bisỹ) e gavião-real (vários tipos: botỹ, botỹ õ ou pytpyrim), demonstrando que não só as pontas de taquara devem ser venenosas – diz-se que todas as pontas lanceoladas feitas de taquara têm veneno –, mas a outra extremidade deve comportar elementos de poder: o vermelho da plumagem das araras, associado ao sangue e à guerra; o preto do mutum, uma das aves mais apreciadas na caça, e considerada forte; o gavião-real, grande "dono" ou "chefe" dos pássaros e macacos, a quem se reza para propiciar uma caçada farta e bem-sucedida.

44 Neste particular, diferem dos Wayana, que utilizam penas de pescoço de galos domésticos – "ave oriunda do mundo dos brancos" – na confecção de uma importante máscara ritual (do arquétipo antropofágico Olokoimë): essas penas filiformes materializam os dentes deste "devorador dos Wayana", e o fato de provirem de uma ave exótica iluminam a conexão entre a predação canibal e a violência dos brancos (van Velthem, 2002: 76); outras peças de uso ritual entre os Wayana também empregam penas de galo (cf. van Velthem, 1998: 214, 219, 245). Os Karitiana também não empregam outras partes de corpos de animais de criação na confecção de objetos – embora sejam onças, dentes de cachorros não são empregados na produção de colares, como são os dentes das outras onças – nisso diferindo de povos como os Kadiwéu, que desenvolveram uma refinada arte utilizando couro de bovinos e equinos (ver Siqueira Jr., 1992a e 1992b).

do Mercado do Cai n'Água (tradicional área de comércio popular na periferia de Porto Velho), de galinhas que são abatidas e peladas para serem vendidas no comércio da cidade. Ou seja: os Karitiana não matam galinhas pelas penas, nem mesmo arrancam-nas dos pássaros vivos – como fazem até mesmo com as araras – para produzir arte plumária.

* * *

Caçar, portanto, é a atividade masculina por excelência entre os Karitiana, a prática que define a própria condição de ser homem. De modo correlato, a criação de animais introduzidos com o contato (cães, gatos, galinhas e coelhos) ou amansados (a partir de filhotes recolhidos na floresta) é uma tarefa tipicamente feminina. Não que os homens não se envolvam com eles, e é frequente que os cães, por exemplo, sejam reconhecidos por todos como pertencentes a tal ou qual homem, chefe da residência. Cabe, no entanto, principalmente às mulheres – e crianças – alimentarem esses seres e cuidarem de seu bem-estar e de sua proteção: não é à toa que os Karitiana dizem que "*as criações são das mulheres*", e que são "*como filhos*" das mulheres, e que elas os tratem com afeição e chorem sua morte ou fuga para o mato. O cão doméstico é um bom exemplo: embora sejam empregados em uma atividade masculina – eles são, como os homens, *caçadores* – os cães recebem muito mais atenção das mulheres; quando um deles morre acidentalmente durante caçadas o sentimento provocado no homem (seu dono) é de raiva e desejo de pagamento/vingança, ao passo que as mulheres choram e lamentam sua perda. Animais "*bravos do mato*" são, pois, ligados aos homens, assim como os animais de casa, "*mansos*", às mulheres.

Isso nos lembra que, de modo geral, a caça e o manejo de armas (e, portanto, os animais "*bravos*"), na Amazônia, são domínio masculino, ao passo que a criação de animais ("*amansamento*" e, por isso, os animais "*mansos*") é domínio das mulheres (Erikson, 1987; Descola, 1998). A fórmula que dá título a esta seção é uma extensão daquela primeiro proposta por Philippe Erikson (1987: 106):

Homem : mulher : : caça : *pets*

Depois estendida e densificada na sequência estrutural proposta por Philippe Descola (1998: 37):

Caça : animal de estimação : : inimigos : cativos adotados : :
afins : consanguíneos

Na fórmula Karitiana:

Bravo : manso : : do mato : de casa : :
homem (princípio/devir masculino) : mulher (princípio/devir feminino)

Estão obliteradas, creio, as preocupações com inimigos e cativos adotados: a criação (adoção e familiarização/amansamento) de animais não me parece a continuação da guerra por outros termos (como parece querer Fausto, 2001: 470; 2004: 169-171), mas processo continuado de produção de parentesco e sociabilidade a partir da convivência, da proximidade física e da partilha de alimentos, cuidados e companheirismo (Overing, 1991; Farage, 1997: 83-86): transformar criaturas do exterior em filhos (consanguíneos) é modo privilegiado de formação de uma "*comunidade de similares*" (Overing, 1999; Rosengren, 2006). O que estou sugerindo aqui é precisamente o que diz Harry Walker (2009: 95):

> "Embora concordando com Carlos Fausto (2000: 938) que a 'filiação adotiva' faz referência a relações de controle simbólico prototípicas na Amazônia, eu sugiro que o amansamento [taming] pode aqui ser em larga medida dissociado da guerra e da predação e incorporado em uma matriz mais ampla de sujeição, implicando simultaneamente a subordinação e a formação de sujeitos (...)".

Extraem-se seres do mato (ou da cidade, seu oposto simétrico) para, amansando-os, converter sua selvageria/timidez (*sohop*) – que os leva a evitar os humanos – em membros da comunidade: filhos-crianças para o prazer das mulheres, trabalhadores-companheiros que auxiliam os homens na mata, enfeites de aldeia para o deleite de todos. A fórmula poderia ser ampliada:

Bravo : manso : : serve de alimento : deve ser alimentado[45]

---

45 Entre os Huaorani na Amazônia equatoriana, a própria definição do animal doméstico remete ao fato de serem alimentados pelos humanos: *queninga*, "*aquele que é alimentado*" ou "*aquele*

Reforçando que o ato de alimentar parece entabular os vínculos fortes entre humanos e não-humanos – recordemos a oposição entre "*criação de perto*" (*by'edna*) e "*criação de longe*" (*by kerep*) que, entre os Karitiana, parece fundar-se sobremaneira na oposição entre seres que precisam receber comida e aqueles que "*se aguentam*" (ver capítulo III). Percebe-se, pois, que se as mulheres são as grandes responsáveis pelo preparo de alimentos, são elas que fortalecem vínculos: como matar e devorar esses filhos que se sustenta no dia-a-dia? Voltando aos problemas impostos pela introdução da pecuária (e outras modalidades de produção animal) na Amazônia, Erikson (1998: 372) percebeu bem o ponto:

> "Em um universo [refere-se ao Chacobo, grupo de língua Pano na Bolívia] em que as identidades masculinas e femininas se fundam, respectivamente, sobre a relação com a caça e a floresta, de um lado, e sobre a relação com as plantas cultivadas e a esfera doméstica [incluo aqui, por minha conta, os *pets*], de outro, se percebe o escândalo ideológico e o traumatismo identitário que implicam a produção doméstica de carne!"

Isso porque (outra fórmula):

Criação animal : caça : : espaço doméstico : floresta : : mulher : homens

Assim, ligeiramente discordando de Descola (2002: 107), para quem a adoção dos animais domesticados dos brancos teria sido relativamente fácil, penso, do mesmo modo, que esta assertiva deve ser válida para alguns casos etnográficos, e apenas para algumas modalidades de inclusão desses seres nos universos locais. André Martini (2008: 116ss.) demonstrou que a piscicultura entre os povos indígenas no alto Rio Negro encontrou sério impedimento, no seu intento de prover segurança alimentar, em função da consanguinização dos viveiros: alimentados pelas mulheres com alimento produzido por elas, exatamente como as crianças, os peixes foram convertidos em filhos, membros do grupo doméstico, e seu abate tornou-se algo embaraçoso: "*o peixe em viveiro, na maior parte dos casos, tem seu consumo amplamente evitado*" (Martini, 2008: 120). Intromissão do poder

---

que foi alimentado pelos humanos" (Rival, 2002: 54).

criativo das mulheres num domínio concebido como masculino – já alertei, antes, para o nexo entre criação sistemática de animais e masculinidade, que orienta as agências e projetos de introdução desses sistemas em outros contextos – linha de fuga no cerne da intenção de solucionar os problemas das aldeias indígenas convertendo cada índio num fazendeiro ou pecuarista: homens fazendo tarefas femininas ou tendo de introduzir a morte e o consumo alimentar ali onde deve haver apenas proteção, cuidado e prazer estético.

* * *

Os Karitiana, portanto, podem eventualmente comer animais domesticados: estes são *himo*, na sua acepção de carne. Mas comem animais dos outros – galinhas roubadas, frango congelado adquirido nos supermercados, carne bovina oferecidas por fazendeiros[46] – ou precisam, nos poucos casos que observei, converter simbolicamente o animal de criação em caça, para que possam ser abatidos e consumidos. Com respeito aos animais de casa, o problema é mais complexo: como poderiam alimentar-se desses seres que, criados na íntima convivência de lares e terreiros, são familiarizados, tornando-se filhos? Antes de passarmos à seção seguinte, alguns dados adicionais sobre o uso de animais introduzidos pelos brancos na alimentação Karitiana, que já introduzem alguns dos temas relativos à posição desses seres no esquema classificatório esboçado na primeira seção deste capítulo.

Galinhas estão sujeitas a certos interditos, tal como acontece com outras aves. Mães de bebês que acabaram de receber o *sojoty* (cujo sumo é esfregado na pele das crianças para se afastar doenças e fazer a criança crescer forte e saudável; diz-se "*passar remédio*") não podem comer carne de galinha, pois esta ave "*risca o chão* [cisca], *e afasta o remédio, manda o remédio embora*". Um comportamento da espécie funciona, aqui, de modo análogo ao que ocorreria se a mulher ingerisse, no mesmo contexto, alimentos doces ou oleosos (que repelem ou fazem escorregar o *remédio*). Diz-se, também, que a mãe não deve comer ovos de galinha, pois "*ele é o mesmo da galinha*" (ou seja, é uma galinha). Mais importante,

---

[46] Em maio de 2009 soube que, dias antes, os Karitiana haviam feito um grande churrasco com cinco bois doados por um fazendeiro vizinho à Terra Indígena. Quando perguntei a Renato se os bois chegaram vivos à aldeia e lá foram abatidos, ele respondeu inquieto: "*não, fazendeiro já deu tudo morto, só carne mesmo*".

contudo – e confirmação adicional da estreita relação entre carne e caça – é a proibição do emprego da carne de galinhas nas festas da caça (*him my j*, também denominadas *festa do gopatoma*, termo aplicado genericamente para plantas diversas reconhecidas como *remédios*). Como vimos acima, nessas festas apenas carne de determinadas aves e macacos – seres associados à altura e às árvores (*ep'*), cujos troncos altos, fortes e resistentes epitomizam a durabilidade e a permanência que se quer garantir aos corpos humanos – podem ser consumidas. A carne das galinhas é totalmente vedada, pois, segundo Antonio Paulo, "*a carne de galinha não presta para as festas* [porque] *só servem caças do mato*". Aliás, Delgado acrescenta que a carne de nenhum animal introduzido pelos brancos é permitida nas *festas*, pois estes não existiam "*tempo antigamente, são criação de branco, galinha, porco de casa, peru, pato, bode*" (Delgado): estes também não são caça, e mesmo podendo ser consideradas uma "*reserva de carne*" facilmente disponível, seu consumo parece ser bastante incomum e, além disso, encontra-se desvinculado dos procedimentos – rituais e cotidianos – que, na alimentação, fazem referência e têm influência nas atividades e no sucesso dos caçadores.

A carne de porcos mansos também está sujeita a interditos, e parece ser muito raramente consumida: se a carne dos porcos do mato, conquanto *pesada*, é muito apreciada, a carne do porco *manso* é muito *reimosa* (*kida orojadna*, "*coisa reimosa, muita gordura*") e, por isso, sujeita a uma série de restrições. Crianças, sobretudo, são particularmente sensíveis às carnes consideradas pesadas ou reimosas: quando nascem, até completarem cerca de dois meses de idade, seus pais não podem comer carne de porco da cidade ("*é muito reimoso, é veneno para nós, criança morre*") e nem linguiça da cidade ("*que é carne de porco*"). Crianças pequenas não devem comer carne de porco, sobretudo a *barriga*, correndo o risco de ficarem pesadas, preguiçosas e de seu umbigo saltar. Antonio Paulo acrescenta que os bebês dos brancos nascem com o umbigo saltado porque se come carne de porco em excesso. Note-se que é na chave do *veneno* (mortal, às vezes, como na primeira experiência gustativa) que os Karitiana posicionam a carne dos porcos introduzidos, o que também pode ser notado nesta declaração de Epitácio:

> Seringueiro mostrou aos Karitiana porco de casa, esse aqui é porco bom, gordo. Os índios assaram mal assada a carne, tem muita

banha, comeram e deu caganeira no povo, finado Moraes quase morreu. A carne do porco da cidade é reimosa.

Sobre o peru, o mesmo Epitácio rememora que havia alguns na aldeia, mas que são bravos, e matavam seus filhotes: "*tinha muito peru na aldeia, mas os filhotes morrem muito*". Nunca ouvi relatos sobre o consumo da carne do peru, e é possível supor que este último comentário – de que os filhotes "*morrem muito*" – tenha equacionado estas grandes aves aos animais *pypihyko*, interditos pelo fato de que seus filhotes apresentam altas taxas de mortalidade, "*não atura, não segura*" (isto é, não sobrevivem).[47]

Sobre a carne bovina, saliento que os Karitiana apreciam-na atualmente; mas como não há criação desses ruminantes na aldeia, a carne é adquirida em Porto Velho. Como seria de se esperar, os ossos e demais restos de bois cuja carne foi trazida da cidade podem ser descartados sem perigo, de modo idêntico ao que ocorre com a carne das galinhas: "*o boi não corre, fica na cerca*". Entretanto, o comentário de Antônio José a respeito da não-comestibilidade ideal dos bovinos encontra eco nas narrativas dos primeiros contatos com a carne desses seres e em algumas precauções ainda hoje em uso. Efetivamente, Antônio Paulo conta que antigamente não se podia comer carne de boi:

> "Quando primeiro viram lata de conserva, caribibri [carne enlatada em conserva], eles [os Karitiana] gostaram. Aí papai falou que comer conserva, como comer mamão, banana e cana de açúcar, dá doença, fraqueza, *geet'ot* [provavelmente algum distúrbio relacionado com o sangue, *ge*], preguiça, não trabalha".

O pai dele acrescentou que não se podia combinar a carne do boi (fresca ou em conserva) com as frutas doces, tipicamente proibidas aos caçadores (pois, como vimos, torna as flechas *doces* e inócuas) e a todas as pessoas em estados liminares. Possivelmente esta proibição vinculava-se à gordura, abundantemente presente tanto na carne fresca quanto nas latas de carne industrializada: como também já mencionado, a gordura é perniciosa aos caçadores, pois faz as flechas se tornarem escorregadias e ineficientes.

---

47 Sobre o estado *pypihyko*, ver a discussão sobre o ritual do *dykysyko* no capítulo III.

Estas mesmas restrições aplicam-se a carne da anta, ainda hoje: quando se ingere carne de anta, não se deve acompanhá-la com "*coisas doces*". A carne de anta é *forte, pesada* (*botiip*),[48] assim como é a carne de boi; o sangue da anta e do boi, além disso, também são considerados *fortes*[49] (assim como o sangue de cavalos e burros, talvez em função do grande porte de todos esses seres), tudo isso evidenciando as semelhanças percebidas entre umas e outras. Deve-se, ainda, abster-se de comer a barriga de antas e bois (além de queixadas e caititus) para evitar ficarem "*pesados*" e "*gordos*", e o fígado de antas e bovinos, sob risco de "*dar preguiça, ficar pesado e vomitar sangue*", e assim "*envelhecer rápido*". Esses animais são considerados "*os que pisam forte, pesado*" (note-se o vínculo entre excesso de peso, envelhecimento e falta de agilidade), "*porque até correm* [no caso das antas, fogem], *mas cansam rapidinho*" (Elivar e Meireles).

Quanto ao leite, ele não é presença constante na aldeia, até porque sua conservação fazia-se impossível diante da ausência de fornecimento regular de energia elétrica.[50] A escola indígena fornecia leite em pó nas refeições dos estudantes, mas nas residências era raro encontrá-lo. Antonio Paulo recorda-se que "*primeiro os Karitiana conheceram leite em pó, na lata, lá no rio Candeias, com seringueiros. Depois conheceram leite de vaca, e de papelzinho, plástico, parmalat*".[51] Lembremos que o recente projeto de introdução da pecuária na aldeia prevê a aquisição de dez vacas leiteiras: o que se busca, portanto – pelo menos na ótica do chefe do posto – é a oferta constante de leite, não de carne.

---

48 Os Karitiana dizem que carne *pesada* é o mesmo que carne *reimosa* que, como vimos, está ligada ao excesso de gordura.

49 Quando uma anta é abatida, seu sangue é esfregado nas pernas e braços das pessoas, inclusive das crianças, "*para ficar forte*": diz-se que se "*toma banho*" com sangue da anta. No dia seguinte pela manhã o corpo deve ser lavado no igarapé para "*tirar o pesado*" do sangue (Antônio Paulo e Delgado).

50 Em 2006, a Companhia de Eletricidade de Rondônia (CERON) estava iniciando os trabalhos de instalação da rede de transmissão de eletricidade que alcançaria a aldeia Central. Soube depois que em 2007 o fornecimento regular de eletricidade finalmente chegou aos Karitiana, que até então dependiam do errático uso de um gerador movido a óleo diesel.

51 *Parmalat* é uma conhecida marca de leite, que popularizou a venda de leite longa vida em embalagens do tipo Tetra Pak no Brasil. Aqui, Antonio Paulo se refere ao leite comercializado em caixinhas.

Notemos, para concluir, que os Karitiana consideram edíveis apenas aquelas espécies também consumidas pelos brancos – bois, porcos, cabras, galinhas, patos e perus – mantendo estrita proibição sobre os animais desprezados como alimento nas cidades – a saber, cães, gatos e os equinos. Aqui é necessário retornar alguns passos.

Entre os Karitiana a perfeita comestibilidade está, como vimos, na *caça*: o *"animal do mato"* é o alimento por excelência. Os animais (nativos ou introduzidos) criados em casa e alimentados pelas mulheres – as *"criações de perto"* (*by'edna*) –, por seu turno, nunca são predados.[52] Apenas em certas situações especiais, e sob certas condições específicas, os animais *intermediários* entre a casa e a floresta podem ser abatidos e consumidos: chamo de *intermediários* tanto as espécies de que se diz *"se aguentarem"*, não precisando receber alimentos diretamente das pessoas, e vivendo com certa distância relativa dos humanos (caso das galinhas) – animais que os Karitiana denominam de *"criação de longe"* (*by kerep*) – quanto aqueles animais de criação que por acidente são abatidos porque surpreendido fora do domínio familiar ou doméstico, seres mansos que são confundidos com animais do mato porque escapam, momentaneamente, para as capoeiras na franjas da aldeia.[53] Estes seres costumam, por vezes, afastar-se do contato com as residências, frequentando áreas de mato vizinhas da aldeia: é por isso tudo que, sugiro, eles estão entre a casa e o mato, a braveza e a mansidão. Como que tocados pela *familiarização doméstica* – expressa, por exemplo, no fato de que os Karitiana traduzem tanto *by'edna* quanto *by kerep* como *"criação"* – matar e

---

52 Volto a observar que este parece ser o caso mesmo da égua Babalu (e também dos burros, já mortos, Gonguinho e Empenado): mesmo sendo animal de grande porte, ela é criada próxima da casa de seu dono, recebe carinhos e algumas vezes ganha alimento na boca; além disso, há contato físico com o animal: ela é muito mansa, buscando a companhia das pessoas, e é por vezes montada. O fato de ser um animal único na aldeia talvez reforce sua individualidade.

53 Este foi o caso de um filhote de anta – capturado junto com Bob, e pertencente à família de Valdemar – abatido a tiros por Renato numa capoeira velha atrás da casa de João. Renato alegou que pensava que era *"anta do mato"*, daí caça legítima. O incidente provocou grande consternação na casa de Valdemar, todos querendo pagamento/vingança pela agressão. Mas acontece que o animal estava, digamos, "fora de lugar", todos concordaram. Valdemar me disse que Bob, crescido, já começava a ir para o mato e voltar, mas temia que caçadores poderiam abatê-lo, confundindo-o com *"caça do mato"*; por isso queria pintar o filhote com tinta de cabelo! Fazendo-o, talvez alterasse o estatuto do corpo do animal, exatamente como a pintura com jenipapo, urucum e outros pigmentos faz com corpos humanos (cf. Viveiros de Castro, 1996).

comer esses seres parece pouco comum, e mesmo quando acontece sujeita-se a um certo desconforto. A morte desses seres para o consumo humano é possível, mas apenas por meio da interposição dos homens armados, uma forma que parece aproximá-los da *caça*. Nesse sentido, os animais de "*criação de longe*" seriam definidos, entre outros atributos, por sua *comestibilidade potencial*, espaço ambíguo entre mulheres e homens, entre a familiarização protetora (que circunscreve totalmente os *pets*) e os animais de caça. *Des-familiarizar* para *predar* (Fausto, 1999: 941) torna-se, portanto, a condição necessária para o consumo desses seres que vivem na fronteira entre a aldeia e a floresta, entre a mansidão e a braveza, entre a sociabilidade afetuosa e individualizada das casas e o anonimato da multidão alheia aos negócios humanos nos currais, galinheiros, cercados, ou pastando nos roçados e capoeiras que, circundando o espaço habitado, fazem a mediação entre o universo da sociedade e o domínio não-humano do mato.

Há de se perguntar, depois de tudo isso, onde está a especificidade do tratamento dos animais entre os Karitiana. Afinal, esta oposição entre três categorias de relação entre humanos e animais parece muito semelhante ao modo como as sociedades industriais modernas classificam os seres não-humanos (cf. Lévi-Strauss, 1997 [1962]; Sahlins, 1979; Leach, 1983; Hell, 1994). Entretanto, parece haver uma diferença sutil entre uma e outra, no tocante à comestibilidade. Com efeito, nossa classificação dos animais também lança mão de *gradientes de proximidade*, que definem, entre outras coisas, a possibilidade do aproveitamento desses seres como alimento: os *animais de estimação* (mascotes, *pets*), que vivem sua *individualidade* no interior das casas, são absolutamente impróprios para o consumo alimentar. No outro extremo, os animais *selvagens* também são, em larga medida, evitados enquanto alimento: conquanto possam ser caçados por variadas razões – esporte, controle reprodutivo, erradicação de "pragas" (lobos, serpentes) – comer animais selvagens é um recurso em geral raro e apenas emergencial (em momentos de penúria alimentar).[54] No ponto intermediário – ou seja, os *animais de criatório*, de abate, de rebanho, do curral e do galinheiro (ou granja), a multidão submetida ao rigoroso controle produtivo e reprodutivo dos humanos, que não está em casa, mas também nunca nos matos – situa-se a perfeita

---

54 "[A] *fauna silvestre se converteu, desdenhosamente, em 'comida de pobre, comida de índio'*" (Baptiste-Ballera et *alli*. 2002: 332).

comestibilidade. Para os Karitiana, ao contrário, o plenamente comestível está não no meio, mas em um dos pólos, o da caça. Talvez aqui se localize o principal erro cometido pelos defensores da introdução da criação animal em aldeias, como uma panaceia para os males da desnutrição, da fome, da rarefação da caça e da carência alimentar e proteica: confundir caça e carne, como se o simples fato de haver oferta de animais potencialmente disponíveis para o abate significasse sua imediata percepção como carne, tal qual fazemos nós mesmos com respeito aos animais de criatório. Esta ideia de uma "reserva de carne" – cara a certos teóricos das origens da domesticação animal – não decorre, antes de mais nada, de uma intensa valorização simbólica da refeição carnívora que se observa nas sociedades ocidentais (Fiddes, 1991; Hugh-Jones, 1996)?

Pode ser que o fato dos Karitiana terem conhecido os animais domésticos de origem europeia desde sempre "*nas mãos dos brancos*" – diferentemente do que aconteceu com várias outras populações indígenas, que encontraram esses seres antes dos homens brancos, movendo-se adiante dos contingentes de colonizadores que os acompanhavam – tenha feito com que esses seres fossem adotados de maneira distinta daqueles animais que já existiam no espaço das casas e aldeias (*wild pets*). Sugere-o a ambiguidade quanto aos cuidados para com essas criaturas, como já visto, uma vez que a criação animal (pecuária) ter-lhes-ia aparecido como uma tarefa masculina. De modo correlato, os Karitiana consideram comestíveis apenas as espécies que veem servirem de alimento aos brancos. Talvez, então, Philippe Descola (2002: 107) tenha certa razão, ao afirmar que a adoção dos animais trazidos pelos brancos não implicou em maiores problemas para muitas cosmologias indígenas, posto que "*as modalidades técnicas e ideológicas do tratamento do animal*" foram transmitidas aos índios junto com os animais, exigindo tão-somente alguns arranjos taxonômicos. Cães, galinhas, bois e cavalos foram adotados pelas sociedades indígenas como partes de um "*pacote tecnológico*" (Turbay, 2002: 102) que incluiria não só os animais, mas também as ideologias associadas a eles e, em menor medida, as técnicas para sua administração. A adoção destes complexos sócio-técnicos, não obstante, não parece ter ocorrido totalmente livre de descompassos.

Seres estrangeiros

Estamos agora em condições de determinar a posição dos animais introduzidos com o contato no conjunto das espécies de seres que povoam o universo. Já ficou claro que, quanto ao critério de classificação explicitado na seção 3.2, estes seres se opõem aos animais *bravos, de caça* e *do mato* (domínio masculino), pois são *mansos*, animais *de casa* e *de criação* (domínio feminino ou, dito de outro modo, *familiar*). Devo, neste momento, situar os animais adventícios na estrutura classificatória proposta na primeira seção deste capítulo.

Os nomes com os quais as sociedades denominam os seres (assim como a ausência deles) podem dar indicações valiosas sobre sua origem, bem como sobre a posição que as criaturas ocupam nos sistemas classificatórios indígenas. Vários estudos procuram apontar a origem exógena das espécies introduzidas na América do Sul a partir das denominações nativas (cf. Nordenskiöld, 1922; Seligmann, 1987; Schwartz, 1997). Com efeito, quase todos os nomes com os quais os Karitiana identificam os seres "*sem história*" trazidos após o contato denotam sua origem adventícia, vinculada ao universo descortinado com o aparecimento dos *opok*, os brancos. Nomes compostos, nos quais esta marca de exterioridade liga-se, em geral, ao termo que posiciona a criatura recém-chegada no sistema Karitiana de classificação dos animais. Deste modo, como os nomes próprios, os nomes comuns das espécies não-nativas também portam o signo da alteridade e da exoticidade.

Todos os nomes que as espécies introduzidas receberam dos Karitiana expressam a semelhança destas com animais nativos: os novos seres foram nomeados a partir de analogias, morfológicas ou comportamentais, percebidas entre estes e seres já conhecidos.[55] Este, afinal, parece ter sido um procedimento comum nas sociedades sul-americanas quando apresentadas a seres exóticos: eles foram concebidos como exemplares modificados ou alterados — maiores, mais poderosos,

---

55 Atente-se para este trecho sobre a classificação animal entre seringueiros acreanos, que é muito parecida com a dos Karitiana: "*Diz-se que os bichos de cabelo* [mamíferos] *da mata sempre apresentam um correspondente doméstico: o boi corresponde à anta; o carneiro e o bode, ao veado; o porco de casa, ao porco da mata (...); e o cachorro de casa, ao cachorro da mata (raposa e cachorro-do-mato). O gato de casa é aparentado com o gato da mata (gato-do-mato e onça), e o rato de casa (...), ao rato da taboca e quatipuru (esquilos)*" (Barbosa de Almeida, Carneiro da Cunha & Smith, 2002: 423).

com alguma característica corporal distintiva, "*fora do espaço e do tempo locais*" (Viveiros de Castro, 2002b: 30) – de espécies nativas que já habitavam os universos indígenas (cf. Viveiros de Castro, 1977; 1979). Esta modificação pode se dar, no caso Karitiana, também pelo reconhecimento de sua origem "*pela mão dos brancos*", por meio do qualificativo *opok* ("*branco*" ou "*do branco*"; uma tradução mais apropriada seria "*outro*" ou "*do outro*"). O caso dos cães, gatos e patos é um pouco diferente, como veremos. Ao contrário de outros povos (cf. Nordenskiöld, 1922), os Karitiana não denominaram nenhuma espécie via adaptação do termo em português à pronúncia da língua nativa, e apenas dos coelhos se diz que "*não tem nome na língua, é só coelho mesmo*".

Cavalos, burros (asininos), cabras e porcos são diferenciados dos animais do mato nativos por qualificativos que estabelecem sua excentricidade. Os dois equinos conhecidos pelos Karitiana, o cavalo e o burro ou jumento, são denominados pela mesma palavra na língua indígena: *dety*, que significa literalmente "*veado (de) grande (ty)*". Epitácio diz que "*cavalo é igual veado grande*", ou que "*cavalo é igual pescoço de veado*", ressaltando a semelhança percebida na morfologia de uma parte do corpo de ambos os animais: "*antigamente os Karitiana viram veado-galheiro, que é como cavalo*". Ainda completa com a homologia entre este último e os asininos: "*burro também é cavalo*". Não que os Karitiana postulem que burros e cavalos sejam veados; não é de *identidade* que se trata, mas de *similitude*: como afirmou Antonio José, "*o cavalo é veado grande só porque se parece com veado, mas se fosse veado grande mesmo os índios poderiam comer*". Se veados são caça bastante apreciada, aos Karitiana a ideia de ingerir carne desses "*veados grandes*" é estranha e repulsiva.

Se os equinos são veados superlativos, as cabras são tão-somente *de*, veado, "*pois é igual veado*", testemunho da semelhança, percebida pelos Karitiana, entre estes herbívoros e outros animais ungulados como cavalos, burros e os cervídeos nativos; menores que cavalos, o porte das cabras parece mais próximo do tamanho dos veados nativos. Epitácio sugere uma tradução alternativa, na qual *de* é um nome onomatopéico – pois "*o cabrito não fala assim: déééé?*" – que imita o balido característico da espécie. Os Karitiana dizem que a carne de cabra pode ser consumida, mas não há registro de que tenham abatido os caprinos que viviam na aldeia anos atrás.

O emprego regional do termo *porco* para designar as duas espécies nativas – o porcão (queixada) e o porquinho (caititu) – propõe uma homologia que os Karitiana aceitaram: o termo *sojxa* é aplicado aos três *tipos*. O queixada é simplesmente *sojxa* ("*porco*") ou *sojxa ty* ("*porco grande*"), e o caititu é *sojxa ina* ("*porco/queixada pequeno*"). Do mesmo modo, os Karitiana chamam o porco de criação introduzido em português de *porco criado, porco manso* ou *porco da cidade*, para diferenciá-lo dos dois animais nativos. Na língua Karitiana o porco doméstico é denominado *sojxa sypodnia*, cuja tradução literal é "*porco com rabo*", "*porque o porco da cidade tem rabo*", aspecto que os singulariza diante das outras espécies.

Bois, perus e galinhas carregam no nome a marca de sua origem entre os brancos, e de sua associação com estes estrangeiros, por meio do emprego do qualificativo *opok*, que os Karitiana traduzem como "*(homem) branco*", mas cujo sentido preciso parece ser o da alteridade, o diferente, "*o outro*". A língua Karitiana denomina o boi como *opoko irip'*, que significa "*anta do branco*". Antônio José diz que é porque o boi "*é o sentido da anta, é como a anta*", indicando que é, mais uma vez, a semelhança morfológica entre os dois seres (alguns dizem que o couro é parecido) que garante nominar um novo a partir de outro já conhecido: "*boi é igual anta, é anta do branco, que ele sempre mata para comer. Anta é do mato, e índio mata para comer*". A homologia, contudo, para por aí, pois nota-se a diferença fundamental entre bois e antas: estas vivem no mato, são animais de caça, ao passo que bois são animais de criação, "*não vive no mato*", o que a própria qualificação "*do branco*" parece, por si só, já dizer: "*anta é o boi do branco. Mas é fácil para os brancos, pois bois ficam no curral*" (Antônio José).[56] Um animal *opoko*, então, é já um animal *manso, de casa, da cidade*, quer seja, exótico, introduzido, logo criado.

A partição entre bois e antas, mesmo que considerados animais semelhantes, é exacerbada por Antônio José. Para ele:

> O nome do boi é boi mesmo, pois ele não vive no mato, e nem se pode comer. O nome *opoko irip'* é só porque parece com anta, como *de ty*, cavalo, que é veado grande, mas se fosse veado grande mesmo os índios poderiam comer.

---

56 Cf. entre os Achuar o boi é "*tanku pama, ("anta doméstica") por assimilação ao maior herbívoro terrestres da fauna silvestre da Amazônia*" (Descola, 1994a: 90).

Deste modo, ele radicaliza a oposição entre animais *bravos* (caça) e *mansos* (criação).

A semelhança entre bovinos e antas é confirmada pela semelhança (de efeitos) percebida entre a carne de uns e outros, conforme vimos na seção anterior. O valor dos bois aos olhos Karitiana – expresso no desejo confesso de implantar a pecuária na Terra Indígena – talvez esteja vinculado ao peso simbólico das antas (e de sua carne) que, como vimos, são tidas como as caças "mais sagradas".

O peru foi denominado *opok bisỹ*, que quer dizer literalmente *"mutum do branco"*, porque, segundo Epitácio *"o peru é igual mutum, é bravo, o peru é mutum de criação dos brancos"*, apontando o nexo da domesticidade, que vincula uma espécie animal aos humanos de modo permanente. Diz, ainda, que o *"peru é tipo de mutum, igual mutum"*, atentando, supõe-se, para o porte semelhante e a coloração negra da plumagem similar nas duas aves. Os Karitiana também não são claros sobre o consumo da carne de perus (dizem que havia alguns em *Kyõwã* no passado), mas saliento que a carne de mutum é das mais apreciadas entre as *him papydna*.

O nome dado às galinhas é mais complexo, embora também porte a marca da alteridade. No momento do contato, como escrevi no primeiro capítulo, os Karitiana parecem ter identificado a galinha com os nambus (inhambus, *pomo*), categoria que abriga as principais espécies de aves caçadas e comidas pelos Karitiana: *"primeiro os Karitiana chamaram a galinha de pomo, nambu, pois ela é como nambu. Aí os velhos explicaram que não era nambu"*. Mas se os nambus são caças privilegiadas, as galinhas logo passaram por uma reclassificação.

Se as galinhas são muitas, hoje e antigamente, esta multiplicidade parece ter sido considerada no modo como os Karitiana denominaram a espécie. A galinha é chamada *opok ako*, termo que os Karitiana traduzem como *"os muitos do branco"*, e que remete, possivelmente, à quantidade desses animais que eram encontrados entre os primeiros seringueiros contatados ou a sua multiplicação depois de incorporadas ao grupo, como vimos. *Ako* indica um coletivo, que Marcelo traduz por *"junto, encontrar com outro, ficar junto"*, talvez porque *"antigamente o povo via as galinhas todas juntas"*, o que remete ao hábito das galinhas permanecerem em bandos, especialmente quando dormem; *opok* é o termo empregado para designar os brancos. Deste modo, teríamos *"o que permanece junto (vive agrupado, se ajunta), dos brancos"*. Ou, como sugere a linguista Luciana Storto (com. pessoal) *opok* ("branco") *ako* (coletivo) poderia ser traduzido literalmente por "*o muito do branco*", ou seja, "*a criação do branco*"; criação, friso, em grande quantidade.

* * *

Antes de passar aos felinos e caninos domesticados, uma nota sobre alguns outros seres exógenos. Já vimos, no capítulo I, que os patos domesticados introduzidos – *pato manso, pato da cidade* ou *pato que vive na água* – foram chamados de *kyky*, o mesmo termo com o qual os Karitiana denominam aves nativas da região (denominados, hoje, *patos do mato, kyky gopipit*). De acordo com Epitácio, existem patos do mato na área, mas que antigamente não eram criados e nem caçados para servir de alimento. De acordo com ele, os Karitiana antigos não os comiam, pois sua carne "*fazia filho da pessoa ficar frio quando doença atacava*", restrição comum ao consumo de outras aves de hábitos aquáticos. Aparentemente, os Karitiana só começaram a alimentar-se da carne e dos ovos destas aves depois de encontrarem-nas, após o contato, "*no meio dos brancos*". Assim, é a introdução desses *patos mansos* que torna comestíveis os patos bravos do mato, até então desprezados.

Há outros seres atualmente encontrados na aldeia Central ou nos seus arredores (ou, ainda, nas dependências da Casa do Índio-Funai e nas residências familiares em Porto Velho) que os Karitiana afirmam terem aparecido apenas depois da chegada dos brancos. Não se argumenta que esses seres foram deliberadamente introduzidos pelos invasores, mas sua origem exógena é atestada pela memória de sua inexistência antes do contato, assim como pelo reconhecimento de que eles "*não foram criados por Deus*", mas surgiram associados aos brancos. A rigor, eles não são animais domesticados, embora tenham longa história de íntima associação com assentamentos e atividades humanos. Ratos e pombos são denominados *animais sinantrópicos* pela biologia, que assim designa a capacidade de certas espécies animais de se adaptar às condições ecológicas criadas pelo homem nos processos de assentamento: espécies sinantrópicas são aquelas que vivem próximas às habitações humanas, partilhando do contexto por elas criado.

Os Karitiana denominam os *ratos da cidade* de *opoko mejehyn*, que literalmente significa "*rato branco*" ou "*rato do branco*" (*mejehyn* é o termo genérico para as variedades de ratos silvestres). Penso que a tradução mais exata do termo seria "*rato do branco*" (pois para rato branco deveríamos ter *mejehyn pok*), mas os Karitiana asseveram que esses animais são de cor branca, nisso talvez influenciados por imagens de ratos albinos de laboratório cujas imagens são veiculadas com frequência pela televisão, além de fazerem parte, talvez, da formação escolar de uma parte dos Karitiana mais jovens. Diz-se que esses animais são "*criação do branco*", e eles não são comidos porque "*comem de qualquer jeito, lama, bosta, lixo, ficam doentes, e se pessoa comer daí fica doente*". Diz-se, ainda, que eles apareceram na aldeia por causa de experiências de criação entre os brancos. É interessante notar que os Karitiana comem diversas variedades de ratos nativos (*mejehyn ty, mejehyn emo, mejehyn kiripok, mejehyn gy ty, mejehyn kin kin*), embora ressaltem que antigamente comiam o *rato bravo do mato* (identificado apenas como *mejehyn*, possivelmente o *protótipo*), mas não o fazem mais hoje em dia.

Com respeito às pombas há alguma confusão, e talvez estejamos tratando de mais de uma espécie ou, pelo menos, os Karitiana reconheçam variedades distintas. As assim chamadas *pombas da cidade* são denominadas por alguns, como Garcia, *dy'y*, e elas não podem ser, e não são, alimento. Outros, como Epitácio, dizem que a pomba chamada *opoktioky* (denominada *pomba* ou "*rolinha que vive em árvore*", ou ainda "*pomba galega*"[57]) "*tempo antigamente não tinha por aqui* [na aldeia, na região]", mas outros afirmam que esta espécie tem o mesmo nome da espécie sinantrópica introduzida com a chegada dos brancos. Estas pombas também não podem ser comidas.

Possivelmente, os Karitiana associaram a pomba exótica com vários *tipos* de aves reconhecidas como *teet* ("*pombinha, rolinha*"), *ywin* ("*rolinha maior, no mato*") e *kyytsoop* ("*rolinha ainda maior, juriti*"). De todas elas se diz que não podem ser comidas – pois provocam "*canseira*" – exceto pelas pessoas mais idosas. De todas, ainda, se diz que não se pode comer e nem mesmo ferir ou sequer importunar essas aves: elas ter-se-iam originado do sangue de um grupo Karitiana que, no passado, foram mortos pelos brancos; outra versão reconta que "*tempo alguém matou outro índio* [*opok pita*, índio inimigo]*, e esse índio disse que o sangue dele ia atrair muita pomba galega. Aí outro índio matou Karitiana velho, e sangue dele trouxe muita pomba galega*" (Antonio José). Essas pombas não

---

57   Noto que a ave conhecida pelo nome popular de pomba-galega é uma espécie nativa da América.

podem servir de alimento porque, senão, "*branco ou outro índio mata*": o próprio nome *opoktioky* significa "*branco/outro índio (opok) me matou (tioky)*". Mesmo a juriti, nativa, "*não pode comer juriti, branco mata*". Ademais, a carne de nenhuma dessas espécies pode ser consumida nas *festas*.

As abelhas europeias domesticadas (gênero *Apis*) difundiram-se pela região (como no resto do continente, estabelecendo colônias independentes da ação humana) e são encontradas em grande quantidade nas proximidades da aldeia Central. Os Karitiana reconhecem que a espécie é estrangeira, denominando-a *arãram* na língua indígena, e *oropa* (de "*Europa*", designação regional comum da espécie) em português. Embora os Karitiana possam identificar uma variedade de abelhas nativas, o mel (*eete'se*, "água da abelha") não parece ser um alimento comum na aldeia. Além disso, o fato de os Karitiana denominarem a abelha europeia de "*abelha que tem mel*" sugere, talvez, o pequeno (ou nulo) aproveitamento das variedades de mel produzidas por espécies de abelhas encontradas na região.

Por fim, os Karitiana afirmam que as garças inteiramente brancas vistas nas margens dos igarapés do território (*kendopok o~jeng*) além do socó (*ot'ot'*) não existiam antigamente na área, e por isso "*não têm na lei*", ou seja, desconhecem se podem ou não servirem como alimento. Não obstante, alguns informantes argumentam que essas duas aves "*são parentes*" (isto é, semelhantes) de outras aves aquáticas como o *okori'* (jaburu), o *owãnowãn* ("*grande como o jaburu*") e o *boxripa* ("*parecido com garça*"). Como todas as espécies agrupadas como aves aquáticas (*orojyt'*), garças-brancas e socós não devem ser comidas por terem pernas finas ("*são magras*") e, por isso, provocam fraqueza, preguiça, deixam a pessoa que ingere sua carne "*fraquinha, magrinha*".

***

Cachorros e gatos de criação são onças: isso é o que dizem os Karitiana quando perguntados, sempre incluindo as duas espécies na categoria de *himo* (embora sejam *him sara*, "*carne imprestável*", e não sejam nunca comidos) que congrega as variadas onças (*obaky*). A identificação dos gatos domesticados é direta:[58] eles são

---

58 Ainda que diversos indivíduos concordem que o gato não tem denominação na língua Karitiana, sendo chamados em português por: "*gato do branco não tem nome na língua, só gato mesmo*", durante minha pesquisa em 2006, muitas pessoas, especialmente crianças, respondiam que gato na língua se diz *xana*. Delgado esclareceu-me afirmando que *xana* é apenas um dos modos

obaky ina, literalmente, "*onças pequenas*". Este é o mesmo nome aplicado ao gato maracajá,[59] uma espécie de felino nativa de pequeno porte; de fato, o maracajá é muitas vezes chamado apenas de *gato* em português, o que sugere uma associação entre os dois seres que são, de fato, muito parecidos. Esta semelhança pode, também, apontar uma razão para o fato dos Karitiana não apreciarem gatos domésticos.

Como os felinos em geral, o gato maracajá não é normalmente comido, embora seja morto quando encontrado, para retirada de seus dentes, bastante valorizados na confecção de colares que são bons presentes para a esposa ou o sogro do caçador. Contudo, alguns indivíduos, como Antônio Paulo, dizem já ter provado a carne tanto do maracajá como de onças, e afirma que, antigamente, não se comia de jeito algum, pois "*dava pereba no corpo só da pessoa triscar em cipó, espinho*". Parece tratar-se, aqui, de uma condição semelhante ao estado *pa'ydna* já descrito: a pessoa que ingere a carne dos felinos torna-se vulnerável, e qualquer ínfimo machucado que venha a sofrer na pele acaba por tornar-se uma ferida grave denominada *patirity*, glosada em português como *pereba brava* ou *perebão, feridão, ferida grande* ou *tumor*, e que é chamada "*doença da onça*".

O quatipuru vermelho grande[60] (*oropojoty*) e o animal que os Karitiana (e os regionais) chamam de *gogó-de-sola* (*sy'yjo*, que não é o primata também conhecido na Amazônia como macaco-da-noite, *mõjỹrỹ*)[61] são os outros dois animais cuja carne é interdita por provocarem *patirity*. A conexão entre esses dois seres, os felinos e as perebas está nos morcegos (*asori*), e é esclarecida em um mito, narrado por Delgado Karitiana:

> Tempo morcego era como gente. Daí tinha uma mulher que não queria casar com seus parentes, só gostava de outros homens e queria casar com eles. Aí a mulher foi falar com o "boneco de Deus",

---

comuns por meio dos quais os brancos se dirigem aos gatos: "*xanim, xanim*". Abreviatura carinhosa de *bichano*, entre os Karitiana tornou-se um nome próprio de uma gata.

59   A identificação da espécie aqui procede apenas da denominação em português empregada pelos Karitiana. Não obstante, é possível que os felinos geralmente identificados como gatos maracajás se tratem de outras espécies de pequeno porte que ocorrem na região, como a jaguatirica e outros felinos denominados genericamente gatos-do-mato.

60   Quatipuru é um roedor, conhecido também como esquilo ou caxinguelê, de hábitos arborícolas.

61   Ver nota 22 deste capítulo.

chefão, que era como criança. Os Karitiana deixaram ele lá do outro lado do rio Candeias porque os brancos mataram muitos índios lá e os índios fugiram. Tempo tinha dois chefões pequenos, mas outros índios [*opok pita*] roubaram um. Aí o boneco falou com a mulher que no mato tinha homens para ela casar. Era pra ela fazer chicha e fechar toda a casa. Ela fez chicha, cantando como o chefão ensinou. O primeiro homem que veio, cantando, foi Saracura, mas a mulher não gostou dele pois ele tem perna fina. A mulher tinha sonhado que ia casar com homem bonito. Aí Jacamim virou homem e veio beber chicha, mas a mulher não gostou dele e pôs ele pra fora. Aí todo tipo de caça – macaco, mutum, veio toda caça, veado, anta, quati, tamanduá, porcão – apareceu, mas ela não quis nenhum, mandou embora todos. Aí o pai da moça falou que só faltava um homem, Juriti, que veio por último beber a chicha, e a mulher gostou dele e disse que ia casar com ele. Aí Morcego, que ela também mandou embora, estava lá só escutando. Juriti disse a mulher que ia embora, e quando fosse ia assobiar para chamar a mulher. Mas Morcego ouviu, e enganou ela, assoviou e ela arrumou as coisas dela e foi atrás do assovio, andando, mas não via nada; e o Morcego só chamando. Aí ela viu Morcego e falou que não gostava dele, que não queria ele porque ele tinha orelha grande. Tempo Morcego era como branco, tinha como roupa, corpo dele era como roupa. Aí os morcegos agarraram e levaram a mulher, mas ela disse que não gostava de homem que dormia de dia. Aí Morcego dormiu, e a mulher pôs fogo na casa do morcego, e correu, correu até chegar no igarapé. Aí viu Besouro d'água, jogando água [*pomperehy* um grande besouro aquático chamado "besouro-cabeção"]. O Besouro falou que a casa do pai dela era para lá. Mas Morcego veio atrás, e o besouro engoliu a mulher e continuou jogando água como se estivesse sozinho. Morcego chegou e perguntou ao besouro se ele viu a mulher fugindo, e Besouro mentiu, disse que não viu a mulher. Mas Morcego sabe cheiro da mulher, e farejou e percebeu, e falou: "ei, Besouro, você ta escondendo a mulher". Besouro negou, e Morcego cantou e rezou nas pegadas da mulher, dizendo para Besouro: "tudo bem, mulher não gosta de nós". Aí os morcegos foram embora cantando, e a mulher saiu da boca do Besouro e disse que não ia morrer, que Morcego não ia fazer nada com ela. Ela tomou um banho e voltou para casa do pai, chegou. Aí o pai dela contou que logo que ela saiu o homem dela assoviou, ela tinha ido, e perdeu homem (Juriti). Ela chorou, pois Morcego enganou ela. Ela dormiu um dia, mas depois morcego fez sarampo para mulher, e pegou o corpo todo dela, não tem corpo bom mais. O pai dela ficou preocupado, pois Morcego estava matando a filha dele. Aí foram buscar o Morcego para curar a filha do chefe, senão chefe ia matar os morcegos. Mas Morcego não queria curar a mulher, pois ela não gosta dele, e diz que só ia curar se ela ficasse com ele. Morcego foi falar com chefe, e disse que só curava ela se ela casasse com Morcego, para fazer a comida dele. Chefe disse que isso era a mulher que resolvia. Aí Morcego cantou, cantou, sumiram as perebas da mulher, ela acordou, mas não quis o Morcego de novo: "orelhão, não presta"; e mandou ele embora de novo. Morcego foi embora, cantando, e começa sarampo de novo na mulher, no corpo inteirinho. Aí o chefe mandou buscar Morcego de novo, mas quando chegaram, os morcegos voaram todos, e foram embora, não viraram mais homens. A mulher morreu de sarampo, inchada, velha mesmo, o corpo todo velho mesmo.

Embora os felinos não apareçam no texto do mito, Delgado acrescenta que é o *canto*[62] (reproduzido como "*ting, ting...*") do morcego que pode curar as perebas do macaco-da-noite, da onça e do quatipuru. Pode também provocar a doença: diz-se que a onça, o gato do mato, o quatipuru-pequeno e o macaco-da-noite, quando morrem estão cheios de pereba. É que o morcego "*cantou*" o nome deles, pois ele "*sabe o nome da doença, ele sabe cantar o nome dos bichos*", e canta para dar doença. Quatipuru e macaco-da-noite morrem "*feio de doença, cheio de pereba, quando a doença do morcego ataca*". Se um desses animais se fere mesmo que levemente em folhas, galhos, tocos ou espinhos, abre-se uma ferida que vai crescendo e se espalhando pelo corpo do animal até provocar sua morte. Conta-se que com o morcego passa-se a mesma coisa: "*se belisca ele, ele morre cheio de ferida*". Como relatado no mito, o morcego, quando era humano, tinha orelhas

---

62 *Canto*, aqui, provavelmente se refere aos textos que os Karitiana traduzem geralmente por *oração* ou *reza*, que são fórmulas destinadas à busca de diferentes efeitos: pedir caça e peixes aos seus *donos*, propiciar uma boa queima do roçado, solicitar às formigas *dykysyko* que as crianças vinguem (como vimos acima), ou mesmo enviar doenças e prejudicar outras pessoas.

grandes, por isso a filha do chefe recusou-se a desposá-lo. O morcego "*cantou nas pegadas*" (nos pés) da mulher, por isso brotam nela as feridas. Este evento marcou o aparecimento desta doença entre os Karitiana, que é também chamada de "*sarampo, muita ferida, vermelho, como fogo, feio*". Morcegos não devem cantar no interior das residências, senão as perebas brotam na pele dos moradores.

Delgado afirma que o morcego provoca a doença porque "*sabe cantar*" os nomes dos animais e também dos *venenos* que utiliza: uma série de plantas é utilizada pelo morcego que, no mito, tira a casca (que é veneno), mastiga e cospe nos pés da mulher, provocando as feridas: *edemo* (uma árvore cheia de nós), *kobo* (cacau do mato), *e'pa somo* (faveira vermelha), *asori geeto* (lit. "*sangue de morcego*", árvore que, ao ser cortada, apresenta resina vermelha "*como sangue*") e *asori byto* (outra árvore), todas plantas cujas frutas são apreciadas pelos morcegos. Antigamente as pessoas podiam *cantar* com essas plantas para dar *pereba brava* nos seus desafetos. Por outro lado, segundo Epitácio, várias dessas mesmas plantas do mato são chamadas *remédio de morcego* e servem para curar as perebas. Todas são árvores de casca rugosa ou, como diz Epitácio, "*casca velha, enrugada, cheia de pereba*": *kobo, e'pa somo, asori geeto*, além de *pati ti'apo* (madeira com a casca "*velha*, enrrugada") e *iroj hi* (lit. "*vagina de macaquinho-zoin*", planta de folhas grandes); seu efeito é obtido raspando as cascas e passando no corpo ou em banhos com infusão.

Confesso que as conexões não parecem tão claras, mas mesmo os Karitiana de quem recebi as informações não puderam traduzir as coisas de outra maneira. Delgado, por exemplo, disse que o macaco-da-noite, o quatipuru e a onça "*quando ficam velhinhos, seu corpo fica cheio de feridas, perebão, e eles morrem*"; parece, portanto, haver um nexo entre estes três seres e o morcego fundado em alguma patologia, provavelmente relacionada ao sangue. No final das contas, o vínculo resta estabelecido nos interditos alimentares:[63] ingerir a carne desses animais – denominados "*coisas ruins*", pois sua carne não se come, ao contrário das "*coisas boas*", carnes apreciadas e que trazem *saúde* – provoca doença brava (*kida sara*). Um casal a espera de bebê, em especial, não deve comê-los, pois a criança nasceria

---

63 Noto que os pontos críticos aqui parecem ser a carne e, sobretudo, o sangue. Os Karitiana consideram todas as variedades de morcegos como hematófagas. Além disso, vimos que o sangue da onça carrega a potência de transformar humanos nesses grandes predadores. Nada sei, infelizmente, sobre a natureza do sangue de macacos-da-noite e quatipurus.

com a cabeça coberta de perebas. A proibição parece recair mais severamente sobre os chefes *byyj* e seus familiares, tal como salientou Antônio Paulo, atual *byyj* dos Karitiana: "*macaco-da-noite o chefe não pode comer, pois dá pereba no corpo; chefe também não pode comer quatipuru, dá pereba*". Talvez esta última particularidade se deva ao fato do mito mencionar a filha de um chefe como responsável pela rejeição dos morcegos, pela origem da doença vingativa destes e, em última instância, pela transformação corporal definitiva dos animais.

Penso que a *doença da onça* responde por parte da aversão demonstrada pelos felinos. No entanto, como jaguares e maracajás são seres distantes, cujos encontros na floresta são raros, e como o contato com eles e seus corpos (sua carne) é bem pouco comum, é possível que esta repulsa recaia mais fortemente sobre os gatos domésticos, seres cujo convívio é, apesar de tudo, cotidiano. Nesse sentido, talvez os Karitiana não tenham se incomodado tanto com a remoção dos animais por parte da Funasa não só por razões utilitaristas (pois os gatos não têm nenhum uso, como os cães caçadores), mas também por considerarem, efetivamente, a ação como uma medida de saúde pública.

* * *

Os gatos de criação, portanto, são onças, e sua inclusão no grupo de *obaky* justifica-se morfológica e substantivamente: é em termos de forma e carne que felinos domesticados são como gatos-maracajá e as demais onças. A inclusão do cachorro no mesmo grupo segue outra orientação.

Cachorro de criação, na língua Karitiana, se diz *obaky by'edna;*[64] e se explica: "*porque o cachorro mata as caças, como a onça. Obaky by'edna significa na língua portuguesa a onça criada*". Efetivamente, *obaky* designa a onça pintada, e seu nome é usado para compor a denominação de vários outros seres considerados semelhantes ou aparentados, como vimos. A expressão *by'edna* é traduzida

---

64 Em seu dicionário e léxico da língua Karitiana, David Landin (1983: 145) registra o termo *omãkypok* como tradução Karitiana para "cachorro". Seguindo as sugestões de Luciana Storto (1996: 8-9) quanto à ortografia da língua, a palavra pode ser reescrita como *obakypok*, literalmente "*onça branca*": recordemos que as memórias dos primeiros contatos falam de um cachorro branco, o Marreteiro. Uma tradução possível seria, também, "*onça [do] branco*", indicando uma onça trazida pelos brancos, ou surgida juntamente com os brancos. Jamais ouvi esta designação para o cão entre os Karitiana, mas ela me parece perfeitamente justificável, tendo em vista a denominação nativa para o boi ou o peru.

pelos Karitiana como "*de criação*", "*criado*", "*de casa*" ou "*manso*", e se refere à qualidade doméstica desta onça particular que é o cão: ele vive na companhia dos homens, no interior de suas casas, partilhando dos espaços por eles socializados.

Esta associação do cachorro doméstico com as onças – maior e mais potente predador das Américas – aparece sempre que os Karitiana são questionados sobre a denominação da espécie: "*o cão é igual à onça*", para Elivar e Renato; "*cachorro é como onça, só que vive na aldeia*", argumenta Marcelo; "*a onça é parente do cachorro*", diz Antonio Paulo, e complementa: "*cachorro é onça porque é bravo, ataca*". Nas palavras de Cizino:

> "Cachorro parece onça, por isso é *obaky by'edna*, onça criatura [isto é, de criação]. Ele é onça porque é bravo, quando está bravo ele morde, ele é igual onça".

Estas frases, frequentemente ouvidas, sintetizam a posição do cachorro na grade classificatória dos seres que habitam o universo, na ótica dos Karitiana: cachorros são jaguares. Outra forma de se referir aos cães é: "*cachorro é onça também, cachorro é bicho* [kida]", no sentido que designa uma vasta gama de criaturas que se caracterizam pelo comportamento feroz, agressivo, traiçoeiro e, às vezes imprevisível. Ademais, *kida* pode qualificar seres que estejam momentaneamente em estado *pa'ira*, "*bravo, com disposição para agressão*", aqui incluindo animais e mesmo humanos. Os cachorros da aldeia, famintos, desconfiados e submetidos a tanta violência mostram muitas vezes este comportamento agressivo.

Entretanto, é de serem bons caçadores, grandes auxiliares nas atividades dos homens na floresta, que, creio, vem a denominação desta espécie na língua Karitiana. Perguntados, pois, sobre a razão de cães serem "*onças mansas*", os índios apontam sempre as mesmas razões: cachorros têm "*o sentido da onça*", ou seja, são iguais às onças, pois são bravos e atacam mesmo sem serem molestados; são, assim, animais *pa'ira*, termo que distingue várias espécies animais – onças, queixadas, quatis, vespas – mas também para qualquer criatura – humana ou não humana – com intenções agressivas e predatórias; o termo tem, ainda, certo vínculo com a loucura, alguma coisa como um "frenesi" causado pela fome de carne e pela sede de sangue. Como vimos acima, os seres *pa'ira* se opõem àqueles ditos *sohop*, que também são "bravos" porque vivem na floresta, mas que simplesmente fogem da aproximação dos humanos. Os cães da aldeia, muitas vezes considerados perigosos e agressivos – eu era sempre aconselhado a andar pela aldeia armado com um pedaço de pau, sobretudo à noite, e relatos de ataques não são raros – são *pa'ira* porque, traiçoeiros e famintos, podem atacar. Esta característica, obviamente, é muito valorizada no que se refere aos cachorros que devem aprender a caçar.

Como onças, os cachorros são associados a várias espécies da floresta, todos eles predadores cientificamente classificados na ordem Carnivora: a onça (*obaky*), a onça preta (*torowoto*), o gato maracajá (*obaky ina*) e a suçuarana (*obaky somo*), as duas criaturas identificadas pelos Karitiana como "*cachorro-do-mato*", "*cachorro bravo*", "*lobo como cachorro*" (*gyryty* e *kypon* ou *kypõrõty*), a irara (*obaky emo*) e, talvez, o guaxinim (*obaky irisa*), entre outros. Diz-se de todos esses animais que eles são "*tipo* [de] *onça, matam caça para comer*", que têm "*o sentido da onça*" (são semelhantes aos jaguares) ou que cada um deles "*é uma onça, igual cachorro*". O curioso é que, de acordo com os Karitiana, nenhum desses animais pode ser trazido para a aldeia e tratados como "criação";[65] e andar na floresta implica em, sempre, temer a presença furtiva e ameaçadora desses seres: pode-se atirar à vontade quando se caça no mato, mas um cartucho é sempre deixado, preventivamente, na arma, para o caso de um desagradável encontro eventual com uma onça.

Nenhum desses animais, com exceção da irara, pode ser comido, tal qual o cachorro doméstico: a própria possibilidade de fazê-lo, quanto a este último, é aberrante aos Karitiana. Diz-se que esses seres são *himo*, "carne/caça", mas de "*outro tipo*", ou seja, distinto das carnes de caça habitualmente consumidas e apreciadas pelo grupo. Onças e seus congêneres até podem servir de alimento, mas em certos contextos, e os verbos utilizados pelos Karitiana para as experiências com a carne desses animais são antes "*provar*" ou "*experimentar*" do que propriamente "comer".

---

[65] Pelo menos não facilmente ou habitualmente: Marcelo disse-me que havia um filhote de irara na aldeia, que ele acha que fugiu. Parece que a irara "pertencia" a José Pereira, e que os cães dele estavam ensinando a irara a caçar; segundo Marcelo, ela já caçava melhor que os cachorros; não obtive confirmação desta história. Os Karitiana especulam sobre a viabilidade de se criar filhotes de cachorro-do-mato, mas não há registros de tentativas. Criar onças entre humanos não é possibilidade sequer cogitada.

Ainda em apoio à associação entre cães e jaguares, diz-se que, como a onça é "*parente do cachorro*", ela também "*fica cansada*" como ele, referindo-se ao modo como os cães respiram pela boca aberta, arfando com a língua de fora: sabe-se que animais que se "*cansam rápido*" (como antas, queixadas, mutuns e jacus, que "*até correm, mas cansam rapidinho*") não devem servir de alimento, pois tornam a pessoa "*cansada*", "*pesada*", pouco resistente ao esforço físico (*sombyko*). A irara, embora seja "*um tipo de onça*", é habitualmente caçada e consumida, e a lógica aqui é outra: os Karitiana interditam o consumo de espécies chamadas de *pypihyko* (como vimos no caso do gato de criação), que são tidas por pouco cuidadosas com seus filhotes ou que têm crias muito frágeis e muito procuradas por predadores e que, por estas razões, apresentam altas taxas de mortalidade, "*morrem muito*" (como é o caso dos pássaros *kyjyp* e *oritowy* [duas variedades de japiim], *orojo* [japó], *yj'o* [saracura], *õjo* [anu] e *ojkarango* [não identificado]); onças e cães não cuidam de suas ninhadas, e por isso os filhotes morrem com frequência, ao contrário das iraras, que têm a reputação de proteger seus filhotes: "*o filhote dela não morre*"; por esta razão iraras são onças comestíveis.

Voltando à classificação, parece haver uma invariante aqui: vários carnívoros nativos da região são relacionados pelos Karitiana à onça (jaguar). Todos eles compartilham com o felino uma característica fundamental, a ferocidade: todos são "*do mato*" (*gopit*), todos são "*bravos*" e agressivos, potencialmente perigosos, e atacam (*pa'ira*), e todos são reconhecidamente predadores, caçadores e apreciadores de carne e sangue. Acrescente-se que, ainda que os Karitiana possam sugerir a possibilidade de "*amansar*" esses animais quando capturados ainda jovens, há bastante incerteza quanto ao sucesso desta tarefa: não há qualquer um deles na aldeia hoje, e as referências a sua existência em tempos passados são bastante imprecisas.

Destaquemos que a associação do cão doméstico e de animais carnívoros nativos de várias famílias com os jaguares não é estranha a outras populações indígenas nas terras baixas. Philippe Descola (1994: 84-6; minha tradução) afirma que os Achuar na fronteira peruano-equatoriana incluem na categoria *yawa* "*um conjunto de mamíferos carnívoros que, à primeira vista, parecem totalmente distintos*", os vários felinos, as duas espécies amazônicas de cachorros-do-mato, o furão e a irara, além do cachorro doméstico; esta classificação deriva da percepção de que esses seres compartilham "*natural ferocidade e gosto por carne crua*"

(Descola, 1994: 230; tradução minha). Diego Villar (2005: 499) anota a mesma "*misteriosa relación*" entre cães e onças entre os Chiriguano-Chané no oriente boliviano, recordando a informação de Claude Lévi-Strauss (2004a [1967]: 83), feita quase 40 anos antes:

> Mas uma classificação que nos parece heteróclita, não o é forçosamente do ponto de vista indígena. A partir do radical /iawa/ o tupi forma, por sufixação, os substantivos: /iawara/ "cachorro", /iawareté/ "jaguar", /iawacaca/ "ariranha", /iawaru/ "lobo", /iawapopé/ "raposa" (...), agrupando assim em uma mesma categoria felídeos, canídeos e um mustelídeo.

Assim, cachorros encontram sua posição no sistema de classificação dos seres entre os Karitiana, junto aos principais predadores da Amazônia.[66] Não obstante, seu qualificativo – *by'edna*, "*de criação*" – sugere uma complexa ambiguidade que os distingue dos demais: eles vivem nas casas, com os humanos, e não na floresta; eles não caçam solitariamente, mas acompanham os homens quando na floresta, auxiliando-os; eles são "*bravos*", porém não são "*do mato*".

Esta associação entre cães e jaguares seria, assim, uma das formas de classificação dos cachorros europeus pelas culturas indígenas, que os associaram a diferentes criaturas nativas da região. Mesmo as espécies que a biologia (popular e científica) reconhece como cachorros-do-mato são, antes, onças: conforme observa Marion Schwartz (1997: 158; minha tradução), "*em todos os lugares das Américas, cães* [europeus] *são tradicionalmente vistos como animais totalmente distintos dos 'cães selvagens'* [ou seja, as espécies nativas de canídeos]". Em alguns contextos em que o cachorro era nativo, como o México, os cães introduzidos foram diferenciados das variedades locais (Hunn, 1977; Ariel de Vidas, 2002). Dito de outra forma, os cachorros europeus são antes equacionados aos jaguares, que parecem funcionar como uma sorte de *protótipo* (Hunn, 1977) de um grupo de seres que partilham certas características, inclusive os canídeos nativos. Uma palavra sobre eles.

---

66 Para outros exemplos etnográficos, ver Holmberg (1969: 69 para os Siriono); Carneiro (1974: 132 para os Amahuaca); Jara (1996a: 128-130, para os Akuriyó); Coffaci de Lima (2000: 186; 2002: 437 para os Katukina).

O que parece estar operando aqui, no modo como os Karitiana classificam esses animais, é que eles não estão preocupados com a morfologia, e sim com algo próximo ao que Fabiola Jara (2002) chama do contexto (*context*) em que esses seres vivem, pelas variadas inter-relações tecidas entre eles. É a observação dos modos de relação dos vários carnívoros que estamos discutindo aqui com os outros seres da floresta e com os humanos – caça, ferocidade, agressividade, competição ecológica – que, parece-me, situa-os em um mesmo grupo. Sobre os assim chamados *lobos*, *raposas* ou *cachorros do mato* (*kypon* e *gyryty*), uma resposta Karitiana sobre se se trata de cachorros, portanto, seria: não, cachorros-do-mato não são cachorros, mas são jaguares. No final das contas, cachorros domésticos também são jaguares. Os colonizadores europeus (e seus cientistas) nomearam as espécies nativas (para eles exóticas) utilizando uma categoria que já conheciam (o cachorro, mas também raposas, lobos, entre outros) fundamentando-se na lógica das semelhanças *morfológicas* (e posteriormente *genéticas*). Os Karitiana fizeram o mesmo: aplicaram sobre a espécie europeia exótica uma categoria nativa (a onça), mas baseando-se em outra lógica, aquela das semelhanças *comportamentais* ou *contextuais* (ferocidade, predação, alimentação carnívora), ou seja, focalizando os hábitos – e, poderíamos dizer, as *técnicas corporais* (centradas na caça) – de todos esses seres.

Todavia, criar onças em casa é algo impensável, dizem os Karitiana, ou, no mínimo, muito complicado (para o caso das iraras).[67] Não obstante tudo isso, mesmo assim, os cachorros estão lá, em bom número, na aldeia, perfeitamente familiarizados pelos Karitiana e adaptados à vida comunitária. Onde estará, portanto, a diferença entre os jaguares-cachorros domésticos introduzidos e os demais jaguares da floresta?

A princípio, é crucial relembrar que o cachorro jamais foi domesticado pelos Karitiana, e nem por outras sociedades indígenas na Amazônia (exceção feita, como vimos, aos povos do Escudo das Guianas e outras regiões periféricas à

---

67 A exceção aqui é o quati, animal inteligente e muito apreciado como *pet* por sua esperteza e agilidade; quatis, contudo, são perigosos, mordem rotineiramente (crianças, sobretudo, devem ser mantidas à distância) e quase sempre ganham a mata se soltos. Não estou tão seguro quanto à inclusão do quati entre as onças, mesmo que os Karitiana façam esta associação; talvez eles estejam tão-somente diagnosticando semelhanças de comportamento e hábitos, sem que elas impliquem em homologias mais profundas, como parece acontecer com os demais seres ditos *obaky*.

floresta). Vemos, então, que mesmo sua adoção tão rápida por parte desses povos coloca problemas, uma vez que as espécies a ele associadas pelos Karitiana (e outros povos) – onças, iraras, guaxinins e os cachorros-do-mato – não podem ser trazidas para a aldeia, ou só o são muito raramente. Buscando concluir, gostaria de propor uma sugestão para este problema com base nos dados que coletei.

Se cachorros são jaguares, é como se eles projetassem no interior do universo dos humanos toda a potência perigosa e potencialmente destrutiva dos grandes felinos, caçadores poderosos, mas predadores solitários e sorrateiros. A admiração pelos cães de caça ilustra esse valor positivo atribuído à habilidade de caçar: a onça, embora perigosa, é admirada por sua capacidade de perseguir e matar suas presas; de modo idêntico, são admirados os cachorros que demonstram destreza e ferocidade ao caçar. A potência caçadora é uma virtude de uns e outros, uma vez que ambos são onças, uma do mato, outras domésticas (a mesma ambiguidade é observada entre os Achuar: Descola, 1994a: 230). Não é estranho que os Karitiana conheçam técnicas – hoje, segundo eles, não mais empregadas – para que um homem se transforme em onça: pintar o corpo com pontos pretos de jenipapo (a "*pintura da onça*", *obaky ejema*), beber ou besuntar-se com o sangue do animal, comer as folhas de uma planta identificada como *obaky opirisapo* (lit. "orelha de onça"), as raspas de casca de uma árvore de tronco pintado (*ep'epokejema go obakydna*) ou, ainda, a própria carne do animal, tudo isso são artifícios que permitiam a um caçador tornar-se uma onça, quer seja, assumir as *afecções corporais* e, daí, a *perspectiva* (cf. Viveiros de Castro, 1996) de uma onça. Com garras e dentes fortes, um homem-onça converte-se em um caçador formidável. Não obstante, esta transformação carrega o germe da associabilidade, posto que o homem que se torna onça passa a ser um indivíduo inconstante, agressivo e perigoso para todos os seus pares: por isso todas as histórias de humanos que usavam transformar-se em jaguares acabam, invariavelmente, na morte do caçador, não mais reconhecido por seus parentes como um dos seus.

É este perigo mortal cravado no seio do social que, creio, fundamenta a ambiguidade do cão doméstico entre os Karitiana, e o paradoxo que existe entre sua valorização como caçadores (e os cuidados que recebem quando filhotes ou, em menor grau, quando são caçadores bem-sucedidos) e o desprezo e a violência que constituem sua posição simbólica e seu tratamento cotidiano: poder inconstante no seio da sociabilidade humana, exterior interiorizado que se deve admirar, mas, ao mesmo tempo temer, e manter sob estrito controle, exterior que é preciso incorporar, mas processo sempre regulado, tenso e potencialmente destrutivo. Tanto mais que, uma vez crescidos, os cães continuam a demonstrar comportamentos incompatíveis com sua condição de *companheiros* dos humanos: relacionam-se sexualmente com parentes, comem dejetos, matam galinhas, sujam casas e coisas, atacam pessoas.

Os cachorros da aldeia Karitiana estão sempre vindo de fora e isso sua origem já o demonstra: eles vieram pela mão dos brancos, ou foram encontrados, em um contexto aberrante, entre os Joari "contatados" pelos Karitiana. Mesmo hoje em dia, a maior parte dos cães é adquirida em Porto Velho (comprados, trocados, recolhidos nas ruas, doados por brancos) e são raríssimas as fêmeas que parem na aldeia: há sempre pouquíssimos filhotes. Seguramente, as condições de saúde dos animais tornam a reprodução local inviável, como aponta Kohn (2007a: 11) entre os Ávila Runa no oriente equatoriano; no entanto, como o mesmo autor assinala, o fato dos cães serem sempre trazidos da cidade cria um laço de dependência do grupo em relação aos brancos "fornecedores" de cachorros, o que se constitui em uma ligação dos Runa com um mundo mais amplo, que transcende a aldeia. Da mesma forma, os Karitiana dependem da cidade para se "abastecerem" de cachorros, mas me parece que, como todos os poderes inerentes aos bens dos brancos que vêm de fora – sobretudo instrumentos de metal, remédios, armas de fogo, máquinas agrícolas, veículos – é exatamente esta origem alógena o que confere valor e, ao mesmo tempo, inspira o temor. Os Karitiana, portanto, desprezam e agridem os cachorros porque eles espelham a potência predatória "do mato" no interior da aldeia (além de espelharem a potência da cidade no mesmo local); animal que pode caçar com muito sucesso, mas, concomitantemente, e por isso mesmo, não inspira muita confiança, além de roubar alimentos, comportar-se incestuosamente e viver na sujeira, todos índices de sua poderosa associalidade: o cachorro é uma onça, *bicho* (*kida*), também porque instala, no cerne do social, uma presença anômala, em vários sentidos contrária àquilo que é socialmente esperado e valorizado, oposta ao modelo de atitudes e hábitos necessários para o bem viver em comunidade. Daí, talvez, sua associação, na releitura Karitiana do cristianismo, com o diabo – "*o Cão*" (ver a próxima seção) – figura do mal que está entre nós, contraparte necessária dos poderes da divindade criadora e provedora, e que deve ser controlada por meio do trabalho incessante de construção dos laços de respeito, solidariedade e apoio mútuo (cf. Overing, 1985; Overing & Passes, 2000; Santos-Granero & Mentore, 2008). Tenta-se domesticar a força – com violência às vezes extrema, é verdade (e o mesmo pode ser dito dos gatos, também onças) – esta presença inconstante, este avatar da predação e do gosto pelo sangue. Onças que, pelo poder dos atos de cuidado/controle e pela imposição do vocábulo (*by'edna*), tenta-se fazer, a todo custo, domésticas.

Inquietas companhias

Reservas de carne que se hesita em matar e comer, porque aparentados (são filhos) das mulheres, membros das famílias; enfeites da aldeia, companheiros dos homens, espécies nas quais cada indivíduo deve ser alimentado, cuidado, protegido, chorado e vingado, porque próximos demais dos humanos, acostumados a extrair animais do mato por meio da caça ou da familiarização (amansamento) de indivíduos. Ambiguidade que introduz no seio das aldeias as potências – dotadas de plena subjetividade, e traduzidas pela ferocidade, a imundície, a sexualidade e a reprodutibilidade – do mato e da cidade, o mundo dos brancos. Mundo que trouxe esses animais, introduzidos pelas mãos dos brancos, e não formados pelo grande criador, *Boty~j*, e por isso mesmo "*sem história*". Sem história, porém, do "*tempo antigamente*", pois sua aclimatação entre os Karitiana mostra-se, desde a origem, carregada de sentidos, no mais das vezes ambivalentes. Nomes que os localizam no interior da grade classificatória indígena, mas sem deixar de mencionar algo fora de lugar: seres estrangeiros, antas, mutuns, veados e onças que vivem, estranhamente, na companhia dos homens. Gostaria de concluir oferecendo alguns comentários adicionais sobre a posição dos animais de criação exóticos no universo dos seres Karitiana, demonstrando na sua inserção algo ambivalente nesta cosmologia.

Essa ambivalência encontra-se, propriamente, na escatologia Karitiana. Para compreendê-la, tal como explicitada pelos índios hoje em dia, é mister recordar que eles vêm empreendendo uma releitura do cristianismo introduzido entre eles desde pelo menos a visita dos padres salesianos Ângelo Spadari e José Francisco Pucci (acompanhados pelo irmão leigo Adhail Póvoas) em 1958 (Hugo, 1959: 259-261). O trabalho evangelizador de maior impacto, contudo, foi realizado entre 1972 e 1977 por um casal de missionários norte-americanos, David e Rachel Landin, ligados ao SIL (*Summer Institute of Linguistics*). Estes lograram a conversão de aproximadamente metade da população da aldeia

Central, tendo vertido o Primeiro Testamento bíblico para o Karitiana, texto utilizado até hoje nos *cultos*, pelos *pastores* da aldeia. O que parece ter ocorrido com a cosmologia Karitiana – o que se observa no discurso da parte da população Karitiana que se identifica como *crente*, mas também, cada vez mais, com o restante do grupo, que mesmo não vinculado a nenhuma das igrejas está imerso em um campo de aguerridas disputas devocionais – parece ter sido um desdobramento de sua escatologia, centrado na intrusão de uma moral cristã fortemente vinculada às noções de culpa, pecado, caridade e recompensa/castigo (Vander Velden, 2004: 24-29; 2008), e com a fissão do destino *post mortem* em duas possibilidades, ligadas às figuras do bem e do mal, cujo impacto espalhou por diferentes domínios da vida cotidiana e ritual do grupo, contaminando significativamente suas práticas e concepções.

Já vimos que *Boty~j* é um grande criador, nos dois sentidos da palavra em português: ele cria-faz, mas ele também cria-cuida, estando, lá no terceiro céu (*mỹ~jỹ pampi*),[68] cercado de animais de criação, dos quais ele têm todos os tipos, introduzidos e nativos, mas todos domesticados, *mansos*; "*anta, queixada e quati moram com Deus, são alimento de Deus*"; todos os animais comidos pelos Karitiana são "*criação de Deus*", que deles se serve como alimento. Ademais, como "grande fazendeiro" que é (ver capítulos anteriores), *Boty~j* espera as *almas* (também se glosa *espírito, psam'em*[69]) dos mortos com uma existência de fartura, alegria e livre de dor e perigo (cf. Manso, 2001: 51-52), uma versão Karitiana da Terra Sem Males:

---

68 Como entre muitas cosmologias indígenas, o céu, para os Karitiana, tem três camadas, representadas como traços horizontais paralelos: temos a terra (*ejepi*), depois, logo acima, o primeiro céu (*myhĩnt pampi*), identificado como "*nuvem*": ali estão os espíritos "*funcionários*", que estão "*no ar*" ou "*no vento*"; são esses espíritos, por exemplo, que levam a carne das festas para cima; ali também estão o sol (*gokyp*) e a lua (*oti*). O segundo céu (*sypõn pampi*) é onde estão os espíritos "*mais graduados*", os "*maiorais*". Yjtamama (João Capitão) vive ali. Depois deste, no terceiro céu, está *Boty~j*, e junto dele estão os espíritos realmente grandes. A relação de Deus com os demais espíritos ("funcionários") é graficamente representada, por Antônio José, como Deus acima, e duas linhas diagonais descendentes que partem dos vértices inferiores de Deus. Sobre a cosmografia Karitiana ver Manso (2001: 47-48).

69 Em várias passagens eu me refiro a "almas/espíritos da pessoa", no plural. Isso porque, para os Karitiana, a pessoa *tem* (termo nativo) quatro almas, que são liberadas após a morte, e cumprem destinos distintos. Sobre o tema ver Vander Velden (2004: 150-152).

> Quando chega na casa do homem [i.e. morada de Deus], o espírito muda: Deus dá remédio para ele se renovar, nunca mais fica velho. Jesus dá muita comida, e no céu não tem marimbondo, aranha, cobra e briga; só tem saúde, alegria e muita comida (Antônio, Delgado e Elivar).

Entretanto, dizem os Karitiana que para atingir a felicidade plena da vida eterna, a alma precisa vencer provas horripilantes no caminho que leva à companhia de *Boty~j*. Disponho apenas de fragmentos do que seria uma versão deste périplo anterior à releitura cristã da escatologia – é digno de nota que virtualmente todos os indivíduos com quem conversei ofereciam o relato já desdobrado, que veremos abaixo – e que mencionam o embate das almas, subindo uma montanha, com "*morcegão, tatu grande,*[70] *chuva, flecha invisível que voa sozinha, relâmpago, trovão*". Derrotados esses perigos, as almas chegam ao terceiro céu, onde são recebidas pelo criador *Boty~j*.

Hoje, porém, o trajeto até Deus tem duas vias, diferenciadas em função do caráter do indivíduo: há um "*caminho de Deus*" para aqueles que foram virtuosos e caridosos em vida, e um "*caminho do fogo*", que leva os assassinos e pessoas de má conduta diretamente ao inferno: lá estão os espíritos das onças, que "*lá acaba*", deixando de existir, e também os espíritos dos cachorros, "*mas lá continua vivendo, porque na vida é companheiro do homem e não é brabo*". A descrição de Antônio Paulo acerca dos sofrimentos da "*pessoa má*" é impressionante:

> O Diabo, homem grande, satanás, pede para Deus as pessoas No inferno tem muita mulher bonitas, mais bonitas que aqui; mulher chama as almas, elas entram na casa das mulheres: lá dentro tem um monte de casa de marimbondo. Aí começa sofrer: mulher manda o homem passar pelas provas pra ver se é homem mesmo; aí joga cabo de vassoura nas cabas [marimbondos], e elas ferram o espírito, ele corre dentro da casa, gritando, a casa está cheia de caba. Passa isso, Diabo põe alma na prisão de aço grande, como cadeia de Porto Velho. Se sai dela, alma entra na fogueira grande, brasa: se o

---

70 Que é o tatu-canastra, devorador de defuntos. Os Karitiana afirmam que alguns tipos de trovão (*dokoit'pyroky*, "*trovão que faz zoado*") são provocados por um enorme tatu-canastra que vive no céu; estes trovões anunciam mortes.

homem tem coragem, ele anda em cima da brasa, o fogo queima o pé até cortar, fica só cotoco. Então vem breu quente, grande como a fogueira: o homem passa pelo breu e queima as duas pernas. Depois vem poço grande como cisterna, de fogo, com labareda acesa: o bicho, Demônio, empurra alma lá dentro, gritando, não tem salvação, daí alma morre. Mas Cão é poderoso, reza, reza e pessoa melhora, vive de novo. Se pessoa é má, seu espírito vai morrendo, se acabando. Depois do fogo, o Cão manda bicho bravo pegar a alma. Espírito chega na casa grande, onde papagaio fala; se a alma quer correr bicho pega e bate nela. Chama alma de assassina.

A continuação do tenebroso relato nos interessa de perto:

> Depois de todas [essas] provas, vem *peru grande*, maior do que tem aqui, que briga com a alma, mata, mas depois faz melhorar de novo; depois vem *galo*, que também briga, e *ovelha branca, cabrito, vaca, cavalo, jumento, porco, tudo muito maior do que tem na aldeia*. A alma vai brigando, vai suando, fica cansada. No final vem *cavalo*. Passa por tudo isso e termina amassada. Mas aí termina, e alma prova que é igual a Cão, a Diabo, fica [com] respeito, como ele tem; se a alma não passa, permanece no fogo (meus grifos).

Já mencionei a associação dos cachorros com o Diabo (que os Karitiana chamam de *Cão, Cachorrão*, e também de *Bicho, Satanás*, "*Pessoa*" ou "*Homem grande*"). Sabemos que, no Brasil e em outras partes do mundo cristão, o diabo é comumente designado como "o cão", e cachorros são frequentemente associados ao mal, a presságios funestos e a hábitos imundos e condenáveis (Cascudo, s/d [1954]: 215-6, 238-9; Nomura, 1996: 27-38). Não cabe aqui discutir os percursos simbólicos que vinculam a figura de Satanás aos cachorros. Importa reter que os Karitiana levaram tal vínculo a sério, de modo que o diabo[71] foi alçado à condição de criatura em tudo antitética à de *Boty~j*, embora jamais tão poderoso quanto este último; na verdade, o *Diabo/Cão* foi criado por *Boty~j* (por isso é chamado

---

71 Nietta Monte (2008: 64-66) anota a mesma denominação de Cão atribuída ao diabo cristão entre os Kaxinawá no rio Jordão (Acre), segunda ela resultado da divulgação de imagens "*de demônios em forma de Cão*" feita por missionários da Missão Novas Tribos do Brasil.

também de "*boneco, brinquedo de Deus*") a partir de um dente de onça[72] pintado por ele, e é um ser cuja presença cotidiana ameaça os Karitiana - em especial aqueles que demonstram condutas criminosas ou moralmente desviadas - por ser uma espécie de emissário da morte, ao passo que *Boty~j* permanece, hoje, relativamente ausente, longe em sua morada celeste.

Como vimos, o diabo, entre os Karitiana, é *bicho* (*kida*), sendo chamado *Tem tema, Te~j te~j*, ou ainda *Kida hu~j hu~j*; ele é descrito como "*espírito mau*" ou "*dono dos espíritos maus*", uma criatura monstruosa - "*parece gente, mas tem asas como de morcego, bem grandes, é feio*" - que envia doenças e anuncia o roubo e a devoração das almas (*sombras*, porque habitando um corpo vivo) dos indivíduos com seu *canto*, um ganido idêntico ao dos cachorros: diz-se que ele "*chora como cão*" e que quando ele *canta* alguém vai morrer. Gumercindo acrescenta que "*seu canto parece um assovio*", e que quando ele "*abaixa, perto do chão*" (pois vive normalmente no céu) pode ser ouvido: "*parece o gemido de cachorro machucado*". Não se deve, ademais, pronunciar seu nome e nem conversar demasiadamente sobre ele. O *Cão* é considerado *chefe* de todos os cachorros que vivem entre os homens; não por acaso, vários comportamentos dos cachorros na aldeia (cães uivando ou ganindo, e os gemidos solitários de um animal próximo da morte) sugerem interpretações funestas, em geral anúncios de infortúnio grave ou morte, em função da presença do *Kida hu~j hu~j*.

Ademais, cães estão presentes em vários relatos - bastante diversificados - sobre a geografia do mundo dos mortos, sempre com caráter agressivo - aqui voltamos às versões monstruosas dos animais de criação introduzidos pelos brancos que habitam os céus. Porque além de toda a pletora de animais de criação agigantados que deve ser superada pelas almas, o céu também está cheio dos cães comandados pelo *Cão*: diz-se que o caminho que leva até *Boty~j* é repleto de cachorros enormes que ameaçam dilacerar e devorar as almas dos mortos. Cachorros enormes também formam a corte do *Cão*, "*chefão dos cachorros*", que

---

[72] O que aponta, de novo, para a conexão entre o cachorro e as onças, que já discutimos. Noto, ainda, que dentes de onças são guardados para serem depositados junto ao defunto no caixão: diz-se que, nos primeiros dias após a morte, uma das almas/espíritos (*psam'em*) do morto frequenta a aldeia nas madrugadas na forma de uma enorme onça canibal. Uma das almas liberadas após a morte (*psam'em opoko*) é um espírito muito branco, de cabelos alvos, que vaga pela mata com a boca escancarada cheia de grandes dentes de onça.

devora a alma – ou as jogam num buraco muito fundo – daqueles indivíduos que, em vida, não "*confiou em Deus, não recebeu ensinamento de Jesus: quem não acredita em Deus está com o Cão*", diz Garcia. As almas/espíritos desses indivíduos ficam *soltas* (vagando sem rumo) até tomarem um caminho cheio de perigos, que incluem "*fogo, arma de fogo que atira sozinha, espírito mau e cachorro que come quem não escuta a palavra de Deus*" (Valter).[73]

Boty~j vive, pois, cercado – como os homens – de animais *de criação*: como diz Luiz Francisco, um dos *pastores crentes*, "*lá no céu tem todo tipo de criação, só que maiores e mais bravos que as daqui: galinhas, porcos, bois, cachorros*". Estas criaturas grandes e agressivas perseguem, pegam, mordem e matam as pessoas que, quando vivas, maltrataram ou mataram cães e outros animais domésticos: "*se a pessoa é má aqui com os animais, lá em cima os bichos correm atrás da pessoa e vão mordendo, saindo sangue, até cair e morrer*". O mesmo Luiz Francisco, um dos grandes geógrafos da existência *post mortem* Karitiana, completa:

> Lá onde está Deus não tem cobra, marimbondo, doença, nem cachorro. Os cachorros ficam na estrada larga [caminho facilmente percorrido, sem percalços, que leva ao Cão] esperando a alma das pessoas. Também se a pessoa não gosta de Deus, a alma da pessoa sofre, e Deus mostra como TV [o pastor afirma comunicar-se diretamente com *Boty~j*, por meio de um "telefone" ou recebendo imagens como em um televisor] e eu vejo muito cachorrinho correndo atrás das almas, pegando e mordendo as almas, cachorros matam e comem as almas das pessoas. Cachorros enormes. A alma sofre muito tempo: cachorro come a alma, que ressuscita, e cachorro come de novo, e o sofrimento não tem fim. Entre as maldades que se comete e que são contra palavra de Deus está bater em e matar cachorros.

73　Talvez seja possível relacionar esses terríveis cachorros do além ao tema da vingança dos cães contra seus donos pelas agressões sofridas (Erikson, 1987: 123). Os Pirahã evitam matar animais de criação, temendo as transformações que ocorrem após a morte, que produz criaturas muito agressivas; espantam-se com o hábito dos brancos em criar galinhas e bois para abater, pois este último produz, quando morto, transformações particularmente perigosas (Gonçalves, 2001: 381). Voltaremos a isso.

É significativo que muitos informantes afirmem que um dos comportamentos reprováveis que os vivos devem evitar – pois fatalmente irá colocar em seu encalço estes terríveis mascotes do além-túmulo – é a agressão e o abate de animais de criação. Continuo com Luiz Francisco:

> "Cachorro que tem na Terra é Cão. Lá no céu eles são Cão, Diabo, e são grandes. É por isso que pessoa não pode matar cachorro daqui, porque lá no céu cachorro grande e bravo vai pegar e matar pessoa. Lá no céu tem todo tipo de criação, só que é tudo maior e mais bravo: galinha, porco, boi, cachorro. Se pessoa é má aqui, com animal, lá em cima eles correm atrás da pessoa, morde, vai mordendo, sai sangue, até alma cair e morrer".

Interessante cosmologia em que a conduta em vida define o destino dos mortos, fundamentada, também, em um discurso de piedade para com os animais de criação: vimos, no capítulo II, que a recusa em ter cachorros da parte de muitos indivíduos Karitiana está calcada na percepção de que os animais sofrem, muitas vezes, na companhia dos homens, porque são deixados na aldeia quando a família desloca-se para a cidade, porque morrem nas caçadas, e por outras várias razões. O sofrimento dos animais de casa parece ter seus reflexos deslocados para outro plano: a violência contra estes seres aqui na Terra – que parece funcionar como um ícone da violência contra a vida doméstica em geral, posto que as agressões entre humanos também implicam em consequências análogas – promete aos humanos o encontro com seus monstruosos e destrutivos avatares no além-túmulo.

Depois de enfrentar esses *animais de criação bravos*, as almas Karitiana encontrarão *Boty~j* e a vida de fartura e alegria entre suas muitas criações. Assim, é como se os Karitiana tivessem que passar pela selvageria – os enormes animais do caminho celeste – de modo a reencontrar a domesticidade – os animais de criação de *Boty~j* – com a qual conviviam em vida. Este trânsito, uma vez mais, também parece espelhar o fluxo constante dos animais que são recolhidos na floresta ou na cidade e trazidos para serem familiarizados (tornados parentes, filhos) na aldeia: para alcançar a domesticidade, é necessário enfrentar e vencer a selvageria, seja dos animais *bravos* do mato, seja dessas criaturas introduzidas pelos brancos

– e que deles guardam a origem exógena – de que a cidade tem copiosa oferta.[74] Essa discussão, com a qual encerro o capítulo, lembra que produzir a domesticidade – como produzir familiaridade e aparentamento – é tarefa que requer empenho e dedicação, e carrega seus perigos e frustrações. O animal demanda esforço para ser socializado, seja um filhote tirado da mata, seja um filhote recolhido nas ruas de Porto Velho. Podem ser amigos fiéis, valorosos auxiliares, signos de prazer ético e fruição estética, mas recordam sempre aos humanos o trabalho que se desenrola em torno desse germe do exterior dentro da intimidade do social. Animais de criação, inquietas companhias.

---

74 Desta forma, mesmo que se reconheça que os *pets* introduzidos já nasceram entre humanos, e por isso seriam *mansos* por natureza, parece haver uma cota de autonomia, "selvageria" ou rebeldia (se assim posso me expressar) que portam esses animais introduzidos. Será a passagem de um contexto social (a cidade dos brancos) para outro (as aldeias Karitiana) que cria este ruído na harmonia entre Karitiana e os animais domesticados exógenos? Queixalós (1993: 79) afirma que os Sikuani desenham clara diferença entre os *wild pets* (que precisam ser tornados *dahubi*, "*animal domestique*") e os *pets* introduzidos (que já nascem *dahubi*, "*parce qu'ils viennent au monde au sein de la société des hommes*").

Considerações finais

"O verdadeiro teste moral da humanidade (o mais radical, situado num nível tão profundo que escapa a nosso olhar) são as relações com aqueles que estão à nossa mercê: os animais".
Milan Kundera, *A insustentável leveza do ser*

EM UM ARTIGO RECENTE, Bruce Trigger (2008) interrogou-se sobre as maneiras como diferentes grupos de Aborígenes australianos incorporaram os animais e vegetais introduzidos pelos colonizadores europeus nas suas práticas sociais cotidianas, nos rituais e nos seus universos simbólicos – tema, segundo ele, ainda pouco explorado pela antropologia. Trigger (2008: 633-637) argumenta que a percepção, por parte dos povos autóctones, de que certos seres são exógenos ou exóticos, não implica de modo algum na sua rejeição; ao contrário, a convivência de décadas (às vezes, séculos) com estas espécies não-nativas torna-as como que "parte da paisagem", em função de um *"sentimento de familiaridade"* (*sense of familiarity*) ou uma *"rotina de familiaridade"* (*routine familiarity*) experimentados pelas populações após conhecerem e adotarem essas criaturas. Deste modo, a origem adventícia desses animais não é tanto o que importa – o autor cita vários casos que, em contradição com as narrativas histórico-ecológicas, grupos aborígenes na Austrália defendem que espécies introduzidas (como o gato) são, em verdade, nativas; importa, sim, o fato de que o histórico das relações com estes seres acaba por convertê-los em companhias imprescindíveis, rotinizando-os, por assim dizer, e incorporando-os completamente às cosmologias e sociologias nativas.

Trigger vai ainda mais longe, sugerindo (2008: 640-641) que, em sociedades nas quais a memória histórica é *"relativamente pouco profunda"* (*relatively shallow*), a transmutação de história em mito acaba por naturalizar esses novos seres, ao torná-los aspectos de um passado histórico cada vez mais distante e, portanto, inacessível a modalidades de conhecimento mnemônico presididas pelo valor da experiência em primeira mão.

Da Austrália à Amazônia, penso que as reflexões do autor valem em parte para o material Karitiana. Em primeiro lugar, não estou seguro desta conversão da história ao mito, posto que pressupõe uma oposição entre uma e outro. De todo modo, este fenômeno talvez não opere de modo análogo em todas as historicidades nativas: vimos, no primeiro capítulo, como alguns povos indígenas nas terras baixas sul-americanas absorveram as espécies introduzidas em suas narrativas míticas, ao passo que os Karitiana jamais o fizeram (mesmo já tendo provavelmente mais de cem anos de contato), e seus animais exóticos permanecem trazidos "*pela mão do branco*", e não criados por *Boty~j*, tal como narram as "*histórias de tempo antigamente*". Talvez a incorporação (e a ausência dela) desses seres ao mito esteja vinculada à natureza dos eventos do aparecimento dos animais exóticos entre povos indígenas: se vieram na companhia dos colonizadores (como parece ter ocorrido entre os Karitiana), ou se chegaram movimentando-se adiante das frentes de penetração, por vezes como animais ferais, ponto não notado por Trigger (embora vários dos casos que elenca sugiram esta segunda possibilidade). Além disso, os Karitiana incorporaram definitivamente os animais de origem europeia em suas vidas e continuam desejando mais e mais desses seres em seu cotidiano. Não obstante, vários elementos de sua cosmologia – expressos em pontos variados desta, como no ritual que proíbe carnes estrangeiras, nas formas de denominação das espécies, na ausência de histórias de antigamente, no destino das almas, entre outros – continuam a marcar a exoticidade desses animais, sua origem externa ao mundo, tal como este foi criado por *Boty~j in illo tempore*.

Não obstante, as conclusões de B. Trigger apresentam vários aspectos positivos. O primeiro, que a penetração, adoção e adaptação de seres vivos estrangeiros entre populações nativas têm consequências mais amplas, que vão além da aclimatação ecológica e da transformação cultural subsequente, mas atravessam questões de identidade e etnicidade, nacionalidade, meio-ambiente, desigualdade social, desenvolvimento, entre outras. O segundo, que é a *convivência* – tal como atesta o breve resumo do artigo que fiz dois parágrafos acima – o objeto a ser focalizado pela pesquisa desses contextos em transformação, porque é a *convivência* entre humanos e não-humanos que funda as formas de percepção e de relação que as culturas humanas elaboram para dar conta dos outros seres que habitam o planeta. Em última análise, se o que é natural é (também um) construto simbólico, são as múltiplas, ricas e complexas *interações* entre humanos e não-humanos que definem as paisagens culturais que serão abordadas pela pesquisa: considerar seriamente o que dizem as pessoas indica que seres nativos e exóticos requerem o mesmo esforço teórico e a mesma consideração (Trigger *et alli*. 2008).

Este foi, em resumo, o percurso deste livro. Começamos por apresentar a história dos seres sem história, de modo a demonstrar que há, sim, uma trajetória temporal que começa com o estranhamento dos primeiros contatos e chega, por meio da convivialidade, a um cenário em que os Karitiana não podem mais existir sem a presença desses animais, parte integral de seu cotidiano, social e cosmológico. Vimos, a título de exemplo, como Cizino não conseguiu realizar sua reocupação messiânica do território tradicional no rio Candeias, que era também – na esperança do grande líder Karitiana contemporâneo – um retorno ao passado perdido de força, abundância e alegria, no qual deveriam estar ausentes todos os elementos introduzidos pelos brancos: a sua aldeia nova está cheia de cachorros e galinhas, e lá ele quer criar porcos e bois. A *familiaridade* gera a *naturalização* dos animais que, de exóticos, passam a *filhos*, membros plenos – com todo o fardo que isso implica – das famílias e das comunidades.

Demonstrei, espero que de forma convincente, como essas novas espécies foram adaptadas às práticas sociais Karitiana e acomodadas a sua estrutura cosmológica. Aclimatação tensa, paradoxal, porque oscilando entre a completa assimilação aos animais amansados recolhidos desde sempre do mato e familiarizados pelos homens e mulheres (os *wild pets*) e um resíduo de excentricidade que insiste em existir, e se manifesta de forma forte na cosmologia, na mitologia (ou ausência dela) e na escatologia. Parece, pois, que se a vida tornou-se impossível sem a presença dos animais domesticados trazidos com o contato, os Karitiana jogaram para o domínio metafísico os descompassos e contradições engendrados na absorção rápida de criaturas totalmente desconhecidas até a tragédia da chegada dos colonizadores.

Antes disso, ao longo do texto, apresentei evidências de que a penetração dos animais domesticados em todos os cantos da sociedade Karitiana vem crescendo cada vez mais, e se materializa nos últimos anos – enquanto problema premente a ser solucionado – na oferta abundante de projetos de introdução das várias modalidades de criação sistemática (avicultura, bovinocultura, piscicultura, caprinocultura, suinocultura) e no desejo dos índios em efetivamente implantá-los. Advertem os próprios Karitiana, todavia, que a introdução de novos animais e de novas formas de tratá-los e de se conviver com eles ensejam múltiplos problemas que não têm sido devidamente abordados. A ênfase na segurança alimentar como um princípio objetivo, o pesado valor simbólico da carne, a necessidade de se ocupar produtivamente terras e mentes julgadas subaproveitadas, a percepção de que a caça serve apenas à satisfação nutricional – tudo isso ilustra o conteúdo ideológico que, como um trator, arrasa modos nativos de relação com os entes não-humanos em busca do desenvolvimento: "*o espírito hiperdesenvolvimentista desses tempos*" (Fisher, 2000: 153). Em se tratando de seres dotados de subjetividade e volição, e guarnecidos por redes de parentesco e companheirismo, este modelo de tratamento dos animais só pode redundar (e vem redundando) em claros fracassos. Esta é a lição a ser aprendida pelas agências não-indígenas proponentes destes projetos.

O interesse na compreensão das formas nativas de apropriação das espécies adventícias tem, ainda, outra face. Com efeito, tal como apontei na introdução do livro, a invisibilidade e a irrelevância dos animais domesticados nas aldeias não grassa apenas na antropologia, mas contamina as demais disciplinas científicas e, pior, está entranhada no coração das instituições que elaboram políticas públicas, governamentais ou não. Se os animais domesticados nas zonas urbanas carecem, muitas vezes, de assistência decente – que lhes é garantida, inclusive, pela legislação – que dizer desses seres que se espalham aos milhares pelas muitas aldeias indígenas Brasil afora? Também eles, como os outros, são sujeitos de direitos. Mais do que seus semelhantes nas cidades, contudo, os animais de criação nas aldeias parecem ter seus direitos eclipsados pela distância, pela dificuldade de acesso e por uma exotização do exótico, no qual os animais dos índios parecem tornar-se diferentes como estes e, daí, assunto a ser resolvido internamente nas aldeias, mesmo que isso implique, via de regra, em vidas permeadas por violência e brutalidade consideráveis. Num mundo e num país que toma cada vez mais consciência da situação lastimável em que vivem milhões de animais submetidos a condições miseráveis de existência (cf. Singer, 2004; Regan, 2006; Chuahy, 2009), olhar para aqueles que vivem entre as populações indígenas é tarefa da qual não podemos nos furtar.

É factível transportar estas discussões e preocupações aos povos indígenas? Penso que sim. Essas sociedades não são infensas às atribulações que afligem o mundo contemporâneo, nem estão atavicamente presas a modos de vida inatacáveis pelas transformações. A própria adoção de novas espécies animais é prova disso. Elas podem, sim, ser convidadas a refletir sobre a questão do tratamento dos animais de criação, como foram – com sucesso – introduzidas no debate sobre a devastação ecológica e a preservação ambiental.[1] Espaço vem se abrindo no pensamento Karitiana sobre os animais de criação para a emergência de uma nova sensibilidade que condena os maus-tratos e advoga o fim dos sofrimentos impostos aos animais nas aldeias. Fruto da ética pacifista pregada pela evangelização? Talvez. Entretanto, mais do que efeito da religião, talvez nasça aí a percepção aguda de que humanos e animais compartilham, no fundo, de uma mesma natureza e substância. Não está aí, verdadeiramente, a singularidade das cosmologias indígenas nas terras baixas sul-americanas?

Nisso tudo, a antropologia joga em posição crucial. Nos últimos anos, a disciplina vem empreendendo um esforço para incluir sinceramente os seres não-humanos entre seus objetos privilegiados de investigação. Não mais, contudo, por seu simples valor prático e/ou simbólico para as culturas humanas, mas como entes com os quais os homens compartilham o mundo e sem os quais é impossível existir plenamente: neste espírito, os seres não-humanos convertem-se em entes plenamente guarnecidos por direitos, incluindo-se o direito ao tratamento intelectual que conceda a eles a relevância que desfrutam no mundo vivido (Ingold, 1988 e 2000; Haraway, 2003 e 2008; Latour, 2004; Kohn, 2007; Nadasdy, 2007). Assim propõe Eduardo Kohn, com sua "*antropologia da vida*":

> Ver os diferentes modos por meio dos quais as pessoas estão, de fato, conectadas ao universo mais amplo da vida, e as maneiras através das quais isto pode modificar o que significa ser humano (Kohn, 2007: 5, minha tradução).

Tal empresa significa levar o estudo das relações entre seres humanos e não-humanos para outro patamar, em que as ontologias não-ocidentais ou não-científicas (e quiçá, também, as não-humanas) sejam, de fato, consideradas em toda a sua complexidade. Assim poderemos ter a realização plena do convite feito pelo escritor italiano Ítalo Svevo, com o qual epigrafamos a introdução do livro:

---

[1] Obviamente não estou retomando a noção de que os povos indígenas são "*os primeiros ecologistas*", que já foi amplamente contestada (cf. Martin, 1978: 157-188; Descola 1998). Estou apenas advogando pela abertura de um diálogo que pode ser produtivo, mesmo que se fundamente em *acordos pragmáticos* (Barbosa de Almeida, 1999 e 2004).

"O animal é perfeito, e não aperfeiçoável. Quem o estuda é que deve saber progredir".

Talvez, deste modo, possamos compreender melhor as respostas dadas pelas mais diferentes criaturas às atividades onipresentes dos seres humanos neste mundo, contribuindo, assim, para estratégias mais eficientes e mais solidárias (para com humanos e não-humanos), que visem a conter a exploração dos seres vivos, os maus tratos contra toda forma de vida, o desaparecimento de incontáveis espécies (incluindo culturas e línguas) e a devastação da Terra.

Referências bibliográficas

ABREU, João Capistrano de. *Capítulos de história colonial*. Belo Horizonte: Itatiaia/São Paulo: Edusp, 1988.

AGAMBEM, Giorgio. *The open: man and animal*. Stanford: Stanford University Press, 2004.

AGUIAR, Gilberto. "Poligamia, endogamia e parentesco genético". *Ciência Hoje*, n. 13 (76), 1991, p. 14-15.

ALBERT, Bruce & RAMOS, Alcida. *Pacificando o branco: cosmologias do contato no Norte-Amazônico*. São Paulo: Editora da Unesp/IRD/Imprensa Oficial, 2002.

ALBERT, Bruce; MILIKEN, William & GOMEZ, Gale. *Urihi A: a terra-floresta Yanomami*. São Paulo: ISA/Paris: IRD, 2009.

ALMEIDA, Fábio Vaz Ribeiro de. "Economia Ticuna e monitoramento ambiental no alto Solimões". In: MAGALHÃES, A. C. (org.), *Sociedades Indígenas e transformações ambientais*. Belém: NUMA/UFPA, 1993, p. 79-111.

ALVES, Vânia Noronha. *O corpo lúdico Maxakali: segredos de um 'programa de índio'*. Belo Horizonte: FUMEC-FACE/Editora C/Arte, 2003.

ANDERSON, Virginia DeJohn. 1994. "King Philip's herds: Indians, colonists, and the problem of livestock in New England". *The William and Mary Quarterly (3d series)*, LI (4), p. 601-624.

_____. "Animals into the wilderness: the development of livestock husbandry in the seventeenth-century Chesapeake". *The William and Mary Quarterly (3d series)*, LIX (2), 2002, p. 377-408.

_____. *Creatures of empire: how domestic animals transformed early America*. Oxford: Oxford University Press, 2004.

ANGULO, Enrique. "Interpretación biológica acerca de la domesticación del pato criollo (Cairina moschata)". *Bulletin de l'Institut Français d'Études Andines*, n. 27 (1), 1998, p. 17-40.

ANZAI, Leny. "Missões religiosas de Chiquitos e a Capitania de Mato Grosso". In: SILVA, J. F. (org.), *Estudos sobre os Chiquitanos no Brasil e na Bolívia: história, língua, cultura e territorialidade*. Goiânia: Editora UCG, 2008, p. 135-165.

ARAÚJO, Carolina Pucu de. *A dança dos possíveis: o fazer de si e o fazer do outro em alguns grupos Tupi*. Rio de Janeiro: MN-UFRJ. Dissertação de mestrado, 2002.

ARCHETTI, Eduardo. *Guinea-pigs: food, symbol and conflict of knowledge in Ecuador*. Oxford: Berg, 2001.

ARENAS, Pastor. *Etnografia y alimentación entre los Toba-Nachilamole#ek y Wichí-Lhuku'tas Del Chaco Central (Argentina)*. Buenos Aires: Edição do autor, 2003.

ARIEL DE VIDAS, Anath. "A dog's life among the Teenek indians (Mexico): animal participation in the classification of self and other". *The Journal of the Royal Anthropological Institute (N. S.)*, n. 8, 2002, p. 531-550.

BAKSH, Michael. "Changes in Machiguenga quality of life". In: SPONSEL, L. (ed.), *Indigenous peoples and the future of Amazonia: an ecological anthropology of an endangered world*. Tucson: University of Arizona Press, 1995, p. 187-205.

BALDUS, Herbert. *Tapirapé, tribo Tupí no Brasil Central*. São Paulo: Companhia Editora Nacional, 1970.

BANDUCCI JR., Álvaro. *A natureza do pantaneiro: relações sociais e representação de mundo no "Pantanal da Nhecolândia"*. Campo Grande: Editora da UFMS, 2007.

BAPTISTE-BALLERA, L. G.; HERNÁNDEZ-PÉREZ, S.; POLANCO-OCHOA, R. & QUICENO--MESA, M. "La fauna silvestre Colombiana: uma historia econômica y social de um proceso de marginalización". In: ULLOA, A. (ed.), *Rostros culturales de la fauna: las relaciones entre los humanos y los animales em el contexto colombiano*. Bogotá: INAH/Fundación Natura, 2007, p. 295-340.

BARBOSA, Gabriel C. "Das trocas de bens". In: GALLOIS, D. (org.), *Redes de relações nas Guianas*. São Paulo: Humanitas/Fapesp, 2005, p. 59-111.

BARBOSA, Fabiano & MOLINA, Lívio. "Conjuntura da carne bovina no mundo e no Brasil". *Artigos Científicos do Portal Agronomia* (disponível em: www.agronomia.com.

br/conteudo/artigos/artigos_conjuntura_carne_bovina_mundo_brasil.htm, acessado em 10 de agosto de 2007).

BARBOSA, J. *Vocabulário da língua Ariquême organizado com o concurso do Capitão Naterebo (chefe da tribo)*. *Colônia Indígena Rodolpho de Miranda no rio Jamari em 24 de janeiro de 1927*. Museu do Índio, mimeo, 1927.

BARBOSA DE ALMEIDA, Mauro W., 1999. "Guerras culturais e relativismo cultural". *Revista Brasileira de Ciências Sociais*, n. 14(41), 1999, p. 5-14.

_____. "Cânones e ontologias: uma visão do relativismo antropológico". Manuscrito não-publicado, 2004.

BARBOSA DE ALMEIDA, Mauro W.; CARNEIRO DA CUNHA, Manuela. & SMITH, Maira. "Classificação dos animais da Reserva Extartivista do Alto Juruá pelos seringueiros". In: CUNHA, Manuela Carneiro da & ALMEIDA, Mauro W. Barbosa de (orgs.), *Enciclopédia da Floresta. O Alto Juruá: práticas e conhecimentos das populações*. São Paulo: Companhia das Letras, 2002, p. 419-429.

BARCELOS NETO, Aristóteles. *A arte dos sonhos: uma iconografia ameríndia*. Lisboa: Museu Nacional de Etnologia/Assírio & Alvim, 2002.

_____. "De divinações xamânicas e acusações de feitiçaria: imagens Wauja da agência letal". *Mana*, n. 12 (2), 2006, p. 285-313.

BARETTA, Silvio & MARKOFF, John. "Civilization and barbarism: cattle frontiers in Latin America". *Comparative Studies in Society and History*, n. 20 (4), 1978, p. 587-620.

BARO, Roulox. *Relação da viagem ao país dos Tapuias*. São Paulo: Edusp/Belo Horizonte: Itatiaia, 1979 [1651].

BASSO, Ellen. "The Kalapalo dietary system". In: BASSO, Ellen (ed.), *Carib-speaking indians: culture, society and language*. Tucson: The University of Arizona Press, 1977, p. 98-105.

BECKERMAN, Stephen & VALENTINE, Paul. "On Native American conservancy and the tragedy of the commons". *Current Anthropology*, n. 37 (4), 1996, p. 659-661.

BELAUNDE, Luisa Elvira. *Viviendo bien: género y fertilidad entre los Airo-Pai de La Amazonia Peruana*. Lima: CAAP/BCRP, 2001.

BENNETT, Deb & HOFFMANN, Robert. "Ranching in the New World". In: H. Viola & C. Margolis (eds.), *Seeds of change: a quincentennial commemoration*. Washington: Smithsoniam Institution Press, 1991, p. 90-111.

BÉRARD, Laurence. "La culture du poison". *Études Rurales*, n. 129-130, 1993, p. 147-156.

BERLIN, B.; BREEDLOVE, D. E. & RAVEN, P. H. "Covert categories and folk taxonomies". *American Anthropologist*, n. 70, 1968, p. 290-299.

BERNARDINA, Sergio Dalla. "Une personne pas tout à fait comme les autres: l'animal et son statut". *L'Homme*, 1991, vol. XXXI (120), p. 33-50.

BERTELLI, Antonio de Pádua. *Os fatos e os acontecidos com a ponderosa e soberana Nação dos Índios Cavaleiros Guaycurús no Pantanal do Mato Grosso, entre os anos de 1526 até o ano de 1986*. São Paulo: Uyara, 1987.

BEZERRA DE OLIVEIRA, Cleide. *Levantamento de dados culturais da tribo Karitiana*. Porto Velho: FEC-Cacoal/Universidade do Oeste Paulista. Trabalho de conclusão de curso, 1994.

BLASER, Mario. "La ontología política de un programa de caza sustentable". *World Anthropologies Network (WAN)/Red de Antropologías del Mundo (RAM) electronic journal*, n. 4, 2009, p. 81-107.

BÖGEL, K.; FRUCHT, K.; DRYSDALE, G. & REMFRY, J. *Guidelines for dog population management*. Geneva: World Health Organization, 1990.

BORZACOV, Eduardo. *Glossário do linguajar amazônico*. Porto Velho: edição do autor, 2004.

BRACK, Antonio. "Pobreza y manejo adecuado de los recursos em la Amazonia peruana". *Revista Andina*, n. 29 (1), 1997, p. 15-30.

BROWN, Lester. "O dilema brasileiro". *Ciência e Ambiente*, n. 32, 2006, p. 133-150.

BUARQUE DE HOLANDA, Sérgio. *Visão do paraíso: os motivos edênicos no descobrimento e colonização do Brasil*. Rio de Janeiro: José Olympio, 1959.

_____. *Caminhos e fronteiras*. Rio de Janeiro: J. Olympio/Depto. de Cultura da Guanabara, 1975.

_____. *Monções*. São Paulo: Alfa-Ômega, 1976.

BURGAT, Florence. "Esclavage et propriété". *L'Homme*, n. 145, 1998, p. 11-30.

_____. "La logique de la légitimation de la violence: animalité vs humanité". In: HÉRITIER F. (org.), *De la violence II*. Paris: Editions Odile Jacob, 1999, p. 45-62.

BUTT-COLSON, Audrey. "Inter-tribal trade in the Guyana highlands". *Antropológica*, n. 34, 1973, p. 5-69.

CASCUDO, Luís da Câmara. *Dicionário do folclore brasileiro*. Rio de Janeiro: Ediouro, 1954.

CAMARGO, Eliane. 1999. "Alimentando o corpo: o que dizem os Caxinauá sobre a função nutriz do sexo". *Sexta-Feira*, n. 4: 130-137.

CAMINHA, Pero Vaz de. *Carta de Pero Vaz de Caminha*. In: PEREIRA, P. R. (org.). *Os três únicos testemunhos do descobrimento do Brasil*. Rio de Janeiro: Lacerda Editores, 1999 [1500].

CAO/INF/MPE-RO. *Relatório de vistoria – aldeia indígena da nação Karitiana*. Porto Velho: Centro de Apoio Operacional da Infância e Juventude e da Defesa dos Usuários dos Serviços de Educação/Ministério Público do Estado de Rondônia, mimeo, 2006.

CARDIM, Fernão. *Tratados da terra e gente do Brasil*, Belo Horizonte: Itatiaia/São Paulo: Edusp, 1980 [1625].

CARNEIRO, Robert. "Hunting and hunting magic among the Amahuaca of the Peruvian Montaña". In: LYON, P. (ed.), *Native South America: ethnology of the least known Continent*. Boston: Little, Brown & Company, 1974, p. 122-132.

CARNEIRO DA CUNHA, Manuela. *Os mortos e os outros: uma análise do sistema funerário e da noção de pessoa entre os índios Krahó*. São Paulo: Hucitec, 1978.

CARRARA, Eduardo. "Um pouco da educação ambiental Xavante". In: SILVA, A. Lopes da; MACEDO, A. V. & NUNES, A. (orgs.), *Crianças indígenas: ensaios antropológicos*. São Paulo: Global/MARI/Fapesp, 2002, p. 100-116.

CARVALHO, Maria Rosário G. de. *Os Kanamari da Amazônia Ocidental. História, mitologia, ritual e xamanismo*. Salvador: Casa de Palavras, 2002.

CHAUL, Nasr. "Passa boi, passa boiada...". In: *Caminhos de Goiás: da construção da decadência aos limites da modernidade*. Goiânia: Editora UFG/Editora UCG, 1997, p. 85-94.

CHUAHY, Rafaella. *Manifesto pelos direitos dos animais*. Rio de Janeiro: Record, 2009.

CIMI-RO. *Panewa especial*. Porto Velho: CIMI-RO, 2002.

_____. *Universo cultural Karitiana*. Porto Velho: CIMI-RO, 2006, vol. I.

_____. "Povo Juari retoma seu território em Rondônia". Disponível em http://www.cimi.org.br/?system=news&action=read&id=3355&eid=355, 2008 (acessado em 13 de setembro de 2009).

CLASTRES, Pierre. *Crônica dos índios Guayaki: o que sabem os Aché, caçadores nômades do Paraguai*. Rio de Janeiro: Editora 34, 1995.

COELHO, Vera Penteado. "Figuras zoomorfas na arte Waura: anotações para o estudo de uma estética indígena". *Revista do Museu de Arqueologia e Etnologia – USP*, n. 5, 1995, p. 267-281.

COFFACI DE LIMA, Edilene. *Com os olhos da serpente: homens, animais e espíritos nas concepções Katukina sobre a natureza*. Tese de doutorado, São Paulo: FFLCH-USP, mimeo, 2000.

_____. "Classificação dos animais do Alto Juruá pelos Katukina". In: CUNHA, M. Carneiro da & ALMEIDA, M. Barbosa de (orgs.), *Enciclopédia da Floresta. O Alto Juruá: práticas e conhecimentos das populações*. São Paulo: Companhia das Letras, 2002, p. 437-443.

COPET-ROUGIER, Élisabeth. "Le jeu de l'entre-deux: le chien chez lês Mkako (Est-Cameroun)". *L'Homme*, ano XXVIII (108), p. 108-121, 1988.

CORMIER, Loretta. *Kinship with monkeys: the Guajá foragers of eastern Amazonia*. Nova York: Columbia University Press, 2003.

CRAIG, Neville. *Estrada de Ferro Madeira-Mamoré: história trágica de uma expedição*. São Paulo: Companhia Editora Nacional, 1947.

CREVELS, Mily & VOORT, Hein van der. "The Guaporé-Mamoré region as a linguistic area". In: MUYSKEN, P. (ed.), *From linguistic areas to areal linguistics*. Amsterdam: John Benjamins Publishing Company, 2008, p. 151-179.

CROCKER, J. Christopher. "My brother the parrot". In: G. Urton (editor), *Animal myths and metaphors in South America*. Salt Lake City: University of Utah Press, 1985, p. 13-47.

CROSBY, Alfred. "Metamorphosis of the Americas". In: VIOLA, H. & MARGOLIS, C. (eds.), *Seeds of Change: a quincentennial commemoration*, Washington, Smithsonian Institution Press, 1991, p. 70-89.

_____. "Ecological imperialism: the overseas migration of western Europeans as a biological phenomenon". In: MANCALL, P. & MERRELL, J. (eds.), *American encounters: natives and newcomers from european contact to Indian removal, 1500-1850*. Londres/Nova York: Routledge, 2000, p. 55-67.

_____. *Imperialismo ecológico: a expansão biológica da Europa: 900-1900*. São Paulo: Companhia das Letras, 2002 [1986].

_____. *The Columbian exchange: biological and cultural consequences of 1492*. Westport: Praeger Publishers, 2003 [1973].

CYPRIANO, Doris C. de Araujo. "Almas, corpos e especiarias: a expansão colonial nos rios Tapajós e Madeira". In: *Pesquisas – Instituto Anchietano de Pesquisas*, Antropologia, n. 65, 2007, p. 1-170.

DA MATTA, Roberto. *Um mundo dividido: a estrutura social dos índios Apinayé*. Petrópolis: Vozes, 1976.

DEAN, Warren. *A ferro e fogo: a história e a devastação da Mata Atlântica brasileira*. São Paulo: Companhia das Letras, 2004.

DELORT, Robert. "Animais". In: LE GOFF, J. & SCHMITT, J.-C. (orgs.), *Dicionário temático do Ocidente Medieval*, vol. I. Bauru: Edusc, 2002, p. 57-67.

DEMOLIN, Didier & STORTO, Luciana. S/d. *The phonetics and phonology of Karitiana, a Tupian language spoken in Rondônia, Brazil*. Bruxelas: Academia Belga de Ciências, no prelo.

DENEVAN, William. "Campa subsistence in the Gran Pajonal, Eastern Peru". In: LYON, P. (ed.), *Native South America: ethnology of the least known Continent*. Boston: Little, Brown & Company, 1974, p. 92-110.

DESCOLA, Philippe. "Territorial adjustments among the Achuar of Ecuador". *Social Science Information*, n. 21 (2), 1982, p. 301-320.

_____. "Le jardin du colibri: process de travail et catégorisations sexuelles chez les Achuar de l'Equateur". *L'Homme*, n. XXIII (1), 1983, p. 61-89.

_____. "Societies of nature and the nature of society". In: KUPER, A. (ed.), *Conceptualizing Society*. Londres: Routledge, 1992, p. 107-126.

_____. *In the society of nature: a native ecology in Amazonia.* Cambridge: Cambridge University Press, 1994a.

_____. "Pourquoi les indiens d'Amazonie n'ont-il pas domestique le pécari? Généalogie des objets et anthropologie de l'objetivation". In: LATOUR, B. & LEMMONIER, P. (orgs.), *De la préhistoire aux missiles balistiques: l'intelligence sociale des techniques.* Paris: la Découverte, 1994b, p. 329-344.

_____. "Commentaire". In: GRUZINSKI, S. & WACHTEL, N. (eds.), *Le noveau monde, mondes nouveaux. Actes du colloque organisé par le CERMACA-EHESS/CNRS.* Paris: Éditions Recherche sur les Civilisations/Éditions de l'École des Hautes Études em Sciences Sociales, 1996a, p. 163-167.

_____. "Constructing natures: symbolic ecology and social practice". In: P. Descola & G. Pálsson (editors), *Nature and society: anthropological perspectives.* Londres: Routledge, 1996b, p. 82-102.

_____. "Estrutura ou sentimento: a relação com o animal na Amazônia". *Mana,* n. 4(1), 1998, p. 23-45.

_____. "Des proies bienveillantes. Le traitement du gibier dans la chasse amazonienne". In: HÉRITIER, F. (org.), *De la violence II.* Paris: Editions Odile Jacob, 1999, p. 19-44.

_____. "Par-delà la nature et la culture". *Le Débat,* n. 114, 2001, p. 86-101.

_____. "Genealogia dos objetos e antropologia da objetivação". *Horizontes Antropológicos,* n. 8(18), 2002, p. 93-112.

_____. "Ecology as cosmological analysis". In: SURRALÉS, A. & HIERRO, P. G. (eds.), *The land within: indigenous territory and the perception of environment.* Copenhagen: IWGIA, 2005, p. 22-35.

DESHAYES, Patrick. "La manera de cazar de los Huni Kuin: una domesticación silvestre". *Extracta,* n. 5, 1986, p. 7-10.

DIGARD, Jean-Pierre. "Jalons pour une anthropologie de la domestication animale". *L'Homme* n. 108, XXVIII (4), 1988, p. 27-58.

_____. *L'homme et les animaux domestiques. Anthropologie d'une passion.* Paris: Fayard, 1990.

_____. "Compte rendu". *L'Homme,* vol. XXX (116), 1990, p. 187-188.

_____. "Un aspect méconnu de l'histoire de l'Amérique: la domestication des animaux". *L'Homme*, n. 122-124, XXXII (2-3-4), 1992, p. 253-270.

_____. "Les nouveaux animaux denatures". *Études Rurales*, n. 129-130, 1993, p. 169-178.

DONKIN, R. A. *The peccary – with observations on the introduction of pigs to the New World*. Philadelphia: The American Philosophical Society, 1985.

_____. *The Muscovy Duck, Cairina moschata domestica: origins, dispersal, and associated aspects of the geography of domestication*. Rotterdam/Brookfield: A. A. Balkema, 1989.

DORST, Jean. *Antes que a natureza morra: por uma ecologia política*, São Paulo: Edgard Blücher, 1973.

DUMONT, Jean-Paul. *Under the rainbow: nature and supernature among the Panare Indians*. Austin: University of Texas Press, 1976.

_____. "From dogs to stars: the phatic function of naming among the Panare". In: BASSO, E. (ed.). *Carib-speaking indians: culture, society and language*. Tucson: The University of Arizona Press, 1977, p. 89-97.

ELLEN, Roy. "Categories of animality and canine abuse: exploring contradictions in Nuaulu social relationships with dogs". *Anthropos*, n. 94 (1-3), 1999, p. 57-68.

EMMONS, Louise. *Neotropical rainforest mammals: a field guide*. Chicago: The University of Chicago Press, 1990.

ENGRÁCIA DE OLIVEIRA, Adélia. "Ocupação humana". In: E. SALATI, H. SHUBART, W. & OLIVEIRA, A. Engrácia de. *Amazônia: desenvolvimento, integração, ecologia*. São Paulo: Brasiliense/Brasília: CNPq, 1983, p. 144-327.

ERIKSON, Philippe. "De l'apprivoisement à l'approvisionnement: chasse, alliance et familiarization em Amazonie amérindienne". In: *Techniques et Cultures*, n. 9 (n.s.), 1987, p. 105-140.

_____. "Apprivoisement et habitat chez les amerindiens Matis (langue Pano, Amazonas, Brésil)". In: *Anthropozoologica*, n. 9, 1988a, p. 25-35.

_____. "Choix des proies, choix des armes et gestion du gibier chez les Matis et d'autres amérindiens d'Amazonie". In: *Anthropozoologica*, second numéro spécial, 1988b, p. 211-220.

_____. "On native american conservation and the status of amazonian pets". In: *Current Anthropology*, n. 38 (3), 1997, p. 445-446.

_____. "Du pécari au manioc ou du riz sans porc? Réflexions sur l'introduction de la riziculture et de l'elevage chez lês Chacobo (Amazonie bolivienne)". In: *Techniques et Culture*, n. 31-32, 1998, p. 363-378.

_____. "The social significance of pet keeping among Amazonian Indians". In: PODBERSCECK, A.; PAUL, E. S. & SERPELL, J. (eds.), *Companion animals and us*. Cambridge: Cambridge University Press, 2000, p. 7-26.

FARAGE, Nádia. *As muralhas dos sertões: os povos indígenas no rio Branco e a colonização*. São Paulo: Paz & Terra/Anpocs, 1991.

_____. 1997. *As flores da fala: práticas retóricas entre os Wapishana*. São Paulo: FFLCH-USP, tese de doutorado, 1997.

FARAGE, Nádia & SANTILLI, Paulo. "Estado de sítio: territórios e identidades no vale do rio Branco". In: CUNHA, M. Carneiro da (org.). *História dos índios no Brasil*. São Paulo: Fapesp/SMC/Companhia das Letras, 1992, p. 267-278.

FAUSTO, Carlos. "Of enemies and pets: warfare and shamanism in Amazonia". In: *American Ethnologist*, n. 26 (4), 1999, p. 933-956.

_____. *Inimigos fiéis: história, guerra e xamanismo na Amazônia*. São Paulo: Edusp, 2001.

_____. "A blend of blood and tobacco: shamans and jaguars among the Parakanã of Eastern Amazonia". In: N. WHITEHEAD & R. WRIGHT (eds.), *In darkness and secrecy: the anthropology of assault sorcery and witchcraft in Amazonia*. Durham: Duke University Press, 2004, p. 157-178.

_____. "Prefácio: a indigenização da mercadoria e suas armadilhas". In: GORDON, C. *Economia selvagem: ritual e mercadoria entre os índios Xikrin-Mebêngôkre*. São Paulo: Editora da Unesp/ISA; Rio de Janeiro: NuTI, 2006, p. 23-31.

_____. "Feasting on people: cannibalism and commensality in Amazonia". *Current Anthropology*, n. 48 (4), 2007, p. 497-530.

_____. "Donos demais: maestria e domínio na Amazônia". *Mana*, n. 14(2), 2008, p. 329-366.

FEARNSIDE, Philip. *A ocupação humana de Rondônia: impactos, limites e planejamento.* Brasília: Programa Polonoroeste/SCT-PR/CNPq (Relatório de Pesquisa n. 5), 1989.

FERNANDES, Joana. *Índio: esse nosso desconhecido.* Cuiabá: Editora Universitária da UFMT, 1993.

FERREIRA, Dante Martins. "Um estudo da etnozoologia Karajá: o exemplo das máscaras de Aruanã". In: B. Ribeiro (e outros), *O artesão tradicional e seu papel na sociedade contemporânea.* Rio de Janeiro: Funarte/Instituto Nacional do Folclore, 1983, p. 213-232.

FERREIRA, Osny. 1997. *Na floresta do Imeri.* Santo André: Edição do autor, 1997.

FIDDES, Nick. *Meat: a natural symbol.* Londres: Routledge, 1991.

FIGUEIREDO, Aline. *A propósito do boi.* Cuiabá: UFMT Editora, 1994.

FIORELLO, Christine; NOSS, Andrew & DEEM, Sharon. 2006. "Demography, hunting ecology, and pathogen exposure of domestic dogs in the Isoso of Bolivia". *Conservation Biology,* vol. 20 (3): 762-771.

FISHER, William. *Rain Forest exchanges: industry and comunity on na Amazonian frontier.* Washington: Smithsonian Institution Press, 2000.

FRANK, Erwin. "Das Tapirfest der Uni: Eine funktionale Analyse". *Anthropos,* n. 82, p. 151-181, 1987.

FUNAI. "O cachorro nas sociedades tribais". *Revista de Atualidade Indígena,* ano II, n. 12, 1978, p. 30-37.

_____. *Revista de Atualidade Indígena,* ano II, n. 8. Brasília: Funai, 1978.

_____. "Parecer n. 090/86 – GT Port. Interministerial 002/83 – Decreto 88118/83 – GT para avaliar a proposta de homologação da A. I. Karitiana. Pasta 08 RO (Karitiana) A. I. Karitiana e G. I. Karitiana". Porto Velho: CTI/SG/MIRAD, mimeo (Arquivo Histórico Clara Galvão – Funai), 1986.

GADE, Daniel. "Guayaquil as Rat City". In: *Nature and culture in the Andes.* Madison: The University of Wisconsin Press, 1999, p. 157-183.

GAGLIARDI, José Mauro. *O indígena e a república.* São Paulo: Editora Hucitec/Edusp/Secretaria de Estado da Cultura de São Paulo, 1989.

GALVÃO, Eduardo. 1963. "O cavalo na América indígena: nota prévia a um estudo de mudança cultural". *Revista do Museu Paulista (nova Série)*, 1963, vol. XIV, p. 221-232.

_____. "Áreas culturais indígenas do Brasil, 1900-1959". In: *Encontro de sociedades: índios e brancos no Brasil*. Rio de Janeiro: Paz e Terra, 1979, p. 193-228.

GARCIA JR., Afrânio & HEREDIA, Beatriz Alasia de. "Campesinato, família e diversidade de explorações agrícolas no Brasil". In: GODOI, E. Pietrafesa de; MENEZES, M. Aparecida de & MARIN, R. (orgs.). *Diversidade do campesinato: expressões e categorias*. São Paulo: Ed. da Unesp/Brasília: NEAD, 2009, vol. II, p. 213-243.

GERBI, Antonello. *O novo mundo: história de uma polêmica (1750-1900)*. São Paulo: Companhia das Letras, 1996.

GIANNINI, Isabelle V. *A ave resgatada: "a impossiilidade da leveza do ser"*. São Paulo: USP, dissertação de mestrado (inédita), 1991.

GILMORE, Raymond. "Fauna e etnozoologia da América do Sul tropical". In: RIBEIRO, B. (org.), *Suma Etnológica Brasileira*. Belém: Editora Universitária da UFPA, 1997, vol. I, p. 217-277.

GÓES, Hércules. *Rondônia: terra de migrantes, histórias de sucessos*. Porto Velho: Editora Ecoturismo, 1997.

GOLDMAN, Irving. "Cubeo dietary rules". In: KENSINGER, K. & KRACKE, W. (eds.) *Working papers on South American Indians*, n. 3 (Food taboos in Lowland South America), 1981, p. 143-156.

GOMES, Flávio dos Santos. *A hidra e os pântanos: mocambos, quilombos e comunidades de fugitivos no Brasil (séculos XVII-XIX)*. São Paulo: Editora da Unesp/Editora Polis, 1984.

GONÇALVES, Marco Antonio. "Os nomes próprios nas sociedades indígenas das Terras Baixas da América do Sul". In: *BIB - Boletim Informativo e Bibliográfico de Ciências Sociais*, n. 33, 1992, p. 51-72.

_____. 2001. *O mundo inacabado: ação e criação em uma cosmologia Amazônica. Etnografia Pirahã*. Rio de Janeiro: Editora da UFRJ, 2001.

GORDILLO, Gastón. "¿Formas modernas de caza y recolección?" In: *En el Gran Chaco: antropologías y historias*. Buenos Aires: Prometeo Libros, 2006, p. 277-296.

GOULART, José Alípio. *O Brasil do boi e do couro*. Rio de Janeiro: Edições GRD, 1965.

GOW, Peter. "O parentesco como consciência humana: o caso dos Piro". *Mana*, n. 3 (2), 1997, p. 39-65.

GRAHAM, R. B. Cunninghame. *The horses of the conquest*. Norman: University of Oklahoma Press, 1949.

GRENAND, Françoise. 2009. "Nomear seu universo: Por quê? Como? Alguns exemplos entre as sociedades amazônicas". *Cadernos de Campo*, n. 18, 2009, p. 237-249.

GREGOR, Thomas. *Mehinaku: o drama da vida diária em uma aldeia do Alto Xingu*. Rio de Janeiro: Companhia Editora Nacional, 1982.

GREGSON, Ronald. 1969. "The influence of horse on indian culture of lowland South America". In: *Ethnohistory*, n. 16(1), 1969, p. 33-50.

GRÜMBERG, Georg. *Os Kaiabi do Brasil Central: história e etnografia*. São Paulo: Instituto Socioambiental, 2004.

GUERRA, Emerson. *Organização política e segurança alimentar na sociedade Krahô*. Uberlândia: Edufu, 2008.

HARAWAY, Donna. *The companion species manifesto: dogs, people, and significant otherness*. Nova York: Prickly Paradigm Press, 2003.

_____. *When species meet*. Minneapolis: University of Minnesota Press, 2008.

HARRIS, Marvin. *Vacas, porcos, guerras e bruxas: os enigmas da cultura*. Rio de Janeiro: Civilização Brasileira, 1978.

HAUDRICOURT, André. "Domestication des animaux, culture des plantes et traitement d'autrui". *L'Homme*, n. II (1), 1962, p. 40-50

_____. 1986. "Note sur le statut familial des animaux". *L'Homme* 99, XXVI (3): 119-120

HAVERROTH, Moacir. "Análise da etnotaxonomia Kaingang das formas de vida vegetais". In: K. Tommasino; L. T. Mota & F. Noelli (orgs.), *Novas contribuições aos estudos interdisciplinares dos Kaingang*. Londrina: Eduel, 2004, p. 57-82.

_____. *Etnobotânica, uso e classificação dos vegetais pelos Kaingang*. Recife: NUPEEA/ Sociedade Brasileira de Etnobiologia e Etnoecologia, 2007.

HECHT, Susanna. "The logic of livestock and deforestation in Amazonia". *BioScience*, n. 43 (10), 1993, p. 687-695.

HELL, Bertrand. *Le sang noir: chasse et mythe du sauvage en Europe*. Paris: Flammarion, 1994.

HOLMBERG, Allan. *Nomads of the long bow: the Siriono of Eastern Bolivia*. Nova York: The American Museum of Natural History, 1969.

HOWARD, Catherine. "A domesticação das mercadorias: estratégias Waiwai". In: B. Albert & A. R. Ramos (orgs.), *Pacificando o branco: cosmologias do contato no Norte-Amazônico*. São Paulo: Editora da Unesp/IRD/Imprensa Oficial, 2002 p. 25-55.

HUGH-JONES, Stephen. 1996. "Bonnes raisons ou mauvaise conscience? De l'ambivalence de certains amazoniens envers la consummation de viande". *Terrain*, n. 26, 1996, p. 123-148.

_____. "The gender of some amazonian gifts: na experiment with na experiment". In: GREGOR, T. & TUZIN, D. (eds.), *Gender in Amazonia and Melanesia: an exploration of the comparative method*. Berkeley: University of California Press, 2001, p. 245-278.

_____. "The fabricated body: objects and ancestors in Northwest Amazonia". In: SANTOS-GRANERO, F. (ed.), *The occult life of things: native Amazonian theories of materiality and personhood*. Tucson: The University of Arizona Press, 2009, p. 33-59.

HUGO, Vitor. *Desbravadores*. Humaitá: Edições da Missão Salesiana de Humaitá, 1959, vols. I e II.

_____. "I Caritiana". *Anthropos*, 56, 1961, p. 278-280.

HUNN, Eugene. 1977. *Tzeltal folk zoology: the classification of discontinuities in nature*. Nova York: Academic Press.

IBAMA. *Plano de ação: pesquisa e conservação de mamíferos carnívoros do Brasil/Centro Nacional de Pesquisa e Conservação dos Predadores Naturais – CENAP*. São Paulo: IBAMA, 2004

INGLEZ DE SOUZA, Cássio. "Projetos indígenas focados em atividades econômicas: panorama geral da experiência do PDPI". In: INGLEZ DE SOUZA, Cássio; LIMA, A. C. S.; RIBEIRO DE ALMEIDA, F. V. & WENTZEL, S. (orgs.), *Povos Indígenas: projetos e desenvolvimento*. Rio de Janeiro: Contra Capa, 2007, p. 37-64.

INGLEZ DE SOUZA, C.; LIMA, A. C. S.; ALMEIDA, F. V. Ribeiro de & WENTZEL, S. (orgs.). *Povos Indígenas: projetos e desenvolvimento*. Rio de Janeiro: Contra Capa, 2007.

INGOLD, Tim (ed.). 1988. *What is an animal?* Londres: Unwin Hyman.

_____. 2000. *The perception of the environment: essays on livelihood, dwelling, and skill.* Nova York: Routledge.

JACOBY, Karl. "Slaves by nature? Domestic animals and human slaves". *Slavery and Abolition,* 15 (1), 1994, p. 89-99.

JARA, Fabiola. *El camino del kumu: ecologia y ritual entre los Akuriyó de Surinam.* Quito: Abya-Yala, 1996a.

_____. "La miel y el aguijón: taxonomía zoological y etnobiología como elementos en la definición de las nociones de gênero entre los Andoke (Amazonia colombiana)". In: *Journal de la Société dês Américanistes,* 82 (1), 1996b, 209-258.

_____. "The meaning of nominal animal categories among the Caribs of the Guianas". *Anthropos,* 97 (1), 2002, p. 117-126.

JENSEN, Allen A. *Sistemas indígenas de classificação de aves: aspectos comparatives, ecológicos e evolutivos.* Campinas: Unicamp, tese de doutorado, 1985.

JOHNSON, Allen. *Families of the forest: the Matsigenka Indians of the Peruvian Amazonia.* Berkeley: University of California Press, 2003.

JOHNSON, John. "The introduction of the horse into the Western Hemisphere". *The Hispanic American Historical Review,* XXIII (4), 1943, p. 587-610.

KIDD, Stephen. "The morality of the Enxet people of the Paraguayan Chaco and their resistance to assimilation". In: MILLER, E. (ed.), *Peoples of the Gran Chaco.* Westport: Bergin & Garvey, 1999, p. 37-60.

KIETZMAN, Dale. "Indians and culture areas of twentieth century Brazil". In: HOPPER, J. (ed.), *Indians of Brazil in the twentieth century.* Washington: Institute for Cross-Cultural Research, 1967, p. 3-51.

KNIGHT, John. "Introduction". In: KNIGHT, J. (ed.), *Animals in person: cultural perspectives on human-animal intimacies.* Oxford: Berg, 2005, p. 1-13.

KOHN, Eduardo. "How dogs dream: Amazonian natures and the politics of transspecies". *American Ethnologist,* vol. 34 (1), 2007a, p. 3-24.

_____. "Animal masters and the ecological embedding of history among the Ávila Runa of Ecuador". In: FAUSTO, C. & HECKENBERGER, M. (eds.), *Time and memory in indigenous Amazonia: anthropological perspectives*. Gainesville: University Press of Florida, 2007b, p. 106-129.

KOCH-GRÜMBERG, Theodor. *Do Roraima ao Orinoco: observações de uma viagem pelo norte do Brasil e pela Venezuela durante os anos de 1911 a 1913*. São Paulo: Editora da Unesp/Instituto Martius-Staden, 2006, vol. 1.

KOK, Glória. *O sertão itinerante: expedições da Capitania de São Paulo no século XVIII*. São Paulo: Hucitec/Fapesp, 2004.

KRACKE, Waud. *Force and persuasion: leadership in an Amazonian society*. Chicago: University of Chicago Press, 1978.

_____. "Don't let the piranha bite your liver: a psychoanalytic approach to Kagwahiv (Tupí) food taboos". *Working papers on South American Indians*, n. 3 (Food taboos in Lowland South America, KENSINGER, K. & KRACKE, W., eds.), 1981, p. 91-142.

KROEMER, Gunther. *Kunahã Made, o povo do veneno: sociedade e cultura do povo Zuruahá*. Belém: Edições Mensageiro, 1994.

KULICK, Don. "Animais gordos e a dissolução da fronteira entre as espécies". *Mana*, 15(2), 2009, p. 481-508.

LAGROU, Els. *A fluidez da forma: arte, alteridade e agência em uma sociedade amazônica (Kaxinawa, Acre)*. Rio de Janeiro: Topbooks/Capes/PPGSA-UFRJ, 2007.

_____. *Arte indígena no Brasil*. Belo Horizonte: Editora C/Arte, 2009.

LANDIN, David. "Some aspects of Karitiana food economy". *Arquivos de Anatomia e Antropologia*, vols. IV-V, 1979-1980, p. 226-241.

_____. 1983. *Dicionário e léxico Karitiana/Português*. Brasília: SIL.

_____. 1988. "As orações Karitiana". *Série Linguística*, 9(2): 31-50.

LANDIN, Rachel. "Nature and culture in four Karitiana legends". In: W. Merrifield (editor), *Five Amazonian studies on world view and cultural change*. Dallas: The International Museum of Cultures, 1985, p. 59-69.

_____. *Kinship and naming among the Karitiana of Northwestern Brazil*. Arlington: University of Texas, master thesis, 1989.

LATOUR, Bruno. *Políticas da natureza: como fazer ciência na democracia*. Bauru: Edusc, 2004.

LAVALLÉE, Danièle. "La domestication animale en Amérique du Sud: le point des connaissances". *Bulletin de l'Institut Français de Études Andines*, 19 (1), 1990, p. 25-44.

LAUGRAND, Frédéric & OOSTEN, Jarich. "Canicide and healing: the position of the dog in the Inuit cultures of the Canadian Arctic". *Anthropos*, 97 (1), 2002, p. 89-105.

LEACH, Edmund. "Aspectos antropológicos da linguagem: categorias animais e insulto verbal". In: MATTA, R. Da (org.), *Edmund Leach: Antropologia*. São Paulo: Ática, 1983, p. 170-198.

LEACH, Helen. "Human domestication reconsidered". *Current Anthropology*, 44 (3), 2003, p. 49-360.

LEAL, Davi A. *Entre barracões, varadouros e tapiris: os seringueiros e as relações de poder nos seringais do rio Madeira (1880-1930)*. Manaus: UFAM, Dissertação de mestrado, 2007.

LEÃO, Auxiliadora de Sá; AZANHA, Gilberto & MARETTO, Luís Carlos. *Estudo socioeconômico sobre as terras e povos indígenas situados na área de influência dos empreendimentos do rio Madeira (UHEs Jirau e Santo Antônio). Diagnóstico final e potenciais interferências nas terras indígenas Karitiana, Karipuna, Lage, Ribeirão e Uru-eu-wau-wau*. Brasília, mimeo, 2005.

LEITE, Maurício S. 2007. *Transformação e persistência: antropologia da alimentação e nutrição em uma sociedade indígena amazônica*. Rio de Janeiro: Editora da Fiocruz.

LEONEL, Mauro. 1995. *Etnodiceia Uruéu-au-au*. São Paulo: Edusp/IAMÁ/Fapesp.

LÉVI-STRAUSS, Claude. "Tribes of the right bank of the Guaporé river". In: STEWARD, J. (ed.), *Handbook of South American Indians*. Nova York: Cooper Square Publishers, 1948, vol. 3, p. 371-379.

_____. *L'Homme nu*. Paris: Plon, 1971.

_____. *História de Lince*. São Paulo: Companhia das Letras, 1993.

_____. *O pensamento selvagem*. Campinas: Papirus, 1997 [1962].

_____. *Do mel as cinzas*. São Paulo: Cosac Naify, 2005 [1966].

LIMA, Tânia Stolze. *Um peixe olhou para mim: o povo Yudjá e a perspectiva*. São Paulo: Editora da Unesp/ISA; Rio de Janeiro: NuTI, 2005.

LONDOÑO SULKIN, Carlos. "Inhuman beings: morality and perspectivism among the Muinane People (Colombian Amazon)". *Ethnos,* 70(1), 2005, p. 7-30.

LORENZ, Konrad. *E o homem encontrou o cão...*". Lisboa: Relógio D'Água Editores, 1997.

LORRAIN, Claire. "Cosmic reproduction, economics and politics among the Kulina of southwest Amazonia". *Journal of the Royal Anthropological Institute (N. S.),* 6, 2003, p. 293-310.

LÚCIO, Carlos Frederico. *Sobre algumas formas de classificação social: etnografia sobre os Karitiana de Rondônia (Tupi-Arikém)*. Campinas: IFCH-Unicamp, dissertação de mestrado, 1996.

_____. "Heróis civilizadores, demiurgos sociais: algumas considerações sobre genealogia, mito e história entre os Caritianas (tupi-ariqueme)". *Mosaico – Revista de Ciências Sociais,* 1 (1), 1998, p. 39-67.

LUKESCH, Anton. *Mito e vida dos índios Caiapós*. São Paulo: Pioneira/Edusp, 1976.

LYON, Patricia. *Native South America: ethnology of the least known Continent*. Boston: Little, Brown & Company, 1974.

MACDONALD, Theodore. *De cazadores a ganaderos*. Quito: Abya-Yala, 1997.

MAGALHÃES, Amilcar Botelho de. *Pelos sertões do Brasil*. Porto Alegre: Editora e Livraria Globo, 1930.

MAGAÑA, Edmundo. 1992. "La gente pecarí, el sacerdote canibal y otras historias: 'los otros' em el testimonio y la imaginación de las poblaciones selváticas". *Antropológica,* 77, 1992, p. 3-61.

MAIZZA, Fabiana. *Cosmografia de um mundo perigoso: espaço e relações de afinidade entre os Jarawara da Amazônia*. São Paulo: FFLCH-USP, tese de doutorado, 2009.

MANSO, Laura Vicuña. *De Botÿj à Cristo: interferência da Igreja Batista no povo Karitiana*. Manaus: Universidade Politécnica Salesiana, monografia de licenciatura inédita, 2001.

MARANHÃO, Renata. *Relatório de levantamento ambiental da Terra Indígena Karitiana*. Brasília: Funai, inédito, 2003.

MARTIN, Calvin. *Keepers of the game: indian-animal relationships and the fur trade.* Berkeley: University of California Press, 1978.

MARTINI, André Luiz. *Filhos do homem: a introdução da piscicultura entre populações indígenas no povoado de Iauarete, rio Uaupés.* Campinas: IFCH-Unicamp, dissertação de mestrado inédita, 2008.

MASON, Peter. *Infelicities: representations of the exotic.* Baltimore: The Johns Hopkins University Press, 1998.

MAYBURY-LEWIS, David. *A Sociedade Xavante.* Rio de Janeiro: Francisco Alves, 1984.

MEDEIROS, Edilson L. de. *Rondônia: terra dos Karipunas.* Porto Velho: Rondoforms, 2003.

_____. *A história da evolução sócio-política de Rondônia.* Porto Velho: Rondoforms Editora e Gráfica, 2004.

MEIRELES, Denise Maldi. *Populações indígenas e a ocupação histórica de Rondônia.* Cuiabá: UFMT, monografia de conclusão de curso, 2004.

_____. "Sugestões para uma análise comparativa da fecundidade em populações indígenas". *Revista Brasileira de Estudos de População*, 5 (1), 1988, p. 1-20.

_____. *Guardiãs da fronteira. Rio Guaporé, século XVIII.* Petrópolis: Vozes, 1989.

_____. 1991. "O complexo cultural do Marico: sociedades indígenas dos rios Branco, Colorado e Mequens, afluentes do Médio Guaporé". *Boletim do Museu Paraense Emílio Goeldi – Antropologia,* 7 (2), 1991, p 209-269.

MELATTI, Júlio César. 1967. *Índios e criadores: a situação dos Krahó na área pastoral do Tocantins.* Rio de Janeiro: I.C.S/UFRJ (Monografia do I.C.S., vol. 3), 1967.

MELLO E SOUZA, Laura de. "Formas provisórias de existência: a vida cotidiana nos caminhos, nas fronteiras e nas fortificações". In: NOVAIS, Fernando & MELLO E SOUZA, Laura de (orgs.), *História da vida privada no Brasil: cotidiano e vida privada na América portuguesa.* São Paulo: Companhia das Letras, 1997, vol. I, p. 41-81.

MELVILLE, Elinor. "Cultural persistence and environmental change: the Otomí of the Valle del Mezquital, Mexico". In: BALÉE, W. (ed.), *Advances in historical ecology.* Nova York: Columbia University Press, 1998. p. 334-348.

_____. *A plague of sheep: environmental consequences of the conquest of Mexico.* Cambridge: Cambridge University Press, 1999.

MENDONÇA DE SOUZA, Sheila. "Deformação craniana entre os índios Karitiana: análise de fotos de arquivo". *Boletim do Museu Paraense Emílio Goeldi - Antropologia*, 10 (1), 1994, p. 43-56.

MENGET, Patrick. "Notes sur l'adoption chez les Txicáo du Brésil Central". *Anthropologie et Sociétés*, 12 (2), 1988, 63-72.

_____. "Notas sobre as cabeças Mundurucu". In: CASTRO, E. Viveiros de & CUNHA, M. Carneiro da (orgs.), *Amazônia: Etnologia e História Indígena*. São Paulo: NHII-USP/Fapesp, 1993, p. 311-321.

_____. "De l'usage des trophées en Amérique du Sud: esquisse d'une comparaison entre les pratiques Nivaclé (Paraguay) et Mundurucú (Brésil)". In: *Systèmes de Pensée em Afrique Noire*, 14, 1996, 127-143.

METCALF, Alida. *Go-betweens and the colonization of Brazil: 1500-1600*. Austin: University of Texas Press, 2005.

MÉTRAUX, Alfred. "Ethnography of the Chaco". In: STEWARD, J. (ed.), *Handbook of South American Indians: the marginal tribes*. Nova York: Cooper Square Publishers, 1963, Vol. I, p. 197-370.

MILLER, Eurico Teóphillo. 2007 [1983]. *História da cultura do Alto Médio-Guaporé: Rondônia e Mato Grosso*. Porto Velho: Edufro.

MILLER, Joana. 2009. "Things as persons: body ornaments and alterity among the Mamaindê (Nambikwara)". In: F. Santos-Granero (ed.), *The occult life of things: native Amazonian theories of materiality and personhood*. Tucson: The University of Arizona Press, p. 60-80.

MILLIKAN, Brent. "A experiência contemporânea da fronteira agrícola e o desmatamento em Rondônia". In: DIEGUES, A. C. (org.), *Desmatamento e modos de vida na Amazônia*. São Paulo: UNRISD/NUPAUB-USP, 1999, p. 95-132.

MINDLIN, Betty. *Nós Paiter: os Suruí de Rondônia*. Petrópolis: Vozes, 1985.

_____ (e narradores Gavião). *O couro dos espíritos: namoro, pajés e cura entre os índios Gavião-Ikolen de Rondônia*. São Paulo: Editora Senac/Terceiro Nome, 2001.

MINDLIN, Betty & LEONEL JR., Mauro. *Relatório de avaliação da situação da comunidade Karitiana*. Ministério do Interior - SUDECO/FIPE, mimeo, 1983.

MONTE, Nietta Lindenberg. *Cronistas de viagem e educação indígena*. Belo Horizonte: Autêntica, 2008.

MONTEIRO, Maria E. Brêa. *Relatório sobre os índios Karitiana – Estado de Rondônia*. Rio de Janeiro: SEDOC-FUNAI, 1984.

MOSER, Lilian. *Os Karitiana e a colonização recente em Rondônia*. Porto Velho: Unir, monografia de Bacharelado em História, 1993.

_____. *Os Karitiana no processo de desenvolvimento de Rondônia nas décadas de 1950 a 1990*. Recife: UFPE, dissertação de mestrado, 1997.

MOTT, Luiz. "Os índios e a pecuária nas fazendas de gado do Piauí colonial". In: *Revista de Antropologia*, XXII, 1979, p. 61-78.

MÜLLER, Regina Polo. "As crianças no processo de recuperação demográfica dos Asurini do Xingu". In: SILVA, A. Lopes da; MACEDO, V. S. A. & NUNES, A. (orgs.), *Crianças indígenas: ensaios antropológicos*. São Paulo: Global/MARI/Fapesp, 2002, p. 188-209.

NADASDY, Paul. "The gift in the animal: the ontology of hunting and human-animal sociality". *American Ethnologist*, 34 (1), 2007, p. 25-43.

NIMUENDAJÚ, Curt. *Mapa etno-histórico de Curt Nimuendajú*. Rio de Janeiro: IBGE, 1981.

NOMURA, Hitoshi. *Os mamíferos no folclore*. Mossoró: Fundação Vingt-Um Rosado/ETFRN--UNED/Secretaria de Educação, Cultura e Desporto do Rio Grande do Norte, 1996.

NORDENSKIÖLD, Erland. *Deductions suggested by the geographical distribution of some post-columbian words used by the Indians of South America*. Göteborg: Elanders Boktryckeri Aktiebolag (*Comparative Ethnographical Studies*, 5), 1922.

OBEREM, Udo. "Trade and trade goods in the Ecuadorian Montaña". In: LYON, P. (ed.), *Native South America: ethnology of the least known Continent*. Boston: Little, Brown & Company, 1974, p. 346-357.

OVERING, Joanna. "There is no end of evil: the guilty innocents and their fallible god". In: PARKIN, D. (ed.), *The Anthropology of Evil*. Londres: Blackwell Publications, 1985, p. 244-278.

_____. 1991. "A estética da produção: o senso de comunidade entre os Cubeo e os Piaroa". *Revista de Antropologia*, n. 34: 7-33.

_____. 1999. "Elogio do cotidiano: a confiança e a arte da vida social em uma comunidade amazônica". *Mana*, 5 (1): 81-107.

OVERING, Joanna & PASSES, Alan (eds.). *The Anthropology of Love and Anger: the aesthetics of conviviality in native South America*. Londres: Routledge, 2000.

PALERMO, Miguel A. "Reflexiones sobre el llamado 'complejo ecuestre' en la Argentina". *Runa*, 1986, vol. XVI: 157-178.

PARKES, Peter. 1987. "Livestock symbolism and pastoral ideology among the Kafirs of the Hindu Kush". *Man* (N. S.), 22 (4), 1987, p. 637-660.

PATTERSON, Charles. *Eternal Treblinka: our treatments of animals and the Holocaust*. Nova York: Lantern Books, 2002.

PAVÃO, Luna C. *Natureza na cidade: uma etnografia sobre a proteção de animais no contexto urbano. O caso UIPA-São Carlos*. São Carlos: UFSCar, monografia de conclusão do Bacharelado em Ciências Sociais (inédita), 2011.

PERDIGÃO, Francinete & BASSEGIO, Luiz. *Migrantes amazônicos. Rondônia: a trajetória da ilusão*. São Paulo: Loyola, 1992.

PEREIRA, Luis Fernando. *Legislação ambiental e indigenista: uma aproximação ao direito socioambiental no Brasil*. São Paulo: Iepé, 2008.

PEREIRA, R. G.; BUENO, A.; CASARA, M.; TOWNSEND, C.; COSTA, N. de L.; MENDES, A. & LEONIDAS, F. das C. "Os búfalos da REBIO do Guaporé – Rondônia". Trabalho apresentado no *I SEPEX – Seminário de Pesquisa e Extensão Rural*, Rolim de Moura: Unir, mimeo (não publicado), 2007.

PICON, F. *Pasteurs du Nouveau Monde. Adoption de l'élevage chez les indiens Guajiros*. Paris: Éditions de la Maison des Sciences de l'Homme, 1983.

PIKETTY, M.-G.; VEIGA, J. Bastos da; TORRAND, J.-F.; ALVES, A.; POCCARD-CHAPUIS, R.; THALES, M.; HOSTIOU, N. & VENTURIERI, A. "Por que a pecuária está avançando na Amazônia Oriental?". In: SAYAGO, D.; TOURRAND, J.-F. & BURSZTYN, M. (orgs.), *Amazônia: cenas e cenários*. Brasília: Editora da UnB, 2004, p. 169-189.

PIMENTEL, Sidney. *O chão é o limite: a festa do peão de boiadeiro e a domesticação do sertão*. Goiânia: Editora da UFG, 1997.

PINHEIRO, Manoel Teophilo da C. *Exploração do Rio Jacy-Paraná*. Rio de Janeiro: Papelaria Macedo (*Commissão de Linhas Telegraphicas Estrategicas de Matto Grosso ao Amazonas*, publ. n. 5, anexo 2), 1910.

PINTO, Emanuel Pontes. *Caiari: lendas, proto-história e história*. Rio de Janeiro: Companhia de Artes Gráficas, 1986.

_____. *Real Forte Príncipe da Beira*. Rio de Janeiro: UFRJ, 1989.

_____. *Hidrovia do Grão Pará a Mato Grosso: projeto para integração da fronteira oeste da Amazônia colonial entre os rios Madeira, Mamoré e Guaporé (1797-1800)*. Porto Velho: ABG, 1998.

_____. *Território Federal do Guaporé: fator de integração da fronteira ocidental do Brasil*. Rio de Janeiro: Viaman Gráfica e Editora, 2003.

PIQUERAS, Ricardo. "Los perros de la guerra o el 'canibalismo canino' em la conquista". *Boletín Americanista*, n. 56, p. 187-202, 2006.

PORRO, Antônio. 1992. "História indígena do alto e médio Amazonas. Séculos XVI a XVIII". In: CUNHA, M. Carneiro da (org.). *História dos índios no Brasil*. São Paulo: Fapesp/SMC/Companhia das Letras, p. 175-196, 1992.

POSEY, Darrell. "Folk apiculture of the Kayapó indians of Brazil". *Biotropica*, 15 (2), 1983, p. 154-158.

_____. "Etnoentomoloia de tribos indígenas da Amazônia". In: B. Ribeiro (org.), *Suma Etnológica Brasileira: Etnobiologia*. Belém: Editora Universitária da UFPA, 1997, vol. 1, p. 297-319.

POSEY, Darrell & elisabetsky, ELAINE. 1991. "Conceito de animais e seus espíritos em relação a doenças e curas entre os índios Kayapó da aldeia Gorotire, Pará". Boletim do Museu Paraense Emílio Goeldi, série Antropologia, vol. 7 (1): 21-36.

POZ, João Dal. *No país dos Cinta Larga: uma etnografia do ritual*. São Paulo: FFLCH-USP, dissertação de mestrado, 1991.

_____. "Homens, animais e inimigos: simetria entre mito e rito nos Cinta Larga". *Revista de Antropologia*, n. 36, p. 177-206, 1993.

PRADO, Francisco Rodrigues do. "História dos Índios Cavaleiros ou da Nação Guaycurú". *Revista do Instituto Histórico e Geographico do Brazil*, 1908 [1795], t. 1, n. 1, p. 25-57.

QUEIXALÓS, Francisco. "Les mythes et les mots de l'identité Sikuani". In: BECQUELIN, A. & MOLINIÉ, A. (eds.). *Mémoire de la tradition*. Nanterre, Société d'Ethnologie, 1993.

REGAN, Tom. *Jaulas vazias: encarando o desafio dos direitos animais*. São Paulo: Lugano, 2006.

RESTALL, Matthew. *Sete mitos da conquista espanhola*. Rio de Janeiro: Civilização Brasileira, 2006.

RIBEIRO, Darcy. *Os índios e a civilização: a integração das populações indígenas no Brasil moderno*. São Paulo: Companhia das Letras, 1996 [1970].

RIBEIRO, Francisco de Paula. *Memória dos sertões maranhenses*. São Paulo: Siciliano/São Luis: Governo do Maranhão, 2002 [1819].

RIBEIRO DA FONSECA, Dante. *Estudos de história da Amazônia*. Porto Velho: Gráfica e Editora Maia, 2007.

RICARDO, Carlos Alberto (ed.). *Povos indígenas no Brasil – 1996/2000*. São Paulo: Instituto Socioambiental, 2000.

RICARDO, Fany (org.). *Interesses minerários em terras indígenas na Amazônia Legal brasileira*. São Paulo: Instituto Socioambiental (Documentos do ISA n. 6), 1999.

RIVAL, Laura. *Trekking through history: the Huaorani of Amazonian Ecuador*. Nova York: Columbia University Press, 2002.

RIVIÈRE, Peter. *The forgotten frontier: ranchers of North Brazil*. Nova York: Holt, Rinehart and Winston, 1972.

_____. 1995. "AAE na Amazônia". *Revista de Antropologia*, 38 (1): 191-203.

RODRIGUES, Aryon D. "A classificação do tronco linguístico Tupi". *Revista de Antropologia*, 12, 1964, p. 99-104.

ROJAS, Enrique. "Las clasificaciones Ashaninka de la fauna del Piedemonte Central: un caso de diferentes niveles de aproximación". *Bulletin de l'Institut Français d'Études Andines*, 31 (2), 2002, p. 185-212.

RONDON, Cândido M. da Silva. *Commissão de Linhas Telegraphicas Estrategicas de Matto Grosso ao Amazonas. Relatório apresentado à Directoria Geral dos Trabalhadores e à Divisão de Engenharia (G. S.) do Departamento de Guerra: Estudos e Reconhecimento*. Rio de Janeiro: Papelaria Luiz Macedo, 1907, vol. 1.

_____. *Conferências realizadas em 1910 no Rio de Janeiro e São Paulo.* Rio de Janeiro: Typographia Leuzinger (*Commissão de Linhas Telegraphicas Estrategicas de Matto Grosso ao Amazonas*, n. 68), 1922.

ROSENGREN, Dan. "Transdimensional relations: on human-spirit interaction in the Amazon". *Journal of the Royal Anthropological Institute*, 12 (4), 2006, 803-816.

ROTH, Walter Edmund. "Trade and barter among the Guiana indians". In: P. LYON (ed.), *Native South Americans: ethnology of the least known continent*. Prospect Heights: Waveland Press, 1974, p. 159-165.

RUDEL, Thomas; BATES, Diane & MACHINGUIASHI, Rafael. "Ecologically noble amerindians: cattle ranching and cash cropping among Shuar and colonists in Ecuador". In: *Latin American Research Review*, 37 (1), 2002, p. 144-159.

SÁEZ, Oscar Calavia. "El rastro de los pecaríes: variaciones míticas, variaciones cosmológicas y identidades étnicas en la etnología Pano". *Journal de la Société des Américanistes*, LXXXVII, 2001, 161-176.

_____. *O nome e o tempo dos Yaminawa: etnologia e história dos Yaminawa do rio Acre.* São Paulo: Editora da UNESP/ISA; Rio de Janeiro: NuTI, 2006.

SAHLINS, Marshall. "The original affluent society". In: *Culture in Practice: selected essays*. Nova York: Zone Books, 2000 [1972], p. 95-137.

_____. *Cultura e razão prática*. Rio de Janeiro: Jorge Zahar Editor, 2003 [1976].

SALGADO, Carlos A. Bezerra. "Segurança alimentar e nutricional em terras indígenas". *Revista de Estudos e Pesquisas*, 4 (1), 2007, 131-186.

SANTILLI, Paulo. *As fronteiras da República: história e política entre os Macuxi no vale do rio Branco*. São Paulo: NHII-USP/Fapesp, 1994.

SANTOS, Daniel Francisco dos. *Experiências de migração de trabalhadores nordestinos: Rondônia 1970-1995*. Salvador: EGBA, 2003.

SANTOS-GRANERO, Fernando. *Vital enemies: slavery, predation, and the Amerindian political economy of life*. Austin: University of Texas Press, 2009.

_____. (ed.). *The occult life of things: native Amazonian theories of materiality and personhood*. Tucson: The University of Arizona Press, 2009b.

SANTOS-GRANERO, Fernando & MENTORE, George (eds.). "Special issue in honor of Prof. Joanna Overing. In the world and about the world: Amerindian modes of knowledge". *Revista de Antropologia*, 2009, vol. 49 (1).

SAUNT, Claudio. *A new order of things: property, Power, and the transformation of the Creek Indians, 1733-1816*. Cambridge: Cambridge University Press, 1999.

SCHRÖDER, Peter. *Economia indígena: situação atual e problemas relacionados a projetos indígenas de comercialização na Amazônia Legal*. Recife: Editora Universitária da UFPE, 2003.

SCHWARTZ, Marion. *A history of dogs in the early Americas*. New Haven: Yale University Press, 1997.

SEEGER, Anthony. *Nature and society in Central Brazil: the Suya Indians of Mato Grosso*. Cambridge: Harvard University Press, 1981.

SELIGMANN, Linda. "The chicken in Andean history and myth: the Quechua concept of *Wallpa*". *Ethnohistory*, 34 (2), 1987, 139-170.

SEREBURÃ; HIPRU; RUPAWÊ; SEREZABDI & SEREÑIMIRÃMI. *Wamrêmé Za'ra. Nossa Palavra: mito e história do povo Xavante*. São Paulo: Editora Senac, 1998.

SERPELL, James. *In the company of animals: a study of human-animal relationships*. Cambridge: Cambridge University Press, 1996.

SHANKLIN, Eugenia. "Sustenance and symbol: anthropological studies of domesticated animals". *Annual Review of Anthropology*, 1985, vol. 14, p. 375-403.

SICK, Helmut. *Ornitologia brasileira*. Rio de Janeiro: Nova Fronteira, 2001.

SILVA, Amizael Gomes da. *No rastro dos pioneiros*. Porto Velho: SEDUC, 1984.

SILVA, Márcio. "Masculino e Feminino entre os Enawene-Nawe". *Sexta-Feira*, 1998, vol. 2: 162-173.

SIMOONS, Frederick & BALDWIN, James. "Breast-feeding of animals by women: its sócio--cultural context and geographic occurrence". *Anthropos*, 77 (3-4), 1982, 421-448.

SINGER, Peter. *Libertação animal*. Porto Alegre/São Paulo: Lugano, 2004.

SIQUEIRA JR., Jaime. *Arte e técnica Kadiwéu*. São Paulo: Secretaria Municipal de Cultura, 1992a.

_____. "A iconografia Kadiweu atual". In: VIDAL, L. (org.), *Grafismo indígena: estudos de antropologia estética*. São Paulo: Studio Nobel/Fapesp/Edusp, 1992b, p. 265-277.

SISKIND, Janet. *To hunt in the morning*. Oxford: Oxford University Press, 1973.

SOUPINSKI, Giceli & TELES, Benedito. "O resgate da cultura Karitiana". Trabalho apresentado no *VIII Congresso de Ciências da Comunicação na Região Norte (INTERCOM-Norte)*, Porto velho, mimeo (não publicado), 2009.

SPADARI, Pe. Ângelo. "Conversa com um cacique Karitiana". *O Guaporé*. Porto Velho, 18 de julho de 1981, Segundo Caderno, 1981, p. 10.

SPERBER, Dan. "Pourquoi les animaux parfaits, les hybrides et les monsters sont-ils bons à penser symboliquement". *L'Homme*, XV (2), 1975, p. 5-34.

STERPIN, Adriana. "La chasse aux scalps chez les Nivacle du Gran Chaco". *Journal de la Société des Américanistes*, LXXIX, 1993, p 33-66.

STORTO, Luciana. *Livro de apoio ao aprendizado da ortografia Karitiana*. Porto Velho, mimeo, 1996.

_____. *'Ej Akypisibmim*. Porto Velho, mimeo, 1998.

_____. *Aspects of Karitiana Grammar*. Cambridge: Massachussetts Institute of Technology, tese de doutorado (inédita), 1999.

STORTO, Luciana & VELDEN, Felipe Vander. "Karitiana". In: *Enciclopédia virtual Povos indígenas no Brasil*. São Paulo: Instituto Socioambiental (disponível em http://pib.socioambiental.org/pt/povo/karitiana/385), 2005.

TAMBIAH, Stanley. "Animals are good to think and good to prohibit". *Ethnology*, VIII (4), 1969, p. 423-459.

TAUSSIG, Michael. *Xamanismo, colonialismo e o homem selvagem: um estudo sobre o poder e a cura*. São Paulo: Paz & Terra, 1993.

TAYLOR, Anne Christine. 2000. "Le sexe de la proie: représentations jivaro du lien de parenté". *L'Homme*, 154-155, 2000, p. 309-334.

_____. "Wives, pets and affines: marriage among the Jivaro". In: RIVAL, L. & WHITEHEAD, N. (eds.), *Beyond the visible and the material: the amerindianization of society in the work of Peter Rivière*. Oxford: Oxford University Press, 2001, p. 45-56.

TEIXEIRA, Marco Antônio D. "Mortos, dormentes e febris: um estudo sobre o medo, a morbidade e a morte nos vales do Guaporé e Madeira, entre os séculos XVIII e XX". In: Prefeitura Municipal de Porto Velho (org.), *Porto Velho conta a sua história*. Porto Velho: SEMCE/PMPV, 1998, p. 99-155.

TEIXEIRA, Carlos Corrêa. 1999. *Visões da natureza: seringueiros e colonos em Rondônia*. São Paulo: Educ/Fapesp.

_____. *Servidão humana na selva: o aviamento e o barracão nos seringais da Amazônia*. Manaus: Editora Valer/EDUA.

TEIXEIRA-PINTO, Márnio. *Ieipari: sacrifício e vida social entre os índios Arara (Caribe)*. São Paulo: Hucitec/Anpocs; Curitiba: Editora da UFPR, 1997.

_____. "Artes de ver, modos de ser, formas de dar: xamanismo, pessoa e moralidade entre os Arara (Caribe)". *Antropologia em Primeira Mão*, n. 62. Florianópolis: PPGAS-UFSC, 2003.

_____. "Being alone amid others: sorcery and morality among the Arara, Carib, Brazil". In: WHITEHEAD N. & WRIGHT, R. (eds.), *In darkness and secrecy: the anthropology of assault sorcery and witchcraft in Amazonia*. Durham: Duke University Press, 2004, p. 215-243.

TESTART, Alain. "Deux modeles du rapport entre l'homme et l'animal dans les systems de representations". *Études Rurales,* 107-108, 1987, p. 171-193.

THEVET, André. *Singularidades da França Antártica, a que outros chamam de América,* São Paulo, Companhia Editora Nacional, 1944 [1556].

THIELEN, E.; ALVES, F.; BENCHIMOL, J.; ALBUQUERQUE, M.; SANTOS, R. V. & WELTMAM, W. *A ciência a caminho da roça: imagens das expedições científicas do Instituto Oswaldo Cruz ao interior do Brasil entre 1911 e 1913*. Rio de Janeiro: Fiocruz/casa de Oswaldo Cruz, 1991.

THOMAS, Keith. *O homem e o mundo natural: mudanças de atitude em relação às plantas e aos animais (1500-1800)*. São Paulo: Companhia das Letras, 2001.

THOMAZ DE ALMEIDA, Rubem. *Do desenvolvimento comunitário à mobilização política: o Projeto Kayowa-Ñandeva como experiência antropológica*. Rio de Janeiro: Contra Capa/Laced, 2001.

TONI, F.; SANTOS, J. Carvalho dos; MENEZES, R. Sant'ana de; WOOD, C.; & SANT'ANA, H. 2007. *Expansão e trajetórias da pecuária na Amazônia: Acre, Brasil*. Brasília: Ed. da UnB.

TRIGGER, Bruce. "Indigenity, ferality, and what 'belongs' in the Australian bush: Aboriginal responses to 'introduced' animals and plants in a settler-descendant society". *Journal of the Royal Anthropological Institute (N. S.)*, 14 (3), 2008, p. 628-646.

TRIGGER, B.; MULCOCK, J.; GAYNOR, A. & TOUSSAINT, Y. "Ecological restoration, cultural preferences and the negotiation of 'nativeness' in Australia". *Geoforum*, 39, 2008, p. 1273-1283.

TURBAY, Sandra. "Aproximaciones a los estúdios antropológicos sobre la relación entre el ser humano y los animales". In: ULLOA, A. (ed.), *Rostros culturales de la fauna: las relaciones entre los humanos y los animales em el contexto colombiano*. Bogotá: INAH/Fundación Natura, 2002, p. 87-111.

URBAN, Greg. "A história da cultura brasileira segundo as línguas nativas". In: M. Carneiro da Cunha (org.), *História dos índios no Brasil*. São Paulo: Companhia das Letras/SMC/Fapesp, 1992, p. 87-102.

USHINAHUA, Siló R. G. *Política linguística en América Latina: um estúdio etno-linguístico de la tribo Karitiana em la vision de um hablante nativo de la lengua española*. Porto Velho: UNIR-Depto. de Letras, monografia de bacharelado, 2003.

VALERI, Valerio. "If we feed them, we do not feed on them: a principle of Huaulu taboo and its application". *Ethnos*, 57 (III-IV), 1992, p. 149-167.

VELTHEM, Lúcia H. van. *A pele de Tuluperê: uma etnografia dos trançados Wayana*. Belém: Museu Paraense Emílio Goeldi/Funtec, 1998.

_____. "'Feito por inimigos'. Os brancos e seus bens nas representações Wayana do contato". In: ALBERT, B. & RAMOS, A. R. (orgs.), *Pacificando o branco: cosmologias do contato no Norte-Amazônico*. São Paulo: Editora da Unesp/Imprensa Oficial; Brasília: IRD, 2002, p. 61-83.

_____. *O belo é a fera: a estética da produção e da predação entre os Wayana*. Lisboa: Museu Nacional de Etnologia/Assírio & Alvim, 2003.

VANDER VELDEN, Felipe. *Por onde o sangue circula: os Karitiana e a intervenção biomédica*. Campinas: Unicamp, dissertação de mestrado, 2004.

_____. "O cheiro doentio do contato: doença e história entre os Karitiana". Trabalho apresentado na 25ª Reunião Brasileira de Antropologia. Goiânia: UCG/UFG, 2006.

_____. "Circuitos de sangue: corpo, pessoa e sociabilidade entre os Karitiana". *Habitus*, 5 (2), 2007, p. 275-299.

_____. "O gosto dos outros: o sal e a transformação dos corpos entre os Karitiana no sudoeste da Amazônia". *Temáticas*, 16 (31-32), 2008, p. 13-49.

_____. "De volta para o passado: territorialização e 'contraterritorialização' na história Karitiana". *Sociedade e Cultura*, vol. 13(1), 2010, p. 55-65.

_____. "Inveja do gado: o fazendeiro como figura de poder e desejo entre os Karitiana". *Anuário Antropológico*, 2011/1, p. 55-76.

VAZ, Antenor. *Isolados no Brasil. Política de estado: da tutela para a política de direitos – uma questão resolvida? (Documentos IWGIA 10)*. Brasília: IWGIA, 2011.

VEIGA, J. Bastos da; TOURRAND, J.-F.; PIKETTY, M. G.; POCCARD-CHAPUIS, R.; ALVES, A. & THALES, M. *Expansão e trajetórias da pecuária na Amazônia; Pará, Brasil*. Brasília: Editora da UnB, 2004.

VIEIRA, Jaci G. *Missionários, fazendeiros e índios em Roraima: a disputa pela terra*. Boa Vista: Editora da UFRR, 2007.

VILLAR, Diego. "Índios, blancos y perros". *Anthropos*, 100 (2), 2005, p. 495-506.

VILELA DA SILVA, Jovam. *Histórico da pecuária no Brasil: fator de integração e desenvolvimento*. Cuiabá: KCM Editora, 2005.

_____. *História de Mato Grosso: um breve relato da formação populacional (século XVIII ao XX)*. Cuiabá: KCM Editora, 2007.

_____. "Alguns aspectos do pensamento Yawalapíti (Alto Xingu): classificações e transformações". In: OLIVEIRA FILHO, J. Pacheco de (org.), *Sociedades indígenas e indigenismo no Brasil*. Rio de Janeiro: Editora da UFRJ/Marco Zero, 1979, p. 43-83.

_____. *Araweté: os deuses canibais*. Rio de Janeiro: Jorge Zahar Editor/Anpocs, 1986.

_____. 1996. "Os pronomes cosmológicos e o perspectivismo ameríndio". *Mana*, 2 (2), 1996, p. 115-144.

_____. "O nativo relativo". *Mana*, 8 (1), 2002a, p. 113-148.

_____. "Perspectivismo e multinaturalismo na América indígena". In: *A inconstância da alma selvagem e outros ensaios de antropologia*. São Paulo: Cosac Naify, 2002b, p. 347-399.

_____. "Esboço de cosmologia Yawalapíti". In: *A inconstância da alma selvagem e outros ensaios de antropologia*. São Paulo: Cosac & Naify, 2002c, p. 27-85.

VIVEIROS DE CASTRO, Eduardo. *Indivíduo e sociedade no Alto Xingu: os Yawalapíti*. Rio de Janeiro: Museu Nacional, dissertação de mestrado, 1977.

WALKER, Harry. "Baby hammocks and stone bowls: Urarina technologies of companionship and subjection". In: F. Santos-Granero (ed.), *The occult life of things: native Amazonian theories of materiality and personhood*. Tucson: The University of Arizona Press, 2009, p. 81-102.

WHITE, David Gordon. *Myths of the dog-man*. Chicago: The University of Chicago Press, 1991.

WILBERT, Johannes. *Survivors of Eldorado: four Indian cultures of South America*. Nova York: Praeger Publishers, 1972.

_____. (Ed.). *Folk literature of the Gê indians*. Los Angeles: UCLA Latin American Center Publications, 1978, vol. 1.

YAMÃ, Yaguaré. *Sehaypóri. O livro sagrado do povo Saterê-Mawé*. São Paulo: Editora Peirópolis, 2007.

YVINEC, Cédric. "Que dissent les tapirs? De la communication avec les non-humains en Amazonie". *Journal de la Société des Américanistes*, 91 (1), 2005, p. 41-70.

ZEUNER, Frederick. *A history of domesticated animals*. Nova York: Harper & Row Publishers, 1963.

Agradecimentos

ESTE LIVRO CORRESPONDE à minha tese de doutorado apresentada ao Programa de Pós-Graduação em Antropologia Social da Universidade Estadual de Campinas em março de 2010. Algumas ligeiras alterações no original foram efetuadas após a defesa, complementando algumas passagens, esclarecendo certos pontos e testemunhando a generosidade daqueles amigos que discutiram comigo vários dos temas tratados e que enfrentaram o texto dispondo-se a melhorá-lo.

A pesquisa que deu origem a este livro foi realizada entre 2003 e 2009, sempre com o auxílio da CAPES e do Programa de Pós-Graduação em Antropologia Social da Unicamp, aos quais muito agradeço. À orientadora da tese, Nádia Farage, espero ter agradado com este trabalho, resultado de um fecundo diálogo que já dura 14 anos.

Os que me conhecem sabem que minha memória é muito menos extensa do que o conjunto de amigos e colaboradores que fizeram a possível a pesquisa e sua materialização em forma de livro. Em Campinas, agradeço muitíssimo aos colegas do nosso grupo (informal) de estudos sobre a animalidade: Juliana Vergueiro Gomes Dias, Raquel Taminato, Daniel Ramiro, Rafael Cremonini Barbosa, Carlos Assim Paulino e o meu querido amigo André Luiz Martini, hoje em memória, o leitor mais crítico que eu conheci. Também agradeço o apoio constante dos amigos e amigas da Unicamp: Nashieli Rangel Loera, Rívia Ryker Bandeira de Alencar, Marisa Araújo Luna, Verena Sevá Nogueira, Olendina Cavalcante, Mariana Françoso, João Veridiano Franco Neto (que revisou diligentemente o texto), Jean Maia e Fabiane Vinente. Carinho especial ao Guilherme Mansur Dias, ao André Borges Lopes de Mattos e ao Daniel Martini, companheiros de muitas horas. Maria José Rizola (secretária do PPGAS) foi figura fundamental.

Aos professores do PPGAS um agradecimento especial pelo cuidado com a minha formação, especialmente John Manuel Monteiro, Vanessa Lea, Bela

Feldmann-Bianco, Ronaldo Rômulo de Almeida, Omar Ribeiro Thomaz e Suely Kofes. Em Campinas e em São Paulo pude, ainda, contar com a ajuda e o estímulo de Igor Scaramuzzi e Íris Morais Araújo. As conversas com Joanna Overing no último semestre de 2009 constituíram oportunidade única para aperfeiçoar algumas ideias. Agradeço ainda a Philippe Erikson, Linda Seligmann e Luciana Storto pela ajuda em precisos momentos. Nas etapas de finalização deste livro beneficiei-me de estimulantes diálogos com Mayra Ferrigno, Guilherme Antunes e com os colegas do Departamento de Ciências Sociais da UFSCar, em especial Clarice Cohn, Geraldo Andrello e Marcos Lanna.

Aos membros das bancas de qualificação e de defesa da tese, partes cruciais, obviamente, deste produto final aqui apresentado, agradeço a generosidade com que avaliaram minhas elocubrações: Geraldo Andrello, Paulo Santilli, Marco Antonio Gonçalves, Paulo Dalgalarrondo e Mauro William Barbosa de Almeida.

Em Rondônia, agradeço muito aos colegas e amigos que fizeram do campo uma segunda casa. Em Ji-Paraná (mas também em Campinas), com enorme carinho, Juliana e Renata Nóbrega, sempre presentes. Em Porto Velho, Odair e Selma Martini, Maíra, Giovani e Jamila sempre me acolheram, e ainda não sei como agradecê-los. Ao Ari Ott, figura ímpar, e aos meus queridos Estevão Fernandes e Ana Luiza Pinhal: sem estes três amigos, Porto Velho para mim seria um lugar muito menos divertido.

Agradeço, ainda em Rondônia, à Ana Lúcia Escobar, Wany Sampaio, Liliam Moser, Malu Messias, Mário Venere e Walterlina Brasil, todos da Universidade Federal de Rondônia (UNIR). À Cira e ao Gerson, do CESIR. Ao Régis e Emília Altini, do CIMI-RO. Ao Edmundo Gomes Filho, então antropólogo do MPF-RO, que este livro seja de algum auxílio na difícil luta pela justiça aos povos indígenas em Rondônia. Ao Reginílson Jacob de Oliveira, então chefe do P. I. Karitiana, pelos muitos auxílios e pela companhia. Na Funai-AER Porto Velho, a Osman Brasil, Donato Pereira da Luz e Rômulo Siqueira de Sá. O período de seis meses na aldeia em 2006 foi muito divertido pela companhia de Dirceu Orth, Michelle Roumiê e Tatiane Portela, então professores na Escola Indígena 04 de Agosto. Ao pessoal da SEMED (Secretaria Municipal de Educação de Porto Velho), da SEDUC (Secretaria de Estado da Educação de Rondônia) e da Funasa pelas caronas frequentes.

Aos Karitiana, devo a parte essencial desta viagem intelectual que é a antropologia. Elivar e Marilene (sempre eles) estiveram lá, com sua alegria fácil, em todas as etapas. Antônio Paulo e seu filho, Antônio José, são as pessoas mais engraçadas e espontâneas da face da Terra, e qualquer pesquisa se torna simples com eles. João e Milena, Renato e Valdenilda, Valter e Margarida, Luís e Fátima, Geovaldo e Vanda, Reinaldo e Ivaneide, Epitácio e Rosa, Gumercindo, Carlício, Lucinda, Jorge, Roberto e Marinete, Daniel e Luciane, Nelson, Marcos, Alexandre, John, Rogério e Elisângela, Delgado, Marcelo e Milane, Inácio e Sarita, Luís Francisco e Valdomiro – que todos tenham vida longa, saúde e alegria! Cizino, Antenor e Sebastião, aprendi muito com eles. *Yryhodn.*

Agradeço à Fapesp – Fundação de Amparo à Pesquisa do Estado de São Paulo pelo auxílio financeiro que viabilizou a publicação do livro. Mas isso seria pouco sem a atenção de Joana Monteleone e Danuza Vallim, que pela Alameda Casa Editorial cuidaram de tudo desde que surgiu a vontade de ver a tese nas livrarias. Agradeço, ainda, à Sandra Ayres pela confecção do mapa que localiza a terra indígena e as aldeias Karitiana.

Ao Celso, à Ângela e à Flávia, que nos finais de semana em Vinhedo sempre ajudaram a recarregar as baterias. A eles devo muito de minha sanidade e um outro modo de olhar a vida. À Cássia, com incomensurável carinho, por ter me ensinado tantas coisas, entre elas que a companhia é o bem mais precioso que uma pessoa pode ter.

Aos meus pais queridos, Luiz Fernando e Rose, e às minhas irmãs, Helena e Elisa, os agradecimentos não cabem no papel, e nunca caberão. Aos quatro credito este anseio de fazer com a antropologia um mundo melhor.

Busquei lembrar dos meus muitos companheiros nestas linhas. É de companhia, portanto, que se trata este livro.

Esta obra foi impressa em Santa Catarina no inverno de 2012 pela Nova Letra Gráfica & Editora. No texto foi utilizada a fonte Rotis Serif em corpo 10.3 e entrelinha de 15.5 pontos.